2주 만에 합격하는

경비지도사 경비업법 전략특강

기본서

개정판
2주 만에 합격하는
경비지도사 경비업법 전략특강 기본서

개정판 1쇄 발행 2020년 3월 23일

지은이 김원형
펴낸이 장현수
펴낸곳 메이킹북스
출판등록 제2019-000010호

디자인 안영인
편집 안영인
교정 김시온
마케팅 오현경

주소 서울특별시 금천구 가산디지털1로 142, 312호
전화 02-2135-5086
팩스 02-2135-5087
이메일 making_books@naver.com
홈페이지 www.makingbooks.co.kr

ISBN 979-11-969507-5-0(13350)
값 25,000원

ⓒ 김원형 2020 Printed in Korea

잘못된 책은 구입하신 곳에서 바꾸어 드립니다.
이 책의 전부 또는 일부 내용을 재사용하려면 사전에 저작권자와 펴낸곳의 동의를 받아야 합니다.

이 도서의 국립중앙도서관 출판예정도서목록(CIP)은 서지정보유통지원시스템
홈페이지(http://seoji.nl.go.kr)와 국가자료공동목록시스템(http://www.nl.go.kr/kolisnet)에서
이용하실 수 있습니다. (CIP제어번호 : CIP2020011122)

홈페이지 바로가기

• 2020 개정판 •

2주 만에 합격하는

경비지도사 경비업법 전략특강

김원형 지음

기본서

유튜브(YouTube)를
통한 무료 강의 제공

QR코드를 통한
진도별 강의 수강 가능

메이킹북스

목차

2020 개정판
경비지도사 경비업법 전략특강 기본서

경비지도사 2차시험 경비업법 과목
- 과목 : 경비업법

INTRO
- 시험소개 · 6
- 필(必)합격을 위한 수험전략(Strategy) · 11
- 오리엔테이션(OT) · 11
- 기출문제 Data 분석 · 12

CHAPTER 1. 경비업법
- 제1장. 총칙 · 16
- 제2장. 경비업의 허가 등 · 23
- 제3장. 경비지도사 및 경비원 · 58
- 제4장. 행정처분 등 · 132
- 제5장. 경비협회 · 150
- 제6장. 보칙 · 158
- 제7장. 벌칙 · 172

CHAPTER 2. 청원경찰법
- 제1장. 총칙 · 196
- 제2장. 청원경찰의 배치 및 임용 등 · 205
- 제3장. 청원경찰의 경비·제복·무기 · 232
- 제4장. 보칙 · 256
- 제5장. 벌칙 · 265

부록
- 경비업법 법조문(법·시행령·시행규칙) · 272
- 청원경찰법 법조문(법·시행령·시행규칙) · 314
- 국가공무원법 제33조 / 경찰관 직무집행법 제2조 · 330
- 경비업법 별표(시행령·시행규칙) · 333
- 청원경찰법 별표(시행령·시행규칙) · 361

INTRO

>> 시험소개
>> 필(必)합격을 위한 수험전략(Strategy)
>> 오리엔테이션(OT)
>> 기출문제 Data 분석

시험소개

● **자격상세정보**

국가전문자격시험 자격명: 일반경비지도사(Security Instructor)
관련부처: 경찰청
시행기관: 한국산업인력공단
자격개요: 사회 다변화 및 범죄의 증가에 효과적으로 대응하기 위하여 경찰력의 보완적 역할을 하기 위해 발생된 민간경비의 경비원, 즉 사람의 신변보호, 국가중요시설의 방호, 시설에 대한 안전 업무를 담당하는 경비원을 효율적으로 관리, 감독할 수 있는 전문인력을 양성하기 위해 경비업법에 자격제도 도입하여 자격취득자는 위 경비원을 지도, 감독하게 됨.

● **시험정보**

■ **2020년 제22회 시험 일정**(※ 원서접수시간은 원서접수 첫날 09:00부터 마지막 날 18:00까지임)

구분	접수기간	서류제출 기간	시험일정	가답안 발표기간	의견제시 기간	합격자 발표기간
2020년 22회 1차	2020.09.14~ 2020.09.18 특별추가접수기간 2020.11.12~ 2020.11.13	2020.09.14 ~ 2020.09.18	2020.11.21	2020.11.21 ~ 2020.11.27	2020.11.21 ~ 2020.11.27	2020.12.30 ~ 2021.02.27
2020년 22회 2차	2020.09.14~ 2020.09.18 특별추가접수기간 2020.11.12~ 2020.11.13	2020.09.14 ~ 2020.09.18	2020.11.21	2020.11.21 ~ 2020.11.27	2020.11.21 ~ 2020.11.27	2020.12.30 ~ 2021.02.27

※ 추가접수는 정기접수 환불로 발생한 수용인원 범위 내에서 선착순으로만 이루어져 조기마감 될 수 있습니다.

- **응시자격**
    - 제한 없음
    - 결격사유

경비지도사 결격사유자
1. 만 18세 미만인자, 피성년후견인, 피한정후견인
2. 파산선고를 받고 복권되지 아니한 자
3. 금고 이상의 실형의 선고를 받고 그 집행이 종료(종료된 것으로 보는 경우를 포함한다)되거나 집행이 면제된 날부터 5년이 지나지 아니한 자
4. 금고 이상의 형의 집행유예를 받고 그 집행유예기간 중에 있는 자
5. 다음 각 목의 어느 하나에 해당하는 죄를 범하여 벌금형을 선고받은 날부터 10년이 지나지 아니하거나 금고 이상의 형을 선고받고 그 집행이 종료된(종료된 것으로 보는 경우를 포함한다) 날 또는 집행이 유예·면제된 날부터 10년이 지나지 아니한 자 가.「형법」제114조의 죄 나.「폭력행위 등 처벌에 관한 법률」제4조의 죄 다.「형법」제297조, 제297조의2, 제298조부터 제301조까지, 제301조의2, 제302조, 제303조, 제305조, 제305조의2의 죄 라.「성폭력범죄의 처벌 등에 관한 특례법」제3조부터 제11조까지 및 제15조(제3조부터 제9조까지의 미수범만 해당한다)의 죄 마.「아동·청소년의 성보호에 관한 법률」제7조 및 제8조의 죄 바. 다목부터 마목까지의 죄로써 다른 법률에 따라 가중처벌 되는 죄
6. 다음 각 목의 어느 하나에 해당하는 죄를 범하여 벌금형을 선고받은 날부터 5년이 지나지 아니하거나 금고 이상의 형을 선고받고 그 집행이 유예된 날부터 5년이 지나지 아니한 자 가.「형법」제329조부터 제331조까지, 제331조의2 및 제332조부터 제343조까지의 죄 나. 가목의 죄로써 다른 법률에 따라 가중처벌 되는 죄
7. 제5호 다목부터 바목까지의 어느 하나에 해당하는 죄를 범하여 치료감호를 선고받고 그 집행이 종료된 날 또는 집행이 면제된 날부터 10년이 지나지 아니한 자 또는 제6호 각 목의 어느 하나에 해당하는 죄를 범하여 치료감호를 선고받고 그 집행이 면제된 날부터 5년이 지나지 아니한 자
8. 이 법이나 이 법에 따른 명령을 위반하여 벌금형을 선고받은 날부터 5년이 지나지 아니하거나 금고 이상의 형을 선고받고 그 집행이 유예된 날부터 5년이 지나지 아니한 자

※ 결격사유 기준일은 원서 접수 마감일이며, 해당자는 시험 합격여부와 상관없이 시험을 무효 처리함

- **시험과목 및 방법**

구분	과목구분	일반경비지도사	기계경비지도사	문항수	시험시간	시험방법
제1차 시험	필수	1. 법학개론 2. 민간경비론		과목당 40문항 (총80문항)	80분 (09:30~10:50)	객관식 4지택일형
제2차 시험	필수	1. 경비업법(청원경찰법 포함)		과목당 40문항 (총80문항)	80분 (11:30~12:50)	객관식 4지택일형
	선택 (택1)	1. 소방학 2. 범죄학 3. 경호학	1. 기계경비개론 2. 기계경비기획 및 설계			

■ 합격기준

구분	합격결정기준
1차 시험	매 과목 100점을 만점으로 하여 매 과목 40점 이상, 전 과목 평균 60점 이상 득점한 자
2차 시험	○ 선발예정인원의 범위 안에서 전 과목 평균 60점 이상을 득점한 자 중에서 고득점 순으로 결정 ○ 동점자로 인하여 선발예정인원이 초과되는 대에는 동점자 모두를 합격자로 결정

※ 1차 시험 불합격자는 2차 시험을 무효로 함

■ 면제 대상

1. 경력에 의한 제1차 시험 면제자

- **면제요건**
    - 경찰공무원법에 의한 경찰공무원으로 7년 이상 재직한 자
    - 「대통령 등의 경호에 관한 법률」에 의한 경호공무원 또는 별정직공무원으로 7년 이상 재직한 자
    - 군인사법에 의한 각 군 전투병과 또는 군사경찰병과 부사관 이상 간부로 7년 이상 재직한 자
    - 「경비업법」에 의한 경비업무에 7년 이상(특수경비업무의 경우에는 3년 이상) 종사하고 행정안전부령이 정하는 교육과정을 이수한 자
    - 고등교육법에 의한 대학 이상의 학교를 졸업한 자로서 재학 중 제12조 제3항의 규정에 의한 경비지도사 시험과목을 3과목 이상 이수하고 졸업한 후 경비업무에 종사한 경력이 3년 이상인 자
    - 고등교육법에 의한 전문대학을 졸업한 자로서 재학 중 제12조 제3항의 규정에 의한 경비지도사 시험과목을 3과목 이상 이수하고 졸업한 후 경비업무에 종사한 경력이 5년 이상인 자
    - 일반경비지도사의 자격을 취득한 후 기계경비지도사의 시험에 응시하는 자 또는 기계경비지도사의 자격을 취득한 후 일반경비지도사의 시험에 응시하는 자
    - 공무원임용령에 따른 행정직군 교정직렬 공무원으로 7년 이상 재직한 자

- **제출서류**: 경비지도사 서류심사 신청서 및 해당 면제기준을 증빙할 수 있는 경력증명서, 졸업증명서, 자격증사본 등 관계서류 일체
    ※ 제출서류는 국가자격시험 경비지도사 홈페이지(www.Q-net.or.kr/site/security) '공지사항'의 면제대상자 유형별 제출서류를 반드시 확인하여야 함

- **서류제출 관련 특이사항**
    - '08년 이후 경력 서류를 공단에 제출하여 기 승인을 받은 자는 다시 면제 서류를 제출할 필요 없음
    - 군인사법에 의한 비전투병과에 해당하는 자는 일반응시자와 같이 제1차 시험부터 응시하여야 함(2015년도부터 적용)
    ※ 경비업법 시행령 제13조 제3호와 관련한 군인사법에 따른 「전투병과」적용 변경 조치에 따라 기존에 군 경력증명서를 제출하고 1차 시험을 면제받았던 전투병과에 해당하는 자는 서류제출이 불필요하며, 비전투병과에 해당하는 자는 면제유예기간(2013~2014년) 종료로 2015년부터는 1차 시험에 응시하여야 함

2. 전년도 1차 합격에 의한 면제자

제1차 시험에 합격한 자에 대하여는 다음 회의 시험에 한하여 제1차 시험을 면제함

- **응시수수료(경찰청고시 제2018-5호)**

일반응시자(제1,2차 시험 동시 응시): 28,000원
제1차 시험 면제자(제2차 시험만 응시): 18,000원
*** 제1차 시험 면제자란, 서류심사에 의한 제1차 시험 면제자 및 전(前) 회차 제1차 시험 합격에 의한 면제자를 뜻함.

- **취득방법**

시험에 합격한 자는 경찰청장이 정하는 기준에 따라 전문기관 또는 단체에서 실시하는 44시간의 기본교육 이수자에 한하여 경찰청장 명의로 자격증 교부

- **출제영역**

자격종목: 경비지도사

과   목: 경비업법

* 시험과 관련하여 법령 등을 적용하여 정답을 구하는 문제는 시험 시행일('20. 11. 21) 기준 시행중인 법령 등을 적용하여 출제됩니다.

시험과목	출제 문제수	주요항목	세부항목
경비업법	40	1. 경비업법	1. 경비업의 정의 2. 경비업의 허가 등 3. 기계경비업무 4. 경비지도사 및 경비원 5. 행정처분 등 6. 경비협회 7. 보칙 및 벌칙 등
		2. 청원경찰법	1. 청원경찰의 정의 2. 청원경찰의 직무 3. 청원경찰의 배치 4. 청원경찰의 임용 등 5. 청원경찰경비, 감독 6. 과태료와 벌칙 등 7. 청원경찰의 무기관리, 경비비치부책

'큐넷(Q-Net)'은 한국산업인력공단이 운영하는 국가 기술 자격증, 시험정보 전문 포털 사이트이다.
△시험일정 △원서접수 △합격자 발표조회 △자격증 발급신청 등의 정보를 제공한다.(www.q-net.or.kr)

□ **경찰공무원 가산점 정보**

– 경찰공무원 채용시험에 관한 규칙 –

■ [별표 6]
자격증 등의 가산점 기준표(제23조제4항 관련)

분야	관련 자격증 및 가산점		
	5점	**4점**	2점
재난·안전관리	– 건설안전·전기안전·소방·가스기술사	– 건설안전·산업안전·소방설비·가스·원자력기사 – 위험물기능장 – 핵연료물질취급감독자면허 – 방사선취급감독자면허 **– 경비지도사**	– 산업안전·건설안전·소방설비·가스·위험물산업기사 – 1종 대형면허 – 특수면허(트레일러,레커) – 조종면허(기중기,불도우저) – 응급구조사 – 핵연료물질취급자면허 – 방사성동위원소취급자면허

※필(必)합격을 위한 수험전략(Strategy)※

1	2
(Key) 핵심	**(Detail)** 세부사항

범 위	
필(必)합격을 위한 수험전략(Strategy)	QR코드를 통해 유튜브(YouTube) 채널로 이동합니다.

※오리엔테이션(OT)※

범 위	
오리엔테이션(OT)	QR코드를 통해 유튜브(YouTube) 채널로 이동합니다.

※QR코드 및 유튜브(YouTube) 강의 수강 방법※

1. QR코드 사용법(스마트폰)
① 'play store'에 들어가서 'QR코드'를 검색 → ② 'QR코드 어플리케이션 설치' → ③ QR코드 어플리케이션 실행하여 네모 부분에 맞춰 넣기

2. 유튜브 강의 수강 방법(스마트폰)
① 휴대폰 메뉴에서 'Google파일'을 눌러 'Youtube(유튜브)' 클릭 → ② 검색창에《2주 만에 합격하는 경비지도사 경비업법 전략특강》검색 → ③ '구독' 누르고 강의 시청

3. 유튜브 강의 수강 방법(PC)
① 인터넷에서 'Youtube(유튜브)' 검색 → ② 'Youtube' 홈페이지 검색창에《2주 만에 합격하는 경비지도사 경비업법 전략특강》검색 → ③ '구독' 누르고 강의 시청

기출문제 Data 분석

과목	장	내용	2013년 15회	2014년 16회	2015년 17회	2016년 18회	2017년 19회	2018년 20회	2019년 21회	합계	
경비업법	제1장. 총칙	용어 정의	1	1		1	1	1		5	10
		집단민원현장		1	1	1	1	1		5	
	제2장. 경비업의 허가 등	경비업의 허가	2	1	1		1	1		6	30
		허가 요건(시설기준 등)			1		1		1	3	
		임원의 결격사유			1	1	1	1	1	5	
		경비업자 신고사항	1		1	1	1		2	6	
		(일반)경비업자의 의무		1					1	2	
		기계경비업자의 의무	1	1	1	2	1	1	1	8	
	제3장. 경비지도사와 경비원	경비지도사 및 경비원의 결격사유	1		2			1	1	5	65
		범죄경력조회		1		1		1		3	
		시험의 시행 및 공고	1					1		2	
		시험 면제	1			1	1			3	
		경비지도사의 교육		1	1		1			3	
		경비지도사의 선임 · 배치	1	1		1	1	1		5	
		경비지도사의 직무					1		1	2	
		경비원 등의 의무						1		1	
		특수경비원의 의무	1	1	1	1	1		1	6	
		경비원의 교육	1	1	1	1	1	1	1	7	
		특수경비원의 직무 및 무기사용	1		1		1	1		4	
		무기의 관리수칙	1			1		1	1	4	
		경비원의 복장 · 장비 · 출동차량	1	2	1	1		1	2	8	
		경비원 명부와 배치허가 등	1	3	1	1	1	1	1	9	
		장부 또는 서류의 비치		1			1			2	
		관할 경찰관서장의 직무	1							1	
	제4장. 행정 처분 등	경비업 허가의 취소 등	1	1	2	2	1	1	1	9	25
		경비지도사 자격의 취소 등	1	2		2	1	1	2	9	
		청문	1	1	1	1	1	1	1	7	
	제5장. 경비 협회	경비협회		1	1	1	2	1	1	7	12
		공제사업	1		1	1		1	1	5	
	제6장. 보칙	지도 · 감독 및 보안지도 · 점검		1	2	1	1	1		6	24
		손해배상 등					1	1	1	3	
		위임 및 위탁	1	1	1	1	1	1	2	8	
		허가증 등의 수수료	1		1		1			3	
		민감정보 및 고유식별정보	1		1					2	
		규제의 재검토					1		1	2	
	제7장. 벌칙	벌칙	1	1	1	1		1	2	7	23
		형의 가중처벌	1	1	1			1	1	5	
		양벌규정			1			1	1	3	
		과태료	2	1	1	1	1	1	1	8	

과목	장	내용	2013년 15회	2014년 16회	2015년 17회	2016년 18회	2017년 19회	2018년 20회	2019년 21회	합계	
청원경찰법	제1장. 총칙	목적 및 용어 정의		2			1	1		4	17
		청원경찰의 신분 및 복무	1	1	2		1	2		7	
		청원경찰의 직무	1	2	1			1	1	6	
	제2장. 청원경찰의 배치 및 임용	청원경찰의 배치 등	1			1	1	1	2	6	26
		청원경찰의 임용	1	1	1	1		1		5	
		청원경찰의 교육	1	1	1	2	1		1	7	
		청원경찰의 징계	1	1	1	1		1	1	6	
		청원경찰의 면직 및 퇴직 등	1						1	2	
	제3장. 청원경찰의 경비·제복·무기	청원경찰의 경비	3	2	2	2	2	2	1	14	30
		청원경찰의 제복			1	1	2	1	2	7	
		무기 등의 휴대		1				1		2	
		무기관리수칙	1			1		1	1	5	
		무기의 지급제한			1		1			2	
	제4장. 보칙	감독 등				1		1	1	3	12
		배상책임 및 권한위임					1	2		3	
		문서와 장부의 비치	1	1	1	1	1		1	6	
	제5장. 벌칙	과태료	1		1	1	1	1	1	6	6
	총 문제 수		40	40	40	40	40	40	40	280	280

(기출문제 출처: 한국산업인력공단)

Chapter 1

경비업법

제1장 » 총칙
제2장 » 경비업의 허가 등
제3장 » 경비지도사 및 경비원
제4장 » 행정처분 등
제5장 » 경비협회
제6장 » 보칙
제7장 » 벌칙

Chapter 1. 경비업법

제1장 총칙

✓ QR코드를 통해 유튜브(YouTube) 채널로 이동합니다.

Ⅰ. 목적

이 법은 경비업의 육성 및 발전과 그 체계적 관리에 관하여 필요한 사항을 정함으로써 경비업의 건전한 운영에 이바지함을 목적으로 한다(경비업법 제1조). [1)2)]

Ⅱ. 정의

1. 경비업

경비업이라 함은 다음에 해당하는 업무(이하 "경비업무"라 한다)의 전부 또는 일부를 도급받아 행하는 영업을 말한다(경비업법 제2조).

시 호 신 기 특

(1) 시설경비업무

경비를 필요로 하는 시설 및 장소(이하 "경비대상시설"이라 한다)에서의 도난·화재 그 밖의 혼잡 등으로 인한 위험발생을 방지하는 업무(경비업법 제2조 제1호 가목)

(2) 호송경비업무

1) 정의

운반중에 있는 현금·유가증권·귀금속·상품 그 밖의 물건에 대하여 도난·화재 등 위험발생을 방지하는 업무(경비업법 제2조 제1호 나목)

---

1) 경비업법 시행령 제1조(목적) 이 영은 경비업법에서 위임된 사항과 그 시행에 관하여 필요한 사항을 규정함을 목적으로 한다.
2) 경비업법 시행규칙 제1조(목적) 이 규칙은 경비업법 및 동법시행령에서 위임된 사항과 그 시행에 관하여 필요한 사항을 규정함을 목적으로 한다.

2) 호송경비의 통지

경비업의 허가를 받은 법인(이하 "경비업자"라 한다)은 호송경비업무를 수행하기 위하여 관할경찰서의 협조를 얻고자 하는 때에는 현금 등의 운반을 위한 출발 전일까지 출발지의 경찰서장에게 별지 제1호 서식의 호송경비통지서(전자문서로 된 통지서를 포함한다)를 제출하여야 한다(경비업법 시행규칙 제2조).

(3) 신변보호업무

사람의 생명이나 신체에 대한 위해의 발생을 방지하고 그 신변을 보호하는 업무 (경비업법 제2조 제1호 다목).

(4) 기계경비업무

경비대상시설에 설치한 기기에 의하여 감지·송신된 정보를 그 경비대상시설외의 장소에 설치한 관제시설의 기기로 수신하여 도난·화재 등 위험발생을 방지하는 업무(경비업법 제2조 제1호 라목).

(5) 특수경비업무

1) 정의

공항(항공기를 포함한다) 등 대통령령이 정하는 국가중요시설(이하 "국가중요시설"이라 한다)의 경비 및 도난·화재 그 밖의 위험발생을 방지하는 업무(경비업법 제2조 제1호 마목).

2) 국가중요시설 정의

"대통령령이 정하는 국가중요시설"이라 함은 공항·항만, 원자력발전소 등의 시설중 국가정보원장이 지정하는 국가보안목표시설과 「통합방위법」 제21조 제4항의 규정에 의하여 국방부장관이 지정하는 국가중요시설을 말한다(경비업법 시행령 제2조).

2. 경비지도사

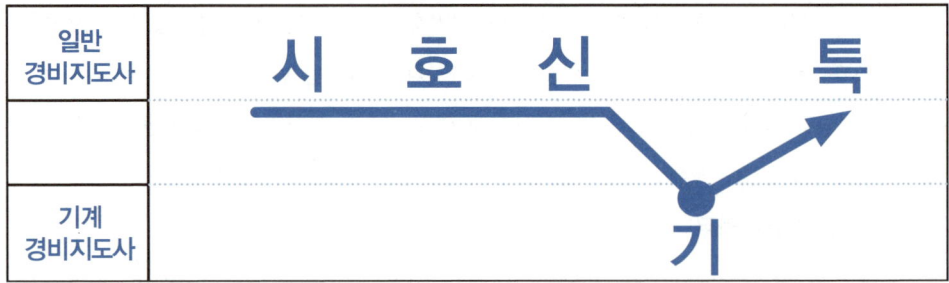

경비지도사라 함은 경비원을 지도 · 감독 및 교육하는 자를 말하며 일반경비지도사와 기계경비지도사로 구분한다(경비업법 제2조 제2호 및 경비업법 시행령 제10조).

(1) 일반경비지도사

시설경비업무, 호송경비업무, 신변보호업무, 특수경비업무의 경비업무에 종사하는 경비원을 지도 · 감독 및 교육하는 경비지도사

(2) 기계경비지도사

기계경비업무에 종사하는 경비원을 지도 · 감독 및 교육하는 경비지도사

3. 경비원

경비원이라 함은 경비업의 허가를 받은 법인(이하 "경비업자"라 한다)이 채용한 고용인으로서 다음에 해당하는 자를 말한다(경비업법 제2조 제3호).

(1) 일반경비원

시설경비, 호송경비, 신변보호, 기계경비의 경비업무를 수행하는 자

(2) 특수경비원

특수경비의 경비업무를 수행하는 자

4. 무기

"무기"라 함은 인명 또는 신체에 위해를 가할 수 있도록 제작된 권총·소총 등을 말한다(경비업법 제2조 제4호).

5. 집단민원현장

노 도 특 주 부 100 행

집단민원현장이란 다음의 장소를 말한다(경비업법 제2조 제5호).
- **(1)** 「**노**동조합 및 노동관계조정법」에 따라 노동관계 당사자가 노동쟁의 조정신청을 한 사업장 또는 쟁의행위가 발생한 사업장
- **(2)** 「**도**시 및 주거환경정비법」에 따른 정비사업과 관련하여 이해대립이 있어 다툼이 있는 장소
- **(3)** **특**정 시설물의 설치와 관련하여 민원이 있는 장소
- **(4)** **주**주총회와 관련하여 이해대립이 있어 다툼이 있는 장소
- **(5)** 건물·토지 등 **부**동산 및 동산에 대한 소유권·운영권·관리권·점유권 등 법적 권리에 대한 이해 대립이 있어 다툼이 있는 장소
- **(6)** **100**명 이상의 사람이 모이는 국제·문화·예술·체육 행사장
- **(7)** 「**행**정대집행법」에 따라 대집행을 하는 장소

III. 법인

경비업은 법인(法人)이 아니면 이를 영위할 수 없다(경비업법 제3조).

〉〉〉 실전적용문제

2018년 제20회 기출문제 (26번 문제)

1. 경비업법령상 규정된 용어에 관한 설명으로 옳은 것은?

① 경비지도사는 일반경비지도사와 특수경비지도사로 구분한다.
② 국가중요시설에는 공항·항만, 원자력발전소 등의 시설 중 국가정보원장이 지정하는 국가보안목표시설도 해당된다.
③ 무기라 함은 인명을 살상할 수 있도록 제작·판매된 권총·소총·분사기를 말한다.
④ 특수경비원은 시설경비, 호송경비, 신변보안, 특수경비업무를 수행하는 자이다.

정답 ②

※ 해설
"대통령령이 정하는 국가중요시설"이라 함은 공항·항만, 원자력발전소 등의 시설중 국가정보원장이 지정하는 국가보안목표시설과「통합방위법」제21조 제4항의 규정에 의하여 국방부장관이 지정하는 국가중요시설을 말한다(경비업법 시행령 제2조).
① "경비지도사"라 함은 경비원을 지도·감독 및 교육하는 자를 말하며 일반경비지도사와 기계경비지도사로 구분한다(경비업법 제2조 제2호).
③ "무기"라 함은 인명 또는 신체에 위해를 가할 수 있도록 제작된 권총·소총 등을 말한다(경비업법 제2조 제4호).
④ 특수경비원은 특수경비업무를 수행하는 자를 말한다(경비업법 제2조 제3호 나목).

2016년 제18회 기출문제 (1번 문제)

2. 경비업법에 규정된 용어의 정의이다. (   )안에 들어갈 단어가 올바르게 짝지어진 것은?

시설경비업무란 경비를 필요로 하는 시설 및 장소에서의 (㉠)·화재 그 밖의 (㉡) 등으로 인한 위험발생을 방지하는 업무를 말한다.

① ㉠: 위해, ㉡: 소란
② ㉠: 도난, ㉡: 혼잡
③ ㉠: 위해, ㉡: 혼잡
④ ㉠: 도난, ㉡: 소란

정답 ②

※ 해설
시설경비업무란 경비를 필요로 하는 시설 및 장소에서의 도난·화재 그 밖의 혼잡 등으로 인한 위험발생을 방지하는 업무를 말한다(경비업법 제2조 제1호 가목).

2017년 제19회 기출문제 (8번 문제)

3. 경비업법령상 용어에 관한 설명으로 옳지 않은 것은?

① 시설경비업무는 경비를 필요로 하는 시설 및 장소에서의 도난 등으로 인한 위험발생을 방지하는 업무이다.

② 호송경비업무는 운반 중에 있는 현금 등 물건에 대하여 도난 등 위험발생을 방지하는 업무이다.

③ 신변보호업무는 사람의 생명이나 신체에 대한 위해발생을 방지하고 그 신변을 보호하는 업무이다.

④ 특수경비업무는 경비대상시설에 설치한 기기에 의하여 감지·송신된 정보를 그 경비대상시설 외의 장소에 설치한 관제시설의 기기로 수신하여 도난 등 위험발생을 방지하는 업무이다.

정답 ④

※ 해설
특수경비업무란 공항(항공기를 포함한다) 등 대통령령이 정하는 국가중요시설의 경비 및 도난·화재 그 밖의 위험발생을 방지하는 업무를 말한다(경비업법 제2조 제1호 마목).
"기계경비업무"란 경비대상시설에 설치한 기기에 의하여 감지·송신된 정보를 그 경비대상시설 외의 장소에 설치한 관제시설의 기기로 수신하여 도난·화재 등 위험발생을 방지하는 업무를 말한다(경비업법 제2조 제1호 라목). ④은 '특수경비업무'에 대한 설명이 아니라 '기계경비업무'에 관한 설명이다.

2017년 제19회 기출문제 (3번 문제)

4. 경비업법령상 '집단민원현장'에 해당하지 않는 것은?

① 행정대집행법에 따라 대집행을 하는 장소

② 대기업의 주주총회가 개최되고 있는 장소

③ 100명 이상의 사람이 모이는 문화 행사장

④ 노동조합 및 노동관계조정법에 따라 노동관계 당사자가 노동쟁의 조정신청을 한 사업장 또는 쟁의행위가 발생한 사업장

정답 ②

※ 해설
"주주총회와 관련하여 이해대립이 있어 다툼이 있는 장소"가 경비업법상 집단민원현장에 해당한다(경비업법 제2조 제5호 라목). 단순히 '대기업의 주주총회가 개최되고 있는 장소'가 아니라 '주주총회와 관련하여 이해대립이 있어 다툼이 있는 장소'가 집단민원현장에 해당한다.

2018년 제20회 기출문제 (14번 문제)

5. 경비업법령상 '집단민원현장'에 해당하지 않는 것은?

① 「노동조합 및 노동관계조정법」에 따라 노동관계 당사자가 노동쟁의 조정신청을 한 사업장 또는 쟁의행위가 발생한 사업장

② 특정 시설물의 설치와 관련하여 민원이 있는 장소

③ 주주총회와 관련하여 이해대립이 있어 다툼이 있는 장소

④ 「행정절차법」에 따라 대집행을 하는 장소

정답 ④

※ 해설
"「행정대집행법」에 따라 대집행을 하는 장소"가 경비업법상 집단민원현장에 해당한다(경비업법 제2조 제5호 사목). '행정절차법'이 아니라 '행정대집행법'이다.

노 도 특 주 부 100 행

집단민원현장이란 다음의 장소를 말한다(경비업법 제2조 제5호).

(1) **노**동조합 및 노동관계조정법」에 따라 노동관계 당사자가 노동쟁의 조정신청을 한 사업장 또는 쟁의행위가 발생한 사업장

(2) **도**시 및 주거환경정비법」에 따른 정비사업과 관련하여 이해대립이 있어 다툼이 있는 장소

(3) **특**정 시설물의 설치와 관련하여 민원이 있는 장소

(4) **주**주총회와 관련하여 이해대립이 있어 다툼이 있는 장소

(5) 건물·토지 등 **부**동산 및 동산에 대한 소유권·운영권·관리권·점유권 등 법적 권리에 대한 이해대립이 있어 다툼이 있는 장소

(6) **100**명 이상의 사람이 모이는 국제·문화·예술·체육 행사장

(7) 「**행**정대집행법」에 따라 대집행을 하는 장소

Chapter 1. 경비업법

제 2 장 경비업의 허가 등

✓ QR코드를 통해 유튜브(YouTube) 채널로 이동합니다.

Ⅰ. 경비업의 허가 (경비업법 제4조)

1. 경비업 허가의 주체와 객체

(1) 경비업 허가의 주체

경비업을 영위하고자 하는 법인은 도급받아 행하고자 하는 경비업무를 특정하여 그 법인의 주사무소의 소재지를 관할하는 지방경찰청장의 허가를 받아야 한다. 도급받아 행하고자 하는 경비업무를 변경하는 경우에도 또한 같다(경비업법 제4조 제1항). 경비업 허가의 주체는 지방경찰청장이다.

(2) 경비업 허가의 객체

경비업은 법인이 아니면 이를 영위할 수 없다(경비업법 제3조). 경비업 허가의 객체는 경비업 허가를 받은 법인이다.

2. 경비업 허가신청 절차

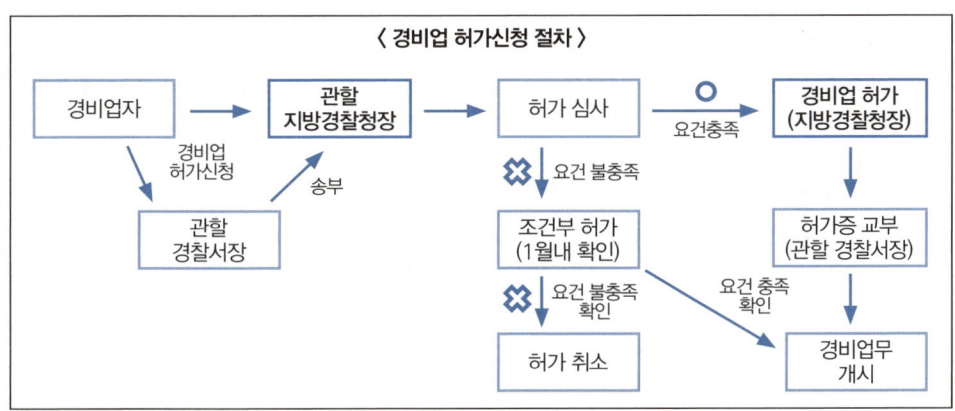

〈 경비업 허가신청 절차 〉

3. 신청서의 제출

(1) 신청서 서류첨부 및 제출

경비업의 허가를 받으려는 경우에는 허가신청서에, 경비업의 허가를 받은 법인(이하 "경비업자"라 한다)이 허가를 받은 경비업무를 변경하거나 새로운 경비업무를 추가하려는 경우에는 변경허가신청서에 행정안전부령으로 정하는 서류를 첨부하여 법인의 주사무소를 관할하는 지방경찰청장 또는 해당 지방경찰청 소속의 경찰서장에게 제출하여야 한다. 이 경우 신청서를 제출받은 경찰서장은 지체 없이 관할 지방경찰청장에게 보내야 한다(경비업법 시행령 제3조 제1항).

(2) 첨부서류 및 확인사항

1) 첨부서류

경비업의 허가를 받으려는 경우 또는 경비업자가 허가를 받은 경비업무를 변경하거나 새로운 경비업무를 추가하려는 경우에는 경비업 허가신청서 또는 변경허가신청서(전자문서로 된 신청서를 포함한다)에 다음의 서류(전자문서를 포함한다)를 첨부하여 법인의 주사무소를 관할하는 지방경찰청장 또는 해당 지방경찰청 소속의 경찰서장에게 제출하여야 한다. 이 경우 신청서를 제출받은 경찰서장은 지체 없이 관할 지방경찰청장에게 보내야 한다(경비업법 시행규칙 제3조 제1항).

> **정 이 확!**
>
> ① 법인의 **정**관 1부
> ② 법인 임원의 **이**력서 1부
> ③ 경비인력 · 시설 및 장비의 **확**보계획서 1부(경비업 허가의 신청시 이를 갖출 수 없는 경우에 한한다)

2) 확인사항

신청서를 제출받은 지방경찰청장은 「전자정부법」 제36조 제1항에 따른 행정정보의 공동이용을 통하여 법인의 등기사항증명서를 확인하여야 한다(경비업법 시행규칙 제3조 제2항).

(3) 제출서류 및 수수료

〈경비업법 시행규칙 [별지 제2호서식]-경비업(신규, 변경, 갱신)허가신청서〉

제출서류 (첨부서류)	**정 이 확 / 원 정 / 10000**

■ 경비업법 시행규칙 [별지 제2호서식]

<table>
<tr><th colspan="3">경비업(신규, 변경, 갱신)허가신청서</th></tr>
<tr><td rowspan="2">신청인
제출서류</td><td>1. 신규 · 변경 허가신청
가. 법인의 **정**관 1부
나. 법인 임원의 **이**력서 1부
다. 경비인력 · 시설 및 장비의 **확**보계획서 각 1부
(경비업의 허가를 신청하는 때에 갖출 수 없는 경우만 해당합니다)

2. 갱신 허가신청
가. 허가증 **원**본
나. **정**관 1부(변경사항이 있는 경우만 해당합니다)</td><td>수수료
10,000원</td></tr>
<tr><td colspan="2"></td></tr>
<tr><td>담당 공무원
확인사항</td><td colspan="2">법인의 등기사항증명서</td></tr>
</table>

4. 경비업의 시설 등의 기준

(1) 허가 요건(경비업법 제4조 제2항)

1) 허가를 받고자 하는 법인은 다음의 요건을 갖추어야 한다(경비업법 제4조 제2항).

① 대통령령으로 정하는 1억원 이상의 자본금의 보유(동항 제1호)

② 다음의 경비인력 요건(동항 제2호)

㉠ 시설경비업무: 경비원 20명 이상 및 경비지도사 1명 이상

㉡ 시설경비업무 외의 경비업무: 대통령령으로 정하는 경비 인력

③ 제2호의 경비인력을 교육할 수 있는 교육장을 포함하여 대통령령으로 정하는 시설과 장비의 보유(동항 제3호)

④ 그 밖에 경비업무 수행을 위하여 대통령령으로 정하는 사항(동항 제4호)

2) 허가 또는 신고의 절차, 신고의 기한 등 허가 및 신고에 관하여 필요한 사항은 대통령령으로 정한다(경비업법 제4조 제4항).

3) 허가 또는 변경허가 신청서를 제출하는 법인은 **[별표 1]**의 규정에 의한 경비인력 · 자본금 · 시설 및 장비를 갖추어야 한다(경비업법 시행령 제3조 제2항 본문).

■ 경비업법 시행령 [별표 1]

경비업의 시설 등의 기준(제3조제2항 관련)

시설등 기준 업무별	경비인력	자본금	시설	장비 등
시설 경비 업무	· 일반경비원 20명 이상 · 경비지도사 1명 이상	1억 원 이상	기준 경비인력 수 이상을 동시에 교육할 수 있는 교육장	· 기준 경비인력 수 이상의 경비원 복장 및 경적, 단봉, 분사기
호송 경비 업무	· 무술유단자인 일반경비원 5명 이상 · 경비지도사 1명 이상	1억 원 이상	기준 경비인력 수 이상을 동시에 교육할 수 있는 교육장	· **호송용 차량 1대 이상** · **현금호송백 1개 이상** · 기준 경비인력 수 이상의 경비원 복장 및 경적, 단봉, 분사기
신변 보호 업무	· 무술유단자인 일반경비원 5명 이상 · 경비지도사 1명 이상	1억 원 이상	기준 경비인력 수 이상을 동시에 교육할 수 있는 교육장	· 기준 경비인력 수 이상의 **무전기 등 통신장비** · 기준 경비인력 수 이상의 **경**적, **단봉**, **분사기**
기계 경비 업무	· 전자 · 통신 분야 기술자격증소지자 5명을 포함한 일반경비원 10명 이상 · 경비지도사 1명 이상	1억 원 이상	· 기준 경비인력 수 이상을 동시에 교육할 수 있는 교육장 · **관제시설**	· **감지장치 · 송신장치 및 수신장치** · **출장소별로 출동차량 2대 이상** · 기준 경비인력 수 이상의 경비원 복장 및 경적, 단봉, 분사기
특수 경비 업무	· 특수경비원 20명 이상 · 경비지도사 1명 이상	**3억 원 이상**	기준 경비인력 수 이상을 동시에 교육할 수 있는 교육장	· 기준 경비인력 수 이상의 경비원 복장 및 경적, 단봉, 분사기

* 비고
1. 자본금의 경우 하나의 경비업무에 대한 자본금을 갖춘 경비업자가 그 외의 경비업무를 추가로 하려는 경우 자본금을 갖춘 것으로 본다. 다만, 특수경비자 외의 자가 특수경비업무를 추가로 하려는 경우에는 이미 갖추고 있는 자본금을 포함하여 특수경비업무의 자본금 기준에 적합하여야 한다.
2. 교육장의 경우 하나의 경비업무에 대한 시설을 갖춘 경비업자가 그 외의 경비업무를 추가로 하려는 경우에는 경비인력이 더 많이 필요한 경비업무에 해당하는 교육장을 갖추어야 한다.
3. "무술유단자"란 「국민체육진흥법」 제33조에 따른 대한체육회에 가맹된 단체 또는 문화체육관광부에 등록된 무도 관련 단체가 무술유단자로 인정한 사람을 말한다.
4. "호송용 차량"이란 현금이나 그 밖의 귀중품의 운반에 필요한 견고성 및 안전성을 갖추고 무선통신시설 및 경보시설을 갖춘 자동차를 말한다.
5. "현금호송백"이란 현금이나 그 밖의 귀중품을 운반하기 위한 이동용 호송장비로서 경보시설을 갖춘 것을 말한다.
6. "전자 · 통신 분야 기술자격증소지자"란 「국가기술자격법」에 따라 전자 및 통신 분야에서 기술자격을 취득한 사람을 말한다.

시설 등 기준 \ 업무별	경비인력	자본금	시설	장비 등
시	20/1	1		
호	5/1	1		호송용차량: 1대 현금호송백: 1개 이상
신	5/1	1		기준 경비인력 수 이상의 무전기 등 통신장비 경 · 단 · 분
기	(5*10)/1	1	관제시설	감지 · 송신 · 수신 장치 출장소별 출동차량 2대 이상
특	20/1	3		

(2) 조건부 허가(1월 내 확인)

법인이 경비업의 허가 또는 변경허가를 신청하는 때에 [별표 1]의 규정에 의한 시설 등(자본금을 제외한다. 이하 이 항에서 같다)을 갖출 수 없는 경우에는 허가 또는 변경허가의 신청시 시설 등의 확보계획서를 제출한 후 허가 또는 변경허가를 받은 날부터 1월 이내에 [별표 1]의 규정에 의한 시설 등을 갖추고 지방경찰청장의 확인을 받아야 한다(경비업법 시행령 제3조 제2항 단서).

5. 허가의 제한

✓ QR코드를 통해 유튜브(YouTube) 채널로 이동합니다.

(1) 동일명칭 사용금지

누구든지 적법하게 허가를 받은 경비업체와 동일한 명칭으로 경비업 허가를 받을 수 없다(경비업법 제4조의2 제1항).

(2) 특정 사유로 경비업 허가 취소시 허가의 제한

1) 동일명칭 허가 제한(10년)

다음의 사유로 경비업체의 허가가 취소된 경우 허가가 취소된 날부터 10년이 지나지 아니한 때에는 누구든지 허가가 취소된 경비업체와 동일한 명칭으로 허가를 받을 수 없다(경비업법 제4조의2 제2항).

2) 변경불구 허가 제한(5년)

다음의 사유로 허가가 취소된 법인은 법인명 또는 임원의 변경에도 불구하고 허가가 취소된 날부터 5년이 지나지 아니한 때에는 허가를 받을 수 없다(경비업법 제4조의2 제3항).

19127 - 외 업 종 / 벗 행 자

① 경비업자는 허가받은 경비업무 외의 업무에 경비원을 종사하게 하여서는 아니된다(경비업법 제7조 제5항)는 규정을 위반하여 허가받은 경비업무 **외**의 **업**무에 경비원을 **종**사하게 한 때(경비업법 제19조 제1항 제2호)
② 누구든지 경비원으로 하여금 경비업무의 범위를 벗어난 행위를 하게 하여서는 아니된다(경비업법 제15조의2 제2항)는 규정을 위반하여 소속 경비원으로 하여금 경비업무의 범위를 **벗**어난 **행**위를 하게 한 때(者(**자**))(경비업법 제19조 제1항 제7호)

6. 허가의 절차

(1) 허가 심사대상

지방경찰청장은 허가 또는 변경허가의 신청을 받은 때에는 경비업을 영위하고자 하는 법인의 임원중 결격사유에 해당하는 자가 있는지의 유무, 경비인력·시설 및 장비의 확보 또는 확보가능성의 여부, 자본금과 대표자·임원의 경력 및 신용 등을 검토하여 허가여부를 결정하여야 한다(경비업법 시행령 제4조 제1항).

1) 임원 결격사유 여부
2) 대표자·임원의 경력 및 신용
3) 자본금
4) 경비인력·시설 및 장비의 확보 또는 확보가능성의 여부

(2) 임원의 결격사유(경비업법 제5조)

다음에 해당하는 자는 경비업을 영위하는 법인(제4호에 해당하는 자의 경우에는 특수경비업무를 수행하는 법인을 말하고, 제5호에 해당하는 자의 경우에는 허가취소사유에 해당하는 경비업무와 동종의 경비업무를 수행하는 법인을 말한다)의 임원이 될 수 없다.

피/파/금/대통령/이 법/외 벗/
(특) (동종) (동종에 X표시)
3   3   5

1) **피**성년후견인 또는 피한정후견인
2) **파**산선고를 받고 복권되지 아니한 자
3) **금**고 이상의 형의 선고를 받고 그 형이 실효되지 아니한 자
4) 이 법 또는 「**대통령** 등의 경호에 관한 법률」에 위반하여 벌금형의 선고를 받고 3년이 지나지 아니한 자
5) 이 법(제19조제1항제2호 및 제7호는 제외한다) 또는 **이 법**에 의한 명령에 위반하여 허가가 취소된 법인의 허가취소 당시의 임원이었던 자로서 그 취소 후 3년이 지나지 아니한 자
6) 제19조 제1항 제2호(**외**업종) 및 제7호(**벗**행자)의 사유로 허가가 취소된 법인의 허가취소 당시의 임원이었던 자로서 허가가 취소된 날부터 5년이 지나지 아니한 자

(3) 허가증 발급 및 재발급

1) 허가증 발급

지방경찰청장은 검토를 한 후 경비업을 허가하거나 변경허가를 한 경우에는 해당 법인의 주사무소를 관할하는 경찰서장을 거쳐 신청인에게 허가증을 발급하여야 한다(경비업법 시행령 제4조 제2항).

2) 허가증 재발급 및 첨부서류

경비업자는 경비업 허가증을 잃어버리거나 경비업 허가증이 못쓰게 된 경우에는 허가증 재교부신청서에 다음의 구분에 따른 서류를 첨부하여 법인의 주사무소를 관할하는 지방경찰청장 또는 해당 지방경찰청 소속의 경찰서장에게 재발급을 신청하여야 하고, 신청서를 제출받은 경찰서장은 지체 없이 관할 지방경찰청장에게 보내야 한다(경비업법 시행령 제4조 제3항).

① 허가증을 잃어버린 경우에는 그 사유서
② 허가증이 못쓰게 된 경우에는 그 허가증

3) 허가증 양식 등

경비업 허가 신청에 따른 허가증은 [**별지 제3호서식**]에 의하고, 허가증 재발급 신청에 따른 허가증 재교부 신청서는 [**별지 제4호서식**]에 의한다(경비업법 시행규칙 제4조 제1항 및 제2항).

■ 경비업법 시행규칙 [별지 제3호서식]
(앞 쪽)

제 호

허 가 증

1. 법인명칭
2. 소재지
3. 대표자성명
4. 주민등록번호
5. 주소
6. 허가경비업무

　경비업법 제4조제1항·제6조제2항의 규정에 의하여 위와 같이 허가합니다.

년 월 일

○○지방경찰청장 [인]

210mmX297mm
(보존용지(1종) 120g/m²)

(뒤 쪽)

연 월 일	변경신고사항	확 인 자

■ 경비업법 시행규칙 [별지 제4호서식]

허가증 재교부신청서

접수번호	접수일자	처리기간 7일

신청인	법인명칭		허가번호	
	주소지	(전화번호 :)		
	대표자		생년월일	
	주소			

「경비업법 시행령」 제4조제3항 및 「경비업법 시행규칙」 제4조제2항에 따라 위와 같이 경비업허가증의 재교부를 신청합니다.

년 월 일

신청인 (서명 또는 인)

○○ **지방경찰청장** 귀하

첨부서류	1. 사유서(허가증을 잃어버린 경우만 해당합니다) 2. 허가증(허가증이 못쓰게 된 경우만 해당합니다)	수수료 2,000원

처리절차

신청서 작성 → 접수 → 결재
(신청인)　(경찰서·지방청)　(경찰서·지방청)

210mmX297mm[백상지 80g/m²(재활용품)]

(4) 허가의 유효기간 등

1) 유효기간

경비업 허가의 유효기간은 허가받은 날부터 5년으로 한다(경비업법 제6조 제1항).

2) 허가의 갱신

① 유효기간이 만료된 후 계속하여 경비업을 하고자 하는 법인은 행정안전부령으로 정하는 바에 따라 갱신허가를 받아야 한다(경비업법 제6조 제2항).

② 경비업의 갱신허가를 받으려는 자는 허가의 유효기간 만료일 30일 전까지 별지 제2호서식의 경비업 갱신허가신청서(전자문서로 된 신청서를 포함한다)에 허가증 원본 및 정관(변경사항이 있는 경우만 해당한다)을 첨부하여 법인의 주사무소를 관할하는 지방경찰청장 또는 해당 지방경찰청 소속의 경찰서장에게 제출하여야 한다. 경비업 갱신허가신청서를 제출받은 경찰서장은 이를 지체 없이 관할지방경찰청장에게 보내야 한다(경비업법 시행규칙 제6조 제1항).

③ 신청서를 제출받은 지방경찰청장은 「전자정부법」 제36조 제1항에 따른 행정정보의 공동이용을 통하여 법인의 등기사항증명서를 확인하여야 한다(경비업법 시행규칙 제6조 제2항).

④ 지방경찰청장은 갱신허가를 하는 때에는 유효기간이 만료되는 허가증을 회수한 후 별지 제3호서식의 허가증을 교부하여야 한다(경비업법 시행규칙 제6조 제3항).

7. 경비업자 신고사항

(1) 신고사유

경비업의 허가를 받은 법인은 다음에 해당하는 때에는 지방경찰청장에게 신고하여야 한다(경비업법 제4조 제3항 제1호 내지 제6호).

① 영업을 폐업하거나 휴업한 때(7일 이내에)
② 법인의 명칭이나 대표자·임원을 변경한 때(30일 이내에)
③ 법인의 주사무소나 출장소를 신설·이전 또는 폐지한 때(30일 이내에))
④ 기계경비업무의 수행을 위한 관제시설을 신설·이전 또는 폐지한 때(30일 이내에)
⑤ 특수경비업무를 개시하거나 종료한 때(30일 이내에)
⑥ 그 밖에 대통령령이 정하는 중요사항(정관의 목적)을 변경한 때(30일 이내에)

(2) 신고에 관하여 필요한 사항(위임규정)

경비업의 허가 또는 신고의 절차, 신고의 기한 등 허가 및 신고에 관하여 필요한 사항은 대통령령으로 정한다(경비업법 제4조 제4항).

(3) 신고의 기한

1) 7일 이내 신고

① 폐업 신고

경비업자는 폐업을 한 경우에는 폐업을 한 날부터 7일 이내에 폐업신고서에 허가증을 첨부하여 법인의 주사무소를 관할하는 지방경찰청장 또는 해당 지방경찰청 소속의 경찰서장에게 제출하여야 한다. 이 경우 폐업신고서를 제출받은 경찰서장은 지체 없이 관할 지방경찰청장에게 보내야 한다(경비업법 시행령 제5조 제1항).

② 휴업 신고

㉠ 경비업자는 휴업을 한 경우에는 휴업한 날부터 7일 이내에 휴업신고서를 법인의 주사무소를 관할하는 지방경찰청장 또는 해당 지방경찰청 소속의 경찰서장에게 제출하여야 하고, 휴업신고서를 제출받은 경찰서장은 지체 없이 관할 지방경찰청장에게 보내야 한다(경비업법 시행령 제5조 제2항 1문).

㉡ 휴업종료 전 영업재개 또는 휴업기간 연장의 경우

이 경우 휴업신고를 한 경비업자가 신고한 휴업기간이 끝나기 전에 영업을 다시 시작하거나 신고한 휴업기간을 연장하려는 경우에는 영업을 다시 시작한 후 7일 이내에 또는 신고한 휴업기간이 끝난 후 7일 이내에 영업재개신고서 또는 휴업기간연장신고서를 제출하여야 한다(경비업법 시행령 제5조 제2항 2문).

2) 30일 이내 신고(경비업법 시행령 제5조 제5항)

경비업자는 다음의 사유가 발생한 날부터 30일 이내에 신고를 하여야 한다(경비업법 시행령 제5조 제5항).

① 법인의 명칭이나 대표자·임원을 변경한 때(경비업법 제4조 제3항 제2호)

② 법인의 주사무소나 출장소를 신설·이전 또는 폐지한 때(경비업법 제4조 제3항 제3호)

③ 기계경비업무의 수행을 위한 관제시설을 신설·이전 또는 폐지한 때(경비업법 제4조 제3항 제4호)

④ 특수경비업무를 개시하거나 종료한 때(경비업법 제4조 제3항 제5호)

⑤ 그 밖에 대통령령이 정하는 중요사항(정관의 목적)을 변경한 때(경비업법 제4조 제3항 제6호)

(4) 법인의 주사무소 또는 출장소의 신고

법인의 주사무소나 출장소를 신설·이전 또는 폐지한 때에(경비업법 제4조 제3항 제3호의 경우) 신고를 하여야 하는 출장소는 주사무소 외의 장소로서 일상적으로 일정 지역안의 경비업무를 지휘·총괄하는 영업거점인 지점·지사 또는 사업소 등의 장소로 한다(경비업법 시행령 제5조 제3항).

(5) 그 밖에 대통령령이 정하는 중요사항

경비업법 제4조 제3항 제6호에서 "그밖에 대통령령이 정하는 중요사항"이라 함은 정관의 목적을 말한다(경비업법 시행령 제5조 제4항).

(6) 신고양식 및 첨부서류

1) 신고양식

① 폐업신고 및 휴업신고 등

폐업신고서와 휴업신고서·영업재개신고서 및 휴업기간연장신고서는 [**별지 제5호서식**]에 의한다(경비업법 시행규칙 제5조 제1항).

② 특수경비업무의 개시 및 종료 신고

특수경비업무의 개시 또는 종료의 신고는 별지 제7호서식에 의한다(경비업법 시행규칙 제5조 제4항).

2) 첨부서류

법인의 명칭·대표자·임원, 주사무소·출장소나 정관의 목적이 변경되어 신고를 하는 경우에는 별지 제6호서식의 경비업 허가사항 등의 변경신고서(전자문서로 된 신고서를 포함한다)에 다음의 서류(전자문서를 포함한다)를 첨부하여 법인의 주사무소를 관할하는 지방경찰청장 또는 해당 지방경찰청 소속의 경찰서장에게 제출하여야 한다. 변경신고서를 제출받은 경찰서장은 이를 지체 없이 관할지방경찰청장에게 보내야 한다(경비업법 시행규칙 제5조 제2항).

① 명칭 변경의 경우: 허가증 원본

② 대표자 변경의 경우: 법인 대표자의 이력서 1부 및 허가증 원본

③ 임원 변경의 경우: 법인 임원의 이력서 1부

④ 주사무소 또는 출장소 변경의 경우: 허가증 원본

⑤ 정관의 목적 변경의 경우: 법인의 정관 1부

■ 경비업법 시행규칙 [별지 제6호서식]

신고인 제출서류

신고인 제출서류	1. 명칭 변경의 경우: 허가증 원본 2. 대표자 변경의 경우: 법인 대표자의 이력서 1부 및 허가증 원본 3. 임원 변경의 경우: 법인 임원의 이력서 1부 4. 주사무소 또는 출장소 변경의 경우: 허가증 원본 5. 정관의 목적 변경의 경우: 법인의 정관 1부	수수료 2,000원
담당 공무원 확인사항	법인의 등기사항증명서	

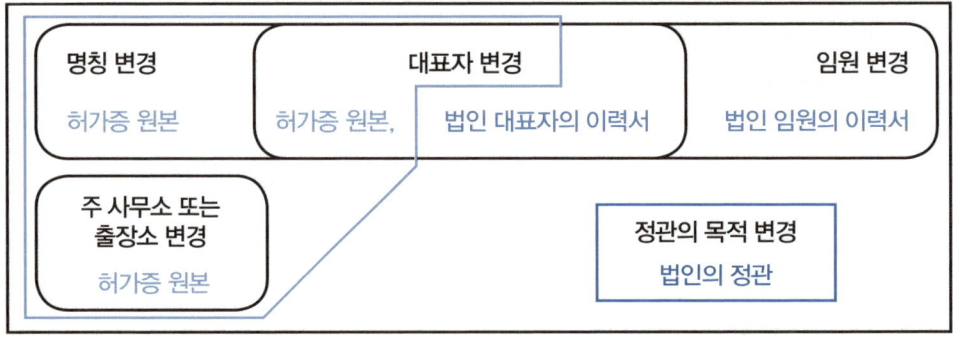

3) 확인사항

신고서를 제출받은 지방경찰청장은 「전자정부법」 제36조 제1항에 따른 행정정보의 공동이용을 통하여 법인의 등기사항증명서를 확인하여야 한다(경비업법 시행규칙 제5조 제3항).

(7) 특수경비업자의 업무개시전의 조치

1) 비밀취급인가

특수경비업무를 수행하는 경비업자(이하 "특수경비업자"라 한다)는 첫 업무개시의 신고를 하기 전에 지방경찰청장의 비밀취급인가를 받아야 한다(경비업법 시행령 제6조 제1항).

2) 보안측정 요청

지방경찰청장은 특수경비업자에게 비밀취급인가를 하고자 하는 때에는 특수경비업자로 하여금 경찰청장을 거쳐 국가정보원장에게 보안측정을 요청하도록 하여야 한다(경비업법 시행령 제6조 제2항).

3) 보안지도 · 점검 등

① 지방경찰청장은 대통령령이 정하는 바에 따라 특수경비업자에 대하여 보안지도 · 점검을 실시하여야 하고, 필요한 경우 관계기관에 보안측정을 요청하여야 한다(경비업법 제25조).

② 지방경찰청장은 특수경비업자에 대하여 연 2회 이상의 보안지도 · 점검을 실시하여야 한다(경비업법 시행령 제29조).

II. 경비업자 및 경비업무 도급인 등의 의무

✓ QR코드를 통해 유튜브(YouTube) 채널로 이동합니다.

1. (일반)경비업자의 의무

남성 / 선비 / 권업

(1) 권한남용 금지 의무

경비업자는 경비대상시설의 소유자 또는 관리자(이하 "시설주"라 한다)의 관리권의 범위안에서 경비업무를 수행하여야 하며, 다른 사람의 자유와 권리를 침해하거나 그의 정당한 활동에 간섭하여서는 아니된다(경비업법 제7조 제1항).

(2) 성실 의무

경비업자는 경비업무를 성실하게 수행하여야 하고, 도급을 의뢰받은 경비업무가 위법 또는 부당한 것일 때에는 이를 거부하여야 한다(경비업법 제7조 제2항).

(3) 권익보호 의무

경비업자는 불공정한 계약으로 경비원의 권익을 침해하거나 경비업의 건전한 육성과 발전을 해치는 행위를 하여서는 아니된다(경비업법 제7조 제3항).

(4) 비밀준수 의무

경비업자의 임 · 직원이거나 임 · 직원이었던 자는 다른 법률에 특별한 규정이 있는 경우를 제외하고는 그 직무상 알게 된 비밀을 누설하거나 다른 사람에게 제공하여 이용하도록 하는 등 부당한 목적을 위하여 사용하여서는 아니된다(경비업법 제7조 제4항).

(5) 업무영역 준수 의무

경비업자는 허가받은 경비업무외의 업무에 경비원을 종사하게 하여서는 아니된다(경비업법 제7조 제5항).

(6) 경비지도사 선임 의무

1) 경비업자는 집단민원현장에 경비원을 배치하는 때에는 경비지도사를 선임하고 그 장소에 배치하여 행정안전부령으로 정하는 바에 따라 경비원을 지도·감독하게 하여야 한다(경비업법 제7조 제6항).

2) 집단민원현장에 선임·배치된 경비지도사의 직무

경비업자는 집단민원현장에 선임·배치된 경비지도사로 하여금 다음의 직무를 수행하도록 하여야 한다(경비업법 시행규칙 제6조의 2).

① (법 제15조의2에 따른) 경비원 등의 의무 위반행위 예방 및 제지
② (법 제16조에 따른) 경비원의 복장 착용 등에 대한 지도·감독
③ (법 제16조의2에 따른) 경비원의 장비 휴대 및 사용에 대한 지도·감독
④ (법 제18조 제1항 단서에 따라) 집단민원현장에 비치된 경비원 명부의 관리

2. 기계경비업자의 의무

(1) 대응체제 구축의무

1) 대응체제

기계경비업무를 수행하는 경비업자(이하 "기계경비업자"라 한다)는 경비대상시설에 관한 경보를 수신한 때에는 신속하게 그 사실을 확인하는 등 필요한 대응조치를 취하여야 하며, 이를 위한 대응체제를 갖추어야 한다(경비업법 제8조).

2) 기계경비업자의 대응체제

기계경비업무를 수행하는 경비업자는 관제시설 등에서 경보를 수신한 때에는 경보를 수신한 때부터 늦어도 25분 이내에는 도착시킬 수 있는 대응체제를 갖추어야 한다(경비업법 시행령 제7조).

(2) 오경보의 방지 등

1) 오경보 방지를 위한 설명 등

① 기계경비업자는 경비계약을 체결하는 때에는 오경보를 막기 위하여 계약상대방에게 기기사용요령 및 기계경비운영체계 등에 관하여 설명하여야 하며, 각종 기기가 오작동되지 아니하도록 관리하여야 한다(경비업법 제9조 제1항).

② 기계경비업자가 계약상대방에게 하여야 하는 설명은 다음의 사항을 기재한 서면 또는 전자문서(이하 "서면등"이라 하며, 이 조에서 전자문서는 계약상대방이 원하는 경우에 한한다)를 교부하는 방법에 의한다(경비업법 시행령 제8조 제1항).
　㉠ 당해 기계경비업무와 관련된 관제시설 및 출장소(제5조제3항의 규정에 의한 출장소를 말한다. 이하 같다)의 명칭·소재지
　㉡ 기계경비업자가 경비대상시설에서 발생한 경보를 수신한 경우에 취하는 조치
　㉢ 기계경비업무용 기기의 설치장소 및 종류와 그밖의 기계장치의 개요
　㉣ 오경보의 발생원인과 송신기기의 유지·관리방법
③ 기계경비업자는 제1항 각호의 사항을 기재한 서면등과 함께 (법 제26조의 규정에 의한) 손해배상의 범위와 손해배상액에 관한 사항을 기재한 서면등을 계약상대방에게 교부하여야 한다(경비업법 시행령 제8조 제2항).

2) 기계경비업자의 관리 서류

① 기계경비업자는 대응조치 등 업무의 원활한 운영과 개선을 위하여 <u>대통령령</u>이 정하는 바에 따라 관련 서류를 작성·비치하여야 한다(경비업법 제9조 제2항).
② 기계경비업자는 출장소별로 다음의 사항을 기재한 서류를 갖추어 두어야 한다(경비업법 시행령 제9조 제1항).
　㉠ 경비대상시설의 명칭·소재지 및 경비계약기간
　㉡ 기계경비지도사의 명단·배치일자·배치장소와 출동차량의 대수
　㉢ 경보의 수신 및 현장도착 일시와 조치의 결과
　㉣ 오경보인 경우 오경보가 발생한 경비대상시설 및 그 오경보에 대한 조치의 결과
③ 제1항 제3호(경보의 수신 및 현장도착 일시와 조치의 결과) 및 제4호(오경보인 경우 오경보가 발생한 경비대상시설 및 그 오경보에 대한 조치의 결과)의 규정에 의한 사항을 기재한 서류는 당해 경보를 수신한 날부터 1년간 이를 보관하여야 한다(경비업법 시행령 제9조 제2항).

3. 특수경비업자의 의무

(1) 경비대행업자 신고의무

특수경비업무를 수행하는 경비업자(이하 "특수경비업자"라 한다)는 특수경비업무의 개시신고를 하는 때에는 국가중요시설에 대한 특수경비업무의 수행이 중단되는 경우 시설주의 동의를 얻어 다른 특수경비업자중에서 경비업무를 대행할 자(이하 "경비대행업자"라 한다)를 지정하여 허가관청에 신고하여야 한다. 경비대행업자의 지정을 변경하는 경우에도 또한 같다(경비업법 제7조 제7항).

(2) 대행업자 통보의무 및 경비업무 인수의무

특수경비업자는 국가중요시설에 대한 특수경비업무를 중단하게 되는 경우에는 미리 이를 경비대행업자에게 통보하여야 하며, 경비대행업자는 통보받은 즉시 그 경비업무를 인수하여야 한다. 이 경우 제7항의 규정(신고의무)은 경비대행업자에 대하여 이를 준용한다(경비업법 제7조 제8항).

(3) 겸업금지의무

1) 특수경비업자는 이 법에 의한 경비업과 경비장비의 제조·설비·판매업, 네트워크를 활용한 정보산업, 시설물 유지관리업 및 경비원 교육업 등 대통령령이 정하는 경비관련업외의 영업을 하여서는 아니된다(경비업법 제7조 제9항).

2) 특수경비업자가 할 수 있는 영업

① "경비장비의 제조·설비·판매업, 네트워크를 활용한 정보산업, 시설물 유지관리업 및 경비원 교육업 등 대통령령이 정하는 경비관련업"이란 다음의 영업을 말한다(경비업법 시행령 제7조의2 제1항).

㉠ [별표 1의2]에 따른 영업

㉡ '제1호(별표 1의2에 따른 영업)에 따른 영업에 부수되는 것으로서 경찰청장이 지정·고시하는 영업

② 영업의 범위에 관하여는 법 또는 이 영에 특별한 규정이 있는 경우를 제외하고는 「통계법」에 따라 통계청장이 고시하는 한국표준산업분류표에 따른다(경비업법 시행령 제7조의2 제2항).

③ **[별표 1의2] 에 따른 영업(특수경비업자가 할 수 있는 영업)**

■ 경비업법 시행령 [별표 1의2]

특수경비업자가 할 수 있는 영업(제7조의2제1항 관련)

분야	해당 영업
금속가공제품 제조업 (기계 및 가구 제외)	· 일반철물 제조업(자물쇠제조 등 경비 관련 제조업에 한정한다) · 금고 제조업
그 밖의 기계 및 장비제조업	· 분사기 및 소화기 제조업
전기장비 제조업	· 전기경보 및 신호장치 제조업
전자부품, 컴퓨터, 영상, 음향 및 통신장비 제조업	· 전자카드 제조업 · 통신 및 방송 장비 제조업 · 영상 및 음향기기 제조업
전문직별 공사업	· 소방시설 공사업 · 배관 및 냉 · 난방 공사업(소방시설 공사 등 방재 관련 공사에 한정한다) · 내부 전기배선 공사업 · 내부 통신배선 공사업
도매 및 상품중개업	· 통신장비 및 부품 도매업
통신업	· 전기통신업
부동산업	· 부동산 관리업
컴퓨터 프로그래밍, 시스템 통합 및 관리업	· 컴퓨터 프로그래밍 서비스업 · 컴퓨터시스템 통합 자문, 구축 및 관리업
건축기술, 엔지니어링 및 관련기술 서비스업	· 건축설계 및 관련 서비스업(소방시설 설계 등 방재 관련 건축설계에 한정한다) · 건물 및 토목엔지니어링 서비스업(소방공사 감리 등 방재 관련 서비스업에 한정한다)
사업시설 관리 및 조경 서비스업	· 사업시설 유지관리 서비스업 · 건물 산업설비 청소 및 방제 서비스업
사업지원 서비스업	· 인력공급 및 고용알선업 · 경비, 경호 및 탐정업
교육서비스업	· 직원훈련기관 · 그 밖의 기술 및 직업훈련학원(경비 관련 교육에 한정한다)
수리업	· 일반 기계 수리업 · 전기, 전자, 통신 및 정밀기기 수리업
창고 및 운송 관련 서비스업	· 주차장 운영업

4. 경비업무 도급인의 의무

(1) 도급제한 의무

누구든지 경비업 허가를 받지 아니한 자에게 경비업무를 도급하여서는 아니 된다 (경비업법 제7조의2 제1항).

(2) 직접고용금지 의무

① 원칙

누구든지 집단민원현장에 경비인력을 20명 이상 배치하려고 할 때에는 그 경비인력을 직접 고용하여서는 아니 되고, 경비업자에게 경비업무를 도급하여야 한다(경비업법 제7조의2 제2항 본문).

② 예외

다만, 시설주 등이 집단민원현장 발생 3개월 전까지 직접 고용하여 경비업무를 수행하는 피고용인의 경우에는 그러하지 아니하다(경비업법 제7조의2 제2항 단서).

(3) 채용관여 및 영향력 행사 금지 의무

1) 무자격자 및 부적격자 채용 금지

경비업무를 도급하는 자는 그 경비업무를 수급한 경비업자의 경비원 채용 시 무자격자나 부적격자 등을 채용하도록 관여하거나 영향력을 행사해서는 아니 된다(경비업법 제7조의2 제3항).

2) 무자격자 및 부적격자 등의 범위

무자격자 및 부적격자의 구체적인 범위 등은 대통령령으로 정한다(경비업법 제7조의2 제4항).

(4) 무자격자 및 부적격자의 구체적인 범위

다음의 경비업무를 도급하려는 자는 다음에 해당하는 사람을 그 경비업무를 수급한 경비업자의 경비원으로 채용하도록 관여하거나 영향력을 행사해서는 아니된다(경비업법 시행령 제7조의3).

① 시설경비업무, 신변보호업무(집단민원현장의 시설경비업무 또는 신변보호업무는 제외한다), 호송경비업무 또는 기계경비업무

㉠ 법 제10조 제1항(경비지도사 및 경비원의 결격사유)에 따라 경비지도사 또는 일반경비원이 될 수 없는 사람

    ⓒ 「아동ㆍ청소년의 성보호에 관한 법률」 제56조 제1항 제14호[3]에 따라 경비업무에 종사할 수 없는 사람
  ② 특수경비업무
    ㉠ 법 제10조 제2항(특수경비원의 결격사유)에 따라 특수경비원이 될 수 없는 사람
    ㉡ 「아동ㆍ청소년의 성보호에 관한 법률」 제56조 제1항 제14호에 따라 경비업무에 종사할 수 없는 사람
  ③ 집단민원현장의 시설경비업무 또는 신변보호업무
    ㉠ 법 제10조 제1항(경비지도사 및 경비원의 결격사유)에 따라 경비지도사 또는 일반경비원이 될 수 없는 사람
    ㉡ 법 제18조 제6항(집단민원현장 배치금지 경비원)에 따라 집단민원현장에 일반경비원으로 배치할 수 없는 사람
    ㉢ 「아동ㆍ청소년의 성보호에 관한 법률」 제56조 제1항 제14호에 따라 경비업무에 종사할 수 없는 사람

---

3) 제56조(아동ㆍ청소년 관련기관등에의 취업제한 등) ① 법원은 아동ㆍ청소년대상 성범죄 또는 성인대상 성범죄(이하 "성범죄"라 한다)로 형 또는 치료감호를 선고하는 경우(제11조제5항에 따라 벌금형을 선고받은 사람은 제외한다)에는 판결(약식명령을 포함한다. 이하 같다)로 그 형 또는 치료감호의 전부 또는 일부의 집행을 종료하거나 집행이 유예ㆍ면제된 날(벌금형을 선고받은 경우에는 그 형이 확정된 날)부터 일정기간(이하 "취업제한 기간"이라 한다) 동안 다음 각 호에 따른 시설ㆍ기관 또는 사업장(이하 "아동ㆍ청소년 관련기관등"이라 한다)을 운영하거나 아동ㆍ청소년 관련기관등에 취업 또는 사실상 노무를 제공할 수 없도록 하는 명령(이하 "취업제한 명령"이라 한다)을 성범죄 사건의 판결과 동시에 선고(약식명령의 경우에는 고지)하여야 한다. 다만, 재범의 위험성이 현저히 낮은 경우, 그 밖에 취업을 제한하여서는 아니 되는 특별한 사정이 있다고 판단하는 경우에는 그러하지 아니한다.
14. 「경비업법」 제2조제1호의 경비업을 행하는 법인. 이 경우 경비업무에 직접 종사하는 사람에 한정한다(아동ㆍ청소년의 성보호에 관한 법률 제56조 제1항 제14호).

>>> 실전적용문제

2018년 제20회 기출문제 (21번 문제)

1. 경비업법령상 경비업의 허가에 관한 설명으로 옳지 않은 것은?

① 경비업 허가신청서는 법인의 주사무소를 관할하는 지방경찰청장 또는 해당 지방경찰청 소속의 경찰서장에게 제출하여야 한다.

② 경비업 허가의 유효기간은 허가 받은 날부터 5년으로 한다.

③ 법인의 명칭을 변경할 때에는 그 법인의 주사무소의 소재지를 관할하는 지방경찰청장의 허가를 받아야 한다.

④ 경비업 허가의 유효기간이 만료된 후 계속하여 경비업을 하고자 하는 법인은 행정안전부령이 정하는 바에 따라 갱신허가를 받아야 한다.

정답 ③

※ 해설

경비업의 허가를 받은 법인이 법인의 명칭을 변경하는 때에는 지방경찰청장에게 신고하여야 한다(경비업법 제4조 제3항 제2호). 법인의 명칭 변경은 '허가사항'이 아니라 '신고사항'에 해당한다.

> 경비업의 허가를 받은 법인은 다음 각호의 1에 해당하는 때에는 지방경찰청장에게 신고하여야 한다(경비업법 제4조 제3항).
> 1. 영업을 폐업하거나 휴업한 때
> 2. 법인의 명칭이나 대표자·임원을 변경한 때
> 3. 법인의 주사무소나 출장소를 신설·이전 또는 폐지한 때
> 4. 기계경비업무의 수행을 위한 관제시설을 신설·이전 또는 폐지한 때
> 5. 특수경비업무를 개시하거나 종료한 때
> 6. 그 밖에 대통령령이 정하는 중요사항을 변경한 때

2017년 제19회 기출문제 (23번 문제)

2. 경비업법상 허가와 관련된 내용이다. (　) 안에 들어갈 숫자의 합은?

> ○ 시설경비업무의 경비업을 영위하기 위해서는 경비원 (㉠)명 이상 및 경비지도사 (㉡)명 이상을 두어야 한다.
> ○ 경비업 허가의 유효기간은 허가받은 날부터 (㉢)년으로 한다.
> ○ 집단민원현장에 경비인력을 (㉣)명 이상 배치하려고 할 때에는 그 경비인력을 직접 고용하여서는 아니 되고, 경비업자에게 경비업무를 도급하여야 한다. 다만, 시설주 등이 집단민원현장 발생 (㉤)개월 전까지 직접 고용하여 경비업무를 수행하는 피고용인의 경우에는 그러하지 아니한다.

① 38　　② 42　　③ 45　　④ 49

정답 ④

※ 해설
20 + 1 + 5 + 20 + 3 = 49
○ 시설경비업무의 경비업을 영위하기 위해서는 일반경비원 "20명" 이상, 경비지도사 "1명" 이상을 두어야 한다.
○ 경비업 허가의 유효기간은 허가받은 날부터 "5년"으로 한다(경비업법 제6조 제1항).
○ 누구든지 집단민원현장에 경비인력을 "20명"이 배치하려고 할 때에는 그 경비인력을 직접 고용하여서는 아니 되고, 경비업자에게 경비업무를 도급하여야 한다. 다만, 시설주 등이 집단민원현장 발생 "3"개월 전까지 직접 고용하여 경비업무를 수행하는 피고용인의 경우에는 그러하지 아니하다(경비업법 제7조의2 제2항).

2015년 제17회 기출문제 (3번 문제)

3. 경비업법상 허가사항에 해당하는 것은?

① 경비업의 허가를 받은 법인이 영업을 폐업한 때
② 경비업의 허가를 받은 법인이 영업을 휴업한 때
③ 경비업의 허가를 받은 법인이 임원을 변경한 때
④ 경비업의 허가를 받은 법인이 경비업무를 변경하는 경우

정답 ④

※ 해설
경비업의 허가를 받은 법인이 허가를 받은 경비업무를 변경하거나 새로운 경비업무를 추가하려는 경우에는 변경허가신청서에 행정안전부령으로 정하는 서류를 첨부하여 법인의 주사무소를 관할하는 지방경찰청장 또는 해당 지방경찰청 소속의 경찰서장에게 제출하여야 한다(경비업법 시행령 제3조 제1항). ①, ②, ③은 경비업자의 신고사항에 해당한다(경비업법 제4조 제3항 제1호 및 2호).

2015년 제17회 기출문제 (2번 문제)

4. 경비업법령상 경비업의 시설 등의 기준에 따라 기계경비업 허가신청서를 제출하는 법인이 출장소를 서울, 인천, 대전의 3곳에 두려고 하는 경우에 최종적으로 갖추어야 할 출동차량은 최소 몇 대인가?

① 3대
② 6대
③ 9대
④ 12대

정답 ②

※ 해설
출동차량은 출장소별로 출동차량 2대 이상이 필요하다(경비업법 시행령 [별표 1]).

기계경비업무	· '전자 · 통신 분야 기술자 격증소지자 5명을 포함한 일반경비원 10명 이상 · 경비지도사 1명 이상	1억원 이상	· 기준 경비인력 수 이상을 동시에 교육할 수 있는 교육장 · 관제시설	· 감지장치 · 송신장치 및 수신장치 · 출장소별로 출동차량 2대 이상 · 기준 경비인력 수 이상의 경비원 복장 및 경적, 단봉, 분사기

2017년 제19회 기출문제 (5번 문제)

5. 경비업법령상 경비업의 허가요건으로 옳은 것을 모두 고른 것은?

㉠. 시설경비업무와 특수경비업무를 겸업하고자 하는 경우 자본금은 1억 원 이상을 보유하여야 한다.
㉡. 호송경비업무의 장비 등의 기준은 호송용 차량 1대 이상, 현금호송백 1개 이상, 기준 경비인력 수 이상의 경비원 복장 및 경적, 단봉, 분사기가 구비되어야 한다.
㉢. 기계경비업무의 시설은 기준 경비인력 이상을 동시에 교육할 수 있는 교육장·관제시설이 있어야 한다.
㉣. 기계경비업무의 경비인력은 전자·통신 분야 기술자격증소지자 3명을 포함한 일반경비원 10명 이상, 경비지도사 1명 이상이 있어야 한다.
㉤. 특수경비업자 외의 자가 특수경비업무를 추가하려는 경우에는 이미 갖추고 있는 자본금을 포함하여 특수경비업무의 자본금 기준에 적합하여야 한다.

① ㉠, ㉡, ㉢
② ㉠, ㉣, ㉤
③ ㉡, ㉢, ㉣
④ ㉡, ㉢, ㉤

정답 ④

※ 해설
㉠ 특수경비업자 외의 자가 특수경비업무를 추가로 하려는 경우에는 이미 갖추고 있는 자본금을 포함하여 특수경비업무의 자본금 기준에 적합하여야 한다. 즉, 시설경비업무의 자본금 기준인 '1억 원 이상'이 아니라 특수경비업무의 자본금 기준인 '3억 원 이상'을 보유하여야 한다.
㉣ 기계경비업무의 경비인력은 전자·통신 분야 기술자격증소지자 5명을 포함한 일반경비원 10명 이상, 경비지도사 1명 이상이 있어야 한다. '기술자격증소지자 3명'이 아니라 '5명'이어야 한다.
㉡ 호송경비업무의 장비 등의 기준은 호송용 차량 1대 이상, 현금호송백 1개 이상, 기준 경비인력 수 이상의 경비원 복장 및 경적, 단봉, 분사기가 구비되어야 한다.
㉢ 기계경비업무의 시설은 기준 경비인력 수 이상을 동시에 교육할 수 있는 교육장, 관제시설이 있어야 한다.
㉤ 특수경비업자 외의 자가 특수경비업무를 추가하려는 경우에는 이미 갖추고 있는 자본금을 포함하여 특수경비업무의 자본금 기준에 적합하여야 한다.

■ 경비업법 시행령 [별표 1]

경비업의 시설 등의 기준(제3조제2항 관련)

시설 등 기준 업무별	경비인력	자본금	시설	장비 등
시설 경비 업무	· 일반경비원 20명 이상 · 경비지도사 1명 이상	1억원 이상	기준 경비인력 수 이상을 동시에 교육할 수 있는 교육장	· 기준 경비인력 수 이상의 경비원 복장 및 경적, 단봉, 분사기
호송 경비 업무	· 무술유단자인 일반경비원 5명 이상 · 경비지도사 1명 이상	1억원 이상	기준 경비인력 수 이상을 동시에 교육할 수 있는 교육장	· 호송용 차량 1대 이상 · 현금호송백 1개 이상 · 기준 경비인력 수 이상의 경비원 복장 및 경적, 단봉, 분사기
신변 보호 업무	· 무술유단자인 일반경비원 5명 이상 · 경비지도사 1명 이상	1억원 이상	기준 경비인력 수 이상을 동시에 교육할 수 있는 교육장	· 기준 경비인력 수 이상의 무전기 등 통신장비 · 기준 경비인력 수 이상의 경적, 단봉, 분사기
기계 경비 업무	· 전자 · 통신 분야 기술자격증소지자 5명을 포함한 일반경비원 10명 이상 · 경비지도사 1명 이상	1억원 이상	· 기준 경비인력 수 이상을 동시에 교육할 수 있는 교육장 · 관제시설	· 감지장치 · 송신장치 및 수신장치 · 출장소별로 출동차량 2대 이상 · 기준 경비인력 수 이상의 경비원 복장 및 경적, 단봉, 분사기
특수 경비 업무	· 특수경비원 20명 이상 · 경비지도사 1명 이상	3억원 이상	기준 경비인력 수 이상을 동시에 교육할 수 있는 교육장	· 기준 경비인력 수 이상의 경비원 복장 및 경적, 단봉, 분사기

* 비고
1. 자본금의 경우 하나의 경비업무에 대한 자본금을 갖춘 경비업자가 그 외의 경비업무를 추가로 하려는 경우 자본금을 갖춘 것으로 본다. 다만, 특수경비업자 외의 자가 특수경비업무를 추가로 하려는 경우에는 이미 갖추고 있는 자본금을 포함하여 특수경비업무의 자본금 기준에 적합하여야 한다.
2. 교육장의 경우 하나의 경비업무에 대한 시설을 갖춘 경비업자가 그 외의 경비업무를 추가로 하려는 경우에는 경비인력이 더 많이 필요한 경비업무에 해당하는 교육장을 갖추어야 한다.
3. "무술유단자"란 「국민체육진흥법」 제33조에 따른 대한체육회에 가맹된 단체 또는 문화체육관광부에 등록된 무도 관련 단체가 무술유단자로 인정한 사람을 말한다.
4. "호송용 차량"이란 현금이나 그 밖의 귀중품의 운반에 필요한 견고성 및 안전성을 갖추고 무선통신시설 및 경보시설을 갖춘 자동차를 말한다.
5. "현금호송백"이란 현금이나 그 밖의 귀중품을 운반하기 위한 이동용 호송장비로서 경보시설을 갖춘 것을 말한다.
6. "전자 · 통신 분야 기술자격증소지자"란 「국가기술자격법」에 따라 전자 및 통신 분야에서 기술자격을 취득한 사람을 말한다.

업무별 \ 시설 등 기준	경비인력	자본금	시설	장비 등
시	20/1	1		
호	5/1	1		호송용 차량: 1대 현금호송백: 1개 이상
신	5/1	1		기준 경비인력 수 이상의 무전기 등 통신장비 경·단·분
기	(5*10)/1	1	관제시설	감지·송신·수신 장치 출장소별 출동차량 2대 이상
특	20/1	3		

2019년 제21회 기출문제 (11번 문제)

6. 경비업법령상 경비업을 영위하는 법인의 임원이 될 수 없는 자는?

① 파산선고를 받고 복권된 지 3년이 지나지 아니한 갑(甲)

② 금고 이상의 형의 선고를 받고 그 형이 실효된 후 3년이 지난 을(乙)

③ 「대통령 등의 경호에 관한 법률」에 위반하여 벌금형의 선고를 받은 후 1년이 지나지 않고 특수경비업무를 수행하는 법인의 임원이 되려는 병(丙)

④ 「경비업법」을 위반하여 벌금형의 선고를 받고 3년이 지난 후 특수경비업무를 수행하는 법인의 임원이 되려는 정(丁)

정답 ③

※ 해설
'경비업법 또는 대통령 등의 경호에 관한 법률에 위반하여 벌금형의 선고를 받고 3년이 지나지 아니한 자'는 특수경비업무를 수행하는 법인의 임원 결격사유에 해당한다(경비업법 제5조 제4호).
①, ②, ④은 경비업을 영위하는 법인의 임원의 결격사유에 해당하지 않는다.

2017년 제19회 기출문제 (1번 문제)

7. 경비업법상 법인임원의 결격사유에 해당하는 것은?

① 파산선고를 받고 복권된 자

② 금고 이상의 형의 선고를 받고 그 형이 실효된 자

③ 대통령 등의 경호에 관한 법률에 위반하여 벌금형의 선고를 받고 3년이 경과된 자

④ 경비업법에 의한 명령에 위반하여 허가가 취소된 법인의 허가취소 당시 임원이었던 자로서 그 허가 취소 후 3년이 경과되지 아니한 자

정답 ④

※ 해설
'경비업법에 의한 명령에 위반하여 허가가 취소된 법인의 허가취소 당시 임원이었던 자로서 그 허가 취소 후 3년이 경과되지 아니한 자'는 임원 결격사유에 해당한다(경비업법 제5조 제5호).
①, ②, ③은 임원의 결격사유에 해당하지 않는다.

임원의 결격사유(경비업법 제5조)

다음에 해당하는 자는 경비업을 영위하는 법인(제4호에 해당하는 자의 경우에는 특수경비업무를 수행하는 법인을 말하고, 제5호에 해당하는 자의 경우에는 허가취소사유에 해당하는 경비업무와 동종의 경비업무를 수행하는 법인을 말한다)의 임원이 될 수 없다.
1) 피성년후견인 또는 피한정후견인
2) 파산선고를 받고 복권되지 아니한 자
3) 금고 이상의 형의 선고를 받고 그 형이 실효되지 아니한 자
4) 이 법 또는「대통령 등의 경호에 관한 법률」에 위반하여 벌금형의 선고를 받고 3년이 지나지 아니한 자
5) 이 법(제19조제1항제2호 및 제7호는 제외한다) 또는 이 법에 의한 명령에 위반하여 허가가 취소된 법인의 허가취소 당시의 임원이었던 자로서 그 취소 후 3년이 지나지 아니한 자
6) 제19조 제1항 제2호(외업종) 및 제7호(벗행자)의 사유로 허가가 취소된 법인의 허가취소 당시의 임원이었던 자로서 허가가 취소된 날부터 5년이 지나지 아니한 자

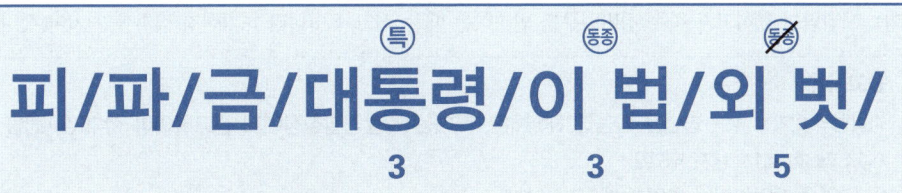

2018년 제20회 기출문제 (27번 문제)

8. 경비업법령상 2018년 11월 16일을 기준으로 특수경비업무를 수행하는 법인의 임원이 될 수 없는 자는? (단, 경비업법 제19조 제1항 제2호 및 제7호는 제외)

① 2015년 11월 14일 파산선고를 받고 2018년 11월 14일 복권된 자
② 호송경비업무를 수행하던 법인이 경비업법에 의한 명령에 위반하여 2015년 11월 14일 허가가 취소된 경우 해당 법인의 허가 취소 당시의 임원이었던 자
③「대통령 등의 경호에 관한 법률」을 위반하여 2015년 11월 14일에 벌금형의 선고를 받은 자
④ 2015년 11월 14일 상해죄로 징역 1년에 집행유예 3년의 형을 선고 받고 그 형이 실효되지 아니한 자

정답 ④

※ 해설
'금고 이상의 형의 선고를 받고 그 형이 실효되지 아니한 자'는 법인 임원의 결격사유에 해당한다 (경비업법 제4조 제3호).
①, ②, ③은 특수경비업무를 수행하는 법인의 임원이 될 수 있다.

2016년 제18회 기출문제 (3번 문제)

9. 경비업법상 경비업 허가를 받은 법인이 지방경찰청장에게 신고해야 하는 경우가 아닌 것은?

① 영업을 폐업한 때

② 도급받아 행하고자 하는 경비업무를 변경하는 때

③ 법인의 주사무소를 이전한 때

④ 특수경비업무를 개시한 때

정답 ②

※ 해설

경비업 허가를 받은 법인이 허가를 받은 경비업무를 변경하거나 새로운 경비업무를 추가하려는 경우에는 변경허가신청서에 행정안전부령으로 정하는 서류를 첨부하여 법인의 주사무소를 관할하는 지방경찰청장 또는 해당 지방경찰청 소속의 경찰서장에게 제출하여야 한다(경비업법 시행령 제3조 제1항). '도급받아 행하고자 하는 경비업무를 변경하는 때'는 신고가 아니라 허가신청 절차를 거쳐야 한다.

신고사유

경비업의 허가를 받은 법인은 다음에 해당하는 때에는 지방경찰청장에게 신고하여야 한다(경비업법 제4조 제3항 제1호 내지 제6호).

① 영업을 폐업하거나 휴업한 때(7일 이내에)

② 법인의 명칭이나 대표자 · 임원을 변경한 때(30일 이내에)

③ 법인의 주사무소나 출장소를 신설 · 이전 또는 폐지한 때(30일 이내에)

④ 기계경비업무의 수행을 위한 관제시설을 신설 · 이전 또는 폐지한 때(30일 이내에)

⑤ 특수경비업무를 개시하거나 종료한 때(30일 이내에)

⑥ 그 밖에 대통령령이 정하는 중요사항(정관의 목적)을 변경한 때(30일 이내에)

2019년 제21회 기출문제 (15번 문제)

10. 경비업법령상 경비업의 폐업 또는 휴업 등의 신고에 관한 설명으로 옳지 <u>않은</u> 것은?

① 경비업자는 폐업을 한 경우에는 폐업을 한 날로부터 7일 이내에 신고하여야 한다.

② 경비업자는 휴업을 한 경우에는 7일 이내에 신고하여야 한다.

③ 휴업신고를 한 경비업자가 신고한 휴업기간이 끝나기 전에 영업을 다시 시작하려는 경우에는 영업을 다시 시작하기 전 7일 이내에 영업재개신고서를 제출하여야 한다.

④ 경비업자는 특수경비업무를 개시하거나 종료한 때에는 개시 또는 종료한 날부터 30일 이내에 신고하여야 한다.

정답 ③

※ 해설
영업을 '다시 시작하기 전'이 아닌 '다시 시작한 후' 7일 이내에 영업재개신고서를 제출하여야 한다 (경비업법 제5조 제2항 제2문).

2017년 제19회 기출문제 (3번 문제)

11. 경비업법령상 경비업자의 신고 등에 관한 설명으로 옳지 않은 것은?

① 특수경비업무를 개시한 때에는 개시한 날부터 30일 이내에 지방경찰청장에게 신고하여야 한다.

② 법인의 대표자·임원을 변경한 때에는 변경한 날로부터 30일 이내에 지방경찰청장에게 신고하여야 한다.

③ 기계경비업무의 수행을 위한 관제시설을 이전한 때에는 이전한 날로부터 30일 이내에 관할경찰서장에게 신고하여야 한다.

④ 경비업을 폐업한 경우에는 폐업을 한 날부터 7일 이내에 폐업신고서에 허가증을 첨부하여 법인의 주사무소를 관할하는 지방경찰청 소속의 경찰서장에게 제출하여야 한다.

정답 ③

※ 해설
'관할경찰서장'이 아닌 '지방경찰청장'에게 신고하여야 한다.

신고사유(경비업법 제4조 제3항)
경비업의 허가를 받은 법인은 다음에 해당하는 때에는 지방경찰청장에게 신고하여야 한다(경비업법 제4조 제3항 제1호 내지 제6호).
① 영업을 폐업하거나 휴업한 때(7일 이내에)
② 법인의 명칭이나 대표자·임원을 변경한 때(30일 이내에)
③ 법인의 주사무소나 출장소를 신설·이전 또는 폐지한 때(30일 이내에)
④ 기계경비업무의 수행을 위한 관제시설을 신설·이전 또는 폐지한 때(30일 이내에)
⑤ 특수경비업무를 개시하거나 종료한 때(30일 이내에)
⑥ 그 밖에 대통령령이 정하는 중요사항(정관의 목적)을 변경한 때(30일 이내에)

30일 이내 신고(경비업법 시행령 제5조 제5항)
경비업자는 다음의 사유가 발생한 날부터 30일 이내에 신고를 하여야 한다(경비업법 시행령 제5조 제5항).
① 법인의 명칭이나 대표자·임원을 변경한 때(경비업법 제4조 제3항 제2호)
② 법인의 주사무소나 출장소를 신설·이전 또는 폐지한 때(경비업법 제4조 제3항 제3호)
③ 기계경비업무의 수행을 위한 관제시설을 신설·이전 또는 폐지한 때(경비업법 제4조 제3항 제4호)
④ 특수경비업무를 개시하거나 종료한 때(경비업법 제4조 제3항 제5호)
⑤ 그 밖에 대통령령이 정하는 중요사항(정관의 목적)을 변경한 때(경비업법 제4조 제3항 제6호)

2019년 제21회 기출문제 (10번 문제)

12. 경비업법령상 경비업자의 의무에 관한 설명으로 옳은 것은?

① 경비업자는 허가받은 경비업무외의 업무에 경비원을 종사하게 하는 경우 관할경찰서장에게 보고하여야 한다.

② 경비업자는 도급을 의뢰받은 경비업무가 위법 또는 부당한 것일 때에는 이를 거부하여야 한다.

③ 경비업자는 경비대상시설의 소유자 또는 관리자의 관리권의 범위와 상관없이 독립적으로 경비업무를 수행하여야 한다.

④ 특수경비업자는 부동산 관리업을 할 수 없다.

정답 ②

※ 해설

경비업자는 도급을 의뢰받은 경비업무가 위법 또는 부당한 것일 때에는 이를 거부하여야 한다(경비업법 제7조 제2항).

① 경비업자는 허가받은 경비업무외의 업무에 경비원을 종사하게 하여서는 아니된다(경비업법 제7조 제5항).

③ 경비업자는 경비대상시설의 소유자 또는 관리자의 관리권의 범위안에서 경비업무를 수행하여야 하며, 다른 사람의 자유와 권리를 침해하거나 그의 정당한 활동에 간섭하여서는 아니된다. '관리권의 범위와 상관없이 독립적으로'가 아니라 '관리권의 범위안에서'이다(경비업법 제7조 제1항).

④ '부동산 관리업'은 특수경비업자가 할 수 있는 영업에 해당한다(경비업법 시행령 제7조의2 제1항 제1호에 따른 경비업법 시행령 [별표 1의2]).

남 성 / 선 비 / 권 업

2014년 제16회 기출문제 (3번 문제)

13. 경비업법령상 경비업자 및 경비업무 도급인 등의 의무에 관한 설명으로 옳은 것은?

① 경비업자는 경비업무에 해당하는 한, 시설주의 관리권의 범위를 넘어 경비업무를 수행할 수 있다.

② 경비업자는 도급을 의뢰받은 경비업무가 부당하더라도 위법하지 않는 한, 이를 거부할 수 없다.

③ 특수경비업자는 국가중요시설에 대한 특수경비업무를 중단하게 되는 경우에는 미리 이를 경비대행업자에게 통보해야 한다.

④ 누구든지 집단민원현장에 경비인력을 10명 이상 배치하려고 할 때에는 경비업자에게 경비업무를 도급해야 한다.

정답 ③

※ 해설
특수경비업자는 국가중요시설에 대한 특수경비업무를 중단하게 되는 경우에는 미리 이를 경비대행업자에게 통보하여야 한다(경비업법 제7조 제8항).
① 경비업자는 경비대상시설의 소유자 또는 관리자의 관리권의 범위안에서 경비업무를 수행하여야 하며, 다른 사람의 자유와 권리를 침해하거나 그의 정당한 활동에 간섭하여서는 아니된다(경비업법 제7조 제1항). 시설주의 관리권의 범위를 넘을 수 없다.
② 경비업자는 경비업무를 성실하게 수행하여야 하고, 도급을 의뢰받은 경비업무가 위법 또는 부당한 것일 때에는 이를 거부하여야 한다(경비업법 제7조 제2항). 도급을 의뢰받은 경비업무가 위법하지 않고 부당한 경우라도 이를 거부하여야 한다.
④ 누구든지 집단민원현장에 경비인력을 20명 이상 배치하려고 할 때에는 그 경비인력을 직접 고용하여서는 아니 되고, 경비업자에게 경비업무를 도급하여야 한다(경비업법 제7조의2 제2항). '10명 이상'이 아니라 '20명 이상'이다.

2018년 제20회 기출문제 (16번 문제)

14. 경비업법령상 기계경비업자의 기계경비업무에 관한 설명으로 옳지 않은 것은?

① 경비계약을 체결하는 때에는 오경보를 막기 위하여 계약상대방에게 기기사용요령 및 기계경비운영체계 등에 관하여 설명하여야 한다.
② 관제시설 등에서 경보를 수신한 때에는 정보를 수신한 때부터 늦어도 25분 이내에는 도착시킬 수 있는 대응체제를 갖추어야 한다.
③ 기계경비업무의 수행을 위한 관제시설의 이전에 관해서는 지방경찰청장의 허가를 받아야 한다.
④ 출장소별로 경보의 수신 및 현장 도착 일시와 조치의 결과를 기재한 서류를 당해 경보를 수신한 날로부터 1년간 이를 보관하여야 한다.

정답 ③

※ **해설**
'기계경비업무의 수행을 위한 관제시설을 신설·이전 또는 폐지한 때'는 지방경찰청장에게 신고하여야 한다. '허가'가 아닌 '신고'이다.
① 경비업법 제9조 제1항
② 경비업법 시행령 제7조
④ 경비업법 시행령 제9조 제2항

신고사유(경비업법 제4조 제3항)
경비업의 허가를 받은 법인은 다음에 해당하는 때에는 지방경찰청장에게 신고하여야 한다(경비업법 제4조 제3항 제1호 내지 제6호).
① 영업을 폐업하거나 휴업한 때(7일 이내에)
② 법인의 명칭이나 대표자·임원을 변경한 때(30일 이내에)
③ 법인의 주사무소나 출장소를 신설·이전 또는 폐지한 때(30일 이내에)
④ 기계경비업무의 수행을 위한 관제시설을 신설·이전 또는 폐지한 때(30일 이내에)
⑤ 특수경비업무를 개시하거나 종료한 때(30일 이내에)
⑥ 그 밖에 대통령령이 정하는 중요사항(정관의 목적)을 변경한 때(30일 이내에)

2016년 제18회 기출문제 (26번 문제)

15. 경비업법령상 기계경비업자가 출장소별로 갖추어 두어야 하는 서류가 아닌 것은?

① 경비대상시설의 명칭·소재지 및 경비계약기간을 기재한 서류

② 기계경비지도사의 명단·배치일자·배치장소와 출동차량의 대수를 기재한 서류

③ 가입고객의 주민등록번호 등 개인정보를 기재한 서류

④ 경보의 수신 및 현장도착 일시와 조치의 결과를 기재한 서류

정답 ③

※ 해설
'가입고객의 주민등록번호 등 개인정보를 기재한 서류'는 기계경비업자가 출장소별로 갖추어 두어야 하는 서류에 해당하지 않는다.

기계경비업자의 관리 서류(경비업법 시행령 제9조 제1항)
기계경비업자는 출장소별로 다음의 사항을 기재한 서류를 갖추어 두어야 한다(경비업법 시행령 제9조 제1항).
① 경비대상시설의 명칭·소재지 및 경비계약기간
② 기계경비지도사의 명단·배치일자·배치장소와 출동차량의 대수
③ 경보의 수신 및 현장도착 일시와 조치의 결과
④ 오경보인 경우 오경보가 발생한 경비대상시설 및 그 오경보에 대한 조치의 결과

2015년 제17회 기출문제 (6번 문제)

16. 경비업법령상 기계경비업무에 관한 설명으로 옳지 <u>않은</u> 것은?

① 기계경비업무를 수행하는 경비원은 일반경비원에 해당한다.

② 기계경비업자는 관제시설 등에서 경보를 수신한 때에는 경보를 수신한 때부터 늦어도 25분 이내에는 도착시킬 수 있는 대응체제를 갖추어야 한다.

③ 기계경비업자는 경보의 수신 및 현장 도착 일시와 조치의 결과를 기재한 서류를 당해 경보를 수신한 날부터 최소 2년간 이를 보관하여야 한다.

④ 기계경비지도사의 직무에는 기계경비업무를 위한 기계장치의 운용·감독 및 오경보 방지 등을 위한 기기관리의 감독이 포함된다.

정답 ③

※ 해설

경보의 수신 및 현장도착 일시와 조치의 결과 및 오경보인 경우 오경보가 발생한 경비대상시설 및 그 오경보에 대한 조치의 결과를 기재한 서류는 당해 경보를 수신한 날부터 1년간 이를 보관하여야 한다(경비업법 시행령 제9조 제2항). '2년'이 아니라 '1년'이다.

① 경비업법 제2조 제3호 가목

② 경비업법 시행령 제7조

④ 경비업법 시행령 제17조 제1항 제1호

Chapter 1. 경비업법

제3장 경비지도사 및 경비원

✓ QR코드를 통해 유튜브(YouTube) 채널로 이동합니다.

Ⅰ. 경비지도사 및 경비원의 결격사유

1. 경비업자는 다음의 결격사유에 해당하는 자를 경비지도사 또는 경비원으로 채용 또는 근무하게 하여서는 아니된다(경비업법 제10조 제3항).

2. **경비지도사 또는 일반경비원의 결격사유(경비업법 제10조 제1항)**
   - (1) 만 18세 미만인 자, 피성년후견인, 피한정후견인
   - (2) 파산선고를 받고 복권되지 아니한 자
   - (3) 금고 이상의 실형의 선고를 받고 그 집행이 종료(집행이 종료된 것으로 보는 경우를 포함한다)되거나 집행이 면제된 날부터 5년이 지나지 아니한 자
   - (4) 금고 이상의 형의 집행유예선고를 받고 그 유예기간중에 있는 자
   - (5) 다음의 어느 하나에 해당하는 죄를 범하여 벌금형을 선고받은 날부터 10년이 지나지 아니하거나 금고 이상의 형을 선고받고 그 집행이 종료된(종료된 것으로 보는 경우를 포함한다) 날 또는 집행이 유예·면제된 날부터 10년이 지나지 아니한 자
     1) 「형법」제114조(범죄단체 등의 조직)의 죄
     2) 「폭력행위 등 처벌에 관한 법률」제4조(단체 등의 구성·활동)의 죄
     3) 「형법」제297조(강간), 제297조의2(유사강간), 제298조부터 제301조(강제추행, 준강간, 준강제추행, 미수범, 강간 등 상해·치상)까지, 제301조의2(강간 등 살인·치사), 제302조(미성년자 등에 대한 간음), 제303조(업무상위력 등에 의한 간음), 제305조(미성년자에 대한 간음, 추행), 제305조의2(상습범)의 죄

4) 「성폭력범죄의 처벌 등에 관한 특례법」 제3조부터 제11조(특수강도강간 등, 특수강간 등, 친족관계에 의한 강간 등, 장애인에 대한 강간 · 강제추행 등, 13세 미만의 미성년자에 대한 강간, 강제추행 등, 강간 등 상해 · 치상, 강간 등 살인 · 치사, 업무상 위력 등에 의한 추행, 공중 밀집 장소에서의 추행)까지 및 제15조(제3조부터 제9조까지의 미수범만 해당한다)의 죄

5) 「아동 · 청소년의 성보호에 관한 법률」 제7조(아동 · 청소년에 대한 강간 · 강제추행 등) 및 제8조(장애인인 아동 · 청소년에 대한 간음 등)의 죄

6) '3)'부터 '5)'까지의 죄로서 다른 법률에 따라 가중처벌되는 죄

(6) 다음의 어느 하나에 해당하는 죄를 범하여 벌금형을 선고받은 날부터 5년이 지나지 아니하거나 금고 이상의 형을 선고받고 그 집행이 유예된 날부터 5년이 지나지 아니한 자

1) 「형법」 제329조부터 제331조(절도, 야간주거침입절도, 특수절도)까지, 제331조의2(자동차등 불법사용) 및 제332조부터 제343조(상습범(제329조 내지 제331조의2의 죄), 강도, 특수강도, 준강도, 인질강도, 강도상해, 치상 , 강도살인 · 치사, 강도강간, 해상강도, 상습범(제333조, 제334조, 제336조, 340조 제1항의 죄), 미수범(제329조 내지 제341조), 예비, 음모)까지의 죄

2) '1)'의 죄로서 다른 법률에 따라 가중처벌되는 죄

(7) '(5)의 1)부터 6)'까지의 어느 하나에 해당하는 죄를 범하여 치료감호를 선고받고 그 집행이 종료된 날 또는 집행이 면제된 날부터 10년이 지나지 아니한 자 또는 '(6)'의 어느 하나에 해당하는 죄를 범하여 치료감호를 선고받고 그 집행이 면제된 날부터 5년이 지나지 아니한 자

(8) 이 법이나 이 법에 따른 명령을 위반하여 벌금형을 선고받은 날부터 5년이 지나지 아니하거나 금고 이상의 형을 선고받고 그 집행이 유예된 날부터 5년이 지나지 아니한 자

3. 특수경비원의 결격사유(경비업법 제10조 제2항)

(1) 만 18세 미만 또는 만 60세 이상인 자, 피성년후견인, 피한정후견인

(2) 다음의 어느 하나에 해당하는 자

1) 파산선고를 받고 복권되지 아니한 자

2) 금고 이상의 실형의 선고를 받고 그 집행이 종료(집행이 종료된 것으로 보는 경우를 포함한다)되거나 집행이 면제된 날부터 5년이 지나지 아니한 자

3) 금고 이상의 형의 집행유예선고를 받고 그 유예기간중에 있는 자

4) 다음의 어느 하나에 해당하는 죄를 범하여 벌금형을 선고받은 날부터 10년이 지나지 아니하거나 금고 이상의 형을 선고받고 그 집행이 종료된(종료된 것으로 보는 경우를 포함한다) 날 또는 집행이 유예·면제된 날부터 10년이 지나지 아니한 자

① 「형법」 제114조(범죄단체 등의 조직)의 죄

② 「폭력행위 등 처벌에 관한 법률」 제4조(단체 등의 구성·활동)의 죄

③ 「형법」 제297조(강간), 제297조의2(유사강간), 제298조부터 제301조(강제추행, 준강간, 준강제추행, 미수범, 강간 등 상해·치상)까지, 제301조의2(강간 등 살인·치사), 제302조(미성년자 등에 대한 간음), 제303조(업무상위력 등에 의한 간음), 제305조(미성년자에 대한 간음, 추행), 제305조의2(상습범)의 죄

④ 「성폭력범죄의 처벌 등에 관한 특례법」 제3조부터 제11조(특수강도강간 등, 특수강간 등, 친족관계에 의한 강간 등, 장애인에 대한 강간·강제추행 등, 13세 미만의 미성년자에 대한 강간, 강제추행 등, 강간 등 상해·치상, 강간 등 살인·치사, 업무상 위력 등에 의한 추행, 공중 밀집 장소에서의 추행)까지 및 제15조(제3조부터 제9조까지의 미수범만 해당한다)의 죄

⑤ 「아동·청소년의 성보호에 관한 법률」 제7조(아동·청소년에 대한 강간·강제추행 등) 및 제8조(장애인인 아동·청소년에 대한 간음 등)의 죄

⑥ '3)'부터 '5)'까지의 죄로서 다른 법률에 따라 가중처벌되는 죄

5) 다음의 어느 하나에 해당하는 죄를 범하여 벌금형을 선고받은 날부터 5년이 지나지 아니하거나 금고 이상의 형을 선고받고 그 집행이 유예된 날부터 5년이 지나지 아니한 자

① 「형법」 제329조부터 제331조(절도, 야간주거침입절도, 특수절도)까지, 제331조의2(자동차등 불법사용) 및 제332조부터 제343조(상습범(제329조 내지 제331조의2의 죄), 강도, 특수강도, 준강도, 인질강도, 강도상해,치상 , 강도살인 · 치사, 강도강간, 해상강도, 상습범(제333조, 제334조, 제336조, 340조 제1항의 죄), 미수범(제329조 내지 제341조), 예비,음모)까지의 죄

② '**1)**'의 죄로서 다른 법률에 따라 가중처벌되는 죄

6) '**(5)**의 **1)**부터 **6)**'까지의 어느 하나에 해당하는 죄를 범하여 치료감호를 선고받고 그 집행이 종료된 날 또는 집행이 면제된 날부터 10년이 지나지 아니한 자 또는 '**(6)**'의 어느 하나에 해당하는 죄를 범하여 치료감호를 선고받고 그 집행이 면제된 날부터 5년이 지나지 아니한 자

7) 이 법이나 이 법에 따른 명령을 위반하여 벌금형을 선고받은 날부터 5년이 지나지 아니하거나 금고 이상의 형을 선고받고 그 집행이 유예된 날부터 5년이 지나지 아니한 자

(3) 금고 이상의 형의 선고유예를 받고 그 유예기간중에 있는 자

(4) <u>행정안전부령</u>으로 정하는 신체조건에 미달되는 자

"행정안전부령이 정하는 신체조건"이라 함은 팔과 다리가 완전하고 두 눈의 맨눈시력 각각 0.2 이상 또는 교정시력 각각 0.8 이상을 말한다(경비업법 시행규칙 제7조).

◆ 경비지도사 및 경비원, 특수경비원 결격사유 비교

경비지도사 및 경비원 (경비업법 제10조 제1항)	특수경비원 (경비업법 제10조 제2항)
1. 만 18세 미만인 자, 피성년후견인, 피한정후견인 (제1호)	1. 만 18세 미만 또는 만 60세 이상인 자, 피성년후견인, 피한정후견인(제1호)
	제10조 제1항 제2호부터 제8호까지의 어느 하나에 해당하는 자 (제2호)
2. 파산선고를 받고 복권되지 아니한 자(제2호)	
3. 금고 이상의 실형의 선고를 받고 그 집행이 종료(집행이 종료된 것으로 보는 경우를 포함한다)되거나 집행이 면제된 날부터 5년이 지나지 아니한 자(제3호)	
4. 금고 이상의 형의 집행유예선고를 받고 그 유예기간중에 있는 자(제4호)	
5. 다음 각 목의 어느 하나에 해당하는 죄를 범하여 벌금형을 선고받은 날부터 10년이 지나지 아니하거나 금고 이상의 형을 선고받고 그 집행이 종료된(종료된 것으로 보는 경우를 포함한다) 날 또는 집행이 유예·면제된 날부터 10년이 지나지 아니한 자(제5호) 　가. 「형법」 제114조(범죄단체 등의 조직)의 죄 　나. 「폭력행위 등 처벌에 관한 법률」 제4조(단체 등의 구성·활동)의 죄 　다. 「형법」 제297조(강간), 제297조의2(유사강간), 제298조부터 제301조(강제추행, 준강간, 준강제추행, 미수범, 강간 등 상해·치상)까지, 제301조의2(강간 등 살인·치사), 제302조(미성년자 등에 대한 간음), 제303조(업무상위력 등에 의한 간음), 제305조(미성년자에 대한 간음, 추행), 제305조의2(상습범)의 죄 　라. 「성폭력범죄의 처벌 등에 관한 특례법」 제3조부터 제11조(특수강도강간 등, 특수강간 등, 친족관계에 의한 강간 등, 장애인에 대한 강간·강제추행 등, 13세 미만의 미성년자에 대한 강간, 강제추행 등, 강간 등 상해·치상, 강간 등 살인·치사, 업무상 위력 등에 의한 추행, 공중 밀집 장소에서의 추행)까지 및 제15조(제3조부터 제9조까지의 미수범만 해당한다)의 죄 　마. 「아동·청소년의 성보호에 관한 법률」 제7조(아동·청소년에 대한 강간·강제추행 등) 및 제8조(장애인인 아동·청소년에 대한 간음 등)의 죄 　바. 다목부터 마목까지의 죄로서 다른 법률에 따라 가중처벌되는 죄	
6. 다음 각 목의 어느 하나에 해당하는 죄를 범하여 벌금형을 선고받은 날부터 5년이 지나지 아니하거나 금고 이상의 형을 선고받고 그 집행이 유예된 날부터 5년이 지나지 아니한 자(제6호) 　가. 「형법」 제329조부터 제331조(절도, 야간주거침입절도, 특수절도)까지, 제331조의2(자동차등 불법사용) 및 제332조부터 제343조(상습범(제329조 내지 제331조의2의 죄), 강도, 특수강도, 준강도, 인질강도, 강도상해, 치상, 강도살인·치사, 강도강간, 해상강도, 상습범(제333조, 제334조, 제336조, 340조 제1항의 죄), 미수범(제329조 내지 제341조), 예비, 음모)까지의 죄 　나. 가목의 죄로서 다른 법률에 따라 가중처벌되는 죄	
7. '5.'의 다목부터 바목까지의 어느 하나에 해당하는 죄를 범하여 치료감호를 선고받고 그 집행이 종료된 날 또는 집행이 면제된 날부터 10년이 지나지 아니한 자 또는 '6.'의 각 목의 어느 하나에 해당하는 죄를 범하여 치료감호를 선고받고 그 집행이 면제된 날부터 5년이 지나지 아니한 자(제7호)	
8. 이 법이나 이 법에 따른 명령을 위반하여 벌금형을 선고받은 날부터 5년이 지나지 아니하거나 금고 이상의 형을 선고받고 그 집행이 유예된 날부터 5년이 지나지 아니한 자(제8호)	
	9. 금고 이상의 형의 선고유예를 받고 그 유예기간중에 있는 자(제3호)
	10. 행정안전부령으로 정하는 신체조건(팔과 다리가 완전하고 두 눈의 맨눈시력 각각 0.2 이상 또는 교정시력 각각 0.8 이상)에 미달되는 자(제4호)

4. 결격사유 확인을 위한 범죄경력조회 등

(1) 직권 또는 요청에 의한 범죄경력조회

1) 직권에 의한 범죄경력조회

경찰청장, 지방경찰청장 또는 관할 경찰관서장은 직권으로 또는 범죄경력조회 요청이 있는 경우에는 경비업자의 임원, 경비지도사 또는 경비원이(제5조 제3호(금고 이상의 형의 선고를 받고 그 형이 실효되지 아니한 자)·제4호(이 법 또는 「대통령 등의 경호에 관한 법률」에 위반하여 벌금형의 선고를 받고 3년이 지나지 아니한 자), 제10조 제1항 제3호부터 제8호까지 또는 같은 조 제2항제2호·제3호에 따른) 결격사유에 해당하는지를 확인하기 위하여 「형의 실효 등에 관한 법률」 제6조에 따른 범죄경력조회를 할 수 있다(경비업법 제17조 제1항).

2) 요청에 의한 범죄경력조회

① 경비업자는 선출·선임·채용 또는 배치하려는 임원, 경비지도사 또는 경비원이 (제5조 제3호(금고 이상의 형의 선고를 받고 그 형이 실효되지 아니한 자)·제4호(이 법 또는 「대통령 등의 경호에 관한 법률」에 위반하여 벌금형의 선고를 받고 3년이 지나지 아니한 자), 제10조 제1항 제3호부터 제8호까지 또는 같은 조 제2항제2호·제3호에 따른) 결격사유에 해당하는지를 확인하기 위하여 주된 사무소, 출장소 또는 배치장소를 관할하는 지방경찰청장 또는 경찰관서장에게 「형의 실효 등에 관한 법률」 제6조에 따른 범죄경력조회를 요청할 수 있다(경비업법 제17조 제2항).

② 범죄경력조회 요청은 범죄경력조회 신청서(전자문서로 된 신청서를 포함한다)에 따른다(경비업법 시행규칙 제22조 제1항).

③ 경비업자는 범죄경력조회를 요청하는 경우 다음의 서류를 첨부하여야 한다 (경비업법 시행규칙 제22조 제2항).

　㉠ 경비업 허가증 사본
　㉡ 취업자 또는 취업예정자 범죄경력조회 동의서

(2) 조회결과 통보

1) 통보의 내용

범죄경력조회 요청을 받은 지방경찰청장 또는 관할 경찰관서장은 경비업자에게 그 결과를 통보할 때에는 경비업자의 임원, 경비지도사 또는 경비원이 (제5조 제3호·제4호, 제10조 제1항 제3호부터 제8호까지 또는 같은 조 제2항제2호·제3호에 따른) 결격사유에 해당하는지 여부만을 통보하여야 한다(경비업법 제17조 제3항).

2) 결격사유 또는 명령위반 사실의 통보

지방경찰청장 또는 관할 경찰관서장은 경비업자의 임원, 경비지도사 또는 경비원이 제5조 각 호, 제10조 제1항 각 호 또는 제2항 각 호의 결격사유에 해당하는 사실을 알게 되거나 이 법 또는 이 법에 따른 명령을 위반한 때에는 경비업자에게 그 사실을 통보하여야 한다(경비업법 제17조 제4항).

II. 경비지도사의 시험 등

1. 경비지도사 시험

✓ QR코드를 통해 유튜브(YouTube) 채널로 이동합니다.

(1) 응시원서 등

1) 응시원서의 제출

경비지도사시험에 응시하고자 하는 자는 별지 제8호서식의 응시원서(전자문서로 된 원서를 포함한다)를 영 제31조 제2항에 따라 경비지도사시험의 관리를 위탁받은 기관 또는 단체(이하 이 조에서 "시험관리기관"이라 한다)에 제출해야 한다(경비업법 시행규칙 제8조 제1항).

2) 시험면제 증빙서류의 제출

① 경비지도사 제1차 시험을 면제받으려는 사람은 같은 조 각 호의 면제 사유를 증명할 수 있는 서류로서 (영 제11조 제2항에 따른) 공고에서 정하는 서류를 시험관리기관에 제출해야 한다(경비업법 시행규칙 제8조 제2항).

② 시험관리기관은 (제2항에 따른) 서류 중 재직증명서 또는 경력증명서를 제출받은 경우에는 「전자정부법」 제36조 제1항에 따른 행정정보의 공동이용을 통하여 제출인의 국민연금가입자가입증명 또는 건강보험자격득실확인서를 확인해야 한다. 다만, 제출인이 확인에 동의하지 않는 경우에는 해당 서류를 제출하도록 해야 한다(경비업법 시행규칙 제8조 제3항).

(2) 시험의 시행 및 공고

1) 시험의 시행
경비지도사시험은 매년 1회 이상 시행하며, 시험과목, 시험공고, 시험의 일부가 면제되는 자의 범위 그 밖에 경비지도사시험에 관하여 필요한 사항은 <u>대통령령</u>으로 정한다(경비업법 제11조 제3항).

2) 실시계획의 수립
경찰청장은 경비지도사시험(이하 "시험"이라 한다)의 실시계획을 매년 수립해야 한다(경비업법 시행령 제11조 제1항).

3) 시험의 공고
① 공고시기
경찰청장은 시험의 실시계획에 따라 시험을 실시하고자 하는 때에는 응시자격·시험과목·시험일시·시험장소 및 선발예정인원 등을 시험시행일 90일 전까지 공고하여야 한다(경비업법 시행령 제11조 제2항).

② 공고방법
공고는 관보게재와 각 지방경찰청 게시판 및 인터넷 홈페이지에 게시하는 방법에 의한다(경비업법 시행령 제11조 제3항).

(3) 시험의 방법 및 과목 등

1) 시험의 방법
시험은 필기시험의 방법에 의하되, 제1차시험과 제2차시험으로 구분하여 실시한다. 이 경우 경찰청장이 필요하다고 인정하는 때에는 제1차시험과 제2차시험을 병합하여 실시할 수 있다(경비업법 시행령 제12조 제1항).

2) 시험의 출제유형
제1차시험 및 제2차시험은 각각 선택형으로 하되, 제2차시험에 있어서는 선택형 외에 단답형을 추가할 수 있다(경비업법 시행령 제12조 제2항).

3) 시험의 과목

제1차시험 및 제2차시험의 과목은 [별표 2]와 같다(경비업법 시행령 제12조 제3항).

■ **경비업법 시행령 [별표 2]**

경비지도사의 시험과목(제12조제3항 관련)

구분	1차시험	2차시험
	선택형	선택형 또는 단답형
일반경비지도사	○ 법학개론 ○ 민간경비론	○ 경비업법(청원경찰법을 포함한다) ○ 소방학 · 범죄학 또는 경호학 중 1과목
기계경비지도사	○ 법학개론 ○ 민간경비론	○ 경비업법(청원경찰법을 포함한다) ○ 기계경비개론 또는 기계경비기획 및 설계 중 1과목

4) 시험의 실시

① 제2차시험은 제1차시험에 합격한 자에 대하여 실시한다. 다만, 제1차시험과 제2차시험을 병합하여 실시하는 경우에는 그러하지 아니하다(경비업법 시행령 제12조 제4항).

② 제1차시험과 제2차시험을 병합하여 실시하는 경우에는 제1차시험에 불합격한 자가 치른 제2차시험은 이를 무효로 한다(경비업법 시행령 제12조 제5항).

③ 제1차시험에 합격한 자에 대하여는 다음 회의 시험에 한하여 제1차 시험을 면제한다(경비업법 시행령 제12조 제6항).

(4) 시험의 일부면제

다음의 어느 하나에 해당하는 사람은 경비지도사 제1차 시험을 면제한다(경비업법 시행령 제13조).

1) 「경찰공무원법」에 따른 경**찰**공무원으로 **7**년 이상 재직한 사람

2) 「대통령 등의 경호에 관한 법률」에 따른 경**호**공무원 또는 별정직공무원으로 **7**년 이상 재직한 사람

3) 「군인사법」에 따른 각 **군** 전투병과 또는 군사경찰병과 부사관 이상 간부로 **7**년 이상 재직한 사람

4) 「경비업법」에 따른 경비업**무**에 **7**년 이상(특수경비업무의 경우에는 **3**년 이상) 종사하고 행정안전부령으로 정하는 교육과정을 이수한 사람

    4-1) "행정안전부령으로 정하는 교육과정을 이수한 사람"이란 다음 각 호의 어느 하나에 해당하는 사람을 말한다(경비업법 시행규칙 제10조).

        ① 고등교육법에 의한 **전**문대학 이상의 교육기관(경비지도사의 시험과목 3과목 이상이 개설된 교육기관에 한한다)에서 **1**년 이상의 경비업무관련 과정을 마친 사람

        ② **경**찰청장이 지정하는 기관 또는 단체에서 실시하는 **64**시간 이상의 경비지도사 양성과정을 마치고 수료시험에 합격한 사람

5) 「고등교육법」에 따른 **대**학 이상의 학교를 졸업한 사람으로서 재학 중 경비지도사 시험과목을 3과목 이상을 이수하고 졸업한 후 경비업무에 종사한 경력이 **3**년 이상인 사람

6) 「고등교육법」에 따른 **전**문대학을 졸업한 사람으로서 재학 중 경비지도사 시험과목을 3과목 이상을 이수하고 졸업한 후 경비업무에 종사한 경력이 **5**년 이상인 사람

7) 일반경비지도사의 자격을 취**득**한 후 기계경비지도사의 시험에 응시하는 사람 또는 기계경비지도사의 자격을 취득한 후 일반경비지도사의 시험에 응시하는 사람

8) 「공무원임용령」에 따른 행정직군 **교**정직렬 공무원으로 **7**년 이상 재직한 사람

			전 1 경 64					
찰	호	군	무	대	전	득	교
7	7	7	7(3)	3	5	·	7

(5) 시험합격자의 결정

1) 합격자의 결정

    ① 제1차시험의 합격결정에 있어서는 매 과목 100점을 만점으로 하며, 매과목 40점 이상, 전과목 평균 60점 이상 득점한 자를 합격자로 결정한다(경비업법 시행령 제14조 제1항).

② 제2차시험의 합격결정에 있어서는 선발예정인원의 범위안에서 60점 이상을 득점한 자중에서 고득점 순으로 합격자를 결정한다. 이 경우 동점자로 인하여 선발예정인원이 초과되는 때에는 동점자 모두를 합격자로 한다(경비업법 시행령 제14조 제2항).

2) 합격공고 및 통지서의 교부

경찰청장은 제2차시험에 합격한 자에 대하여 합격공고를 하고, 합격 및 교육 소집 통지서를 교부하여야 한다(경비업법 시행령 제14조 제3항).

(6) 시험출제위원

1) 임명 또는 위촉

경찰청장은 시험문제의 출제를 위하여 다음에 해당하는 자중에서 시험출제위원을 임명 또는 위촉한다(경비업법 시행령 제15조 제1항).

① 고등교육법에 의한 전문대학 이상의 교육기관에서 경찰행정학과 등 경비업무 관련학과 및 법학과의 부교수(전문대학의 경우에는 교수) 이상으로 재직하고 있는 자

② 석사 이상의 학위소지자로 경찰청장이 정하는 바에 의하여 경비업무에 관한 연구실적이나 전문경력이 인정되는 자

③ 방범·경비업무를 3년 이상 담당한 경감 이상 경찰공무원의 경력이 있는 자

2) 시험출제위원의 수

시험출제위원의 수는 시험과목별로 2인 이상으로 한다(경비업법 시행령 제15조 제2항).

3) 성실의무

시험출제위원으로 임명 또는 위촉된 자는 경찰청장이 정하는 준수사항을 성실히 이행하여야 한다(경비업법 시행령 제15조 제3항).

4) 수당과 여비의 지급

시험출제위원과 시험관리업무에 종사하는 자에 대하여는 예산의 범위안에서 수당과 여비를 지급할 수 있다. 다만, 공무원인 위원이 그 소관업무와 직접적으로 관련하여 시험관리업무에 종사하는 경우에는 그러하지 아니하다(경비업법 시행령 제15조 제4항).

2. 경비지도사 자격증의 교부

(1) 경비지도사 자격

경비지도사는 결격사유에 해당하지 아니하는 자로서 경찰청장이 시행하는 경비지도사시험에 합격하고 <u>행정안전부령</u>으로 정하는 교육을 받은 자이어야 한다(경비업법 제11조 제1항).

(2) 경비지도사에 대한 교육

1) 경비지도사 교육

"행정안전부령이 정하는 교육"이라 함은 경비지도사에 대한 **[별표 1]**의 규정에 의한 과목 및 시간의 교육을 말한다(경비업법 시행규칙 제9조 제1항).

■ 경비업법 시행규칙 [별표 1]
경비지도사 교육의 과목 및 시간(제9조제1항 관련)

구분 (교육시간)	과목		시간
공통교육 (28시간)	「**경비업법**」		4
	「**경찰**관직무집행법」 및 「**청원**경찰법」		3
	테러 대응요령		3
	화재대처법		2
	응급처치법		3
	분사기 사용법		2
	교육기법		2
	예절 및 인권교육		2
	체포 · 호신술		3
	입교식 · 평가 · 수료식		4
자격의 종류별 교육 (16시간)	일반경비 지도사	시설경비	2
		호송경비	2
		신변보호	2
		특수경비	2
		기계경비개론	3
		일반경비현장실습	5
	기계경비 지도사	기계경비운용관리	4
		기계경비기획및설계	4
		인력경비개론	3
		기계경비현장실습	5
계			44

*비고: 일반경비지도사 자격증 취득자 또는 기계경비지도사 자격증 취득자가 자격증 취득일부터 3년 이내에 기계경비지도사 또는 일반경비지도사 시험에 합격하여 교육을 받을 경우에는 공통교육은 면제한다.

(공통교육)과목	시간
경비업법. 입교식 등	4
경 · 청. 테. 응. 체	3
화. 분. 교. 예	2

2) 교육비용의 부담

경비지도사 교육에 소요되는 비용은 경비지도사의 교육을 받는 자의 부담으로 한다(경비업법 시행규칙 제9조 제2항).

(3) 자격증의 교부

1) 경찰청장은 교육을 받은 자에게 <u>행정안전부령</u>으로 정하는 바에 따라 경비지도사 자격증을 교부하여야 한다(경비업법 제11조 제2항).

2) 경찰청장은 경비지도사시험에 합격하고 경비지도사 교육을 받은 자에 대하여는 (별지 제9호서식의) 경비지도사자격증 교부대장에 소정의 사항을 기재한 후, (별지 제10호서식의) 경비지도사 자격증을 교부하여야 한다(경비업법 시행규칙 제11조).

3. 경비지도사의 선임 등

(1) 경비지도사의 선임 · 배치

1) 경비지도사의 선임 등

경비업자는 <u>대통령령</u>이 정하는 바에 따라 경비지도사를 선임하여야 한다(경비업법 제12조 제1항).

2) 선임 · 배치의 기준(경비업법 시행령 [별표 3])

경비업자는 **[별표 3]**의 기준에 따라 경비지도사를 선임 · 배치하여야 한다(경비업법 시행령 제16조 제1항).

① **일반경비지도사**

시설경비업 · 호송경비업 · 신변보호업 및 특수경비업에 한하여 선임 · 배치할 것

㉠ 경비원을 배치하여 영업활동을 하고 있는 지역을 관할하는 지방경찰청의 관할구역별로 경비원 200인까지는 일반경비지도사 1인씩 선임 · 배치하되, 200인을 초과하는 100인까지마다 1인씩을 추가로 선임 · 배치할 것. 다만, 특수경비업의 경우는 특수경비원 교육을 이수한 일반경비지도사를 선임 · 배치할 것

㉡ 시설경비업 · 호송경비업 · 신변보호업 및 특수경비업 가운데 2 이상의 경비업을 하는 경우 경비지도사의 배치는 각 경비업에 종사하는 경비원의 수를 합산한 인원을 기준으로 할 것

② **기계경비지도사**

　㉠ 기계경비업에 한하여 선임·배치할 것
　㉡ 선임·배치기준은 일반경비지도사의 선임·배치 기준과 동일하게 할 것

③ **인접지의 배치**

경비지도사가 선임·배치된 지방경찰청의 관할구역에 인접하는 지방경찰청의 관할구역에 배치되는 경비원이 30인 이하인 경우에는 제1호 가목 및 제2호 나목의 규정에 불구하고 경비지도사를 따로 선임·배치하지 아니할 수 있다. 이 경우 인천지방경찰청은 서울지방경찰청과 인접한 것으로 본다.

■ **경비업법 시행령 [별표 3]**

경비지도사의 선임·배치기준(제16조제1항 관련)

1. 일반경비지도사
시설경비업·호송경비업·신변보호업 및 특수경비업에 한하여 선임·배치할 것

가. 경비원을 배치하여 영업활동을 하고 있는 지역을 관할하는 지방경찰청의 관할구역별로 경비원 200인까지는 일반경비지도사 1인씩 선임·배치하되, 200인을 초과하는 100인까지마다 1인씩을 추가로 선임·배치할 것. 다만, 특수경비업의 경우는 제19조제1항의 규정에 의한 특수경비원 교육을 이수한 일반경비지도사를 선임·배치할 것

나. 시설경비업·호송경비업·신변보호업 및 특수경비업 가운데 2 이상의 경비업을 하는 경우 경비지도사의 배치는 각 경비업에 종사하는 경비원의 수를 합산한 인원을 기준으로 할 것

2. 기계경비지도사

가. 기계경비업에 한하여 선임·배치할 것

나. 선임·배치기준은 제1호 가목의 규정에 의한 일반경비지도사의 선임·배치 기준과 동일하게 할 것

3. 경비지도사가 선임·배치된 지방경찰청의 관할구역에 인접하는 지방경찰청의 관할구역에 배치되는 경비원이 30인 이하인 경우에는 제1호 가목 및 제2호 나목의 규정에 불구하고 경비지도사를 따로 선임·배치하지 아니할 수 있다. 이 경우 인천지방경찰청은 서울지방경찰청과 인접한 것으로 본다.

---

3) 경비지도사의 충원

경비업자는 선임·배치된 경비지도사에 결원이 있거나 자격정지 등의 사유로 그 직무를 수행할 수 없는 때에는 15일 이내에 경비지도사를 새로이 충원하여야 한다(경비업법 시행령 제16조 제2항).

(2) 경비지도사의 직무

> **계 / 순 / 경 / 집**

경비업자에 의해 선임된 경비지도사의 직무는 다음과 같다(경비업법 제12조 제2항).

1) 경비원의 지도 · 감독 · 교육에 관한 **계**획의 수립 · 실시 및 그 기록의 유지

2) 경비현장에 배치된 경비원에 대한 **순**회점검 및 감독

3) 경찰기관 및 소방기관과의 연락방법에 대한 지도

4) 집단민원현장에 배치된 경비원에 대한 지도 · 감독

    4)-1 집단민원현장에 선임 · 배치된 경비지도사는 다음과 같은 직무를 수행하여야 한다(경비업법 시행규칙 제6조의2).

      ① (법 제15조의2에 따른) 경비원 등의 의무 위반행위 예방 및 제지

      ② (법 제16조에 따른) 경비원의 복장 착용 등에 대한 지도 · 감독

      ③ (법 제16조의2에 따른) 경비원의 장비 휴대 및 사용에 대한 지도 · 감독

      ④ (법 제18조 제1항 단서에 따라) 집단민원현장에 비치된 경비원 명부의 관리

5) 그 밖에 대통령령이 정하는 직무

> **기 . 운감 / 오감**

"대통령령이 정하는 직무"란 다음의 직무를 말한다(경비업법 시행령 제17조 제1항).

  ① **기**계경비업무를 위한 기계장치의 **운**용 · **감**독(기계경비지도사의 경우에 한한다)

  ② **오**경보방지 등을 위한 기기관리의 **감**독(기계경비지도사의 경우에 한한다)

(3) 경비지도사 직무의 수행

선임된 경비지도사는 제2항 각호의 규정에 의한 직무를 대통령령이 정하는 바에 따라 성실하게 수행하여야 한다(경비업법 제12조 제3항).

1) 직무수행주기

경비지도사는 다음의 직무를 월 1회 이상 수행하여야 한다(경비업법 시행령 제17조 제2항).

① 경비원의 지도·감독·교육에 관한 계획의 수립·실시 및 그 기록의 유지
② 경비현장에 배치된 경비원에 대한 순회점검 및 감독
③ 기계경비업무를 위한 기계장치의 운용·감독(기계경비지도사의 경우에 한한다)
④ 오경보방지 등을 위한 기기관리의 감독(기계경비지도사의 경우에 한한다)

2) 기록보존의무

경비지도사는 경비업법 제12조 제2항 제1호(경비원의 지도·감독·교육에 관한 계획의 수립·실시 및 그 기록의 유지)에 따라 경비원에 대한 교육을 실시하고, 행정안전부령(경비업법 시행규칙 제11조의 2)으로 정하는 경비원 직무교육 실시대장(별지 제10호의2서식)에 그 내용을 기록하여 2년간 보존하여야 한다(경비업법 시행령 제17조 제3항).

Ⅲ. 경비원

1. 경비원 등의 의무

✓ QR코드를 통해 유튜브(YouTube) 채널로 이동합니다.

(1) 경비업무 범위 외 물리력 행사 등 행위금지

경비원은 직무를 수행함에 있어 타인에게 위력을 과시하거나 물리력을 행사하는 등 경비업무의 범위를 벗어난 행위를 하여서는 아니된다(경비업법 제15조의2 제1항).

(2) 경비업무 범위 외 강요금지

누구든지 경비원으로 하여금 경비업무의 범위를 벗어난 행위를 하게 하여서는 아니된다(경비업법 제15조의2 제2항).

(3) 특수경비원의 의무

복 / 이 / 쟁 / 무

1) 직무상 복종의무

특수경비원은 직무를 수행함에 있어 시설주·관할 경찰관서장 및 소속상사의 직무상 명령에 복종하여야 한다(경비업법 제15조 제1항).

2) 이탈금지의무

특수경비원은 소속상사의 허가 또는 정당한 사유없이 경비구역을 벗어나서는 아니된다(경비업법 제15조 제2항).

3) 쟁의행위금지의무

특수경비원은 파업·태업 그 밖에 경비업무의 정상적인 운영을 저해하는 일체의 쟁의행위를 하여서는 아니된다(경비업법 제15조 제3항).

4) 무기 안전사용수칙 준수의무

특수경비원이 무기를 휴대하고 경비업무를 수행하는 때에는 다음에 정하는 무기의 안전사용수칙을 지켜야 한다(경비업법 제15조 제4항).

① 특수경비원은 사람을 향하여 권총 또는 소총을 발사하고자 하는 때에는 미리 구두 또는 공포탄에 의한 사격으로 상대방에게 경고하여야 한다. 다만, 다음에 해당하는 경우로서 부득이한 때에는 경고하지 아니할 수 있다.

　㉠ 특수경비원을 급습하거나 타인의 생명·신체에 대한 중대한 위험을 야기하는 범행이 목전에 실행되고 있는 등 상황이 급박하여 경고할 시간적 여유가 없는 경우

　㉡ 인질·간첩 또는 테러사건에 있어서 은밀히 작전을 수행하는 경우

② 특수경비원은 무기를 사용하는 경우에 있어서 범죄와 무관한 다중의 생명·신체에 위해를 가할 우려가 있는 때에는 이를 사용하여서는 아니된다. 다만, 무기를 사용하지 아니하고는 타인 또는 특수경비원의 생명·신체에 대한 중대한 위협을 방지할 수 없다고 인정되는 때에는 필요한 최소한의 범위 안에서 이를 사용할 수 있다.

③ 특수경비원은 총기 또는 폭발물을 가지고 대항하는 경우를 제외하고는 14세 미만의 자 또는 임산부에 대하여는 권총 또는 소총을 발사하여서는 아니된다.

2. 경비원의 교육 등

(1) 일반경비원에 대한 교육

1) 교육의무

경비업자는 경비업무를 적정하게 실시하기 위하여 경비원으로 하여금 대통령령으로 정하는 바에 따라 경비원 신임교육 및 직무교육을 받게 하여야 한다(경비업법 제13조 제1항 본문).

2) 신임교육

① **사전 신임교육**

경비원이 되려는 사람은 대통령령으로 정하는 교육기관(경비업법 시행령 제18조 제1항의 기관 또는 단체)에서 미리 일반경비원 신임교육을 받을 수 있다(경비업법 제13조 제2항, 경비업법 시행령 제18조 제4항).

② **교육기관**

경비업자는 일반경비원을 채용한 경우 해당 일반경비원에게 경비업자의 부담으로 다음의 기관 또는 단체에서 실시하는 일반경비원 신임교육을 받도록 하여야 한다(경비업법 시행령 제18조 제1항).
㉠ (경비업법 제22조 제1항에 따른) 경비협회
㉡ 「경찰공무원 교육훈련규정」 제2조 제3호에 따른 경찰교육기관
㉢ 경비업무 관련 학과가 개설된 대학 등 경비원에 대한 교육을 전문적으로 수행할 수 있는 인력과 시설을 갖춘 기관 또는 단체 중 경찰청장이 지정하여 고시하는 기관 또는 단체

③ **신임교육의 면제**

㉠ **교육면제 근거**

경비업자는 대통령령으로 정하는 경력 또는 자격을 갖춘 일반경비원을 신임교육 대상에서 제외할 수 있다(경비업법 제13조 제1항 단서).

㉡ **교육면제 기준**

경비업자는 다음의 어느 하나에 해당하는 사람을 일반경비원으로 채용한 경우에는 해당 일반경비원을 일반경비원 신임교육 대상에서 제외할 수 있다(경비업법 시행령 제18조 제2항).

ⓐ 일반경비원 또는 특수경비원 신임교육을 받은 사람으로서 채용 전 3년 이내에 경비업무에 종사한 경력이 있는 사람
ⓑ 「경찰공무원법」에 따른 경찰공무원으로 근무한 경력이 있는 사람
ⓒ 「대통령 등의 경호에 관한 법률」에 따른 경호공무원 또는 별정직공무원으로 근무한 경력이 있는 사람
ⓓ 「군인사법」에 따른 부사관 이상으로 근무한 경력이 있는 사람
ⓔ 경비지도사 자격이 있는 사람
ⓕ 채용 당시 일반경비원 신임교육을 받은 지 3년이 지나지 아니한 사람

④ **신임교육 실시에 필요한 사항의 정함**

신임교육의 과목 및 시간 등 일반경비원의 교육 실시에 필요한 사항은 행정안전부령으로 정한다(경비업법 시행령 제18조 제5항).

㉠ **신임교육의 과목 및 시간**

일반경비원 신임교육의 과목 및 시간은 **[별표 2]**와 같다(경비업법 시행규칙 제12조 제1항).

■ 경비업법 시행규칙 [별표 2]

일반경비원 신임교육의 과목 및 시간(제12조제1항 관련)

구분 (교육시간)	과목	시간
이론교육 (4시간)	「경비업법」	2
	범죄예방론(신고 및 순찰요령을 포함한다)	2
실무교육 (19시간)	시설경비실무(신고 및 순찰요령, 관찰·기록기법을 포함한다)	2
	호송경비실무	2
	신변보호실무	2
	기계경비실무	2
	사고예방대책(테러 대응요령, 화재대처법 및 응급처치법을 포함한다)	3
	체포·호신술(질문·검색요령을 포함한다)	3
	장비사용법	2
	직업윤리 및 서비스(예절 및 인권교육을 포함한다)	3
기타(1시간)	입교식, 평가 및 수료식	1
계		24

이론 · 실무 · 기타(식)	경범(죄) / 시호신기장 . 사체직
4 · 19 · 1	2 / 3

구분 (교육시간)	암기법	과목	시간
이론교육 (4시간)	경범(죄) – 2	**경**비업법	All 2
		범죄예방론(신고 및 순찰요령을 포함한다)	
실무교육 (19시간)	시호신기장 – 2	**시**설경비실무(신고 및 순찰요령, 관찰·기록기법을 포함한다)	All 2
		호송경비실무	
		신변보호실무	
		기계경비실무	
		장비사용법	
	사체직 – 3	**사**고예방대책(테러 대응요령, 화재대처법 및 응급처치법을 포함한다)	only 3
		체포·호신술(질문·검색요령을 포함한다)	
		직업윤리 및 서비스(예절 및 인권교육을 포함한다)	
기타(1시간)	기타 1	입교**식**, 평가 및 수료식	1
계			24

ⓛ **연도별 교육계획 수립**

경찰청장은 일반경비원에 대한 신임교육의 실시를 위하여 연도별 교육계획을 수립하고, 일반경비원 신임교육 기관 또는 단체가 교육계획에 따라 교육을 실시하도록 하여야 한다(경비업법 시행규칙 제12조 제2항).

ⓒ **신임교육이수증의 교부 · 기록 · 통보**

일반경비원 신임교육 기관 또는 단체의 장은 일반경비원 신임교육과정을 마친 사람에게 신임교육이수증을 교부하고 그 사실을 신임교육이수증 교부대장에 기록해야 하며, 교육기관, 교육일, 교육이수증 교부번호 등을 포함한 신임교육 이수자 현황을 경찰청장에게 통보해야 한다(경비업법 시행규칙 제12조 제4항).

ⓔ **경비업자의 신임교육사실 기록**

경비업자는 일반경비원이 신임교육을 받은 때에는 경비원의 명부(경비업법 시행규칙 제23조)에 그 사실을 기재하여야 한다(경비업법 시행규칙 제12조 제5항).

ⓜ **신임교육 이수 확인증의 발급**

지방경찰청장 또는 경찰서장은 일반경비원 신임교육을 받은 사람이 요청하는 경우에는 별지 제12호의2서식의 신임교육 이수 확인증을 발급할 수 있다(경비업법 시행규칙 제12조 제6항).

3) 직무교육

직무교육의 과목 등 일반경비원의 교육 실시에 필요한 사항은 <u>행정안전부령</u>으로 정한다(경비업법 시행령 제18조 제5항).

① **직무교육의 시간**

경비업자는 소속 일반경비원에게 경비지도사가 수립한 교육계획에 따라 매월 <u>행정안전부령으로 정하는 시간 이상</u>(4시간)의 직무교육을 받도록 하여야 한다(경비업법 시행령 제18조 제3항, 경비업법 시행규칙 제13조 제1항).

② **직무교육의 과목**

일반경비원에 대한 직무교육의 과목은 일반경비원의 직무수행에 필요한 이론 · 실무과목, 그 밖에 정신교양 등으로 한다(경비업법 시행규칙 제13조 제2항).

(2) 특수경비원에 대한 교육

1) 교육의무

특수경비업자는 대통령령으로 정하는 바에 따라 특수경비원으로 하여금 특수경비원 신임교육과 정기적인 직무교육을 받게 하여야 하고, 특수경비원 신임교육을 받지 아니한 자를 특수경비업무에 종사하게 하여서는 아니 된다(경비업법 제13조 제3항).

2) 신임교육

① **교육기관 또는 단체**

특수경비업자는 특수경비원을 채용한 경우 해당 특수경비원에게 특수경비업자의 부담으로 다음의 기관 또는 단체에서 실시하는 특수경비원 신임교육을 받도록 하여야 한다(경비업법 시행령 제19조 제1항).
- ㉠ 「경찰공무원 교육훈련규정」 제2조 제3호에 따른 경찰교육기관
- ㉡ 행정안전부령으로 정하는 기준에 적합한 기관 또는 단체 중 경찰청장이 지정하여 고시하는 기관 또는 단체

② **교육기관 또는 단체의 지정 등**

㉠ **교육기관 또는 단체의 지정 요청**

특수경비원 신임교육의 과정을 개설하고자 하는 기관 또는 단체는 [별표 3]의 규정에 의한 시설 등을 갖추고 경찰청장에게 지정을 요청하여야 한다(경비업법 시행규칙 제14조 제1항).

■ 경비업법 시행규칙 [별표 3]
특수경비원 교육기관 시설 및 강사의 기준(제14조제1항 관련)

구 분	기 준
시설 기준	○ **100인 이상** 수용이 가능한 **165제곱미터 이상**의 강의실 ○ 감지장치·수신장치 및 관제시설을 갖춘 **132제곱미터 이상**의 기계경비실습실 ○ **100인 이상**이 동시에 사용할 수 있는 **330제곱미터 이상**의 체육관 또는 운동장 ○ 소총에 의한 실탄사격이 가능하고 **10개 사로 이상**을 갖춘 사격장
강사 기준	○ 고등교육법에 의한 대학 이상의 교육기관에서 교육과목 관련학과의 **전임강사**(전문대학의 경우에는 조교수) 이상의 직에 **1년** 이상 종사한 경력이 있는 사람 ○ **박사**학위를 소지한 사람으로서 교육과목 관련 분야의 연구 실적이 있는 사람 ○ **석사**학위를 소지한 사람으로서 교육과목 관련 분야의 실무업무에 **3년** 이상 종사한 경력이 있는 사람 ○ **교육과목** 관련 분야에서 **공무원**으로 **5년** 이상 근무한 경력이 있는 사람 ○ **교육과목** 관련 분야의 **실무업무**에 **10년** 이상 종사한 경력이 있는 사람 ○ **체포·호신술** 과목의 경우 **무도사범의 자격**이 있는 사람으로서 교육과목 관련 분야에서 **2년** 이상 실무 경력이 있는 사람 ○ **폭발물 처리요령 및 예절교육** 과목의 경우 교육과목 관련 분야에서 **2년** 이상 실무 경력이 있는 사람

※ 비고: 교육시설이 교육기관의 소유가 아닌 경우에는 **임대** 등을 통하여 교육기간동안 이용할 수 있도록 하여야 한다.

ⓒ 교육기관 또는 단체의 지정

경찰청장은 교육과정을 개설하고자 하는 기관 또는 단체가 교육기관 지정을 요청한 때에는 [별표 3]의 규정에 의한 기준에 적합한 지의 여부를 확인한 후 그 기준에 적합한 경우 이를 특수경비원 신임교육을 실시할 수 있는 기관 또는 단체로 지정할 수 있다(경비업법 시행규칙 제14조 제2항).

③ 신임교육의 면제

특수경비업자는 채용 전 3년 이내에 특수경비업무에 종사하였던 경력이 있는 사람을 특수경비원으로 채용한 경우에는 해당 특수경비원을 특수경비원 신임교육 대상에서 제외할 수 있다(경비업법 시행령 제19조 제2항).

④ 관할 경찰공무원의 지도·감독 의무

특수경비원의 교육시 관할경찰서 소속 경찰공무원이 교육기관에 입회하여 대통령령[4] 이 정하는 바에 따라 지도·감독하여야 한다(경비업법 제13조 제4항).

---

4) 조문에서 위임한 사항을 규정한 하위법령이 없습니다. (출처: 국가법령정보센터)

⑤ **교육기관의 시설물 이용신청 또는 경찰관 파견요청**

특수경비원 신임교육을 실시할 수 있는 교육기관으로 지정을 받은 기관 또는 단체는 신임교육의 과정에서 필요한 경우에는 관할 경찰관서장에게 경찰관서 시설물의 이용이나 전문적인 소양을 갖춘 경찰관의 파견을 요청할 수 있다(경비업법 시행규칙 제14조 제3항).

⑥ **신임교육 실시에 필요한 사항의 정함**

신임교육의 과목 및 시간 등 특수경비원의 교육 실시에 필요한 사항은 <u>행정안전부령</u>으로 정한다(경비업법 시행령 제19조 제4항).

⑦ **신임교육의 과목 및 시간**

특수경비원 신임교육의 과목 및 시간은 [**별표 4**]와 같다(경비업법 시행규칙 제15조 제1항).

■ 경비업법 시행규칙 [별표 4]

특수경비원 신임교육의 과목 및 시간(제15조제1항 관련)

구분(교육시간)	과 목	시 간
이론교육 (15시간)	「경비업법」·「경찰관직무집행법」 및 「청원경찰법」	8
	「헌법」 및 형사법(인권, 경비관련 범죄 및 현행범체포에 관한 규정을 포함한다)	4
	범죄예방론(신고요령을 포함한다)	3
실무교육 (69시간)	정신교육	2
	테러 대응요령	4
	폭발물 처리요령	6
	화재대처법	3
	응급처치법	3
	분사기 사용법	3
	출입통제 요령	3
	예절교육	2
	기계경비 실무	3
	정보보호 및 보안업무	6
	시설경비요령(야간경비요령을 포함한다)	4
	민방공(화생방 관련 사항을 포함한다)	6
	총기조작	3
	총검술	5
	사격	8
	체포·호신술	5
	관찰·기록기법	3
기타(4시간)	입교식·평가·수료식	4
계		88

〈 이 론 교 육 〉

경	8
헌	4
범죄	3

〈 기 타 〉

식	4

〈 실 무 교 육 〉

정신·예절	2
화·응·분·출·기·총작·관	3
시경·테	4
체·총	5
폭·정·민	6
사격	8

ⓒ **신임교육이수증의 교부 · 기록 · 통보**

특수경비원 신임교육기관 또는 단체의 장은 특수경비원 신임교육과정을 마친 사람에게 신임교육이수증을 교부하고 그 사실을 신임교육이수증 교부대장에 기록해야 하며, 교육기관, 교육일, 교육이수증 교부번호 등을 포함한 신임교육이수자 현황을 경찰청장에게 통보해야 한다(경비업법 시행규칙 제15조 제2항).

ⓒ **경비업자의 신임교육사실 기록**

경비업자는 특수경비원이 신임교육을 받은 때에는 경비원의 명부(경비업법 시행규칙 제23조)에 그 사실을 기재하여야 한다(경비업법 시행규칙 제15조 제3항).

ⓔ **신임교육 이수 확인증의 발급**

지방경찰청장 또는 경찰서장은 특수경비원 신임교육을 받은 사람이 요청하는 경우에는 별지 제12호의2서식의 신임교육 이수 확인증을 발급할 수 있다(경비업법 시행규칙 제15조 제4항).

3) **직무교육**

직무교육의 과목 등 특수경비원의 교육 실시에 필요한 사항은 <u>행정안전부령</u>으로 정한다(경비업법 시행령 제19조 제4항).

① **직무교육의 시간**

특수경비업자는 소속 특수경비원에게 경비지도사가 수립한 교육계획에 따라 매월 <u>행정안전부령</u>으로 정하는 시간(6시간) 이상의 직무교육을 받도록 하여야 한다(경비업법 시행령 제19조 제3항, 경비업법 시행규칙 제16조 제1항).

② **직무교육의 과목**

특수경비원에 대한 직무교육의 과목은 특수경비원의 직무수행에 필요한 이론 · 실무과목, 그 밖에 정신교양 등으로 한다(경비업법 시행규칙 제16조 제3항).

③ **공무원 파견교육 실시**

관할경찰서장 및 공항경찰대장 등 국가중요시설의 경비책임자(이하 "관할경찰관서장"이라 한다)는 필요하다고 인정하는 경우에는 특수경비원이 배치된 경비대상시설에 소속공무원을 파견하여 직무집행에 필요한 교육을 실시할 수 있다(경비업법 시행규칙 제16조 제2항).

3. 특수경비원의 직무 및 무기사용 등

✓ QR코드를 통해 유튜브(YouTube) 채널로 이동합니다.

(1) 특수경비원의 직무

　1) 특수경비업자의 감독 · 명령 의무

　　특수경비업자는 특수경비원으로 하여금 배치된 경비구역안에서 관할 경찰서장 및 공항경찰대장 등 국가중요시설의 경비책임자(이하 "관할 경찰관서장"이라 한다)와 국가중요시설의 시설주의 감독을 받아 시설을 경비하고 도난 · 화재 그 밖의 위험의 발생을 방지하는 업무를 수행하게 하여야 한다(경비업법 제14조 제1항).

　2) 직무수행 중 장해발생 금지의무

　　특수경비원은 국가중요시설에 대한 경비업무 수행중 국가중요시설의 정상적인 운영을 해치는 장해를 일으켜서는 아니된다(경비업법 제14조 제2항).

(2) 특수경비원의 무기사용 등

　1) 무기의 구입 및 기부채납

　　지방경찰청장은 국가중요시설에 대한 경비업무의 수행을 위하여 필요하다고 인정하는 때에는 시설주의 신청에 의하여 무기를 구입한다. 이 경우 시설주는 그 무기의 구입대금을 지불하고, 구입한 무기를 국가에 기부채납하여야 한다(경비업법 제14조 제3항).

〈무기구입절차〉

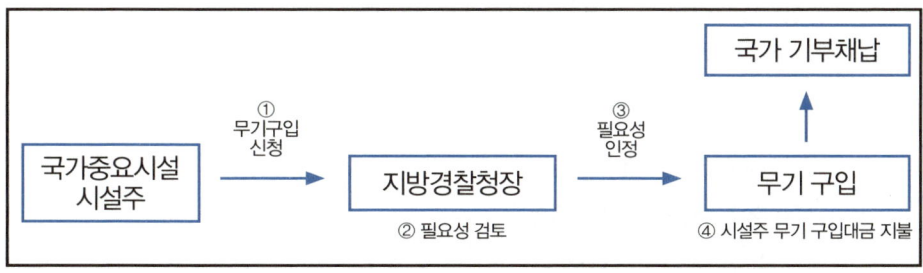

2) 위임규정

특수경비원의 무기휴대, 무기종류, 그 사용기준 및 안전검사의 기준 등에 관하여 필요한 사항은 대통령령으로 정한다(경비업법 제14조 제9항).

3) 무기의 대여 및 휴대

지방경찰청장은 국가중요시설에 대한 경비업무의 수행을 위하여 필요하다고 인정하는 때에는 관할경찰관서장으로 하여금 시설주의 신청에 의하여 시설주로부터 국가에 기부채납된 무기를 대여하게 하고, 시설주는 이를 특수경비원으로 하여금 휴대하게 할 수 있다. 이 경우 특수경비원은 정당한 사유없이 무기를 소지하고 배치된 경비구역을 벗어나서는 아니된다(경비업법 제14조 제4항).

① **무기대여신청서 제출**

시설주는 특수경비원이 휴대할 무기를 대여받고자 하는 때에는 무기대여신청서(경비업법 시행규칙 [별지 제13호서식])를 관할경찰서장 및 공항경찰대장 등 국가중요시설의 경비책임자(이하 "관할경찰관서장"이라 한다)를 거쳐 지방경찰청장에게 제출하여야 한다(경비업법 시행령 제20조 제1항, 경비업법 시행규칙 제17조).

② **무기휴대 사전승인**

㉠ 시설주는 관할경찰관서장으로부터 대여받은 무기를 특수경비원에게 휴대하게 하는 경우에는 관할경찰관서장의 사전승인을 얻어야 한다(경비업법 시행령 제20조 제2항).

㉡ 사전승인을 함에 있어서 관할경찰관서장은 국가중요시설에 총기 또는 폭발물의 소지자나 무장간첩 침입의 우려가 있는지의 여부 등을 고려하는 등 특수경비원에게 무기를 지급하여야 할 필요성이 있는지의 여부에 관하여 판단하여야 한다(경비업법 시행령 제20조 제3항).

③ **무기의 회수**

시설주는 무기지급의 필요성이 해소되었다고 인정되는 때에는 특수경비원으로부터 즉시 무기를 회수하여야 한다(경비업법 시행령 제20조 제4항).

④ **휴대 가능한 무기의 종류**

특수경비원이 휴대할 수 있는 무기종류는 권총 및 소총으로 한다(경비업법 시행령 제20조 제5항).

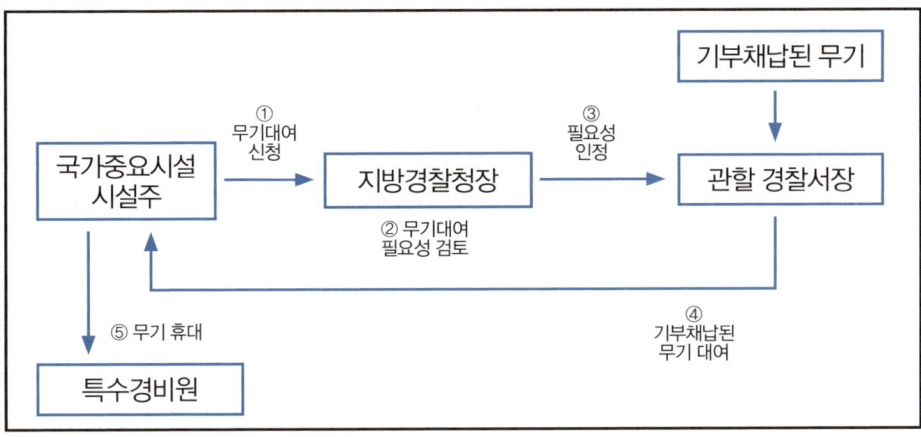

4) 무기의 관리책임 및 지도 · 감독

① 시설주가 대여받은 무기에 대하여 시설주 및 관할 경찰관서장은 무기의 관리책임을 지고, 관할 경찰관서장은 시설주 및 특수경비원의 무기관리상황을 대통령령이 정하는 바에 따라 지도 · 감독하여야 한다(경비업법 제14조 제5항).

② 관할경찰관서장은 시설주 및 특수경비원의 무기관리상황을 매월 1회 이상 점검하여야 한다(경비업법 시행령 제21조).

③ 관할 경찰관서장은 무기의 적정한 관리를 위하여 무기를 대여받은 시설주에 대하여 필요한 명령을 발할 수 있다(경비업법 제14조 제6항).

5) 무기의 관리책임자

시설주로부터 무기의 관리를 위하여 지정받은 책임자(이하 "관리책임자"라 한다)는 다음에 의하여 이를 관리하여야 한다(경비업법 제14조 제7항).

① 무기출납부 및 무기장비운영카드를 비치 · 기록하여야 한다.

② 무기는 관리책임자가 직접 지급 · 회수하여야 한다.

6) 무기의 사용기준

① 무기의 사용(기준)

특수경비원은 국가중요시설의 경비를 위하여 무기를 사용하지 아니하고는 다른 수단이 없다고 인정되는 때에는 필요한 한도안에서 무기를 사용할 수 있다(경비업법 제14조 제8항 본문).

② **사용의 제한(조건)**

다음에 해당하는 때를 제외하고는 사람에게 위해를 끼쳐서는 아니된다(경비업법 제14조 제8항 단서).

㉠ 무기 또는 폭발물을 소지하고 국가중요시설에 침입한 자가 특수경비원으로부터 3회 이상 투기(投棄) 또는 투항(投降)을 요구받고도 이에 불응하면서 계속 항거하는 경우 이를 억제하기 위하여 무기를 사용하지 아니하고는 다른 수단이 없다고 인정되는 때

㉡ 국가중요시설에 침입한 무장간첩이 특수경비원으로부터 투항(投降)을 요구받고도 이에 불응한 때

7) 무기 안전검사의 기준

「위해성 경찰장비의 사용기준 등에 관한 규정」 제18조 및 [별표 2]의 규정은 법 제14조 제9항의 규정에 의한 안전검사의 기준에 관하여 이를 준용한다(경비업법 시행령 제20조 제6항).

■ 위해성 경찰장비의 사용기준 등에 관한 규정 [별표 2]

위해성 경찰장비의 안전검사기준(제18조 관련)

경찰장비	안전검사기준	검사내용	검사빈도
경찰장구	수갑	1. 해제하는 경우 톱날의 회전이 자유로운지 여부 및 과도한 힘을 요하는지 여부 2. 물리적 손상에 의하여 모서리등에 날카로운 부분이 있는지 여부	연간 1회
	포승·호송용포승	면사·나이론사 이외의 재질이 사용되었는지 여부	연간 1회
	경찰봉·호신용경봉	1. 물리적 손상등으로 날카로운 부분이 있는지 여부 2. 호신용경봉은 폈을 때 봉의 말단이 부착되어 있는지 여부 및 접혀짐·펴짐이 자유로운지 여부	반기 1회
	전자충격기	1. 작동순간 전압 60,000볼트, 실효전류 0.05암페어, 1회 작동시간 30초를 초과하는지 여부 2. 자체결함·기능손상·균열등으로 인한 누전현상 유무	반기 1회
	방패	균열등으로 모서리 기타 표면에 날카로운 부분이 있는지 여부	반기 1회
	전자방패	1. 균열등으로 모서리 기타 표면에 날카로운 부분이 있는지 여부 2. 작동순간 전압 50,000볼트, 실효전류 0.0039암페어를 초과하는지 여부 3. 자체결함·기능손상·균열 등으로 인한 누전현상 유무	반기 1회
무기	권총·소총·기관총·산탄총·유탄발사기	1. 총열의 균열 유무 2. 방아쇠를 당길 수 있는 힘이 1킬로그램 이상인지 여부 3. 안전장치의 작동 여부	연간 1회
	박격포·3인치포·함포	포열의 균열 유무	연간 1회
	크레모아·수류탄·폭약류	1. 신관부 및 탄체의 부식 또는 충전물 누출여부 2. 안전장치의 이상 유무	연간 1회
	도검	대검멈치쇠의 고장 유무	연간 1회
분사기·최루탄 등	근접분사기	1. 안전핀의 부식 여부 2. 용기의 균열 유무	반기 1회
	가스분사기	1. 안전장치의 결함 유무 2. 약제통의 균열 유무	반기 1회

■ 위해성 경찰장비의 사용기준 등에 관한 규정 [별표 2]

위해성 경찰장비의 안전검사기준(제18조 관련)

경찰장비	안전검사기준	검사내용	검사빈도
분사기 · 최루탄 등	가스발사총 · 최루탄 발사장치	1. 구경의 임의개조 여부 2. 방아쇠를 당길 수 있는 힘이 1킬로그램 이상인지 여부	반기 1회
	최루탄 (최루탄발사장치를 제외한 것을 말한다)	물 또는 습기에 젖어 있는지 여부	반기 1회
기타 장비	가스차 · 살수차 · 특수진압차	최루탄발사대의 각도가 15도 이상인지 여부	반기 1회
	물포	곧은 물줄기의 압력이 제곱센티미터당 15킬로그램의 압력 이하인지 여부	반기 1회
	석궁	방아쇠를 당길 수 있는 힘이 1킬로그램 이상인지 여부	반기 1회
	다목적발사기	1. 안전장치의 작동 여부 2. 방아쇠를 당길 수 있는 힘이 1킬로그램 이상인지 여부	연간 1회
	도주차량 차단장비	원격조정버튼 미조작시 차단핀이 완전히 눕혀지는지 여부	분기 1회

8) 무기의 관리수칙

시설주, 무기의 관리책임자와 특수경비원은 <u>행정안전부령</u>이 정하는 무기관리수칙을 준수하여야 한다(경비업법 시행령 제20조 제7항).

① 시설주 등의 관리수칙

무기를 대여받은 국가중요시설의 시설주 또는 관리책임자는 다음의 관리수칙에 따라 무기(탄약을 포함한다. 이하 같다)를 관리하여야 한다(경비업법 시행규칙 제18조 제1항).

㉠ 무기의 관리를 위한 책임자를 지정하고 관할경찰관서장에게 이를 통보할 것
㉡ 무기고 및 탄약고는 단층에 설치하고 환기 · 방습 · 방화 및 총가 등의 시설을 할 것
㉢ 탄약고는 무기고와 사무실 등 많은 사람을 수용하거나 많은 사람이 오고 가는 시설과 떨어진 곳에 설치할 것

② 무기고 및 탄약고에는 이중 잠금장치를 하여야 하며, 열쇠는 관리책임자가 보관하되, 근무시간 이후에는 열쇠를 당직책임자에게 인계하여 보관시킬 것
　　⑩ 관할경찰관서장이 정하는 바에 의하여 무기의 관리실태를 매월 파악하여 다음 달 3일까지 관할경찰관서장에게 통보할 것
　　ⓑ 대여받은 무기를 빼앗기거나 대여받은 무기가 분실 · 도난 또는 훼손되는 등의 사고가 발생한 때에는 관할경찰관서장에게 그 사유를 지체없이 통보할 것
　　ⓐ 대여받은 무기를 빼앗기거나 대여받은 무기가 분실 · 도난 또는 훼손된 때에는 경찰청장이 정하는 바에 의하여 그 전액을 배상할 것. 다만, 전시 · 사변, 천재 · 지변 그 밖의 불가항력의 사유가 있다고 지방경찰청장이 인정한 때에는 그러하지 아니하다.
　　ⓞ 시설주는 자체계획을 수립하여 보관하고 있는 무기를 매주 1회 이상 손질할 수 있게 할 것

② **징계등 요청**
　시설주 또는 관리책임자는 고의 또는 과실로 무기(부속품을 포함한다)를 빼앗기거나 무기가 분실 · 도난 또는 훼손되도록 한 특수경비원에 대하여 특수경비업자에게 교체 또는 징계 등의 조치를 요청할 수 있다. 이 경우 특수경비업자는 특별한 사유가 없는 한 이에 응하여야 한다(경비업법 시행규칙 제18조 제2항).

③ **무기 출납시 관리수칙**
　무기를 대여받은 시설주 또는 관리책임자가 특수경비원에게 무기를 출납하고자 하는 때에는 다음의 관리수칙에 따라 무기를 관리하여야 한다(경비업법 시행규칙 제18조 제3항).
　　㉠ 관할경찰관서장이 무기를 회수하여 집중적으로 관리하도록 지시하는 경우 또는 출납하는 탄약의 수를 증감하거나 출납을 중지하도록 지시하는 경우에는 이에 따를 것
　　㉡ 탄약의 출납은 소총에 있어서는 1정당 15발 이내, 권총에 있어서는 1정당 7발 이내로 하되, 생산된 후 오래된 탄약을 우선적으로 출납할 것

ⓒ 무기를 지급받은 특수경비원으로 하여금 무기를 매주 1회 이상 손질하게 할 것

② 수리가 필요한 무기가 있는 때에는 그 목록과 무기장비운영카드를 첨부하여 관할경찰관서장에게 수리를 요청할 것

④ **특수경비원의 관리수칙**

시설주로부터 무기를 지급받은 특수경비원은 다음의 관리수칙에 따라 무기를 관리하여야 한다(경비업법 시행규칙 제18조 제4항).

㉠ 무기를 지급받거나 반납하는 때 또는 무기의 인계 인수를 하는 때에는 반드시 "앞에 총"의 자세에서 "검사 총"을 할 것

㉡ 무기를 지급받은 때에는 별도의 지시가 없는 한 탄약은 무기로부터 분리하여 휴대하여야 하며, 소총은 "우로 어깨걸어 총"의 자세를 유지하고, 권총은 "권총집에 넣어 총"의 자세를 유지할 것

㉢ 지급받은 무기를 다른 사람에게 보관·휴대 또는 손질시키지 아니할 것

㉣ 무기를 손질 또는 조작하는 때에는 총구를 반드시 공중으로 향하게 할 것

㉤ 무기를 반납하는 때에는 손질을 철저히 한 후 반납하도록 할 것

㉥ 근무시간 이후에는 무기를 시설주에게 반납하거나 교대근무자에게 인계할 것

⑤ **무기지급의 예외**

형 / 사 / 정 / 부

시설주는 다음에 해당하는 특수경비원에 대하여 무기를 지급하여서는 아니 되며, 지급된 무기가 있는 경우 이를 즉시 회수하여야 한다(경비업법 시행규칙 제18조 제5항).

㉠ **형**사사건으로 인하여 조사를 받고 있는 사람

㉡ **사**의를 표명한 사람

㉢ **정**신질환자

㉣ 그 밖에 무기를 지급하기에 **부**적합하다고 인정되는 사람

⑥ 무기의 수송

시설주는 무기를 수송하는 때에는 출발하기 전에 관할경찰서장에게 그 사실을 통보하여야 하며, 통보를 받은 관할경찰서장은 1인 이상의 무장경찰관을 무기를 수송하는 자동차 등에 함께 타도록 하여야 한다(경비업법 시행규칙 제18조 제6항).

4. 경비원의 복장·장비·출동차량 등

(1) 경비원의 복장 등

1) 복장신고

① 경비업자는 경찰공무원 또는 군인의 제복과 색상 및 디자인 등이 명확히 구별되는 소속 경비원의 복장을 정하고 이를 확인할 수 있는 사진을 첨부하여 주된 사무소를 관할하는 지방경찰청장에게 <u>행정안전부령</u>으로 정하는 바에 따라 신고하여야 한다(경비업법 제16조 제1항).

② 경비원의 복장 신고(변경신고를 포함한다)를 하려는 경비업자는 소속 경비원에게 복장을 착용하도록 하기 전에 별지 제13호의2서식의 경비원 복장 등 신고서(전자문서로 된 신고서를 포함한다. 이하 같다)를 경비업자의 주된 사무소를 관할하는 지방경찰청장에게 제출하여야 한다(경비업법 시행규칙 제19조 제1항).

2) 복장 착용

① 경비업자는 경비업무 수행 시 경비원에게 소속 경비업체를 표시한 이름표를 부착하도록 하고, 신고된 동일한 복장을 착용하게 하여야 하며, 복장에 소속 회사를 오인할 수 있는 표시를 하거나 다른 회사의 복장을 착용하게 하여서는 아니 된다. 다만, 집단민원현장이 아닌 곳에서 신변보호업무를 수행하는 경우 또는 경비업무의 성격상 부득이한 사유가 있어 관할 경찰관서장이 허용하는 경우에는 그러하지 아니하다(경비업법 제16조 제2항).

② 경비원은 경비업무 수행 시 이름표를 경비원 복장의 상의 가슴 부위에 부착하여 경비원의 이름을 외부에서 알아볼 수 있도록 하여야 한다(경비업법 시행규칙 제19조 제4항).

3) 시정명령 및 이행보고

① 시정명령
지방경찰청장은 제출받은 사진을 검토한 후 경비업자에게 복장 변경 등에 대한 시정명령을 할 수 있다(경비업법 제16조 제3항).

② 이행보고
㉠ 시정명령을 받은 경비업자는 이를 이행하여야 하고, 지방경찰청장에게 행정안전부령으로 정하는 바에 따라 이행보고를 하여야 한다(경비업법 제16조 제4항).

㉡ 경비원 복장 시정명령에 대한 이행보고를 하려는 경비업자는 별지 제13호의3서식의 시정명령 이행보고서(전자문서로 된 보고서를 포함한다. 이하 같다)에 이행사실을 입증할 수 있는 사진 등의 서류를 첨부하여 시정명령을 한 지방경찰청장에게 제출하여야 한다(경비업법 시행규칙 제19조 제2항).

㉢ 경비업자는 (경비원 복장 등) 신고서 또는 (시정명령에 따른) 이행보고서를 경비업자의 주된 사무소를 관할하는 지방경찰청장 소속 경찰서장을 거쳐 제출할 수 있다. 이 경우 신고서 또는 이행보고서를 받은 경찰서장은 지체 없이 경비업자의 주된 사무소를 관할하는 지방경찰청장에게 해당 신고서 또는 이행보고서를 보내야 한다(경비업법 시행규칙 제19조 제3항).

4) 위임규정
그 밖에 경비원의 복장 등에 필요한 사항은 행정안전부령으로 정한다(경비업법 제16조 제5항).

(2) 경비원의 장비 등

1) 장비의 종류
① 경비원이 휴대할 수 있는 장비의 종류는 경적·단봉·분사기 등 행정안전부령으로 정하되, 근무 중에만 이를 휴대할 수 있다(경비업법 제16조의2 제1항).

② 경비원은 근무 중 경적, 단봉, 분사기, 안전방패, 무전기 및 그 밖에 경비업무 수행에 필요한 것으로서 공격적인 용도로 제작되지 아니하는 장비를 휴대할 수 있으며, 안전모 및 방검복 등 안전장비를 착용할 수 있다(경비업법 시행규칙 제20조 제1항).

③ 경비원 장비의 구체적인 기준은 [별표 5]에 따른다(경비업법 시행규칙 제20조 제2항).

■ 경비업법 시행규칙 [별표 5]
경비원 휴대장비의 구체적인 기준(제20조제2항 관련)

경 단 분 / 안 무 / 모 복

장비	장비기준
1. **경**적	금속이나 플라스틱 재질의 호루라기
2. **단**봉	금속(합금 포함)이나 플라스틱 재질의 전장 700mm 이하의 호신용 봉
3. **분**사기	「총포·도검·화약류 등 단속법」에 따른 분사기
4. **안**전방패	플라스틱 재질의 폭 500mm 이하, 길이 1,000mm 이하의 방패로 경찰공무원이 사용하는 안전방패와 색상 및 디자인이 명확히 구분되어야 함
5. **무**전기	무전기 송신 시 실시간으로 수신이 가능한 것
6. 안전**모**	안면을 가리지 아니하면서, 머리를 보호하는 장비로 경찰공무원이 사용하는 방석모와 색상 및 디자인이 명확히 구분되어야 함
7. 방검**복**	경찰공무원이 사용하는 방검복과 색상 및 디자인이 명확히 구분되어야 함

2) 분사기의 휴대

경비업자가 경비원으로 하여금 분사기를 휴대하여 직무를 수행하게 하는 경우에는 「총포·도검·화약류 등 단속법」에 따라 미리 분사기의 소지허가를 받아야 한다(경비업법 제16조의2 제2항).

3) 장비의 사용원칙

① 누구든지 장비를 임의로 개조하여 통상의 용법과 달리 사용함으로써 다른 사람의 생명·신체에 위해를 가하여서는 아니 된다(경비업법 제16조의2 제3항).
② 경비원은 경비업무를 위하여 필요하다고 인정되는 상당한 이유가 있을 때에는 필요한 최소한도에서 장비를 사용할 수 있다(경비업법 제16조의2 제4항).

4) 위임규정

그 밖에 경비원의 장비 등에 관하여 필요한 사항은 <u>행정안전부령</u>으로 정한다(경비업법 제16조의2 제5항).

(3) 출동차량 등

1) 출동차량 신고

① 경비업자는 출동차량 등의 도색 및 표지를 정하고 이를 확인할 수 있는 사진을 첨부하여 주된 사무소를 관할하는 지방경찰청장에게 행정안전부령으로 정하는 바에 따라 신고하여야 한다(경비업법 제16조의3 제2항).

② 출동차량 등에 대한 신고(변경신고를 포함한다)를 하려는 경비업자는 출동차량 등을 운행하기 전에 별지 제13호의4서식의 출동차량등 신고서(전자문서로 된 신고서를 포함한다. 이하 같다)를 경비업자의 주된 사무소를 관할하는 지방경찰청장에게 제출하여야 한다(경비업법 시행규칙 제21조 제1항).

2) 출동차량의 구별

경비업자는 출동차량 등의 도색 및 표지를 경찰차량 및 군차량과 명확히 구별될 수 있게 하여야 한다(경비업법 제16조의3 제1항).

3) 시정명령 및 이행보고

① 시정명령

지방경찰청장은 제출받은 사진을 검토한 후 경비업자에게 도색 및 표지 변경 등에 대한 시정명령을 할 수 있다(경비업법 제16조의3 제3항).

② 이행보고

㉠ 시정명령을 받은 경비업자는 이를 이행하여야 하고, 지방경찰청장에게 행정안전부령으로 정하는 바에 따라 이행보고를 하여야 한다(경비업법 제16조의3 제4항).

㉡ 출동차량 등의 시정명령에 대한 이행보고를 하려는 경비업자는 별지 제13호의3서식의 시정명령 이행보고서에 이행사실을 입증할 수 있는 사진 등의 서류를 첨부하여 시정명령을 한 지방경찰청장에게 제출하여야 한다(경비업법 시행규칙 제21조 제2항).

㉢ 경비업자는 (출동차량등)신고서 및 (시정명령에 따른)이행보고서를 경비업자의 주된 사무소를 관할하는 지방경찰청장 소속의 경찰서장을 거쳐 제출할 수 있다. 이 경우 신고서 또는 이행보고서를 받은 경찰서장은 지체 없이 경비업자의 주된 사무소를 관할하는 지방경찰청장에게 해당 신고서 또는 이행보고서를 보내야 한다(경비업법 시행규칙 제21조 제3항).

4) 위임규정

그 밖에 출동차량 등에 필요한 사항은 행정안전부령으로 정한다(경비업법 제16조의3 제5항).

5. 경비원의 명부와 배치허가 등

✓ QR코드를 통해 유튜브(YouTube) 채널로 이동합니다.

(1) 경비원 명부의 작성·비치

1) 경비업자는 행정안전부령으로 정하는 바에 따라 경비원의 명부를 작성·비치하여야 한다. 다만, 집단민원현장에 배치되는 일반경비원의 명부는 그 경비원이 배치되는 장소에도 작성·비치하여야 한다(경비업법 제18조 제1항).

2) 경비업자는 다음의 장소에 별지 제14호서식의 경비원 명부(제2호 및 제3호의 경우에는 해당 장소에 배치된 경비원의 명부를 말한다)를 작성·비치하여 두고, 이를 항상 정리하여야 한다(경비업법 시행규칙 제23조).

① 주된 사무소
② (영 제5조 제3항에 따른)출장소
③ 집단민원현장

(2) 경비원 배치신고·배치허가

1) 경비원 배치신고

경비업자가 경비원을 배치하거나 배치를 폐지한 경우에는 행정안전부령으로 정하는 바에 따라 관할 경찰관서장에게 신고하여야 한다(경비업법 제18조 제2항).[5]

---

5) 경비업법 제18조 제2항(경비원의 명부와 배치허가 등)
② 경비업자가 경비원을 배치하거나 배치를 폐지한 경우에는 행정안전부령으로 정하는 바에 따라 관할 경찰관서장에게 신고하여야 한다. 다만, 다음 제1호의 경우에는 경비원을 배치하기 48시간 전까지 행정안전부령으로 정하는 바에 따라 배치허가를 신청하고, 관할 경찰관서장의 배치허가를 받은 후에 경비원을 배치하여야 하며(제2호 및 제3호의 경우에는 경비원을 배치하기 전까지 신고하여야 한다), 이 경우 관할 경찰관서장은 배치허가를 함에 있어 필요한 조건을 붙일 수 있다.
1. 제2조 제1호 가목에 따른 시설경비업무 또는 같은 호 다목에 따른 신변보호업무 중 집단민원현장에 배치된 일반경비원
2. 집단민원현장이 아닌 곳에서 제2조 제1호 다목의 규정에 의한 신변보호업무를 수행하는 일반경비원
3. 특수경비원

① **사후신고(원칙)**

경비업자는 경비업무를 수행하기 위하여 20일 이상 경비원을 배치하거나 그 기간을 연장하려는 때에는 경비원을 배치한 후 7일 이내에 별지 제15호 서식의 경비원 배치신고서(전자문서로 된 신고서를 포함한다)를 배치지를 관할하는 경찰관서장에게 제출하여야 한다(경비업법 시행규칙 제24조 제1항 본문).

② **사전신고 및 배치허가(예외)**

㉠ **사전신고(❷ 및 ❸의 경우)**

ⓐ ❷ 및 ❸의 경우에는 경비원을 배치하기 전까지 신고하여야 한다(경비업법 제18조 제2항 단서).

ⓑ ❷ 및 ❸에 해당하는 경비원을 배치하는 경우에는 경비원을 배치하는 기간과 관계없이 경비원을 배치하기 전까지 (경비원 배치신고서를) 제출하여야 한다(경비업법 시행규칙 제24조 제1항 단서).

㉡ **배치허가(❶의 경우)**

다음의 ❶의 경우에는 경비원을 배치하기 48시간 전까지 행정안전부령으로 정하는 바에 따라 배치허가를 신청하고, 관할 경찰관서장의 배치허가를 받은 후에 경비원을 배치하여야 하며, 이 경우 관할 경찰관서장은 배치허가를 함에 있어 필요한 조건을 붙일 수 있다(경비업법 제18조 제2항 단서).

> ❶ 시설경비업무(경비업법 제2조 제1호 가목) 또는 신변보호업무(경비업법 제2조 제1호 다목) 중 집단민원현장에 배치된 일반경비원
> ❷ 집단민원현장이 아닌 곳에서 신변보호업무(경비업법 제2조 제1호 다목)를 수행하는 일반경비원
> ❸ 특수경비원

2) 집단민원현장에의 일반경비원 배치허가 신청 등

① **배치허가 신청**

집단민원현장에 일반경비원 배치허가를 신청하려는 경비업자는 별지 제15호의2서식의 집단민원현장 일반경비원 배치허가 신청서(전자문서에 의한 신청서를 포함하며, 이하 "배치허가 신청서"라 한다)에 집단민원현장에 배치될 일반경비원의 신임교육 이수증(영 제18조제2항에 따른 일반경비원 신임교육 면제 대상의 경

우 신임교육 면제 대상에 해당함을 입증할 수 있는 서류를 말한다) 각 1부를 첨부하여 관할 경찰관서장에게 제출하여야 한다(경비업법 시행규칙 제24조의2 제1항).

② 배치허가 통보

배치허가 신청서를 받은 관할 경찰관서장은 경비원 배치예정 일시 전까지 배치허가 여부를 결정하여 경비업자에게 통보하여야 한다(경비업법 시행규칙 제24조의2 제2항).

③ 배치허가의 연장

일반경비원 배치허가를 받은 경비업자가 경비원 배치기간을 연장하려는 경우에는 배치기간이 만료되기 48시간 전까지 배치허가 신청서를 관할 경찰관서장에게 제출하여 허가를 받아야 한다(경비업법 시행규칙 제24조의2 제3항).

④ 추가배치의 신청

일반경비원 배치허가를 받은 경비업자가 집단민원현장에 새로운 경비원을 배치하려는 경우에는 새로운 경비원을 배치하기 48시간 전까지 배치허가 신청서를 관할 경찰관서장에게 제출하여 허가를 받아야 한다(경비업법 시행규칙 제24조의2 제4항).

⑤ 경비지도사 변경의 통보

일반경비원 배치허가를 받은 경비업자가 집단민원현장에 배치된 경비지도사를 변경한 경우에는 변경된 내용을 관할 경찰관서장에게 통보하여야 한다(경비업법 시행규칙 제24조의2 제6항).

⑥ 집단민원현장 배치 불허가 사유 및 경찰관 방문조사

㉠ 집단민원현장 배치 불허가 사유

관할 경찰관서장은 배치허가 신청을 받은 경우 다음의 사유에 해당하는 때에는 배치허가를 하여서는 아니 된다(경비업법 제18조 제3항 1문).

| 벗행자 / 결.교21↑ / 복.장.명령 |

ⓐ 제15조의2(경비원 등의 의무) 제1항(경비원은 직무를 수행함에 있어 타인에게 위력을 과시하거나 물리력을 행사하는 등 경비업무의 범위를 벗어난 행위를 하여서는 아니된다) 및 제2항(누구든지 경비원으로 하여금 경비업무의 범위를 벗어난 행위를 하게 하여서는 아니된다)을 위반하여 경비업무의 범위를 **벗**어난 **행**위를 할 우려가 있는 경우(**자**(者))

ⓑ 경비원 중 제10조 제1항(경비지도사 또는 일반경비원 결격사유) 또는 제2항(특수경비원 결격사유)에 해당하는 **결**격자나 제13조(경비원의 교육 등)에 따른 신임**교**육을 받지 아니한 사람이 대통령령으로 정하는 기준[6](100분의 **21**) 이상(↑)으로 포함되어 있는 경우

ⓒ 제24조(감독)에 따라 경비원의 **복**장·**장**비 등에 대하여 내려진 필요한 **명령**을 이행하지 아니하는 경우

ⓛ **경찰관 방문조사**

관할 경찰관서장은 (집단민원현장 배치 불허가)사유를 확인하기 위하여 소속 경찰관으로 하여금 그 배치장소를 방문하여 조사하게 할 수 있다(경비업법 제18조 제3항 2문).

⑦ **결격사유 해당 경비원 배치제외**

배치허가 신청을 받은 관할 경찰관서장은 배치되는 경비원 중 제10조 제1항(경비지도사 또는 일반경비원 결격사유) 또는 제2항(특수경비원 결격사유)에 해당하는 결격자가 있는 경우에는 그 사람을 제외하고 배치허가를 하여야 한다(경비업법 제18조 제4항).

3) 집단민원현장 배치금지 경비원

경비업자는 다음의 어느 하나에 해당하는 죄를 범하여 벌금형을 선고받고 5년이 지나지 아니하거나 금고 이상의 형을 선고받고 그 집행이 유예된 날부터 5년이 지나지 아니한 자를 집단민원현장에 일반경비원으로 배치하여서는 아니된다(경비업법 제18조 제6항).

---

6) 경비업법 시행령 제22조(집단민원현장 배치 불허가 기준) 법 제18조 제3항 제2호에서 "대통령령으로 정하는 기준"이란 100분의 21을 말한다.

① 「형법」 제257조부터 제262조까지(상해, 중상해, 특수상해, 상해치사, 폭행, 특수폭행, 폭행치사상), 제264조(상해, 중상해, 특수상해, 폭행, 특수폭행의 상습범), 제276조부터 제281조까지의 죄(체포, 감금, 중체포, 중감금, 특수체포, 특수감금, 상습범, 미수범, 체포·감금등의 치사상), 제284조의 죄(특수협박), 제285조의 죄(협박 및 특수협박의 상습범), 제320조의 죄(특수주거침입), 제324조 제2항의 죄(강요), 제350조의2의 죄(특수공갈), 제351조의 죄(상습범)(제350조(공갈), 제350조의2(특수공갈)의 상습범으로 한정한다), 제369조 제1항(특수손괴)의 죄

② 「폭력행위 등 처벌에 관한 법률」 제2조(폭행 등) 또는 제3조(집단적 폭행 등)의 죄

4) 경비업자의 경비원 배치상의 의무

경비업자는 경비원 명부에 없는 자를 경비업무에 종사하게 하여서는 아니 되고, 경비원을 배치하는 경우에는 신임교육을 이수한 자를 배치하여야 한다(경비업법 제18조 제7항).

(3) 경비원 배치폐지 신고 · 배치폐지 명령

1) 경비원 배치폐지 신고

① (일반경비원) 배치폐지 신고

경비원의 배치신고를 한 경비업자가 경비원의 배치를 폐지한 때에는 배치폐지를 한 날부터 7일 이내에 [별지 제15호서식]의 경비원 배치폐지신고서(전자문서로 된 신고서를 포함한다)를 배치지의 관할경찰관서장에게 제출하여야 한다. 다만, 경비원 배치신고시에 기재한 배치폐지 예정일에 경비원의 배치를 폐지한 경우에는 그러하지 아니하다(경비업법 시행규칙 제24조 제2항).

② 집단민원현장에의 일반경비원 배치폐지 신고서 제출

(법 제18조 제2항 각 호 외의 부분 단서에 따라 집단민원현장에 일반경비원 배치허가를 신청하여)일반경비원 배치허가를 받은 경비업자가 경비원의 배치를 폐지한 때에는 배치폐지를 한 날부터 48시간 이내에 별지 제15호의3서식의 집단민원현장 일반경비원 배치폐지 신고서(전자문서로 된 신고서를 포함한다)를 관할 경찰관서장에게 제출하여야 한다(경비업법 시행규칙 제24조의2 제5항).

2) 배치폐지 명령

관할 경찰관서장은 경비업자가 다음의 어느 하나에 해당하는 때에는 배치폐지를 명할 수 있다(경비업법 제18조 제8항).

① 배치허가를 받지 아니하고 경비원을 배치하거나 경비원 명단 및 배치일시·배치장소 등 배치허가 신청의 내용을 거짓으로 한 때(법 제18조 제2항 각 호 외의 부분 단서를 위반)

② 집단민원현장에 일반경비원으로 배치하여서는 아니되는 자를 집단민원현장에 일반경비원으로 배치한 때(법 제18조 제6항의 결격사유에 해당하는 자)

③ 신임교육을 이수하지 아니한 자를 (법18조 제2항 각 호의)경비원으로 배치한 때(법 제18조 제7항을 위반)

④ 경비업자 또는 경비원이 위력이나 흉기 또는 그 밖의 위험한 물건을 사용하여 집단적 폭력사태를 일으킨 때

⑤ 경비업자가 신고하지 아니하고 일반경비원을 배치한 때(법 제18조 제2항 각 호 외의 부분 본문을 위반)

3) 배치폐지 확인증의 발급

지방경찰청장 또는 경찰서장은 일반경비원 또는 특수경비원이나 일반경비원 또는 특수경비원으로 근무했던 사람이 요청하는 경우에는 별지 제12호의2서식의 배치폐지 확인증을 발급할 수 있다(경비업법 시행규칙 제24조 제3항).

6. 경비가 필요한 시설 등에 대한 경비의 요청

지방경찰청장은 행사장 그 밖에 많은 사람이 모이는 시설 또는 장소에서 혼잡 등으로 인한 위험의 발생을 방지하기 위하여 경비원(법 제2조 제3호)에 의한 경비가 필요하다고 인정되는 때에는 행사개최일 전에 당해 행사의 주최자에게 경비원에 의한 경비를 실시하거나 부득이한 사유로 그것을 실시할 수 없는 경우에는 행사개최 24시간 전까지 지방경찰청장에게 그 사실을 통지하여 줄 것을 요청할 수 있다(경비업법 시행령 제30조).

7. 경비원 근무상황 기록부

(1) 근무상황의 기록 및 보관 의무

경비업자는 경비원을 배치하여 경비업무를 수행하게 하는 때에는 행정안전부령

으로 정하는 바에 따라 배치된 경비원의 인적사항과 배치일시·배치장소 등 근무 상황을 기록하여 보관하여야 한다(경비업법 제18조 제5항).

(2) 근무상황기록부 작성 및 비치

경비업자는 경비업무를 수행하는 경비원의 인적사항, 배치일시, 배치장소, 배차 폐지일시 및 근무여부 등 근무상황을 기록한 근무상황기록부(전자문서로 된 근무상황기록부를 포함한다. 이하 같다)를 작성하여 주된 사무소 및 출장소에 갖추어 두어야 한다(경비업법 시행규칙 제24조의3 제1항).

(3) 보관기간

경비업자는 근무상황기록부를 1년 동안 보관하여야 한다(경비업법 시행규칙 제24조의3 제2항).

8. 경비전화의 가설

(1) 경비전화의 가설 신청

관할경찰관서장은 시설주의 신청에 의하여 특수경비원이 배치된 국가중요시설 등에 경비전화를 가설할 수 있다(경비업법 시행규칙 제25조 제1항).

(2) 소요경비의 부담

경비전화를 가설하는 경우의 소요경비는 시설주의 부담으로 한다(경비업법 시행규칙 제25조 제2항).

9. 갖추어 두어야 하는 장부 또는 서류[7]

(1) 시설주

특수경비원을 배치한 시설주는 다음의 장부 및 서류를 갖추어 두어야 한다(경비업법 시행규칙 제26조 제1항).

1) 근무일지
2) 근무상황카드
3) 경비구역배치도
4) 순찰표철

---

7) 제26조(갖추어 두어야 하는 장부 또는 서류) ③ 제1항 및 제2항의 규정에 의한 장부 또는 서류의 서식은 경찰관서에서 사용하는 서식을 준용한다.

5) 무기탄약출납부
6) 무기장비운영카드

(2) 관할경찰관서장

특수경비원을 배치한 국가중요시설의 관할경찰관서장은 다음의 장부 및 서류를 갖추어 두어야 한다(경비업법 시행규칙 제26조 제2항).

1) 감독순시부
2) 특수경비원 전·출입관계철
3) 특수경비원 교육훈련실시부
4) 무기·탄약대여대장
5) 그 밖에 특수경비원의 관리 등을 위하여 필요한 장부 또는 서류

'특수경비원을 배치한 시설주'가 갖추어 두어야 하는 장부 또는 서류	
①	근무일지
②	근무상황카드
③	경비구역배치도
④	순찰표철
⑤	무기·탄약출납부
⑥	장비운영카드

'특수경비원을 배치한 국가중요시설의 관할경찰관서장'이 갖추어 두어야 하는 장부 또는 서류	
①	감독순시부
②	특수경비원 전·출입관계철
③	특수경비원 교육훈련실시부
④	무기·탄약대여대장
⑤	그 밖에 특수경비원의 관리 등을 위하여 필요한 장부 또는 서류

〉〉〉 실전적용문제

2018년 제20회 기출문제 (13번 문제)

1. 경비업법령상 경비지도사 및 경비원의 결격사유에 관한 설명이 옳은 것은?

① 경비지도사의 결격사유는 일반경비원의 결격사유와 구별된다.

② 만 19세인 자는 특수경비원이 될 수 없다.

③ 금고 이상의 형의 선고유예를 받고 그 유예기간 중에 있는 자는 경비지도사가 될 수 있다.

④ 일반경비원이 되기 위해서는 팔과 다리가 완전하고 두 눈의 맨눈시력 각각 0.2 이상 또는 교정시력 각각 0.8 이상이어야 한다.

정답 ③

※ 해설

'금고 이상의 형의 선고유예를 받고 그 유예기간 중에 있는 자'는 특수경비원의 결격사유에 해당한다(경비업법 제10조 제2항 제3호).

2. 경비지도사 또는 일반경비원의 결격사유(경비업법 제10조 제1항)

(1) 만 18세 미만인 자, 피성년후견인, 피한정후견인

(2) 파산선고를 받고 복권되지 아니한 자

(3) 금고 이상의 실형의 선고를 받고 그 집행이 종료(집행이 종료된 것으로 보는 경우를 포함한다)되거나 집행이 면제된 날부터 5년이 지나지 아니한 자

(4) 금고 이상의 형의 집행유예선고를 받고 그 유예기간중에 있는 자

(5) 다음의 어느 하나에 해당하는 죄를 범하여 벌금형을 선고받은 날부터 10년이 지나지 아니하거나 금고 이상의 형을 선고받고 그 집행이 종료된(종료된 것으로 보는 경우를 포함한다) 날 또는 집행이 유예·면제된 날부터 10년이 지나지 아니한 자

   1) 「형법」제114조(범죄단체 등의 조직)의 죄

   2) 「폭력행위 등 처벌에 관한 법률」제4조(단체 등의 구성·활동)의 죄

   3) 「형법」제297조(강간), 제297조의2(유사강간), 제298조부터 제301조(강제추행, 준강간, 준강제추행, 미수범, 강간 등 상해·치상)까지, 제301조의2(강간 등 살인·치사), 제302조(미성년자 등에 대한 간음), 제303조(업무상위력 등에 의한 간음), 제305조(미성년자에 대한 간음, 추행), 제305조의2(상습범)의 죄

   4) 「성폭력범죄의 처벌 등에 관한 특례법」제3조부터 제11조(특수강도강간 등, 특수강간, 친족관계에 의한 강간 등, 장애인에 대한 강간·강제추행 등, 13세 미만의 미성년자에 대한 강간, 강제추행 등, 강간 등 상해·치상, 강간 등 살인·치사, 업무상 위력 등에 의한 추행, 공중 밀집 장소에서의 추행)까지 및 제15조(제3조부터 제9조까지의 미수범만 해당한다)의 죄

   5) 「아동·청소년의 성보호에 관한 법률」제7조(아동·청소년에 대한 강간·강제추행 등) 및 제8조(장애인인 아동·청소년에 대한 간음 등)의 죄

   6) '3)'부터 '5)'까지의 죄로서 다른 법률에 따라 가중처벌되는 죄

(6) 다음의 어느 하나에 해당하는 죄를 범하여 벌금형을 선고받은 날부터 5년이 지나지 아니하거나 금고 이상의 형을 선고받고 그 집행이 유예된 날부터 5년이 지나지 아니한 자

   1) 「형법」제329조부터 제331조(절도, 야간주거침입절도, 특수절도)까지, 제331조의2(자동차등 불법사용) 및 제332조부터 제343조(상습범(제329조 내지 제331조의2의 죄), 강도, 특수강도, 준강도, 인질강도, 강도상해,치상, 강도살인·치사, 강도강간, 해상강도, 상습범(제333조, 제334조, 제336조, 340조 제1항의 죄), 미수범(제329조 내지 제341조), 예비,음모)까지의 죄

   2) '1)'의 죄로서 다른 법률에 따라 가중처벌되는 죄

(7) '(5)의 1)부터 6)'까지의 어느 하나에 해당하는 죄를 범하여 치료감호를 선고받고 그 집행이 종료된 날 또는 집행이 면제된 날부터 10년이 지나지 아니한 자 또는 '(6)'의 어느 하나에 해당하는 죄를 범하여 치료감호를 선고받고 그 집행이 면제된 날부터 5년이 지나지 아니한 자

(8) 이 법이나 이 법에 따른 명령을 위반하여 벌금형을 선고받은 날부터 5년이 지나지 아니하거나 금고 이상의 형을 선고받고 그 집행이 유예된 날부터 5년이 지나지 아니한 자

2015년 제17회 기출문제 (7번 문제)

2. 경비업법령상 특수경비원은 될 수가 없으나 경비지도사가 될 수 있는 자는? (단, 다른 결격사유는 고려하지 않음)

① 팔과 다리가 완전하고 두 눈의 교정시력이 각각 0.8인 자
② 금고 이상의 형의 선고유예를 받고 그 유예기간 중에 있는 자
③ 금고 이상의 형의 집행유예선고를 받고 그 유예기간 중에 있는 자
④ 「형법」제114조(범죄단체 등의 조직)의 죄를 범하여 벌금형을 선고받은 날부터 10년이 지나지 아니한 자

정답 ②

※ 해설
'금고 이상의 형의 선고유예를 받고 그 유예기간 중에 있는 자'는 특수경비원의 결격사유에 해당하나(경비업법 제10조 제2항 제3호), 경비지도사의 결격사유에는 해당하지 않는다.

3. 특수경비원의 결격사유(경비업법 제10조 제2항)

(1) 만 18세 미만 또는 만 60세 이상인 자, 피성년후견인, 피한정후견인

(2) 다음의 어느 하나에 해당하는 자

  1) 파산선고를 받고 복권되지 아니한 자

  2) 금고 이상의 실형의 선고를 받고 그 집행이 종료(집행이 종료된 것으로 보는 경우를 포함한다)되거나 집행이 면제된 날부터 5년이 지나지 아니한 자

  3) 금고 이상의 형의 집행유예선고를 받고 그 유예기간중에 있는 자

  4) 다음의 어느 하나에 해당하는 죄를 범하여 벌금형을 선고받은 날부터 10년이 지나지 아니하거나 금고 이상의 형을 선고받고 그 집행이 종료된(종료된 것으로 보는 경우를 포함한다) 날 또는 집행이 유예·면제된 날부터 10년이 지나지 아니한 자

  ① 「형법」 제114조(범죄단체 등의 조직)의 죄

  ② 「폭력행위 등 처벌에 관한 법률」 제4조(단체 등의 구성·활동)의 죄

  ③ 「형법」 제297조(강간), 제297조의2(유사강간), 제298조부터 제301조(강제추행, 준강간, 준강제추행, 미수범, 강간 등 상해·치상)까지, 제301조의2(강간 등 살인·치사), 제302조(미성년자 등에 대한 간음), 제303조(업무상위력 등에 의한 간음), 제305조(미성년자에 대한 간음, 추행), 제305조의2(상습범)의 죄

  ④ 「성폭력범죄의 처벌 등에 관한 특례법」 제3조부터 제11조(특수강도강간 등, 특수강간 등, 친족관계에 의한 강간 등, 장애인에 대한 강간·강제추행 등, 13세 미만의 미성년자에 대한 강간, 강제추행, 강간 등 상해·치상, 강간 등 살인·치사, 업무상 위력 등에 의한 추행, 공중 밀집 장소에서의 추행)까지 및 제15조(제3조부터 제9조까지의 미수범만 해당한다)의 죄

  ⑤ 「아동·청소년의 성보호에 관한 법률」 제7조(아동·청소년에 대한 강간·강제추행 등) 및 제8조(장애인인 아동·청소년에 대한 간음 등)의 죄

  ⑥ '3)'부터 '5)'까지의 죄로서 다른 법률에 따라 가중처벌되는 죄

  5) 다음의 어느 하나에 해당하는 죄를 범하여 벌금형을 선고받은 날부터 5년이 지나지 아니하거나 금고 이상의 형을 선고받고 그 집행이 유예된 날부터 5년이 지나지 아니한 자

  ① 「형법」 제329조부터 제331조(절도, 야간주거침입절도, 특수절도)까지, 제331조의2(자동차 등 불법사용) 및 제332조부터 제343조(상습범(제329조 내지 제331조의2의 죄), 강도, 특수강도, 준강도, 인질강도, 강도상해, 치상, 강도살인·치사, 강도강간, 해상강도, 상습범(제333조, 제334조, 제336조, 340조 제1항의 죄), 미수범(제329조 내지 제341조), 예비, 음모)까지의 죄

  ② '1)'의 죄로서 다른 법률에 따라 가중처벌되는 죄

  6) '(5)의 1)부터 6)'까지의 어느 하나에 해당하는 죄를 범하여 치료감호를 선고받고 그 집행이 종료된 날 또는 집행이 면제된 날부터 10년이 지나지 아니한 자 또는 '(6)'의 어느 하나에 해당하는 죄를 범하여 치료감호를 선고받고 그 집행이 면제된 날부터 5년이 지나지 아니한 자

  7) 이 법이나 이 법에 따른 명령을 위반하여 벌금형을 선고받은 날부터 5년이 지나지 아니하거나 금고 이상의 형을 선고받고 그 집행이 유예된 날부터 5년이 지나지 아니한 자

(3) 금고 이상의 형의 선고유예를 받고 그 유예기간중에 있는 자

(4) 행정안전부령으로 정하는 신체조건에 미달되는 자

"행정안전부령이 정하는 신체조건"이라 함은 팔과 다리가 완전하고 두 눈의 맨눈시력 각각 0.2 이상 또는 교정시력 각각 0.8 이상을 말한다(경비업법 시행규칙 제7조).

◆ 경비지도사 및 경비원, 특수경비원 결격사유 비교

경비지도사 및 경비원 (경비업법 제10조 제1항)	특수경비원 (경비업법 제10조 제2항)
1. 만 18세 미만인 자, 피성년후견인, 피한정후견인(제1호)	1. 만 18세 미만 또는 만 60세 이상인 자, 피성년후견인, 피한정후견인(제1호)
	제10조 제1항 제2호부터 제8호까지의 어느 하나에 해당하는 자(제2호)
2. 파산선고를 받고 복권되지 아니한 자(제2호)	
3. 금고 이상의 실형의 선고를 받고 그 집행이 종료(집행이 종료된 것으로 보는 경우를 포함한다)되거나 집행이 면제된 날부터 5년이 지나지 아니한 자(제3호)	
4. 금고 이상의 형의 집행유예선고를 받고 그 유예기간중에 있는 자(제4호)	
5. 다음 각 목의 어느 하나에 해당하는 죄를 범하여 벌금형을 선고받은 날부터 10년이 지나지 아니하거나 금고 이상의 형을 선고받고 그 집행이 종료된(종료된 것으로 보는 경우를 포함한다) 날 또는 집행이 유예·면제된 날부터 10년이 지나지 아니한 자(제5호) 　가. 「형법」 제114조(범죄단체 등의 조직)의 죄 　나. 「폭력행위 등 처벌에 관한 법률」 제4조(단체 등의 구성·활동)의 죄 　다. 「형법」 제297조(강간), 제297조의2(유사강간), 제298조부터 제301조(강제추행, 준강간, 준강제추행, 미수범, 강간 등 상해·치상)까지, 제301조의2(강간 등 살인·치사), 제302조(미성년자 등에 대한 간음), 제303조(업무상위력 등에 의한 간음), 제305조(미성년자에 대한 간음, 추행), 제305조의2(상습범)의 죄 　라. 「성폭력범죄의 처벌 등에 관한 특례법」 제3조부터 제11조(특수강도강간 등, 특수강간 등, 친족관계에 의한 강간 등, 장애인에 대한 강간·강제추행 등, 13세 미만의 미성년자에 대한 강간, 강제추행 등, 강간 등 상해·치상, 강간 등 살인·치사, 업무상 위력 등에 의한 추행, 공중 밀집 장소에서의 추행)까지 및 제15조(제3조부터 제9조까지의 미수범만 해당한다)의 죄 　마. 「아동·청소년의 성보호에 관한 법률」 제7조(아동·청소년에 대한 강간·강제추행 등) 및 제8조(장애인인 아동·청소년에 대한 간음 등)의 죄 　바. 다목부터 마목까지의 죄로서 다른 법률에 따라 가중처벌되는 죄	
6. 다음 각 목의 어느 하나에 해당하는 죄를 범하여 벌금형을 선고받은 날부터 5년이 지나지 아니하거나 금고 이상의 형을 선고받고 그 집행이 유예된 날부터 5년이 지나지 아니한 자(제6호) 　가. 「형법」 제329조부터 제331조(절도, 야간주거침입절도, 특수절도)까지, 제331조의2(자동차등 불법사용) 및 제332조부터 제343조(상습범(제329조 내지 제331조의2의 죄), 강도, 특수강도, 준강도, 인질강도, 강도상해, 치상, 강도살인·치사, 강도강간, 해상강도, 상습범(제333조, 제334조, 제336조, 340조 제1항의 죄), 미수범(제329조 내지 제341조), 예비, 음모)까지의 죄 　나. 가목의 죄로서 다른 법률에 따라 가중처벌되는 죄	
7. '5.'의 다목부터 바목까지의 어느 하나에 해당하는 죄를 범하여 치료감호를 선고받고 그 집행이 종료된 날 또는 집행이 면제된 날부터 10년이 지나지 아니한 자 또는 '6.'의 각 목의 어느 하나에 해당하는 죄를 범하여 치료감호를 선고받고 그 집행이 면제된 날부터 5년이 지나지 아니한 자(제7호)	
8. 이 법이나 이 법에 따른 명령을 위반하여 벌금형을 선고받은 날부터 5년이 지나지 아니하거나 금고 이상의 형을 선고받고 그 집행이 유예된 날부터 5년이 지나지 아니한 자(제8호)	
	9. 금고 이상의 형의 선고유예를 받고 그 유예기간중에 있는 자(제3호)
	10. 행정안전부령으로 정하는 신체조건(팔과 다리가 완전하고 두 눈의 맨눈시력 각각 0.2 이상 또는 교정시력 각각 0.8 이상)에 미달되는 자(제4호)

2018년 제20회 기출문제 (23번 문제)

3. 경비업법령상 범죄경력조회 등에 관한 설명으로 옳은 것은?

① 경찰청장은 범죄경력조회 요청이 있는 경우에만 경비업자의 임원에 대한 범죄경력조회를 할 수 있다.

② 지방경찰청장은 직권으로 경비지도사에 대한 범죄경력조회를 할 수 없다.

③ 경비업자는 선출하려는 임원이 결격사유에 해당하는지를 확인하기 위하여 범죄경력조회를 요청할 수 있다.

④ 관할 경찰관서장이 경비업자에게 범죄경력조회 결과를 통보할 때에는 결격사유에 해당하는 일정한 범죄사실을 통보하여야 한다.

정답 ③

※ 해설
경비업자는 선출·선임·채용 또는 배치하려는 임원, 경비지도사 또는 경비원이 결격사유에 해당하는지를 확인하기 위하여 주된 사무소, 출장소 또는 배치장소를 관할하는 지방경찰청장 또는 경찰관서장에게「형의 실효 등에 관한 법률」제6조에 따른 범죄경력조회를 요청할 수 있다(경비업법 제17조 제2항).
①, ② 경찰청장, 지방경찰청장 또는 관할 경찰관서장은 직권으로 또는 범죄경력조회 요청이 있는 경우에는 경비업자의 임원, 경비지도사 또는 경비원이 결격사유에 해당하는지를 확인하기 위하여「형의 실효 등에 관한 법률」제6조에 따른 범죄경력조회를 할 수 있다(경비업법 제17조 제1항).
④ 범죄경력조회 요청을 받은 지방경찰청장 또는 관할 경찰관서장은 경비업자에게 그 결과를 통보할 때에는 경비업자의 임원, 경비지도사 또는 경비원이 결격사유에 해당하는지 여부만을 통보하여야 한다(경비업법 제17조 제3항).

2018년 제20회 기출문제 (19번 문제)
(※법개정사항 있으므로 참고하여 문제풀이 바람※)[8]

4. 경비업법령상 경비지도사 시험 등에 관한 설명으로 옳은 것은?

① 경찰청장은 시험을 실시하고자 하는 때에는 시험일시 등을 시험시행일 60일 전까지 공고하여야 한다.

② 경찰청장은 경비지도사의 수급상황을 조사하여 경비지도사를 새로이 선발할 필요가 있다고 인정되는 때에는 경비지도사 시험의 실시계획을 수립하여야 한다.

③「공무원임용령」에 따른 행정직군 소방직렬 공무원으로 7년 이상 재직한 사람은 1차 시험을 면제한다.

④ 경찰청장이 지정하는 기관 또는 단체에서 실시하는 44시간 이상의 경비지도사 양성과정을 마치고 수료시험에 합격하면 1차 시험을 면제한다.

---

8) [대통령령 제29611호, 2019. 3. 12. 일부개정].
저작권 문제로 인하여 법개정에도 불구하고 당시의 기출문제 그대로 수록함.

정답 ②

※ 해설
경찰청장은 경비지도사시험의 실시계획을 매년 수립해야 한다(경비업법 시행령 제11조 제1항).

② '경찰청장은 경비지도사의 수급상황을 조사하여 경비지도사를 새로이 선발할 필요가 있다고 인정되는 때에는 경비지도사 시험의 실시계획을 수립하여야 한다.' 지문은 2018년 제20회 시험일인 2018년 11월 17일 당시에는 맞는 지문이었으나, 2019년 3월 12일 법개정 [대통령령 제29611호, 2019. 3. 12. 일부개정]으로 인하여 현재는 틀린 답안이 되었다.
① 경찰청장은 시험의 실시계획에 따라 시험을 실시하고자 하는 때에는 응시자격·시험과목·시험일시·시험장소 및 선발예정인원 등을 시험시행일 90일 전까지 공고하여야 한다(경비업법 시행령 제11조 제2항). '60일 전까지'가 아니라 '90일 전까지'이다.
③ '소방직렬'이 아닌 '교정직렬'이다(경비업법 시행령 제13조 제8호).
④ 일반경비지도사의 자격을 취득한 후 기계경비지도사의 시험에 응시하는 사람 또는 기계경비지도사의 자격을 취득한 후 일반경비지도사의 시험에 응시하는 사람(경비업법 시행령 제13조 제7호). 일반(기계)경비지도사 자격증을 취득한 경우 기계(일반)경비지도사 시험을 응시하는 경우 1차 시험이 면제된다.

(4) 시험의 일부면제(경비업법 시행령 제13조)
다음의 어느 하나에 해당하는 사람은 경비지도사 제1차 시험을 면제한다(경비업법 시행령 제13조).
1) 「경찰공무원법」에 따른 경찰공무원으로 7년 이상 재직한 사람
2) 「대통령 등의 경호에 관한 법률」에 따른 경호공무원 또는 별정직공무원으로 7년 이상 재직한 사람
3) 「군인사법」에 따른 각 군 전투병과 또는 군사경찰병과 부사관 이상 간부로 7년 이상 재직한 사람
4) 「경비업법」에 따른 경비업무에 7년 이상(특수경비업무의 경우에는 3년 이상) 종사하고 행정안전부령으로 정하는 교육과정을 이수한 사람
 4-1) "행정안전부령으로 정하는 교육과정을 이수한 사람"이란 다음 각 호의 어느 하나에 해당하는 사람을 말한다(경비업법 시행규칙 제10조).
  ① 고등교육법에 의한 전문대학 이상의 교육기관(경비지도사의 시험과목 3과목 이상이 개설된 교육기관에 한한다)에서 1년 이상의 경비업무관련 과정을 마친 사람
  ② 경찰청장이 지정하는 기관 또는 단체에서 실시하는 64시간 이상의 경비지도사 양성과정을 마치고 수료시험에 합격한 사람
5) 「고등교육법」에 따른 대학 이상의 학교를 졸업한 사람으로서 재학 중 경비지도사 시험과목을 3과목 이상을 이수하고 졸업한 후 경비업무에 종사한 경력이 3년 이상인 사람
6) 「고등교육법」에 따른 전문대학을 졸업한 사람으로서 재학 중 경비지도사 시험과목을 3과목 이상 이수하고 졸업한 후 경비업무에 종사한 경력이 5년 이상인 사람
7) 일반경비지도사의 자격을 취득한 후 기계경비지도사의 시험에 응시하는 사람 또는 기계경비지도사의 자격을 취득한 후 일반경비지도사의 시험에 응시하는 사람
8) 「공무원임용령」에 따른 행정직군 교정직렬 공무원으로 7년 이상 재직한 사람

2016년 제18회 기출문제 (6번 문제)

5. 경비업법령상 경비지도사 제1차 시험의 면제 대상으로 옳은 것은?

① 경찰공무원법에 따른 경찰공무원으로 5년 이상 재직한 사람

② 경비업법에 따른 특수경비업무에 3년 이상 종사하고 행정자치부령으로 정하는 교육과정을 이수한 사람

③ 고등교육법에 따른 전문대학을 졸업한 사람으로서 재학 중 경비지도사 시험과목을 3과목 이상을 이수하고 졸업한 후 경비업무에 종사한 경력이 3년 이상인 사람

④ 공무원임용령에 따른 행정직군 교정 직렬 공무원으로 3년 이상 재직한 사람

정답 ②

※ 해설
'경비업법에 따른 특수경비업무에 3년 이상 종사하고 행정자치부령으로 정하는 교육과정을 이수한 사람'은 경비지도사 제1차 시험의 면제 대상이다(경비업법 시행령 제13조 제4호).
① 「경찰공무원법」에 따른 경찰공무원으로 7년 이상 재직한 사람(경비업법 시행령 제13조 제1호). '5년'이 아니라 '7년'이다.
③ 「고등교육법」에 따른 전문대학을 졸업한 사람으로서 재학 중 경비지도사 시험과목을 3과목 이상을 이수하고 졸업한 후 경비업무에 종사한 경력이 5년 이상인 사람(경비업법 시행령 제13조 제6호). '3년'이 아니라 '5년'이다.
④ 「공무원임용령」에 따른 행정직군 교정직렬 공무원으로 7년 이상 재직한 사람(경비업법 시행령 제13조 제8호). '3년'이 아니라 '7년'이다.

> **(4) 시험의 일부면제(경비업법 시행령 제13조)**
> 다음의 어느 하나에 해당하는 사람은 경비지도사 제1차 시험을 면제한다(경비업법 시행령 제13조).
> 1) 「경찰공무원법」에 따른 경찰공무원으로 7년 이상 재직한 사람
> 2) 「대통령 등의 경호에 관한 법률」에 따른 경호공무원 또는 별정직공무원으로 7년 이상 재직한 사람
> 3) 「군인사법」에 따른 각 군 전투병과 또는 군사경찰과 부사관 이상 간부로 7년 이상 재직한 사람
> 4) 「경비업법」에 따른 경비업무에 7년 이상(특수경비업무의 경우에는 3년 이상) 종사하고 행정안전부령으로 정하는 교육과정을 이수한 사람
>   4-1) "행정안전부령으로 정하는 교육과정을 이수한 사람"이란 다음 각 호의 어느 하나에 해당하는 사람을 말한다(경비업법 시행규칙 제10조).
>   ① 고등교육법에 의한 전문대학 이상의 교육기관(경비지도사의 시험과목 3과목 이상이 개설된 교육기관에 한한다)에서 1년 이상의 경비업무관련 과정을 마친 사람
>   ② 경찰청장이 지정하는 기관 또는 단체에서 실시하는 64시간 이상의 경비지도사 양성과정을 마치고 수료시험에 합격한 사람
> 5) 「고등교육법」에 따른 대학 이상의 학교를 졸업한 사람으로서 재학 중 경비지도사 시험과목을 3과목 이상을 이수하고 졸업한 후 경비업무에 종사한 경력이 3년 이상인 사람
> 6) 「고등교육법」에 따른 전문대학을 졸업한 사람으로서 재학 중 경비지도사 시험과목을 3과목 이상을 이수하고 졸업한 후 경비업무에 종사한 경력이 5년 이상인 사람
> 7) 일반경비지도사의 자격을 취득한 후 기계경비지도사의 시험에 응시하는 사람 또는 기계경비지도사의 자격을 취득한 후 일반경비지도사의 시험에 응시하는 사람
> 8) 「공무원임용령」에 따른 행정직군 교정직렬 공무원으로 7년 이상 재직한 사람

2015년 제17회 기출문제 (9번 문제)

6. 경비업법령상 기계경비지도사 자격증 취득자가 자격증 취득일로부터 3년 이내에 일반경비지도사 시험에 합격하여 교육을 받을 경우, 받아야 하는 교육과목에 해당하지 않는 것은?

① 체포 · 호신술
② 신변보호
③ 특수경비
④ 기계경비개론

정답 ①

※ 해설
일반경비지도사 자격증 취득자 또는 기계경비지도사 자격증 취득자가 자격증 취득일부터 3년 이내에 기계경비지도사 또는 일반경비지도사 시험에 합격하여 교육을 받을 경우에는 공통교육은 면제한다. '체포 · 호신술'은 공통교육에 해당한다.

■ 경비업법 시행규칙 [별표 1]

경비지도사 교육의 과목 및 시간(제9조제1항 관련)

구분 (교육시간)	과 목		시 간
공통교육 (28시간)	「경비업법」		4
	「경찰관직무집행법」 및 「청원경찰법」		3
	테러 대응요령		3
	화재대처법		2
	응급처치법		3
	분사기 사용법		2
	교육기법		2
	예절 및 인권교육		2
	체포ㆍ호신술		3
	입교식ㆍ평가ㆍ수료식		4
자격의 종류별 교육 (16시간)	일반경비 지도사	시설경비	2
		호송경비	2
		신변보호	2
		특수경비	2
		기계경비개론	3
		일반경비현장실습	5
	기계경비 지도사	기계경비운용관리	4
		기계경비기획및설계	4
		인력경비개론	3
		기계경비현장실습	5
계			44

비고: 일반경비지도사 자격증 취득자 또는 기계경비지도사 자격증 취득자가 자격증 취득일부터 3년 이내에 기계경비지도사 또는 일반경비지도사 시험에 합격하여 교육을 받을 경우에는 공통교육은 면제한다.

2018년 제20회 기출문제 (25번 문제)

7. A회사는 다음과 같이 경비원을 배치하였다. 경비업법령상 선임·배치하여야 할 일반경비지도사의 인원은?

> 시설경비업무: 서울 250명, 인천 35명, 대전 44명, 부산 150명
> 기계경비업무: 제주 30명

① 3명

② 4명

③ 5명

④ 6명

정답 ③

※ 해설
일반경비지도사: 서울(250)=2명, 인천(35)=1명, 대전(44)=1명, 부산(150)=1명
기계경비지도사: 제주(30)=1명 (단, 기계경비지도사는 문제에서 묻지 않음)
∴ 2+1+1+1=5명.
※ 인천은 서울과 인접하나, 경비원이 30인을 초과하여 일반경비지도사를 선임·배치하여야 함.

■ 경비업법 시행령 [별표 3]

경비지도사의 선임·배치기준(제16조제1항 관련)

1. 일반경비지도사

시설경비업·호송경비업·신변보호업 및 특수경비업에 한하여 선임·배치할 것

가. 경비원을 배치하여 영업활동을 하고 있는 지역을 관할하는 지방경찰청의 관할구역별로 경비원 200인까지는 일반경비지도사 1인씩 선임·배치하되, 200인을 초과하는 100인까지마다 1인씩을 추가로 선임·배치할 것. 다만, 특수경비업의 경우는 제19조제1항의 규정에 의한 특수경비원 교육을 이수한 일반경비지도사를 선임·배치할 것

나. 시설경비업·호송경비업·신변보호업 및 특수경비업 가운데 2 이상의 경비업을 하는 경우 경비지도사의 배치는 각 경비업에 종사하는 경비원의 수를 합산한 인원을 기준으로 할 것

2. 기계경비지도사

가. 기계경비업에 한하여 선임·배치할 것
나. 선임·배치기준은 제1호 가목의 규정에 의한 일반경비지도사의 선임·배치 기준과 동일하게 할 것

3. 경비지도사가 선임·배치된 지방경찰청의 관할구역에 인접하는 지방경찰청의 관할구역에 배치되는 경비원이 30인 이하인 경우에는 제1호 가목 및 제2호 나목의 규정에 불구하고 경비지도사를 따로 선임·배치하지 아니할 수 있다. 이 경우 인천지방경찰청은 서울지방경찰청과 인접한 것으로 본다.

2017년 제19회 기출문제 (7번 문제)

8. 경비업법령상 일반경비지도사의 직무에 관한 설명으로 옳은 것을 모두 고른 것은?

> ㉠ 경비원의 지도 · 감독 · 교육에 관한 계획의 수립
> ㉡ 경비현장에 배치된 경비원에 대한 순회점검 및 감독
> ㉢ 오경보방지 등을 위한 기기관리의 감독
> ㉣ 집단민원현장에 배치된 경비원에 대한 지도 · 감독

① ㉠, ㉡, ㉢
② ㉠, ㉡, ㉣
③ ㉠, ㉢, ㉣
④ ㉡, ㉢, ㉣

정답 ②

※ 해설

'오경보방지 등을 위한 기기관리의 감독'는 기계경비지도사의 직무에 해당한다(경비업법 제12조 제2항 제5호).

> 경비업자에 의해 선임된 경비지도사의 직무는 다음과 같다(경비업법 제12조 제2항).
> 1) 경비원의 지도 · 감독 · 교육에 관한 계획의 수립 · 실시 및 그 기록의 유지
> 2) 경비현장에 배치된 경비원에 대한 순회점검 및 감독
> 3) 경찰기관 및 소방기관과의 연락방법에 대한 지도
> 4) 집단민원현장에 배치된 경비원에 대한 지도 · 감독
> 5) 그 밖에 대통령령이 정하는 직무
>   ① 기계경비업무를 위한 기계장치의 운용 · 감독(기계경비지도사의 경우에 한한다)
>   ② 오경보방지 등을 위한 기기관리의 감독(기계경비지도사의 경우에 한한다)

계 / 순 / 경 / 집

2019년 제21회 기출문제 (14번 문제)

9. 경비업법령상 경비지도사의 직무에 관한 설명으로 옳지 않은 것은?

① 경비지도사는 집단민원현장에 배치된 경비원에 대한 지도·감독을 성실하게 수행하여야 한다.

② 경비지도사는 소방기관과의 연락방법에 대한 지도를 월 1회 이상 수행하여야 한다.

③ 경비지도사는 경비원 직무교육 실시대장에 경비원 교육 내용을 기록하여 2년간 보존하여야 한다.

④ 기계경비지도사는 오경보방지 등을 위한 기기관리의 감독을 월 1회 이상 수행하여야 한다.

정답 ②

※ 해설
'소방기관과의 연락방법에 대한 지도'는 경비지도사가 월 1회 이상 수행하여야 하는 직무에 해당하지 않는다(경비업법 시행령 제17조 제2항).
① (경비업법 제12조 제3항).
③ (경비업법 시행령 제17조 제3항).
④ (경비업법 시행령 제17조 제2항).

2019년 제21회 기출문제 (9번 문제)

10. 경비업법령상 경비원 등의 의무에 관한 내용이다. ( )에 들어갈 내용이 옳은 것은?

경비원은 직무를 수행함에 있어 타인에게 ( )을 과시하거나 물리력을 행사하는 등 경비업무의 범위를 벗어난 행위를 하여서는 아니된다.

① 위력

② 권력

③ 사술(詐術)

④ 공권력

정답 ①

※ 해설
경비원은 직무를 수행함에 있어 타인에게 '위력'을 과시하거나 물리력을 행사하는 등 경비업무의 범위를 벗어난 행위를 하여서는 아니된다(경비업법 제15조의2 제1항).

2018년 제20회 기출문제 (9번 문제)

11. 경비업법령상 특수경비원의 권리와 의무에 관한 설명으로 옳은 것은?

① 특수경비원은 총기 또는 폭발물을 가지고 대항하는 경우를 제외하고는 18세 미만의 자에 대하여는 권총을 발사하여서는 아니 된다.

② 특수경비원은 단결권을 행사할 수 없다.

③ 시설주는 고의 또는 과실로 무기를 분실한 특수경비원에 대하여 특수경비업자에게 징계 등의 조치를 요청할 수 있다.

④ 테러사건에 있어서 은밀히 작전을 수행하는 경우에는 부득이한 때에도 미리 상대방에게 경고한 후 권총을 사용하여야 한다.

정답 ③

※ 해설

시설주 또는 관리책임자는 고의 또는 과실로 무기를 빼앗기거나 무기가 분실·도난 또는 훼손되도록 한 특수경비원에 대하여 특수경비업자에게 교체 또는 징계 등의 조치를 요청할 수 있다.(경비업법 시행규칙 제18조 제2항).

① 특수경비원은 총기 또는 폭발물을 가지고 대항하는 경우를 제외하고는 14세 미만의 자 또는 임산부에 대하여는 권총 또는 소총을 발사하여서는 아니된다(경비업법 제15조 제4항 제3호). '18세 미만'이 아니라 '14세 미만'이다.

② 특수경비원은 파업·태업 그 밖에 경비업무의 정상적인 운영을 저해하는 일체의 쟁의행위를 하여서는 아니된다(경비업법 제15조 제3항). '단결권'이 아닌 '쟁의행위(단체행동권)'를 하여서는 아니된다.

④ 특수경비원은 사람을 향하여 권총 또는 소총을 발사하고자 하는 때에는 미리 구두 또는 공포탄에 의한 사격으로 상대방에게 경고하여야 한다. 다만, 인질·간첩 또는 테러사건에 있어서 은밀히 작전을 수행하는 경우로서 부득이한 때에는 경고하지 아니할 수 있다(경비업법 제15조 제4항 제1호 나목).

2018년 제20회 기출문제 (1번 문제)

12. 경비업법령상 경비원의 교육 등에 관한 설명으로 옳은 것은?

① 특수경비원이 되려는 사람은 대통령령으로 정하는 교육기관에서 미리 경비원 신임교육을 받을 수 있다.

② 경비협회는 특수경비원 신임교육 법정교육기관이다.

③ 「경찰공무원 교육훈련규정」에 따른 경찰교육기관에서도 일반경비원 신임교육이 가능하다.

④ 경비업무 관련 학과가 개설된 대학 등 경비원에 대한 교육을 전문적으로 수행할 수 있는 인력과 시설을 갖춘 기관은 지정·고시 이전이라도 일반경비원 신임교육을 할 수 있다.

정답 ③

※ 해설

① 경비원이 되려는 사람은 대통령령으로 정하는 교육기관(경비업법 시행령 제18조 제1항의 기관 또는 단체)에서 미리 일반경비원 신임교육을 받을 수 있다(경비업법 제13조 제2항, 경비업법 시행령 제18조 제4항). '특수경비원'이 아닌 '일반경비원'만이 사전 신임교육을 받을 수 있다.

② 경비협회는 특수경비원 신임교육 법정교육기관에 해당하지 않는다.

특수경비업자는 특수경비원을 채용한 경우 해당 특수경비원에게 특수경비업자의 부담으로 다음의 기관 또는 단체에서 실시하는 특수경비원 신임교육을 받도록 하여야 한다(경비업법 시행령 제19조 제1항).
ⓐ 「경찰공무원 교육훈련규정」 제2조 제3호에 따른 경찰교육기관
ⓑ 행정안전부령으로 정하는 기준에 적합한 기관 또는 단체 중 경찰청장이 지정하여 고시하는 기관 또는 단체

---

④ '지정·고시 이전'에는 신임교육을 할 수 없다.

경비업자는 일반경비원을 채용한 경우 해당 일반경비원에게 경비업자의 부담으로 다음의 기관 또는 단체에서 실시하는 일반경비원 신임교육을 받도록 하여야 한다(경비업법 시행령 제18조 제1항).
㉠ (경비업법 제22조 제1항에 따른) 경비협회
㉡ 「경찰공무원 교육훈련규정」 제2조 제3호에 따른 경찰교육기관
㉢ 경비업무 관련 학과가 개설된 대학 등 경비원에 대한 교육을 전문적으로 수행할 수 있는 인력과 시설을 갖춘 기관 또는 단체 중 경찰청장이 지정하여 고시하는 기관 또는 단체

2019년 제21회 기출문제 (16번 문제)

13. 경비업법령상 경비원의 교육에 관한 설명으로 옳은 것을 모두 고른 것은?

> ㄱ. 경비업자는 일반경비원을 채용한 경우 해당 일반경비원에게 경비업자의 부담으로 일반경비원 신임교육을 받도록 하여야 한다.
> ㄴ. 경비업자는 경비지도사 자격이 있는 사람을 일반경비원으로 채용한 경우에는 해당 일반경비원을 일반경비원 신임교육 대상에서 제외할 수 있다.
> ㄷ. 특수경비업자는 소속 특수경비원에게 관할경찰관서장이 수립한 교육계획에 따라 매월 6시간 이상의 직무교육을 받도록 하여야 한다.
> ㄹ. 경비업자는 특수경비원 신임교육을 받은 사람이 요청하는 경우에는 신임교육 이수 확인증을 발급할 수 있다.

① ㄱ, ㄴ
② ㄱ, ㄷ
③ ㄴ, ㄹ
④ ㄷ, ㄹ

정답 ①

※ 해설
ㄱ. (경비업법 시행령 제18조 제1항).
ㄴ. (경비업법 시행령 제18조 제2항).
ㄷ. '관할경찰관서장'이 아닌 '경비지도사'이다. 특수경비업자는 소속 특수경비원에게 경비지도사가 수립한 교육계획에 따라 매월 행정안전부령으로 정하는 시간(6시간) 이상의 직무교육을 받도록 하여야 한다(경비업법 시행령 제19조 제3항, 경비업법 시행규칙 제16조 제1항).
ㄹ. '경비업자'가 아닌 '지방경찰청장 또는 경찰서장'이다. 지방경찰청장 또는 경찰서장은 특수경비원 신임교육을 받은 사람이 요청하는 경우에는 신임교육 이수 확인증을 발급할 수 있다(경비업법 시행규칙 제15조 제4항).

2016년 제18회 기출문제 (8번 문제)

14. 경비업법령상 경비원 교육에 관한 설명으로 옳은 것은?

① 일반경비원의 신임교육에서 이론교육은 6시간이고 과목은 경비업법, 범죄예방론, 형사법이다.

② 특수경비업자는 채용 전 5년 이내에 특수경비업무에 종사하였던 경력이 있는 사람을 특수경비원으로 채용한 경우에는 신임교육을 면제할 수 있다.

③ 경비업자는 소속 일반경비원에게 매월 4시간 이상의 직무교육을 받도록 하여야 한다.

④ 특수경비업자는 소속 특수경비원에게 매월 8시간 이상의 직무교육을 받도록 하여야 한다.

정답 ③

※ 해설

경비업자는 소속 일반경비원에게 경비지도사가 수립한 교육계획에 따라 매월 행정안전부령으로 정하는 시간 이상(4시간)의 직무교육을 받도록 하여야 한다(경비업법 시행령 제18조 제3항, 경비업법 시행규칙 제13조 제1항).

① 이론교육은 '6시간'이 아닌 '4시간'이고, 형사법은 일반경비원의 신임교육 과목이 아닌 특수경비원의 신임교육 이론교육 과목에 해당한다.

■ 경비업법 시행규칙 [별표 2]

일반경비원 신임교육의 과목 및 시간(제12조제1항 관련)

구분 (교육시간)	과목	시간
이론교육 (4시간)	「경비업법」	2
	범죄예방론(신고 및 순찰요령을 포함한다)	2
실무교육 (19시간)	시설경비실무(신고 및 순찰요령, 관찰·기록기법을 포함한다)	2
	호송경비실무	2
	신변보호실무	2
	기계경비실무	2
	사고예방대책(테러 대응요령, 화재대처법 및 응급처치법을 포함한다)	3
	체포·호신술(질문·검색요령을 포함한다)	3
	장비사용법	2
	직업윤리 및 서비스(예절 및 인권교육을 포함한다)	3
기타(1시간)	입교식, 평가 및 수료식	1
계		24

> ② 특수경비업자는 채용 전 3년 이내에 특수경비업무에 종사하였던 경력이 있는 사람을 특수경비원으로 채용한 경우에는 해당 특수경비원을 특수경비원 신임교육 대상에서 제외할 수 있다(경비업법 시행령 제19조 제2항). '5년'이 아닌 '3년'이다.
> ④ 특수경비업자는 소속 특수경비원에게 경비지도사가 수립한 교육계획에 따라 매월 <u>행정안전부령으로 정하는 시간(6시간)</u> 이상의 직무교육을 받도록 하여야 한다(경비업법 시행령 제19조 제3항, 경비업법 시행규칙 제16조 제1항). '8시간'이 아닌 '6시간'이다.

2018년 제20회 기출문제 (18번 문제)

15. 경비업법령상 특수경비원의 직무 및 무기사용 등에 관한 설명으로 옳은 것은?

① 무기는 관리책임자가 직접 지급·회수하여야 한다.
② 지방경찰청장은 필요한 경우에 관할 경찰관서장의 신청에 의하여 시설주로부터 국가에 기부채납된 무기를 대여하게 할 수 있다.
③ 관할 경찰관서장은 무기지급의 필요성이 해소되었다고 인정되는 때에는 특수경비원으로부터 즉시 무기를 회수하여야 한다.
④ 국가중요시설에 대한 경비업무의 수행을 위하여 필요한 경우에 시설주는 경찰청장의 승인에 의하여 무기를 구입한다.

정답 ①

※ 해설
무기는 관리책임자가 직접 지급·회수하여야 한다(경비업법 제14조 제7항 제2호).
② 지방경찰청장은 국가중요시설에 대한 경비업무의 수행을 위하여 필요하다고 인정하는 때에는 관할경찰관서장으로 하여금 시설주의 신청에 의하여 시설주로부터 국가에 기부채납된 무기를 대여하게 하고, 시설주는 이를 특수경비원으로 하여금 휴대하게 할 수 있다(경비업법 제14조 제4항). '관할 경찰관서장의 신청'이 아닌 '시설주의 신청'이다.
③ 시설주는 무기지급의 필요성이 해소되었다고 인정되는 때에는 특수경비원으로부터 즉시 무기를 회수하여야 한다(경비업법 시행령 제20조 제4항). '관할 경찰관서장'이 아닌 '시설주'이다.
④ 지방경찰청장은 국가중요시설에 대한 경비업무의 수행을 위하여 필요하다고 인정하는 때에는 시설주의 신청에 의하여 무기를 구입한다. 이 경우 시설주는 그 무기의 구입대금을 지불하고, 구입한 무기를 국가에 기부채납하여야 한다(경비업법 제14조 제3항). 시설주가 무기를 구입하는 것이 아니라, 지방경찰청장이 무기를 구입한다.

2019년 제21회 기출문제 (13번 문제)

16. 경비업법령상 특수경비원의 무기사용 및 무기관리수칙에 관한 설명으로 옳지 않은 것은?

① 관할경찰관서장은 시설주 및 특수경비원의 무기관리상황을 매월 1회 이상 점검하여야 한다.

② 국가중요시설의 시설주는 자체계획을 수립하여 보관하고 있는 무기를 매주 1회 이상 손질할 수 있게 하여야 한다.

③ 국가중요시설에 침입한 무장간첩이 특수경비원으로부터 투항을 요구받고도 이에 불응한 때에는 무기를 사용하여 위해를 끼칠 수 있다.

④ 국가중요시설의 시설주는 수리가 필요한 무기가 있는 때에는 그 목록과 무기장비운영카드를 첨부하여 지방경찰청장에게 수리를 요청하여야 한다.

> 정답 ④
>
> ※ 해설
> '지방경찰청장'이 아닌 '관할경찰관서장'이다. 무기를 대여받은 시설주 또는 관리책임자는 수리가 필요한 무기가 있는 때에는 그 목록과 무기장비운영카드를 첨부하여 관할경찰관서장에게 수리를 요청하여야 한다(경비업법 시행규칙 제18조 제3항 제4호).
> ① (경비업법 시행령 제21조).
> ② (경비업법 시행규칙 제18조 제1항 제8호).
> ③ (경비업법 제14조 제8항 단서).

2018년 제20회 기출문제 (24번 문제)

17. 경비업법령상 시설주 또는 관리책임자가 준수하여야 할 무기관리수칙에 관한 설명으로 옳지 않은 것은?

① 무기의 관리를 위한 책임자를 지정하고 관할 경찰관서장에게 이를 통보하여야 한다.

② 무기고 및 탄약고의 열쇠는 관리책임자가 보관하되, 근무시간 이후에는 당직책임자에게 인계하여 보관시킨다.

③ 무기의 관리 실태를 매월 파악하여 다음 달 3일까지 관할 경찰관서장에게 통보하여야 한다.

④ 대여 받은 무기를 빼앗긴 때에는 지방경찰청장이 정하는 바에 의하여 그 전액을 배상하여야 한다.

※ 해설

정답 ④

대여받은 무기를 빼앗기거나 대여받은 무기가 분실·도난 또는 훼손된 때에는 경찰청장이 정하는 바에 의하여 그 전액을 배상할 것(경비업법 시행규칙 제18조 제1항 제7호). '지방경찰청장'이 아닌 '경찰청장'이다.
① (경비업법 시행규칙 제18조 제1항 제1호)
② (경비업법 시행규칙 제18조 제1항 제4호)
③ (경비업법 시행규칙 제18조 제1항 제5호)

2016년 제18회 기출문제 (9번 문제)

18. 경비업법령상 시설주가 무기를 지급할 수 있는 특수경비원은?

① 민사재판에 증인으로 출석 예정인 특수경비원
② 형사사건으로 인하여 조사를 받고 있는 특수경비원
③ 사의를 표명한 특수경비원
④ 정신질환자인 특수경비원

정답 ①

※ 해설

'민사재판에 증인으로 출석 예정인 특수경비원'은 경비업법령상 무기지급이 제한되지 않는다.
②, ③, ④는 무기지급이 제한되는 특수경비원에 해당한다.

시설주는 다음에 해당하는 특수경비원에 대하여 무기를 지급하여서는 아니되며, 지급된 무기가 있는 경우 이를 즉시 회수하여야 한다(경비업법 시행규칙 제18조 제5항).
㉠ 형사사건으로 인하여 조사를 받고 있는 사람
㉡ 사의를 표명한 사람
㉢ 정신질환자
㉣ 그 밖에 무기를 지급하기에 부적합하다고 인정되는 사람

형 / 사 / 정 / 부

2018년 제20회 기출문제 (3번 문제)

19. 경비업법령상 경비원의 복장 및 장비 등에 관한 설명으로 옳은 것은?

① 경비원은 근무 중 경비업무 수행에 필요한 것으로서 공격적인 용도로 제작되지 아니하는 장비를 휴대할 수 있다.

② 경비업자는 경비업무 수행상 필요한 경우 경비원에게 소속 경비업체를 표시한 이름표를 부착하도록 할 수 있다.

③ 집단민원현장에서 신변보호업무를 수행하는 경우에 경비업자는 신고된 동일한 복장과 다른 복장을 경비원에게 착용하게 할 수 있다.

④ 경비업무 수행 시 경비원의 이름표는 경비업자가 지정한 부위에 부착하여야 한다.

정답 ①

※ 해설

경비원은 근무 중 경적, 단봉, 분사기, 안전방패, 무전기 및 그 밖에 경비 업무 수행에 필요한 것으로서 공격적인 용도로 제작되지 아니하는 장비를 휴대할 수 있으며, 안전모 및 방검복 등 안전장비를 착용할 수 있다(경비업법 시행규칙 제20조 제1항).

② 경비업자는 경비업무 수행 시 경비원에게 소속 경비업체를 표시한 이름표를 부착하도록 하고, 신고된 동일한 복장을 착용하게 하여야 하며, 복장에 소속 회사를 오인할 수 있는 표시를 하거나 다른 회사의 복장을 착용하게 하여서는 아니 된다. (경비업법 제16조 제2항 본문). '부착하도록 할 수 있다'가 아닌 '부착하도록 하여야 한다'이다.

③ 경비업자는 경비업무 수행 시 경비원에게 소속 경비업체를 표시한 이름표를 부착하도록 하고, 신고된 동일한 복장을 착용하게 하여야 하며, 복장에 소속 회사를 오인할 수 있는 표시를 하거나 다른 회사의 복장을 착용하게 하여서는 아니 된다. 다만, 집단민원현장이 아닌 곳에서 신변보호업무를 수행하는 경우 또는 경비업무의 성격상 부득이한 사유가 있어 관할 경찰관서장이 허용하는 경우에는 그러하지 아니하다(경비업법 제16조 제2항). '집단민원현장'이 아닌 '집단민원현장이 아닌 곳'이다.

④ 경비원은 경비업무 수행 시 이름표를 경비원 복장의 상의 가슴 부위에 부착하여 경비원의 이름을 외부에서 알아볼 수 있도록 하여야 한다(경비업법 시행규칙 제19조 제4항). '경비업자가 지정한 부위'가 아닌 '경비원 복장의 상의 가슴 부위'이다.

2019년 제21회 기출문제 (8번 문제)

20. 경비업법령상 경비원의 복장에 관한 내용이다. (   )에 들어갈 내용이 바르게 연결된 것은?

> 경비업자는 경찰공무원 또는 군인의 제복과 색상 및 디자인 등이 명확히 구별되는 소속 경비원의 복장을 정하고 이를 확인할 수 있는 사진을 첨부하여 주된 사무소를 관할하는 (ㄱ)에게 행정안전부령으로 정하는 바에 따라 신고하여야 한다.
> (ㄱ)은 제출받은 사진을 검토한 후 경비업자에게 복장 변경 등에 대한 (ㄴ)을 할 수 있다.

① ㄱ: 경찰서장,　　ㄴ: 시정명령
② ㄱ: 경찰서장,　　ㄴ: 이행명령
③ ㄱ: 지방경찰청장,　ㄴ: 이행명령
④ ㄱ: 지방경찰청장,　ㄴ: 시정명령

정답 ④

※ 해설
경비업자는 경찰공무원 또는 군인의 제복과 색상 및 디자인 등이 명확히 구별되는 소속 경비원의 복장을 정하고 이를 확인할 수 있는 사진을 첨부하여 주된 사무소를 관할하는 '지방경찰청장'에게 행정안전부령으로 정하는 바에 따라 신고하여야 한다(경비업법 제16조 제1항).
'지방경찰청장'은 제출받은 사진을 검토한 후 경비업자에게 복장 변경 등에 대한 '시정명령'을 할 수 있다(경비업법 제16조 제3항).

2014년 제16회 기출문제 (4번 문제)

21. 경비업법령상 경비원의 장비 및 출동차량 등에 관한 설명으로 옳은 것은?

① 경비원이 휴대할 수 있는 장비는 근무 외에도 휴대할 수 있다.
② 경비원은 지방경찰청장의 허가를 받아 장비를 임의로 개조하여 통상의 용법과 달리 사용할 수 있다.
③ 경비원이 사용하는 방검복의 경우는 경찰공무원이 사용하는 방검복과 그 디자인이 구분될 필요가 없다.
④ 지방경찰청장은 경비업자로부터 제출받은 출동차량 등의 사진을 검토한 후 경비업자에게 그 도색 및 표지 변경 등에 대한 시정명령을 할 수 있다.

정답 ④

※ 해설
지방경찰청장은 제출받은 사진을 검토한 후 경비업자에게 도색 및 표지 변경 등에 대한 시정명령을 할 수 있다(경비업법 제16조의3 제3항).
① 경비원이 휴대할 수 있는 장비의 종류는 경적·단봉·분사기 등 행정안전부령으로 정하되, 근무 중에만 이를 휴대할 수 있다(경비업법 제16조의2 제1항). 근무 중에만 휴대할 수 있고, 근무 외에는 휴대할 수 없다.
② 누구든지 장비를 임의로 개조하여 통상의 용법과 달리 사용함으로써 다른 사람의 생명·신체에 위해를 가하여서는 아니 된다(경비업법 제16조의2 제3항). '누구든지' 장비를 임의로 개조하여 통상의 용법과 달리 사용할 수 없다.
③ 방검복은 경찰공무원이 사용하는 방검복과 색상 및 디자인이 명확히 구분되어야 한다(경비업법 시행규칙 [별표 5]). 경비원이 사용하는 방검복의 경우는 경찰공무원이 사용하는 방검복과 그 디자인이 구분될 필요가 '있다'.

■ 경비업법 시행규칙 [별표 5]
경비원 휴대장비의 구체적인 기준(제20조제2항 관련)

경 단 분 / 안 무 / 모 복

장비	장비기준
1. **경**적	금속이나 플라스틱 재질의 호루라기
2. **단**봉	금속(합금 포함)이나 플라스틱 재질의 전장 700mm 이하의 호신용 봉
3. **분**사기	「총포·도검·화약류 등 단속법」에 따른 분사기
4. **안**전방패	플라스틱 재질의 폭 500mm 이하, 길이 1,000mm 이하의 방패로 경찰공무원이 사용하는 안전방패와 색상 및 디자인이 명확히 구분되어야 함
5. **무**전기	무전기 송신 시 실시간으로 수신이 가능한 것
6. 안전**모**	안면을 가리지 아니하면서, 머리를 보호하는 장비로 경찰공무원이 사용하는 방석모와 색상 및 디자인이 명확히 구분되어야 함
7. 방검**복**	경찰공무원이 사용하는 방검복과 색상 및 디자인이 명확히 구분되어야 함

2017년 제19회 기출문제 (11번 문제)

22. 경비업법령상 경비원의 명부와 배치허가 등에 관한 설명으로 옳지 않은 것은?

① 경비업자는 행정안전부령으로 정하는 바에 따라 경비원의 명부를 작성·비치하여야 한다.

② 경비업자가 경비원의 배치를 폐지한 경우에는 관할 경찰관서장에게 신고하여야 한다.

③ 경비업자는 경비원을 배치하여 경비업무를 수행하게 하는 때에는 행정안전부령으로 정하는 바에 따라 배치된 경비원의 인적사항과 배치일시·배치장소 등 근무상황을 기록하여 보관하여야 한다.

④ 경비업자는 금고 이상의 형을 선고받고 그 집행이 유예된 날로부터 5년이 지나지 아니한 자를 집단민원현장에 일반경비원으로 배치할 수 있다.

정답 ④

※ 해설
금고 이상의 형을 선고받고 그 집행이 유예된 날부터 5년이 지나지 아니한 자를 집단민원현장에 일반경비원으로 배치할 수 '없다.'

집단민원현장 배치금지 경비원(경비업법 제18조 제6항)

경비업자는 다음의 어느 하나에 해당하는 죄를 범하여 벌금형을 선고받고 5년이 지나지 아니하거나 금고 이상의 형을 선고받고 그 집행이 유예된 날부터 5년이 지나지 아니한 자를 집단민원현장에 일반경비원으로 배치하여서는 아니 된다.

① 「형법」 제257조부터 제262조까지(상해, 중상해, 특수상해, 상해치사, 폭행, 특수폭행, 폭행치사상), 제264조(상해, 중상해, 특수상해, 폭행, 특수폭행의 상습범), 제276조부터 제281조까지의 죄(체포, 감금, 중체포, 중감금, 특수체포, 특수감금, 상습범, 미수범, 체포·감금등의 치사상), 제284조의 죄(특수협박), 제285조의 죄(협박 및 특수협박의 상습범), 제320조의 죄(특수주거침입), 제324조 제2항의 죄(강요), 제350조의2의 죄(특수공갈), 제351조의 죄(상습범)(제350조(공갈), 제350조의2(특수공갈)의 상습범으로 한정한다), 제369조 제1항(특수손괴)의 죄

② 「폭력행위 등 처벌에 관한 법률」 제2조(폭행 등) 또는 제3조(집단적 폭행 등)의 죄

2016년 제18회 기출문제 (13번 문제)

23. 경비업법령상 경비원의 명부와 배치허가 등에 관한 설명으로 옳지 않은 것은?

① 관할 경찰관서장은 신임교육을 받지 아니한 경비원이 100분의 21 이상인 경우 배치허가를 하여서는 아니 된다.

② 경비업자가 특수경비원을 배치한 경우에는 대통령령이 정하는 바에 따라 경비원을 배치하기 48시간 전까지 관할 경찰관서장에게 신고하여야 한다.

③ 경비업자 또는 경비원이 위력이나 흉기 또는 그 밖의 위험한 물건을 사용하여 집단적 폭력사태를 일으킨 때에는 관할 경찰관서장은 배치폐지를 명할 수 있다.

④ 경비업자는 상해죄를 범하여 벌금형을 선고받고 5년이 지나지 아니한 자를 집단민원현장에 일반경비원으로 배치하여서는 아니된다.

정답 ②

※ 해설

시설경비업무 또는 신변보호업무 중 집단민원현장에 배치된 일반경비원 경우에는 경비원을 배치하기 48시간 전까지 행정안전부령으로 정하는 바에 따라 배치허가를 신청하고, 관할 경찰관서장의 배치허가를 받은 후에 경비원을 배치하여야 하며, 이 경우 관할 경찰관서장은 배치허가를 함에 있어 필요한 조건을 붙일 수 있다(경비업법 제18조 제2항 단서). 특수경비원을 배치하는 경우에는 경비원을 배치하는 기간과 관계없이 경비원을 배치하기 전까지 제출하여야 한다(경비업법 시행규칙 제24조 제1항 단서).
① 경비원 중 경비지도사 또는 일반경비원 결격사유 또는 특수경비원 결격사유에 해당하는 결격자나 제13조(경비원의 교육 등)에 따른 신임교육을 받지 아니한 사람이 대통령령으로 정하는 기준(100분의 21) 이상으로 포함되어 있는 경우(경비업법 제18조 제3항 제2호).
③ 관할 경찰관서장은 경비업자 또는 경비원이 위력이나 흉기 또는 그 밖의 위험한 물건을 사용하여 집단적 폭력사태를 일으킨 때에는 배치폐지를 명할 수 있다(경비업법 제18조 제8항).
④ 경비업자는 상해죄를 범하여 벌금형을 선고받고 5년이 지나지 아니한 자를 집단민원현장에 일반경비원으로 배치하여서는 아니된다(경비업법 제18조 제6항).

집단민원현장 배치금지 경비원(경비업법 제18조 제6항)

경비업자는 다음의 어느 하나에 해당하는 죄를 범하여 벌금형을 선고받고 5년이 지나지 아니하거나 금고 이상의 형을 선고받고 그 집행이 유예된 날부터 5년이 지나지 아니한 자를 집단민원현장에 일반경비원으로 배치하여서는 아니 된다.

① 「형법」 제257조부터 제262조까지(상해, 중상해, 특수상해, 상해치사, 폭행, 특수폭행, 폭행치사상), 제264조(상해, 중상해, 특수상해, 폭행, 특수폭행의 상습범), 제276조부터 제281조까지의 죄(체포, 감금, 중체포, 중감금, 특수체포, 특수감금, 상습범, 미수범, 체포·감금등의 치사상), 제284조의 죄(특수협박), 제285조의 죄(협박 및 특수협박의 상습범), 제320조의 죄(특수주거침입), 제324조 제2항의 죄(강요), 제350조의2의 죄(특수공갈), 제351조의 죄(상습범)(제350조(공갈), 제350조의2(특수공갈)의 상습범으로 한정한다), 제369조 제1항(특수손괴)의 죄
② 「폭력행위 등 처벌에 관한 법률」 제2조(폭행 등) 또는 제3조(집단적 폭행 등)의 죄

2017년 제19회 기출문제 (24번 문제)

24. 경비업법령상 특수경비원을 배치한 시설주가 갖추어 두어야 할 장부 및 서류로 옳지 않은 것은?

① 감독순시부

② 순찰표철

③ 근무상황카드

④ 무기장비운영카드

정답 ①

※ 해설
'감독순시부'는 '특수경비원을 배치한 시설주'가 아닌, '특수경비원을 배치한 국가중요시설의 관할경찰관서장'이 갖추어 두어야 하는 장부 또는 서류에 해당한다.

> **갖추어 두어야 하는 장부 또는 서류**
> 특수경비원을 배치한 시설주는 다음의 장부 및 서류를 갖추어 두어야 한다(경비업법 시행규칙 제26조 제1항).
> **1)** 근무일지
> **2)** 근무상황카드
> **3)** 경비구역배치도
> **4)** 순찰표철
> **5)** 무기탄약출납부
> **6)** 무기장비운영카드

'특수경비원을 배치한 시설주'가 갖추어 두어야 하는 장부 또는 서류		
	①	근무일지
	②	근무상황카드
	③	경비구역배치도
	④	순찰표철
	⑤	무기 · 탄약출납부
	⑥	장비운영카드

'특수경비원을 배치한 국가중요시설의 관할경찰관서장'이 갖추어 두어야 하는 장부 또는 서류		
—	①	감독순시부
	②	특수경비원 전 · 출입관계철
	③	특수경비원 교육훈련실시부
—	④	무기 · 탄약대여대장
	⑤	그 밖에 특수경비원의 관리 등을 위하여 필요한 장부 또는 서류

2013년 제15회 기출문제 (13번 문제)

25. 경비업법령상 관할 경찰관서장의 직무를 설명하고 있는 것이 아닌 것은?

① 경비업자가 규정을 위반하여 신고를 하지 아니하고 일반경비원을 배치한 경우에 배치폐지를 명할 수 있다.

② 경비원이 결격사유에 해당하게 된 사실을 알게 된 때에는 경비업자에게 그 사실을 통보해야 한다.

③ 무기의 적정한 관리를 위하여 무기를 대여받은 시설주에 대하여 필요한 명령을 발할 수 있다.

④ 국가중요시설에 대한 경비업무의 수행을 위하여 필요하다고 인정하는 때에는 시설주의 신청에 의하여 무기를 구입한다.

정답 ④

※ 해설
지방경찰청장은 국가중요시설에 대한 경비업무의 수행을 위하여 필요하다고 인정하는 때에는 시설주의 신청에 의하여 무기를 구입한다(경비업법 제14조 제3항). '관할 경찰관서장'이 아닌 '지방경찰청장'이다.

Chapter 1. 경비업법

제 4 장 행정처분 등

✓ QR코드를 통해 유튜브(YouTube) 채널로 이동합니다.

Ⅰ. 위반행위의 보고·통보

1. 경비업자의 출장소 또는 경비대상시설을 관할하는 지방경찰청장 또는 경찰관서장은 출장소의 임·직원이나 경비원이 법 또는 법에 의한 명령에 위반한 사실을 안 때에는 지체없이 그 사실을 서면등으로 당해 경비업을 허가한 지방경찰청장에게 통보하거나 보고하여야 한다(경비업법 시행령 제23조 제1항).

2. 통보 또는 보고를 받은 지방경찰청장은 그 위반행위에 대하여 행정처분을 한 때에는 이를 해당 지방경찰청장 또는 경찰관서장에게 통보하여야 한다(경비업법 시행령 제23조 제2항).

Ⅱ. 경비업 허가의 취소 등

1. 허가취소사유

허가관청은 경비업자가 다음의 어느 하나에 해당하는 때에는 그 허가를 취소하여야 한다(경비업법 제19조 제1항).

부. 종. 특. 2. 2. 정. 벗. 령.

(1) 허위 그 밖의 **부**정한 방법으로 허가를 받은 때

(2) 제7조 제5항(경비업자는 허가받은 경비업무외의 업무에 경비원을 종사하게 하여서는 아니된다)의 규정에 위반하여 허가받은 경비업무외의 업무에 경비원을 **종**사하게 한 때

(3) 제7조 제9항(**특**수경비업자는 이 법에 의한 경비업과 경비장비의 제조 · 설비 · 판매업, 네트워크를 활용한 정보산업, 시설물 유지관리업 및 경비원 교육업 등 대통령령이 정하는 경비관련업외의 영업을 하여서는 아니된다)의 규정에 위반하여 경비업 및 경비관련업 외의 영업을 한 때

(4) 정당한 사유없이 허가를 받은 날부터 **2**년 이내에 경비 도급실적이 없거나 계속하여 **1**년 이상 휴업한 때

(5) 정당한 사유없이 최종 도급계약 종료일의 다음 날부터 **2**년 이내에 경비 도급실적이 없을 때

(6) 영업**정**지처분을 받고 계속하여 영업을 한 때

(7) 제15조의2 제2항(누구든지 경비원으로 하여금 경비업무의 범위를 벗어난 행위를 하게 하여서는 아니된다)을 위반하여 소속 경비원으로 하여금 경비업무의 범위를 **벗**어난 행위를 하게 한 때

(8) 제18조 제8항(관할 경찰관서장은 경비업자가 법 제18조 제8항 제1호 내지 제5호의 어느 하나에 해당하는 때에는 배치폐지를 명할 수 있다)에 따른 관할 경찰관서장의 배치폐지 명**령**에 따르지 아니한 때

2. 허가취소 또는 영업정지

(1) 허가취소 또는 영업정지 사유

허가관청은 경비업자가 다음의 어느 하나에 해당하는 때에는 <u>대통령령으로 정하는 행정처분의 기준에 따라 그 허가를 취소하거나 6개월 이내의 기간을 정하여 영업의 전부 또는 일부에 대하여 영업정지를 명할 수 있다</u>(경비업법 제19조 제2항).

1) 제4조 제1항 후단(경비업을 영위하고자 하는 법인은 도급받아 행하고자 하는 경비업무를 특정하여 그 법인의 주사무소의 소재지를 관할하는 지방경찰청장의 허가를 받아야 한다. <u>도급받아 행하고자 하는 경비업무를 변경하는 경우에도 또한 같다</u>)을 위반하여 지방경찰청장의 <u>허가 없이</u> 경비업무를 **변경**한 때

2) 제7조 제2항(경비업자는 경비업무를 성실하게 수행하여야 하고, 도급을 의뢰받은 경비업무가 위법 또는 부당한 것일 때에는 이를 거부하여야 한다)을 위반하여 도급을 의뢰받은 경비업무가 **위법**한 것임에도 이를 **거부**하지 **아니**한 때

3) 제7조 제6항(경비업자는 집단민원현장에 경비원을 배치하는 때에는 경비지도사를 선임하고 그 장소에 배치하여 행정안전부령으로 정하는 바에 따라 경비원을 지도·감독하게 하여야 한다)을 위반하여 **경비지도사**를 집단민원현장에 **선임**·배치하지 **아니**한 때

4) 제8조(기계경비업무를 수행하는 경비업자는 경비대상시설에 관한 경보를 수신한 때에는 신속하게 그 사실을 확인하는 등 필요한 대응조치를 취하여야 하며, 이를 위한 대응체제를 갖추어야 한다)를 위반하여 경비대상 시설에 관한 경보 **대응**체제를 갖추지 **아니**한 때

5) 제9조 제2항(기계경비업자는 대응조치 등 업무의 원활한 운영과 개선을 위하여 대통령령이 정하는 바에 따라 관련 서류를 작성·비치하여야 한다)을 위반하여 관련 **서류**를 작성·비치하지 **아니**한 때

6) 제10조 제3항(경비업자는 결격사유에 해당하는 자를 경비지도사 또는 경비원으로 채용 또는 근무하게 하여서는 아니된다)을 위반하여 **결격**사유에 해당하는 경비원을 배치하거나 결격사유에 해당하는 경비지도사를 **선임**·배치한 때

7) 제12조 제1항(경비업자는 대통령령이 정하는 바에 따라 경비지도사를 선임하여야 한다)을 위반하여 **경비지도사**를 **선임**한 때

8) 제13조(경비업자는 경비업무를 적정하게 실시하기 위하여 경비원으로 하여금 대통령령으로 정하는 바에 따라 경비원 신임교육 및 직무교육을 받게 하여야 한다, 특수경비업자는 대통령령으로 정하는 바에 따라 특수경비원으로 하여금 특수경비원 신임교육과 정기적인 직무교육을 받게 하여야 하고, 특수경비원 신임교육을 받지 아니한 자를 특수경비업무에 종사하게 하여서는 아니 된다)를 위반하여 경비원으로 하여금 **교육**을 받게 하지 아니한 때

9) (제16조에 따른) 경비원의 **복장** 등에 관한 규정을 위반한 때

10) (제16조의2에 따른) 경비원의 **장비** 등에 관한 규정을 위반한 때

11) (제16조의3에 따른) 경비원의 **출동차량** 등에 관한 규정을 위반한 때

12) 제18조 제1항 단서(집단민원현장에 배치되는 일반경비원의 명부는 그 경비원이 배치되는 장소에도 작성·비치하여야 한다)를 위반하여 집단민원현장에 일반경비원 **명부**를 작성·비치하지 **아니**한 때

13) 제18조 제2항 각 호 외의 부분 단서(제1호(시설경비업무 또는 신변보호업무 중 집단민원현장에 배치된 일반경비원)의 경우에는 경비원을 배치하기 48시간 전까지 행정안전부령으로 정하는 바에 따라 배치허가를 신청하고, 관할 경찰관서장의 배치허가를 받은 후에 경비원을 배치하여야 하며, 제2호(집단민원현장이 아닌 곳에서 신변보호업무를 수행하는 일반경비원) 및 제3호(특수경비원)의 경우에는 경비원을 배치하기 전까지 신고하여야 한다)를 위반하여 **배치허가**를 받지 **아니**하고 경비원을 배치하거나 경비원 명단 및 배치일시·배치장소 등 배치허가 신청의 내용을 **거짓**으로 한 때

14) 제18조 제6항(경비업자는 「형법」 제257조부터 제262조까지, 제264조, 제276조부터 제281조까지의 죄, 제284조의 죄, 제285조의 죄, 제320조의 죄, 제324조제2항의 죄, 제350조의2의 죄, 제351조의 죄(제350조, 제350조의2의 상습범으로 한정한다), 제369조 제1항의 죄 또는 「폭력행위 등 처벌에 관한 법률」 제2조 또는 제3조의 죄를 범하여 벌금형을 선고받고 5년이 지나지 아니하거나 금고 이상의 형을 선고받고 그 집행이 유예된 날부터 5년이 지나지 아니한 자를 집단민원현장에 일반경비원으로 배치하여서는 아니 된다)을 위반하여 **결격**사유에 해당하는 일반**경비원**을 집단민원현장에 **배치**한 때

15) 제24조(경찰청장 또는 지방경찰청장 또는 관할경찰관서장의 경비업자 및 경비지도사 및 경비원에 대한 지도·감독)에 따른 **감독상 명령**에 따르지 아니한 때

16) 제26조(경비업자의 손해배상 책임)를 위반하여 **손해**를 **배상**하지 아니한 때

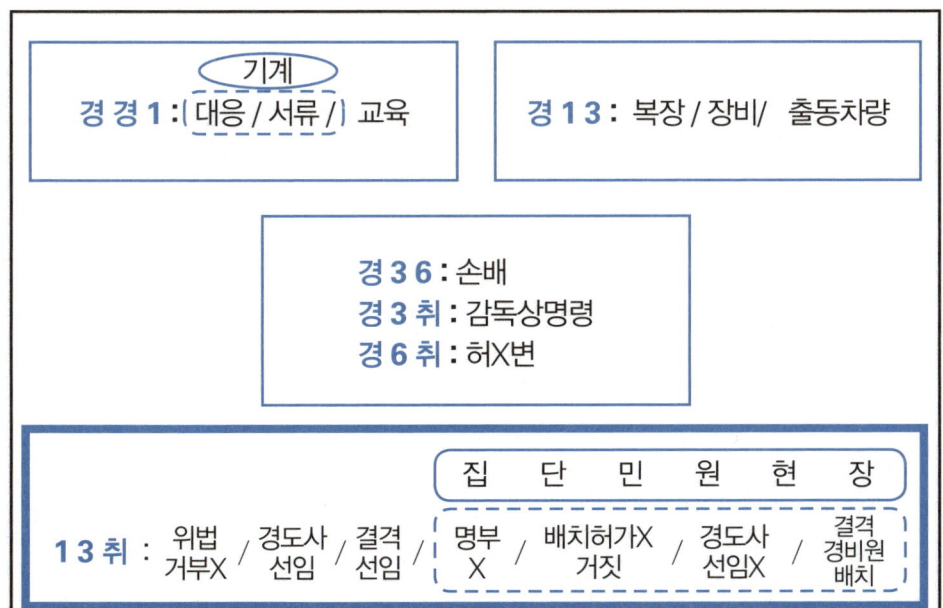

(2) 행정처분의 기준(경비업법 시행령 제24조)

(법 제19조 제2항에 따른) 행정처분의 기준은 **[별표 4]**와 같다(경비업법 시행령 제24조).

1) 일반기준

① 개별기준(제2호)에 따른 행정처분이 영업정지인 경우에는 위반행위의 동기, 내용 및 위반의 정도 등을 고려하여 가중하거나 감경할 수 있다.

② 위반행위가 2 이상인 경우로서 그에 해당하는 각각의 처분기준이 다른 경우에는 그 중 중한 처분기준에 따르며, 2 이상의 처분기준이 동일한 영업정지인 경우에는 중한 처분기준의 2분의 1까지 가중할 수 있다. 다만, 가중하는 경우에도 각 처분기준을 합산한 기간을 초과할 수 없다.

③ 위반행위의 횟수에 따른 행정처분 기준은 최근 2년간 같은 위반행위로 행정처분을 받은 경우에 적용한다. 이 경우 기준 적용일은 위반행위에 대한 행정처분일과 그 처분 후의 위반행위가 다시 적발된 날을 기준으로 한다.

④ 영업정지처분에 해당하는 위반행위가 적발된 날 이전 최근 2년간 같은 위반행위로 2회 영업정지처분을 받은 경우에는 개별기준(제2호)의 기준에도 불구하고 그 위반행위에 대한 행정처분기준은 허가취소로 한다.

2) 개별기준

■ 경비업법 시행령 [별표 4]

위반행위	해당 법조문	행정처분 기준		
		1차 위반	2차 위반	3차 이상 위반
가. 법 제4조제1항 후단을 위반하여 지방경찰청장의 허가 없이 경비업무를 변경한 때	법 제19조 제2항 제1호	경고	영업정지 6개월	허가취소
나. 법 제7조제2항을 위반하여 도급을 의뢰받은 경비업무가 위법한 것임에도 이를 거부하지 않은 때	법 제19조 제2항 제2호	영업정지 1개월	영업정지 3개월	허가취소
다. 법 제7조제6항을 위반하여 경비지도사를 집단민원현장에 선임·배치하지 않은 때	법 제19조 제2항 제3호	영업정지 1개월	영업정지 3개월	허가취소
라. 법 제8조를 위반하여 경비대상 시설에 관한 경보 대응체제를 갖추지 않은 때	법 제19조 제2항 제4호	경고	경고	영업정지 1개월
마. 법 제9조제2항을 위반하여 관련 서류를 작성·비치하지 않은 때	법 제19조 제2항 제5호	경고	경고	영업정지 1개월
바. 법 제10조제3항을 위반하여 결격사유에 해당하는 경비원을 배치하거나 결격사유에 해당하는 경비지도사를 선임·배치한 때	법 제19조 제2항 제6호	영업정지 1개월	영업정지 3개월	허가취소
사. 법 제12조제1항을 위반하여 경비지도사를 선임한 때	법 제19조 제2항 제7호	영업정지 1개월	영업정지 3개월	허가취소
아. 법 제13조를 위반하여 경비원으로 하여금 교육을 받게 하지 않은 때	법 제19조 제2항 제8호	경고	경고	영업정지 1개월
자. 법 제16조에 따른 경비원의 복장 등에 관한 규정을 위반한 때	법 제19조 제2항 제9호	경고	영업정지 1개월	영업정지 3개월
차. 법 제16조의2에 따른 경비원의 장비 등에 관한 규정을 위반한 때	법 제19조 제2항 제10호	경고	영업정지 1개월	영업정지 3개월
카. 법 제16조의3에 따른 경비원의 출동차량 등에 관한 규정을 위반한 때	법 제19조 제2항 제11호	경고	영업정지 1개월	영업정지 3개월
타. 법 제18조제1항 단서를 위반하여 집단민원현장에 일반 경비원 명부를 작성·비치하지 않은 때	법 제19조 제2항 제12호	영업정지 1개월	영업정지 3개월	허가취소
파. 법 제18조제2항 각 호 외의 부분 단서를 위반하여 배치허가를 받지 아니하고 경비원을 배치하거나 경비원 명단 및 배치일시·배치장소 등 배치허가 신청의 내용을 거짓으로 한 때	법 제19조 제2항 제13호	영업정지 1개월	영업정지 3개월	허가취소
하. 법 제18조제6항을 위반하여 결격사유에 해당하는 일반 경비원을 집단민원현장에 배치한 때	법 제19조 제2항 제14호	영업정지 1개월	영업정지 3개월	허가취소
거. 법 제24조에 따른 감독상 명령에 따르지 않은 때	법 제19조 제2항 제15호	경고	영업정지 3개월	허가취소
너. 법 제26조를 위반하여 손해를 배상하지 않은 때	법 제19조 제2항 제16호	경고	영업정지 3개월	영업정지 6개월

3. 행정처분의 범위

(1) 원칙

허가관청은 허가취소 또는 영업정지처분(제1항 및 제2항에 의하여)을 하는 때에는 경비업자가 허가받은 경비업무중 허가취소 또는 영업정지사유에 해당되는 경비업무에 한하여 처분을 하여야 한다(경비업법 제19조 제3항 본문).

(2) 예외

다만, 다음(제1항 제2호 및 제7호)에 해당하여 허가취소를 하는 때에는 그러하지 아니하다(경비업법 제19조 제3항 단서).

① 제7조 제5항(경비업자는 허가받은 경비업무외의 업무에 경비원을 종사하게 하여서는 아니된다)의 규정에 위반하여 허가받은 경비업무외의 업무에 경비원을 종사하게 한 때(경비업법 제19조 제1항 제2호).

② 제15조의2 제2항(누구든지 경비원으로 하여금 경비업무의 범위를 벗어난 행위를 하게 하여서는 아니된다)을 위반하여 소속 경비원으로 하여금 경비업무의 범위를 벗어난 행위를 하게 한 때(경비업법 제19조 제1항 제7호).

Ⅲ. 경비지도사자격의 취소 등

1. 자격취소사유

경찰청장은 경비지도사가 다음에 해당하는 때에는 그 자격을 취소하여야 한다(경비업법 제20조 제1항).

> **결 부 빌 정**

(1) **결**격사유(제10조 제1항 각호)에 해당하게 된 때
(2) 허위 그 밖의 **부**정한 방법으로 경비지도사자격증을 교부받은 때
(3) 경비지도사자격증을 다른 사람에게 **빌**려주거나 양도한 때
(4) 자격**정**지 기간 중에 경비지도사로 선임되어 활동한 때

2. 자격정지

(1) 자격정지사유

경찰청장은 경비지도사가 다음에 해당하는 때에는 <u>대통령령</u>이 정하는 바에 따라 1년의 범위 내에서 그 자격을 정지시킬 수 있다(경비업법 제20조 제2항).

1) 제12조 제3항(선임된 경비지도사는 제2항 각호의 규정에 의한 직무를 대통령령이 정하는 바에 따라 성실하게 수행하여야 한다)의 규정에 위반하여 직무를 성실하게 수행하지 아니한 때

2) 제24조(경비업무의 적정한 수행을 위하여 경비업자 및 경비지도사를 지도·감독하며 필요한 명령을 할 수 있다)의 규정에 의한 경찰청장 또는 지방경찰청장의 명령을 위반한 때

(2) 자격정지 처분의 기준

(법 제20조 제2항의 규정에 의한) 경비지도사에 대한 자격정지처분의 기준은 [**별표 5**]와 같다(경비업법 시행령 제25조).

■ 경비업법 시행령 [별표 5]

경비지도사 자격정지처분 기준(제25조 관련)

위 반 행 위	해당법조문	행 정 처 분 기 준		
		1차	2차	3차 이상
1. 법 제12조제3항의 규정에 위반하여 직무를 성실하게 수행하지 아니한 때	법 제20조 제2항 제1호	자격 정지 3월	자격 정지 6월	자격 정지 12월
2. 법 제24조의 규정에 의한 경찰청장·지방경찰청장의 명령을 위반한 때	법 제20조 제2항 제2호	자격 정지 1월	자격 정지 6월	자격 정지 9월

비고: 위반행위의 횟수에 따른 행정처분의 기준은 당해 위반행위가 있은 이전 최근 2년간 같은 위반행위로 행정처분을 받은 경우에 적용한다.

위반행위 \ 위반횟수	1	2	3
성실	3	6	12
명령	1	6	9

3. 자격증의 회수

경찰청장은 경비지도사의 자격을 취소한 때에는 경비지도사자격증을 회수하여야 하고, 경비지도사의 자격을 정지한 때에는 그 정지기간동안 경비지도사자격증을 회수하여 보관하여야 한다(경비업법 제20조 제3항).

Ⅳ. 청문

경찰청장 또는 지방경찰청장은 다음에 해당하는 처분을 하고자 하는 경우에는 청문을 실시하여야 한다(경비업법 제21조).

1. (제19조의 규정에 의한) 경비업 허가의 취소 또는 영업정지
2. (제20조 제1항 또는 제2항의 규정에 의한) 경비지도사자격의 취소 또는 정지

▶▶ 실전적용문제

2018년 제20회 기출문제 (8번 문제)

1. 경비업법령상 경비업 허가의 필요적 취소 사유에 해당하는 경우는?

① 정당한 사유 없이 허가를 받은 날부터 1년 이내에 경비도급 실적이 없거나 계속하여 1년간 휴업한 때

② 정당한 사유 없이 최종 도급계약 종료일의 다음 날부터 1년 이내에 경비 도급 실적이 없을 때

③ 경비원 명단 및 배치 일시·장소 등 배치허가 신청의 내용을 거짓으로 한 때

④ 소속 경비원으로 하여금 경비업무의 범위를 벗어난 행위를 하게 한 때

정답 ④

※ 해설

④ '소속 경비원으로 하여금 경비업무의 범위를 벗어난 행위를 하게 한 때'에는 경비업 허가의 필요적 취소 사유에 해당한다(경비업법 제19조 제1항 제7호).

① '1년 이내', '1년간 휴업'이 아니라 '2년 이내', '2년간 휴업'으로 법개정 되었다(경비업법 제19조 제1항 제4호).

② '1년 이내'가 아니라 '2년 이내'로 법개정 되었다(경비업법 제19조 제1항 제5호).

③ 필수적 허가 취소 사유가 아니라 허가 취소 또는 영업 정지의 사유이다(경비업법 제19조 제2항 제13호).

부. 종. 특. 2(1). 2. 정. 벗. 령.

허가관청은 경비업자가 다음의 어느 하나에 해당하는 때에는 그 허가를 취소하여야 한다(경비업법 제19조 제1항).

(1) 허위 그 밖의 **부**정한 방법으로 허가를 받은 때

(2) 제7조 제5항(경비업자는 허가받은 경비업무외의 업무에 경비원을 종사하게 하여서는 아니된다)의 규정에 위반하여 허가받은 경비업무외의 업무에 경비원을 **종**사하게 한 때

(3) 제7조 제9항(**특**수경비업자는 이 법에 의한 경비업과 경비장비의 제조·설비·판매업, 네트워크를 활용한 정보산업, 시설물 유지관리업 및 경비원 교육업 등 대통령령이 정하는 경비관련업외의 영업을 하여서는 아니된다)의 규정에 위반하여 경비업 및 경비관련업외의 영업을 한 때

(4) 정당한 사유없이 허가를 받은 날부터 **2**년 이내에 경비 도급실적이 없거나 계속하여 **1**년 이상 휴업한 때

(5) 정당한 사유없이 최종 도급계약 종료일의 다음 날부터 **2**년 이내에 경비 도급실적이 없을 때

(6) 영업**정**지처분을 받고 계속하여 영업을 한 때

(7) 제15조의2 제2항(누구든지 경비원으로 하여금 경비업무의 범위를 벗어난 행위를 하게 하여서는 아니된다)을 위반하여 소속 경비원으로 하여금 경비업무의 범위를 **벗**어난 행위를 하게 한 때

(8) 제18조 제8항(관할 경찰관서장은 경비업자가 법 제18조 제8항 제1호 내지 제5호의 어느 하나에 해당하는 때에는 배치폐지를 명할 수 있다)에 따른 관할 경찰관서장의 배치폐지 명**령**에 따르지 아니한 때

2017년 제19회 기출문제 (6번 문제)

2. 경비업법령상 경비업 허가취소처분 사유에 해당하지 않는 것은?

① 경비업자가 집단민원현장에 경비지도사를 선임·배치하여야 함에도 불구하고 이를 3차례 위반한 때

② 경비업자가 특수폭행죄를 범하여 벌금형을 선고받고 5년이 지나지 아니한 자를 일반경비원을 집단민원현장에 배치해서는 아니됨에도 불구하고 이를 2차례 위반한 때

③ 경비업자가 영업정지처분을 받고 계속하여 영업을 한 때

④ 경비업자가 관할경찰관서장의 배치폐지명령에 따르지 아니한 때

정답 ②

※ 해설
②은 1차 위반의 경우 영업정지 1개월, 2차 위반의 경우 영업정지 3개월, 3차 위반의 경우 허가취소 처분을 받게 된다(경비업법 제19조 제2항 제6호). 2차 위반의 경우에는 '허가취소'처분이 아닌 '영업정지 3개월'처분을 받게 된다.
①은 1차 위반의 경우 영업정지 1개월, 2차 위반의 경우 영업정지 3개월, 3차 위반의 경우 허가취소 처분을 받게 된다(경비업법 제19조 제2항 제3호).
③은 경비업 허가취소처분의 사유이다(경비업법 제19조 제1항 제6호).
④은 경비업 허가취소처분의 사유이다(경비업법 제19조 제1항 제8호).

2016년 제18회 기출문제 (15번 문제)

3. 경비업법상 경비업의 영업정지를 명할 수 있는 경우가 아닌 것은?

① 특수경비업자가 지방경찰청장의 감독상 명령에 따르지 아니한 경우
② 특수경비업자가 경비관련업 외의 영업을 한 경우
③ 특수경비업자가 도급을 의뢰받은 경비업무가 위법한 것임에도 이를 거부하지 아니한 경우
④ 특수경비업자가 신임교육을 받지 않은 사람을 경비원으로 배치한 경우

정답 ②

※ 해설
②은 필수적 허가 취소 사유에 해당한다(경비업법 제19조 제1항 제3호).
①은 경비업의 영업정지를 명할 수 있는 경우이다(경비업법 제19조 제2항 제15호).
③은 경비업의 영업정지를 명할 수 있는 경우이다(경비업법 제19조 제2항 제2호).
④은경비업의 영업정지를 명할 수 있는 경우이다(경비업법 제19조 제2항 제8호).

2016년 제18회 기출문제 (14번 문제)

4. 경비업법령상 행정처분의 일반기준에 관한 설명으로 옳지 않은 것은?

① 행정처분이 영업정지인 경우에는 위반행위의 동기, 내용 및 위반의 정도 등을 고려하여 가중하거나 감경할 수 있다.
② 위반행위가 2 이상인 경우로서 그에 해당하는 각각의 처분기준이 다른 경우에는 그 중 중한 처분기준에 따른다.
③ 위반행위가 2 이상인 경우로서 2 이상의 처분기준이 동일한 영업정지인 경우에는 각 처분기준을 합산한 기간으로 한다.
④ 영업정지처분에 해당하는 위반행위가 적발된 날 이전 최근 2년간 같은 위반행위로 2회 영업정지처분을 받은 경우에는 개별기준에도 불구하고 그 위반행위에 대한 행정처분기준은 허가취소로 한다.

정답 ③

※ 해설
위반행위가 2 이상인 경우로서 2 이상의 처분기준이 동일한 영업정지인 경우에는 중한 처분기준의 2분의 1까지 가중할 수 있다. 다만, 가중하는 경우에도 각 처분기준을 합산한 기간을 초과할 수 없다(경비업법 시행령 제24조, 경비업법 시행령 [별표 4]).

2015년 제17회 기출문제 (15번 문제)

5. 다음은 경비업법 시행령 별표에서 정한 행정처분의 개별기준이다. (   )안에 들어갈 내용으로 옳은 것은?

위반행위	1차 위반	2차 위반	3차 이상 위반
경비업법 제4조 제1항 후단을 위반하여 지방경찰청장의 허가 없이 경비업무를 변경한 때	(㉠)	(㉡)	(㉢)

① ㉠: 경고,   ㉡: 영업정지 1개월,   ㉢: 영업정지 3개월
② ㉠: 경고,   ㉡: 영업정지 6개월,   ㉢: 허가취소
③ ㉠: 영업정지 1개월, ㉡: 영업정지 3개월,   ㉢: 영업정지 6개월
④ ㉠: 영업정지 1개월, ㉡: 영업정지 3개월,   ㉢: 허가취소

정답 ②

※ 해설

■ 경비업법 시행령 [별표 4]

위반행위	해당 법조문	행정처분 기준		
		1차 위반	2차 위반	3차 이상 위반
가. 법 제4조제1항 후단을 위반하여 지방경찰청장의 허가 없이 경비업무를 변경한 때	법 제19조 제2항 제1호	경고	영업정지 6개월	허가취소

경경1 : (기계) 대응 / 서류 / 교육   경13 : 복장 / 장비 / 출동차량

경36 : 손배
경3취 : 감독상명령
경6취 : 허X변

집 단 민 원 현 장
13취 : 위법 거부X / 경도사 선임 / 결격 선임 / 명부X / 배치허가X 거짓 / 경도사 선임X / 결격 경비원 배치

2016년 제18회 기출문제 (16번 문제)

6. 경비업법상 경비지도사 자격을 정지시킬 수 있는 경우는?

① 집단민원현장에 배치된 경비원에 대한 지도·감독 직무를 성실하게 수행하지 아니한 때
② 자격정지 기간 중에 경비지도사로 선임되어 활동한 때
③ 허위 그 밖의 부정한 방법으로 경비지도사 자격증을 교부받은 때
④ 경비지도사 자격증을 다른 사람에게 빌려주거나 양도한 때

정답 ①

※ 해설
'① 집단민원현장에 배치된 경비원에 대한 지도·감독 직무를 성실하게 수행하지 아니한 때'는 '경비업법 제12조 제2항 제4호(경비지도사의 직무)'에 해당하는 경비지도사의 직무로서 직무를 성실하게 수행하지 않은 경우로서 경비지도사 자격의 정지 사유에 해당한다.
②, ③, ④는 '경비지도사 자격의 취소사유(경비업법 제20조 제1항)'에 해당한다.

경비지도사 자격의 취소사유(경비업법 제20조 제1항)
1. 결격사유(제10조 제1항 각호)에 해당하게 된 때
2. 허위 그 밖의 부정한 방법으로 경비지도사자격증을 교부받은 때
3. 경비지도사자격증을 다른 사람에게 빌려주거나 양도한 때
4. 자격정지 기간 중에 경비지도사로 선임되어 활동한 때

결 부 빌 정

2017년 제19회 기출문제 (13번 문제)

7. 경비업법령상 경비지도사에 대한 자격정지처분의 사유에 해당하는 것은?

① 경비지도사 갑(甲)은 자격정지 기간 중에 경비지도사로 선임되어 활동하였다.
② 경비지도사 을(乙)은 허위 그 밖의 부정한 방법으로 경비지도사자격증을 교부받았다.
③ 경비지도사 병(丙)은 지방경찰청장의 적정한 경비업무수행을 위하여 필요한 지도·감독상 명령을 위반하였다.
④ 경비지도사 정(丁)은 경비지도사자격증을 무(戊)에게 빌려주거나 양도하였다.

정답 ③

※ 해설
①, ②, ④는 경비지도사에 대한 자격취소처분의 사유(경비업법 제20조 제1항)에 해당하고, ③은 경비지도사에 대한 자격정지처분의 사유(경비업법 제20조 제2항)에 해당한다.

2014년 제16회 기출문제 (16번 문제)

8. 다음 표는 경비업법 시행령 별표에서 정한 경비지도사 자격정지처분 기준이다. ( )안에 들어갈 내용으로 옳은 것은?

위반행위	1차 위반	2차 위반	3차 이상 위반
경비업법 제12조 제3항의 규정에 위반하여 직무를 성실하게 수행하지 아니한 때	자격정지 3월	자격정지 (㉠)월	자격정지 (㉡)월
경비업법 제24조의 규정에 의한 경찰청장·지방경찰청장의 명령을 위반한 때	자격정지 (㉢)월	자격정지 6월	자격정지 9월

① ㉠: 6, ㉡: 9, ㉢: 1
② ㉠: 6, ㉡: 9, ㉢: 3
③ ㉠: 6, ㉡: 12, ㉢: 1
④ ㉠: 9, ㉡: 12, ㉢: 3

정답 ③

※ 해설

"직무를 성실하게 수행하지 아니한 때"의 2차 위반 시의 행정처분 기준은 '자격정지 6월'이고, 3차 위반 시의 행정처분 기준은 '자격정지 12월'이다. "경찰청장·지방경찰청장의 명령을 위반한 때"의 1차 위반 시의 행정처분 기준은 '자격정지 1월'이다.

■ 경비업법 시행령 [별표 5]

경비지도사 자격정지처분 기준(제25조관련)

위 반 행 위	해당법조문	행 정 처 분 기 준		
		1차	2차	3차 이상
1. 법 제12조제3항의 규정에 위반하여 직무를 성실하게 수행하지 아니한 때	법 제20조 제2항 제1호	자격 정지 3월	자격 정지 6월	자격 정지 12월
2. 법 제24조의 규정에 의한 경찰청장·지방경찰청장의 명령을 위반한 때	법 제20조 제2항 제2호	자격 정지 1월	자격 정지 6월	자격 정지 9월

비고: 위반행위의 횟수에 따른 행정처분의 기준은 당해 위반행위가 있은 이전 최근 2년간 같은 위반행위로 행정처분을 받은 경우에 적용한다.

위반행위 \ 위반횟수	1	2	3
성실	3	6	12
명령	1	6	9

2015년 제17회 기출문제 (17번 문제)

9. 경비업법령상 경찰청장 또는 지방경찰청장이 해당 처분을 하기 위해 청문을 실시하여야 하는 경우가 아닌 것은?

① 특수경비원의 징계
② 경비지도사 자격의 취소
③ 경비지도사 자격의 정지
④ 경비업 허가의 취소 또는 영업정지

정답 ①

※ 해설
'특수경비원의 징계'는 경비업법령상 경찰청장 또는 지방경찰청장이 청문을 실시하여야 하는 처분에 해당하지 않는다.
경찰청장 또는 지방경찰청장은 (제19조의 규정에 의한) 경비업 허가의 취소 또는 영업정지 처분을 하거나, (제20조 제1항 또는 제2항의 규정에 의한) 경비지도사자격의 취소 또는 정지 처분을 하고자 하는 경우에는 청문을 실시하여야 한다(경비업법 제21조).

2019년 제21회 기출문제 (4번 문제)

10. 경비업법령상 경찰청장 또는 지방경찰청장이 청문을 실시하여야 하는 행정처분이 아닌 것은?

① 경비업자에 대한 과태료 부과처분
② 경비업 영업정지처분
③ 경비지도사자격 취소처분
④ 경비지도사자격 정지처분

정답 ①

※ 해설
'경비업자에 대한 과태료 부과처분'은 경비업법령상 경찰청장 또는 지방경찰청장이 청문을 실시하여야 하는 행정처분에 해당하지 않는다.
경찰청장 또는 지방경찰청장은 (제19조의 규정에 의한) 경비업 허가의 취소 또는 영업정지 처분을 하거나, (제20조 제1항 또는 제2항의 규정에 의한) 경비지도사자격의 취소 또는 정지 처분을 하고자 하는 경우에는 청문을 실시하여야 한다(경비업법 제21조).

2016년 제18회 기출문제 (18번 문제)

11. 경비업법에 관한 설명으로 옳지 않은 것은?

① 지방경찰청장이 경비업 허가의 취소 또는 영업정지를 하고자 하는 경우에는 청문을 실시하여야 한다.

② 지방경찰청장은 경비지도사의 자격을 정지하는 때에는 청문을 실시하지 않는다.

③ 경찰청장이 경비지도사의 자격을 정지한 때에는 그 정지기간 동안 경비지도사 자격증을 회수하여 보관하여야 한다.

④ 허가관청은 경비업자가 영업정지처분을 받고 계속하여 영업을 한 때에는 그 허가를 취소하여야 한다.

> 정답 ②
>
> ※ 해설
> ② 제20조 제1항 또는 제2항의 규정에 의한 경비지도사자격의 취소 또는 정지하는 경우 경찰청장 또는 지방경찰청장은 청문을 실시하여야 한다(경비업법 제21조 제2호).
> ① 경비업법 제21조 제1호
> ③ 경비업법 제20조 제3호
> ④ 경비업법 제19조 제1항 제6호

2018년 제20회 기출문제 (5번 문제)

12. 경비업법령상 청문을 실시하여야 하는 경우로 옳지 않은 것은?

① 관할 경찰관서장의 배치폐지 명령에 따르지 아니하여 경비업 허가의 취소 처분을 하고자 하는 경우

② 경비업자가 집단민원현장에 특수경비원 명부를 작성·비치하지 않아 9개월 영업정지 처분을 하고자 하는 경우

③ 경비지도사가 자격정지 기간 중에 경비지도사로 선임되어 활동하다가 적발되어 경비지도사 자격취소처분을 하고자 하는 경우

④ 경비현장에 배치된 경비원에 대한 순회점검 및 감독을 수행하지 않아 경비지도사 자격정지처분을 하고자 하는 경우

정답 ②

※ 해설
경찰청장 또는 지방경찰청장은 '경비업법 제19조의 규정에 의한 경비업 허가의 취소 또는 영업정지' 처분을 하거나, '경비업법 제20조 제1항 또는 제2항의 규정에 의한 경비지도사자격의 취소 또는 정지' 처분을 하고자 하는 경우에는 청문을 실시하여야 한다(경비업법 제21조 제1호 및 제2호).

②은 '경비업자가 집단민원현장에 특수경비원 명부를 작성·비치하지 않아 9개월 영업정지처분을 하고자 하는 경우'라고 되어 있는데, 경비업법 제19조 제2항 제12호는 '제18조 제1항 단서를 위반하여 집단민원현장에 일반경비원 명부를 작성·비치하지 아니한 때'라고 규정하고 있고, 경비업법 제18조 제1항 단서는 '다만, 집단민원현장에 배치되는 일반경비원의 명부는 그 경비원이 배치되는 장소에도 작성·비치하여야 한다'라고 규정하고 있다. 즉, '특수경비원 명부'가 아니라 '일반경비원의 명부'이어야 한다.
①은 관할 경찰관서장의 배치폐지 명령에 따르지 아니하여(경비업법 제19조 제1항 제8호) 경비업 허가의 취소처분(경비업법 제19조 제1항)을 하고자 하는 경우이므로 경비업법령상 청문을 실시하여야 한다(경비업법 제21조 제1호).
③은 경비지도사가 자격정지 기간 중에 경비지도사로 선임되어 활동하다가(경비업법 제20조 제1항 제4호) 적발되어 경비지도사 자격취소 처분(경비업법 제20조 제1항)을 하고자 하는 경우이므로 경비업법령상 청문을 실시하여야 한다(경비업법 제21조 제2호).
④은 경비현장에 배치된 경비원에 대한 순회점검 및 감독을 수행하지 않아(경비업법 제20조 제2항 제1호) 경비지도사 자격정치처분(경비업법 제20조 제2항)을 하고자 하는 경우이므로 경비업법령상 청문을 실시하여야 한다(경비업법 제21조 제2호).

Chapter 1. 경비업법

제 5 장 경비협회

✓ QR코드를 통해 유튜브(YouTube) 채널로 이동합니다.

Ⅰ. 경비협회

1. 경비협회의 설립

(1) 설립목적

경비업자는 경비업무의 건전한 발전과 경비원의 자질향상 및 교육훈련 등을 위하여 대통령령이 정하는 바에 따라 경비협회를 설립할 수 있다(경비업법 제22조 제1항).

(2) 정관작성 의무

경비업자가 경비협회(이하 "협회"라 한다)를 설립하려는 경우에는 정관을 작성하여야 한다(경비업법 시행령 제26조 제1항).

(3) 회비의 징수

협회는 정관이 정하는 바에 의하여 회원으로부터 회비를 징수할 수 있다(경비업법 시행령 제26조 제2항).

2. 경비협회에 관한 규정

(1) 경비협회는 법인으로 한다(경비업법 제22조 제2항).

(2) 경비협회에 관하여 이 법에 특별한 규정이 있는 것을 제외하고는 민법중 사단법인에 관한 규정을 준용한다(경비업법 제22조 제4항).

3. 경비협회의 업무

경비협회의 업무는 다음과 같다(경비업법 제22조 제3항).

(1) 경비업무의 연구

(2) 경비원 교육·훈련 및 그 연구

(3) 경비원의 후생·복지에 관한 사항

(4) 경비진단에 관한 사항

(5) 그 밖에 경비업무의 건전한 운영과 육성에 관하여 필요한 사항

Ⅱ. 공제사업

1. 공제사업의 범위

경비협회는 다음의 공제사업을 할 수 있다(경비업법 제23조 제1항).

(1) (제26조에 따른) 경비업자의 손해배상책임을 보장하기 위한 사업

(2) 경비업자가 경비업을 운영할 때 필요한 입찰보증, 계약보증(이행보증을 포함한다), 하도급보증을 위한 사업

(3) 경비원의 복지향상과 업무상 재해로 인한 손실을 보상하는 사업

(4) 경비업무와 관련한 연구 및 경비원 교육·훈련에 관한 사업

2. 공제규정의 제정

(1) 공제규정의 제정

경비협회는 공제사업을 하고자 하는 때에는 공제규정을 제정하여야 한다(경비업법 제23조 제2항).

(2) 공제규정의 내용

공제규정에는 공제사업의 범위, 공제계약의 내용, 공제금, 공제료 및 공제금에 충당하기 위한 책임준비금 등 공제사업의 운영에 관하여 필요한 사항을 정하여야 한다(경비업법 제23조 제3항).

3. 공제사업의 감독

(1) 공제사업의 감독 기준

경찰청장은 공제사업의 건전한 육성과 가입자의 보호를 위하여 공제사업의 감독에 관한 기준을 정할 수 있다(경비업법 제23조 제4항).

(2) 금융위원회와의 사전 협의

경찰청장은 공제규정을 승인하거나 공제사업의 감독에 관한 기준을 정하는 경우에는 미리 금융위원회와 협의하여야 한다(경비업법 제23조 제5항).

(3) 금융감독원장 검사 요청

경찰청장은 공제사업에 대하여 「금융위원회의 설치 등에 관한 법률」에 따른 금융감독원의 원장에게 검사를 요청할 수 있다(경비업법 제23조 제6항).

4. 공제사업의 회계 구분

협회는 공제사업을 하는 경우 공제사업의 회계는 다른 사업의 회계와 구분하여 경리하여야 한다(경비업법 시행령 제27조 제1항).

▶▶ 실전적용문제

2019년 제21회 기출문제 (22번 문제)

1. 경비업법령상 경비협회에 관한 설명으로 옳지 않은 것은?

① 경비업자는 경비업무의 건전한 발전과 경비원의 자질향상 및 교육훈련 등을 위하여 대통령령이 정하는 바에 따라 경비협회를 설립할 수 있다.

② 경비협회는 정관이 정하는 바에 의하여 회원으로부터 회비를 징수할 수 있다.

③ 경비협회의 업무에는 경비업무의 연구도 포함된다.

④ 경비협회에 관하여 「경비업법」에 특별한 규정이 있는 것을 제외하고는 「민법」 중 재단법인에 관한 규정을 준용한다.

> 정답 ④
>
> ※ 해설
> '재단법인'이 아닌 '사단법인'이다. 경비협회에 관하여 경비업법에 특별한 규정이 있는 것을 제외하고는 민법 중 사단법인에 관한 규정을 준용한다(경비업법 제22조 제4항).

2018년 제20회 기출문제 (4번 문제)

2. 경비업법령상 경비협회에 관한 설명으로 옳지 않은 것은?

① 경비업자가 경비협회를 설립하려는 경우에는 정관을 작성하여야 하며, 협회는 행정안전부령에 따라 회비를 징수할 수 있다.

② 경비업자는 경비업무의 건전한 발전과 경비원의 자질 향상 및 교육훈련 등을 위하여 대통령령이 정하는 바에 따라 경비협회를 설립할 수 있다.

③ 경비협회의 업무에는 경비원의 후생·복지, 경비 진단에 관한 사항 등도 포함된다.

④ 경비업법에 특별한 규정이 있는 것을 제외하고는 「민법」 중 사단법인에 관한 규정을 준용한다.

> 정답 ①
>
> ※ 해설
> 경비업자가 경비협회를 설립하려는 경우에는 정관을 작성하여야 한다(경비업법 시행령 제26조 제1항). 협회는 정관이 정하는 바에 의하여 회원으로부터 회비를 징수할 수 있다(경비업법 시행령 제26조 제2항). '행정안전부령'이 아니라 '정관'이다.

2016년 제18회 기출문제 (19번 문제)

3. 경비업법령상 경비협회의 업무 등에 관한 내용을 옳지 <u>않은</u> 것은?

① 경비협회의 업무에는 경비원의 후생·복지에 관한 사항이 포함된다.

② 경비협회는 경비업자가 경비업을 운영할 때 필요한 이행보증을 포함한 계약보증을 위한 공제사업을 할 수 있다.

③ 경비업자는 경비업무의 건전한 발전과 경비원의 자질향상 및 교육훈련 등을 위하여 행정자치부령이 정하는 바에 따라 경비협회를 설립할 수 있다.

④ 경찰청장은 경비업법에 따른 공제사업의 건전한 육성과 가입자의 보호를 위하여 공제사업의 감독에 관한 기준을 정할 수 있다.

정답 ③

※ 해설

'③ 경비업자는 경비업무의 건전한 발전과 경비원의 자질향상 및 교육훈련 등을 위하여 대통령령이 정하는 바에 따라 경비협회를 설립할 수 있다(경비업법 제22조 제1항).' '행정자치부령'이 아니라 '대통령령'이다.[9]

① 경비업법 제22조 제3항 제3호

② 경비업법 제23조 제1항 제2호

④ 경비업법 제23조 제4항

2017년 제19회 기출문제 (14번 문제)

4. 경비업법상 경비협회의 업무에 해당하지 않는 것은?

① 경비원의 후생·복지에 관한 사항

② 경비진단에 관한 사항

③ 경비지도사의 지도·감독

④ 경비원 교육·훈련 및 그 연구

정답 ③

※ 해설
'경비지도사의 지도·감독'은 경비협회의 업무에 해당하지 않는다.

> 경비협회의 업무는 다음과 같다(경비업법 제22조 제3항).
> **(1)** 경비업무의 연구
> **(2)** 경비원 교육·훈련 및 그 연구
> **(3)** 경비원의 후생·복지에 관한 사항
> **(4)** 경비진단에 관한 사항
> **(5)** 그 밖에 경비업무의 건전한 운영과 육성에 관하여 필요한 사항

---

9) '행정자치부령'이 아니라 '행정안전부령'이나, 기출문제 관련 저작권 문제로 인해 수정을 하지 못하고 행정자치부령으로 수록함. 행정안전부령으로 참고 바람.

2018년 제20회 기출문제 (20번 문제)

5. 경비업법령상 경비협회의 공제사업에 관한 설명으로 옳은 것은?

① 경비협회는 경비원의 복지 향상과 업무상 재해로 인한 손실을 보상하기 위한 공제사업을 할 수 있다.

② 경찰청장은 공제사업의 건전한 육성을 위하여 공제사업의 감독에 관한 기준을 경비협회와 협의하여 정한다.

③ 경찰청장은 공제규정을 승인하거나 공제사업의 감독에 관한 기준을 정하는 경우에는 미리 경찰공제회와 협의하여야 한다.

④ 경찰청장은 공제사업에 대하여 금융감독위원회 위원장에게 감사를 요청할 수 있다.

정답 ①

※ 해설

② 경찰청장은 공제사업의 건전한 육성과 가입자의 보호를 위하여 공제사업의 감독에 관한 기준을 정할 수 있다(경비업법 제23조 제4항). 경비협회와 협의하여 정하지 않는다.

③ 경찰청장은 공제규정을 승인하거나 공제사업의 감독에 관한 기준을 정하는 경우에는 미리 금융위원회와 협의하여야 한다(경비업법 제23조 제5항). '경찰공제회'가 아니라 '금융위원회'이다.

④ 경찰청장은 공제사업에 대하여 「금융위원회의 설치 등에 관한 법률」에 따른 금융감독원의 원장에게 검사를 요청할 수 있다(경비업법 제23조 제6항). '금융감독위원회 위원장'이 아니라 '금융감독원 원장'이다.

2015년 제17회 기출문제 (19번 문제)

6. 경비업법상 경비협회가 할 수 있는 공제사업에 해당하지 않는 것은?

① 경비지도사의 손해배상책임과 형사책임을 보장하기 위한 사업
② 경비원의 복지향상과 업무상 재해로 인한 손실을 보상하는 사업
③ 경비업무와 관련한 연구 및 경비원 교육·훈련에 관한 사업
④ 경비업자가 경비업을 운영할 때 필요한 입찰보증, 계약보증, 하도급보증을 위한 사업

정답 ①

※ 해설
'경비지도사의 손해배상책임과 형사책임을 보장하기 위한 사업'은 경비협회가 할 수 있는 공제사업에 해당하지 않는다.

경비협회는 다음의 공제사업을 할 수 있다(경비업법 제23조 제1항).
(1) (제26조에 따른) 경비업자의 손해배상책임을 보장하기 위한 사업
(2) 경비업자가 경비업을 운영할 때 필요한 입찰보증, 계약보증(이행보증을 포함한다), 하도급보증을 위한 사업
(3) 경비원의 복지향상과 업무상 재해로 인한 손실을 보상하는 사업
(4) 경비업무와 관련한 연구 및 경비원 교육·훈련에 관한 사업

2019년 제21회 기출문제 (24번 문제)

7. 경비업법령상 공제사업을 하려는 경비협회가 공제규정의 내용으로 정할 수 없는 것은?

① 공제사업의 범위
② 공제계약의 내용
③ 공제사업의 감독에 관한 기준
④ 공제금에 충당하기 위한 책임준비금

정답 ③

※ 해설
'공제사업의 감독에 관한 기준'은 경비업법령상 공제사업을 하려는 경비협회가 공제규정의 내용으로 정할 수 있는 것에 해당하지 않는다.
공제규정에는 공제사업의 범위, 공제계약의 내용, 공제금, 공제료 및 공제금에 충당하기 위한 책임준비금 등 공제사업의 운영에 관하여 필요한 사항을 정하여야 한다(경비업법 제23조 제3항).

Chapter 1. 경비업법

제 6 장 보칙

✓ QR코드를 통해 유튜브(YouTube) 채널로 이동합니다.

Ⅰ. 지도·감독 및 보안지도·점검 등

1. 지도·감독

(1) 경찰청장 또는 지방경찰청장은 경비업무의 적정한 수행을 위하여 경비업자 및 경비지도사를 지도·감독하며 필요한 명령을 할 수 있다(경비업법 제24조 제1항).

(2) 지방경찰청장 또는 관할 경찰관서장은 소속 경찰공무원으로 하여금 관할구역 안에 있는 경비업자의 주사무소 및 출장소와 경비원배치장소에 출입하여 근무상황 및 교육훈련상황 등을 감독하며 필요한 명령을 하게 할 수 있다. 이 경우 출입하는 경찰공무원은 그 권한을 표시하는 증표를 관계인에게 내보여야 한다(경비업법 제24조 제2항).

(3) 지방경찰청장 또는 관할 경찰관서장은 경비업자 또는 배치된 경비원이 이 법이나 이 법에 따른 명령, 「폭력행위 등 처벌에 관한 법률」을 위반하는 행위를 하는 경우 그 위반행위의 중지를 명할 수 있다(경비업법 제24조 제3항).

(4) 지방경찰청장 또는 관할 경찰관서장은 경비업무 장소가 집단민원현장으로 판단되는 경우에는 그 때부터 48시간 이내에 경비업자에게 경비원 배치 허가를 받을 것을 고지하여야 한다(경비업법 제24조 제4항).

2. 보안지도·점검

(1) 지방경찰청장은 대통령령이 정하는 바에 따라 특수경비업자에 대하여 보안지도·점검을 실시하여야 하고, 필요한 경우 관계기관에 보안측정을 요청하여야 한다(경비업법 제25조).

(2) 지방경찰청장은 특수경비업자에 대하여 연 2회 이상의 보안지도·점검을 실시하여야 한다(경비업법 시행령 제29조).

Ⅱ. 손해배상 등

1. 경비업자는 경비원이 업무수행중 고의 또는 과실로 경비대상에 손해가 발생하는 것을 방지하지 못한 때에는 그 손해를 배상하여야 한다(경비업법 제26조 제1항).
2. 경비업자는 경비원이 업무수행중 고의 또는 과실로 제3자에게 손해를 입힌 경우에는 이를 배상하여야 한다(경비업법 제26조 제2항).

Ⅲ. 위임 및 위탁

1. 권한의 위임

(1) 이 법에 의한 경찰청장의 권한은 <u>대통령령</u>이 정하는 바에 따라 그 일부를 지방경찰청장에게 위임할 수 있다(경비업법 제27조 제1항).

(2) 경찰청장은 다음의 권한을 지방경찰청장에게 위임한다(경비업법 시행령 제31조 제1항).

   1) (법 제20조의 규정에 의한) 경비지도사의 자격의 취소 및 정지에 관한 권한

   2) (법 제21조 제2호의 규정에 의한) 경비지도사 자격의 취소 및 정지에 관한 청문의 권한

2. 업무의 위탁

(1) 업무 위탁

   1) 경찰청장은 (제11조의 규정에 의한) 경비지도사의 시험 및 교육에 관한 업무를 <u>대통령령</u>이 정하는 바에 따라 관계전문기관 또는 단체에 위탁할 수 있다(경비업법 제27조 제2항).

   2) 경찰청장 또는 경찰관서장은 경비지도사시험의 관리와 경비지도사의 교육에 관한 업무를 경비업무에 관한 인력과 전문성을 갖춘 기관으로서 경찰청장이 지정하여 고시하는 기관 또는 단체에 위탁한다(경비업법 시행령 제31조 제2항).

(2) 벌칙 적용에서 공무원 의제

(제27조 제2항에 따라) 위탁받은 업무에 종사하는 관계전문기관 또는 단체의 임직원은 「형법」 제129조부터 제132조(수뢰, 사전수뢰, 제삼자뇌물제공, 수뢰후부정처사, 사후수뢰, 알선수뢰)까지의 규정을 적용할 때에는 공무원으로 본다(경비업법 제27조의3).

Ⅳ. 허가증 등의 수수료

이 법에 따른 경비업의 허가를 받거나 허가증을 재교부 받고자 하는 자는 대통령령이 정하는 바에 따라 수수료를 납부하여야 한다(경비업법 제27조의2).

1. 수수료 납부금액

법에 의한 경비업의 허가를 받거나 허가증을 재교부받고자 하는 자는 다음 각호의 수수료를 납부하여야 한다(경비업법 시행령 제28조 제1항).
(1) 경비업의 허가(추가·변경·갱신허가를 포함한다)의 경우에는 1만원
(2) 허가사항의 변경신고로 인한 허가증 재교부의 경우에는 2천원

2. 수수료 납부방법

수수료는 허가 등의 신청서에 수입인지를 첨부하여 납부한다(경비업법 시행령 제28조 제2항).

3. 시험응시 수수료

(1) 시험에 응시하고자 하는 자는 경찰청장이 정하여 고시하는 수수료를 납부하여야 한다(경비업법 시행령 제28조 제3항).
(2) 경비지도사 시험에 응시하고자 하는 자는 28,000원의 응시수수료를 납부하여야 한다. 단, 1차 시험이 면제되는 자는 18,000원의 응시수수료를 납부한다(경비지도사 시험위탁 및 응시수수료 책정고시 [시행 2018. 7. 27.] [경찰청고시 제2018-5호, 2018. 7. 27.. 일부개정]).

■ 경비지도사 시험위탁 및 응시수수료 책정고시
[시행 2018. 7. 27.] [경찰청고시 제2018-5호, 2018. 7. 27., 일부개정]

1. 경비지도사시험 위탁
   가. 근거
      -「경비업법」 제27조(위임 및 위탁) 및 「경비업법 시행령」 제31조(권한의 위임 및 위탁)
   나. 위탁기관
      1) 기관명칭 : 한국산업인력공단
      2) 소 재 지 : 울산광역시 중구 종가로 345 한국산업인력공단
   다. 위탁사유
      - 경비지도사 자격시험을 검정시행의 전문기관인 한국산업인력공단에 위탁, 유능한 인력배출 등 자격시험의 내실화 추구
   라. 위탁사항
      (1) 시험의 공고(「경비업법 시행령」 제11조제2항 및 제3항)
      (2) 시험의 실시(「경비업법 시행령」 제12조)
      (3) 시험의 일부면제자에 대한 검토·확인(「경비업법 시행령」 제13조)
      (4) 시험 합격자의 결정(「경비업법 시행령」 제14조제1항 및 제2항)
      (5) 시험출제위원의 임명·위촉 등(「경비업법 시행령」 제15조)
      (6) 기타 시험관리에 관한 사항

2. 응시수수료
   가. 근거
      -「경비업법 시행령」 제28조(허가증 등의 수수료)
   나. 경비지도사 시험에 응시하고자 하는 자는 28,000원의 응시수수료를 납부하여야 한다. 단, 1차 시험이 면제되는 자는 18,000원의 응시수수료를 납부한다.

3. 재검토기한
      이 고시는 「훈령·예규 등의 발령 및 관리에 관한 규정」(대통령 훈령 제334호)에 따라 2019년 1월 1일 기준으로 매 3년이 되는 시점(매 3년째의 12월 31일까지를 말한다)마다 그 타당성을 검토하여 개선 등의 조치를 하여야 한다.

4. 응시수수료의 반환

경찰 청장은 다음의 어느 하나에 해당하는 경우에는 받은 응시수수료의 전부 또는 일부를 다음의 구분에 따라 반환하여야 한다(경비업법 시행령 제28조 제4항).

(1) 응시수수료를 과오납한 경우: 과오납한 금액 전액

(2) 시험시행기관의 귀책사유로 시험에 응시하지 못한 경우: 응시수수료 전액

(3) 시험시행일 20일 전까지 접수를 취소하는 경우: 응시수수료 전액

(4) 시험시행일 10일 전까지 접수를 취소하는 경우: 응시수수료의 100분의 50

5. 정보통신망을 이용한 수수료의 전자납부

경찰청장 및 지방경찰청장은 제2항(수수료는 허가 등의 신청서에 수입인지를 첨부하여 납부한다) 및 제3항(시험에 응시하고자 하는 자는 경찰청장이 정하여 고시하는 수수료를 납부하여야 한다)의 규정에 불구하고 정보통신망을 이용하여 전자화폐·전자결제 등의 방법으로 수수료를 납부하게 할 수 있다(경비업법 시행령 제28조 제5항).

Ⅴ. 민감정보 및 고유식별정보의 처리

경찰청장, 지방경찰청장, 경찰서장 및 경찰관서장(제31조에 따라 경찰청장 및 경찰관서장의 권한을 위임·위탁받은 자를 포함한다)은 다음의 사무를 수행하기 위하여 불가피한 경우 『개인정보 보호법 시행령』 제18조 제2호에 따른) 범죄경력자료에 해당하는 정보와 (같은 영 제19조 제1호 또는 제4호에 따른) 주민등록번호 또는 외국인등록번호가 포함된 자료를 처리할 수 있다(경비업법 시행령 제31조의2).

1. (법 제4조 및 제6조에 따른) 경비업의 **허가** 및 **갱신허가** 등에 관한 사무

2. (법 제11조에 따른) 경비지도사 **시험** 등에 관한 사무

3. (법 제13조에 따른) 경비원의 **교육** 등에 관한 사무

4. (법 제14조에 따른) **특수경**비원의 **직무** 및 **무기**사용 등에 관한 사무

5. (법 제17조에 따른) 결격사유 확인을 위한 **범죄경력조회** 등에 관한 사무

6. (법 제18조에 따른) **경비원 배치허가** 등에 관한 사무

7. (법 제19조 및 제20조에 따른) **행정처분**에 관한 사무

8. (법 제24조에 따른) **경비업자** 및 **경비지도사**의 **지도·감독**에 관한 사무

9. (법 제25조에 따른) **보안지도·점검** 및 **보안측정**에 관한 사무

10. (제1호부터 제9호까지의 규정에 따른) 사무를 수행하기 위하여 필요한 **사무**

	①	허가. 갱신허가
	②	시험
	③	교육
	④	특. 경. 직무. 무기
	⑤	범죄경력 조회
	⑥	경비원 배치허가
	⑦	행정처분
	⑧	경비업자. 경비지도사. 지도 · 감독
	⑨	보안지도 · 점검. 보안측정
	⑩	사무

VI. 규제의 재검토

시 집 행 태 장

1. 경찰청장은 다음의 사항에 대하여 다음의 기준일을 기준으로 3년마다(매 3년이 되는 해의 기준일과 같은 날 전까지를 말한다) 그 타당성을 검토하여 개선 등의 조치를 하여야 한다(경비업법 시행령 제31조의3).

   (1) (제3조 제2항 및 별표 1에 따른) 경비업의 **시**설 등의 기준: 2014년 6월 8일

   (2) (제22조에 따른) **집**단민원현장 배치 불허가 기준: 2014년 6월 8일

   (3) (제24조 및 별표 4에 따른) **행**정처분 기준: 2014년 6월 8일

   (4) (제32조 제1항 및 별표 6에 따른) 과**태**료의 부과기준: 2014년 6월 8일

2. 경찰청장은 (경비업법 시행규칙 제20조에 따른)경비원이 휴대하는 **장**비 등에 대하여 2014년 6월 8일을 기준으로 3년마다(매 3년이 되는 해의 6월 8일 전까지를 말한다) 그 타당성을 검토하여 개선 등의 조치를 하여야 한다(경비업법 시행규칙 제27조의2).

▶▶ 실전적용문제

2018년 제20회 기출문제 (17번 문제)

1. 경비업법령상 감독, 보안지도·점검 등에 관한 설명으로 옳지 않은 것은?

① 지방경찰청장은 경비업무의 적정한 수행을 위하여 경비지도사를 지도·감독하며 필요한 명령을 할 수 있다.

② 지방경찰청장은 특수경비업자에 대하여 보안지도·점검을 연 1회 이상 실시하여야 한다.

③ 지방경찰청장은 경비업무 장소가 집단민원현장으로 판단되는 경우에는 그 때부터 48시간 이내에 경비업자에게 경비원 배치 허가를 받을 것을 고지하여야 한다.

④ 지방경찰청장은 배치된 경비원이 「폭력행위 등 처벌에 관한 법률」을 위반하는 행위를 하는 경우 그 위반행위의 중지를 명할 수 있다.

> 정답 ②
>
> ※ 해설
> 지방경찰청장은 특수경비업자에 대하여 연 2회 이상의 보안지도·점검을 실시하여야 한다(경비업법 시행령 제29조). '연 1회 이상'이 아니라 '연 2회 이상'이다.

2017년 제19회 기출문제 (26번 문제)

2. 경비업법령상 경찰청장 등의 지도·감독·점검 등에 관한 설명으로 옳지 않은 것은?

① 지방경찰청장은 특수경비업자에 대하여 보안지도·점검을 연 2회 이상 실시하여야 한다.

② 관할경찰관서장은 경비업자가 경비업법을 위반하는 행위를 하는 경우 그 위반 행위의 중지를 명할 수 있다.

③ 지방경찰청장은 경비업무 장소가 집단민원현장으로 판단되는 경우에는 그 때부터 7일 이내에 경비업자에게 경비원 배치 허가를 받을 것을 고지하여야 한다.

④ 관할경찰관서장은 소속 경찰공무원으로 하여금 관할구역 안에 있는 경비업자의 주사무소 및 출장소와 경비원배치장소에 출입하여 근무상황 및 교육훈련상황 등을 감독하며 필요한 명령을 하게 할 수 있다.

> 정답 ③
>
> ※ 해설
> 지방경찰청장 또는 관할 경찰관서장은 경비업무 장소가 집단민원현장으로 판단되는 경우에는 그 때부터 48시간 이내에 경비업자에게 경비원 배치 허가를 받을 것을 고지하여야 한다(경비업법 제24조 제4항). '7일 이내'가 아니라 '48시간 이내'이어야 한다.

2017년 제19회 기출문제 (27번 문제)

3. 경비업법상 경비업자의 손해배상책임이 발생하지 않은 것은?

① 경비원 갑(甲)이 업무수행 중 무과실로 경비대상에 손해가 발생하는 것을 방지하지 못한 경우

② 경비원 을(乙)이 업무수행 중 고의로 제3자에게 손해를 입힌 경우

③ 경비원 병(丙)이 업무수행 중 과실로 제3자에게 손해를 입힌 경우

④ 경비원 정(丁)이 업무수행 중 고의로 경비대상에 손해가 발생하는 것을 방지하지 못한 경우

정답 ①

※ 해설
경비원이 업무수행 중 '무과실'로 경비대상에 손해가 발생하는 것을 방지하지 못한 경우는 경비업자의 손해배상책임이 발생하지 않는다. ②, ③, ④는 모두 경비업자의 손해배상책임이 발생한다.

> **손해배상 등**
> 1. 경비업자는 경비원이 업무수행중 고의 또는 과실로 경비대상에 손해가 발생하는 것을 방지하지 못한 때에는 그 손해를 배상하여야 한다(경비업법 제26조 제1항).
> 2. 경비업자는 경비원이 업무수행중 고의 또는 과실로 제3자에게 손해를 입힌 경우에는 이를 배상하여야 한다(경비업법 제26조 제2항).

2016년 제18회 기출문제 (23번 문제)

4. 경비업법에 관한 설명으로 옳지 않은 것은?

① 경비업자는 경비원이 업무수행 중 고의로 제3자에게 손해를 입힌 경우에는 이를 배상하여야 한다.

② 경비업자는 경비원이 업무수행 중 과실로 제3자에게 손해를 입힌 경우에는 배상이 면제된다.

③ 경비업자는 경비원이 업무수행 중 고의 또는 과실로 경비대상에 손해가 발생하는 것을 방지하지 못한 때에는 그 손해를 배상하여야 한다.

④ 기계경비업자는 대응조치 등 업무의 원활한 운영과 개선을 위하여 대통령령이 정하는 바에 따라 관련 서류를 작성·비치하여야 한다.

정답 ②

※ 해설
경비업자는 경비원이 업무수행 중 고의 또는 과실로 제3자에게 손해를 입힌 경우에는 이를 배상하여야 한다(경비업법 제26조 제2항). 배상이 면책 되는 것이 아니라 배상 책임이 인정된다.

2018년 제20회 기출문제 (15번 문제)

5. 경비업법령상 경찰청장이 지방경찰청장에게 위임하는 권한에 해당하지 않는 것은?

① 경비지도사 자격의 정지에 관한 권한

② 경비지도사 자격의 취소에 관한 권한

③ 경비지도사 자격증의 교부에 관한 권한

④ 경비지도사 자격의 취소에 관한 청문의 권한

정답 ③

※ 해설
'경비지도사 자격증의 교부에 관한 권한'은 경찰청장이 지방경찰청장에게 위임하는 권한에 해당하지 않는다.

> 경찰청장은 다음의 권한을 지방경찰청장에게 위임한다(경비업법 시행령 제31조 제1항).
> **1)** (법 제20조의 규정에 의한) 경비지도사의 자격의 취소 및 정지에 관한 권한
> **2)** (법 제21조 제2호의 규정에 의한) 경비지도사 자격의 취소 및 정지에 관한 청문의 권한

2017년 제19회 기출문제 (15번 문제)

6. 경비업법령상 경찰청장이 지방경찰청장에게 위임한 권한에 해당하는 것은?

① 경비업의 허가권한

② 경비지도사 자격증의 교부권한

③ 경비지도사의 자격의 취소·정지에 관한 청문의 권한

④ 경비협회의 공제사업에 대한 금융감독원장의 검사요청권한

정답 ③

※ 해설
'경비지도사의 자격의 취소·정지에 관한 청문의 권한'이 경찰청장이 지방경찰청장에게 위임한 권한에 해당한다. ①, ②, ④는 경비업법령상 경찰청장이 지방경찰청장에게 위임할 수 있는 권한이 아니다.

> 경찰청장은 다음의 권한을 지방경찰청장에게 위임한다(경비업법 시행령 제31조 제1항).
> **1)** (법 제20조의 규정에 의한) 경비지도사의 자격의 취소 및 정지에 관한 권한
> **2)** (법 제21조 제2호의 규정에 의한) 경비지도사 자격의 취소 및 정지에 관한 청문의 권한

2019년 제21회 기출문제 (19번 문제)

7. 경비업법령상 경찰청장으로부터 경비지도사의 시험 및 교육에 관한 업무를 위탁받은 단체의 임직원이 공무원으로 의제되어 적용받는 형법상의 규정은?

① 형법 제123조(직권남용)

② 형법 제127조(공무상 비밀의 누설)

③ 형법 제129조(수뢰, 사전수뢰)

④ 형법 제227조(허위공문서작성등)

정답 ③

※ 해설
(제27조제2항에 따라) 위탁받은 업무에 종사하는 관계전문기관 또는 단체의 임직원은 「형법」 제129조부터 제132조(수뢰,사전수뢰, 제삼자뇌물제공, 수뢰후부정처사,사후수뢰, 알선수뢰)까지의 규정을 적용할 때에는 공무원으로 본다(경비업법 제27조의3).

2017년 제19회 기출문제 (25번 문제)

8. 경비업법령상 허가증 등의 수수료에 관한 설명으로 옳지 않은 것은?

① 경비지도사 시험에 응시하고자 하는 자는 경찰청장이 정하여 고시하는 수수료를 납부하여야 한다.

② 경비업의 변경·추가허가의 경우에는 1만원의 수수료를 납부하여야 한다.

③ 경찰서장은 정보통신망을 이용하여 전자화폐·전자결제 등의 방법으로 수수료를 납부하게 할 수 있다.

④ 경비업의 허가를 받거나 허가증을 재교부 받고자 하는 자는 대통령령이 정하는 바에 따라 수수료를 납부하여야 한다.

정답 ③

※ 해설
경찰청장 및 지방경찰청장은 제2항(수수료는 허가 등의 신청서에 수입인지를 첨부하여 납부한다) 및 제3항(시험에 응시하고자 하는 자는 경찰청장이 정하여 고시하는 수수료를 납부하여야 한다)의 규정에 불구하고 정보통신망을 이용하여 전자화폐·전자결제 등의 방법으로 수수료를 납부하게 할 수 있다(경비업법 시행령 제28조 제5항). '경찰서장'이 아니라 '경찰청장 및 지방경찰청장'이다.

2015년 제17회 기출문제 (23번 문제)

9. 경비업법령상 수수료 납부에 관한 설명으로 옳은 것은?

① 경비업의 갱신허가를 받고자 하는 자는 2만원의 수수료를 납부하여야 한다.
② 허가사항의 변경신고로 인한 허가증 재교부의 경우에는 2천원의 수수료를 납부하여야 한다.
③ 시험에 응시하고자 하는 자의 귀책사유로 시험에 응시하지 못한 경우 납부한 응시수수료 전액을 반환받는다.
④ 경찰청장은 시험응시자가 시험시행일 20일 전까지 접수를 취소하는 경우, 응시수수료의 100분의 50을 반환하여야 한다.

정답 ②

※ 해설
'허가사항의 변경신고로 인한 허가증 재교부의 경우'에는 2천원의 수수료를 납부한다.

> 법에 의한 경비업의 허가를 받거나 허가증을 재교부받고자 하는 자는 다음 각호의 수수료를 납부하여야 한다(경비업법 시행령 제28조 제1항).
> **(1)** 경비업의 허가(추가 · 변경 · 갱신허가를 포함한다)의 경우에는 1만원
> **(2)** 허가사항의 변경신고로 인한 허가증 재교부의 경우에는 2천원

① 경비업의 갱신허가를 받고자 하는 자의 경우에는 1만원의 수수료를 납부하여야 한다.
③ 시험시행기관의 귀책사유로 시험에 응시하지 못한 경우에는 응시수수료 전액을 반환받는다. '시험에 응시하고자 하는 자'가 아닌 '시험시행기관'의 귀책사유이다.
④ 시험시행일 20일 전까지 접수를 취소하는 경우에는 경찰청장은 응시수수료 전액을 반환하여야 한다. '100분의 50'이 아닌 '응시수수료 전액'이다.

2015년 제17회 기출문제 (27번 문제)

10. 경비업법령상 민감정보 및 고유식별정보를 처리할 수 있는 사무가 아닌 것은?

① 기계경비운영체계의 오작동여부 확인에 관한 사무
② 경비업 허가의 취소에 따른 행정처분에 관한 사무
③ 경비지도사의 결격사유 확인을 위한 범죄경력조회 등에 관한 사무
④ 특수경비업자에 대한 보안지도 · 점검 및 보안측정에 관한 사무

정답 ①

※ 해설
②, ③, ④는 민감정보 및 고유식별정보를 처리할 수 있는 사무에 해당하나, '① 기계경비운영체계의 오작동여부 확인에 관한 사무'는 이에 해당하지 않는다.

> 경찰청장, 지방경찰청장, 경찰서장 및 경찰관서장은 다음의 사무를 수행하기 위하여 불가피한 경우 「개인정보 보호법 시행령」 제18조 제2호에 따른 범죄경력자료에 해당하는 정보와 같은 영 제19조 제1호 또는 제4호에 따른 주민등록번호 또는 외국인등록번호가 포함된 자료를 처리할 수 있다(경비업법 시행령 제31조의2).
> 1. (법 제4조 및 제6조에 따른) 경비업의 허가 및 갱신허가 등에 관한 사무
> 2. (법 제11조에 따른) 경비지도사 시험 등에 관한 사무
> 3. (법 제13조에 따른) 경비원의 교육 등에 관한 사무
> 4. (법 제14조에 따른) 특수경비원의 직무 및 무기사용 등에 관한 사무
> 5. (법 제17조에 따른) 결격사유 확인을 위한 범죄경력조회 등에 관한 사무
> 6. (법 제18조에 따른) 경비원 배치허가 등에 관한 사무
> 7. (법 제19조 및 제20조에 따른) 행정처분에 관한 사무
> 8. (법 제24조에 따른) 경비업자 및 경비지도사의 지도·감독에 관한 사무
> 9. (법 제25조에 따른) 보안지도·점검 및 보안측정에 관한 사무
> 10. (제1호부터 제9호까지의 규정에 따른) 사무를 수행하기 위하여 필요한 사무

①	허가. 갱신허가
②	시험
③	교육
④	특. 경. 직무. 무기
⑤	범죄경력 조회
⑥	경비원 배치허가
⑦	행정처분
⑧	경비업자. 경비지도사. 지도·감독
⑨	보안지도·점검. 보안측정
⑩	사무

2016년 제18회 기출문제 (20번 문제)

11. 경비업법령에 관한 설명으로 옳지 <u>않은</u> 것은?

① 지방경찰청장은 특수경비업자에 대하여 연 2회 이상의 보안지도·점검을 실시하여야 한다.

② 경찰청장은 경비업무의 적정한 수행을 위하여 경비업자를 지도·감독하며 필요한 명령을 할 수 있다.

③ 경찰청장은 집단민원현장 배치 불허가 기준에 대하여 5년마다 그 타당성을 검토하여 개선 등의 조치를 하여야 한다.

④ 관할경찰관서장은 시설주의 신청에 의하여 특수경비원이 배치된 국가중요시설 등에 경비전화를 가설할 수 있다.

정답 ③

※ 해설
'5년마다'가 아니라 '3년마다' 그 타당성을 검토하여 개선 등의 조치를 하여야 한다.

규제의 재검토
1. 경찰청장은 다음의 사항에 대하여 다음의 기준일을 기준으로 3년마다(매 3년이 되는 해의 기준일과 같은 날 전까지를 말한다) 그 타당성을 검토하여 개선 등의 조치를 하여야 한다(경비업법 시행령 제31조의3).
  (1) (제3조 제2항 및 별표 1에 따른) 경비업의 시설 등의 기준: 2014년 6월 8일
  (2) (제22조에 따른) 집단민원현장 배치 불허가 기준: 2014년 6월 8일
  (3) (제24조 및 별표 4에 따른) 행정처분 기준: 2014년 6월 8일
  (4) (제32조 제1항 및 별표 6에 따른) 과태료의 부과기준: 2014년 6월 8일

2019년 제21회 기출문제 (26번 문제)

12. 경비업법령상 경찰청장이 3년마다 타당성을 검토하여 개선 등의 조치를 해야 하는 규제사항이 <u>아닌</u> 것은?

① 경비원이 휴대하는 장비
② 행정처분 기준
③ 과태료 부과기준
④ 벌금형 부과기준

정답 ④

※ 해설
'벌금형 부과기준'은 경찰청장이 3년마다 타당성을 검토하여 개선 등의 조치를 해야 하는 규제사항에 해당하지 않는다.

시 집 행 태 장

1. 경찰청장은 다음의 사항에 대하여 다음의 기준일을 기준으로 3년마다(매 3년이 되는 해의 기준일과 같은 날 전까지를 말한다) 그 타당성을 검토하여 개선 등의 조치를 하여야 한다(경비업법 시행령 제31조의3).

   (1) (제3조 제2항 및 별표 1에 따른) 경비업의 **시**설 등의 기준: 2014년 6월 8일
   (2) (제22조에 따른) **집**단민원현장 배치 불허가 기준: 2014년 6월 8일
   (3) (제24조 및 별표 4에 따른) **행**정처분 기준: 2014년 6월 8일
   (4) (제32조 제1항 및 별표 6에 따른) 과**태**료의 부과기준: 2014년 6월 8일

2. 경찰청장은 (경비업법 시행규칙 제20조에 따라)경비원이 휴대하는 **장**비 등에 대하여 2014년 6월 8일을 기준으로 3년마다(매 3년이 되는 해의 6월 8일 전까지를 말한다) 그 타당성을 검토하여 개선 등의 조치를 하여야 한다(경비업법 시행규칙 제27조의2).

Chapter 1. 경비업법

제 7 장 벌칙

✓ QR코드를 통해 유튜브(YouTube) 채널로 이동합니다.

Ⅰ. 벌칙

1. 징역 또는 벌금

(1) 5년 이하의 징역 또는 5천만원 이하의 벌금

제14조 제2항(특수경비원은 국가중요시설에 대한 경비업무 수행중 국가중요시설의 정상적인 운영을 해치는 장해를 일으켜서는 아니된다)의 규정에 위반하여 국가중요시설의 정상적인 운영을 해치는 장해를 일으킨 특수경비원은 5년 이하의 징역 또는 5천만원 이하의 벌금에 처한다(경비업법 제28조 제1항).

(2) 3년 이하의 징역 또는 3천만원 이하의 벌금

다음의 어느 하나에 해당하는 자는 3년 이하의 징역 또는 3천만원 이하의 벌금에 처한다(경비업법 제28조 제2항).

집 단						특 경		벗행자
허가	직비	대행	허×도	20↑직·고	채용관여	과실·장해·(특경)	(특경)·명령△이탈	벗행자

1) 제4조 제1항(경비업을 영위하고자 하는 법인은 도급받아 행하고자 하는 경비업무를 특정하여 그 법인의 주사무소의 소재지를 관할하는 지방경찰청장의 허가를 받아야 한다. 도급받아 행하고자 하는 경비업무를 변경하는 경우에도 또한 같다)의 규정에 의한 **허가**를 받지 아니하고 경비업을 영위한 자

2) 제7조 제4항(경비업자의 임·직원이거나 임·직원이었던 자는 다른 법률에 특별한 규정이 있는 경우를 제외하고는 그 직무상 알게 된 비밀을 누설하거나 다른 사람에게

제공하여 이용하도록 하는 등 부당한 목적을 위하여 사용하여서는 아니된다)의 규정에 위반하여 **직**무상 알게 된 **비**밀을 누설하거나 부당한 목적을 위하여 사용한 자

3) 제7조 제8항(특수경비업자는 국가중요시설에 대한 특수경비업무를 중단하게 되는 경우에는 미리 이를 제7항의 규정에 의한 경비대행업자에게 통보하여야 하며, 경비대행업자는 통보받은 즉시 그 경비업무를 인수하여야 한다. 이 경우 제7항의 규정은 경비대행업자에 대하여 이를 준용한다)의 규정에 위반하여 경비업무의 중단을 통보하지 아니하거나 경비업무를 즉시 인수하지 아니한 특수경비업자 또는 경비**대행**업자

4) 집단민원현장에 경비원을 배치하면서 제7조의2 제1항(제4조제1항에 따른 허가를 받지 아니한 자에게 경비업무를 도급하여서는 아니 된다)을 위반하여 제4조 제1항(경비업법상 허가)에 따른 **허가**를 받지 **아니**한 자에게 경비업무를 **도급**한 자

5) 제7조의2 제2항(누구든지 집단민원현장에 경비인력을 20명 이상 배치하려고 할 때에는 그 경비인력을 직접 고용하여서는 아니 되고, 경비업자에게 경비업무를 도급하여야 한다)을 위반하여 집단민원현장에 **20**명 **이상**의 경비인력을 배치하면서 그 경비인력을 **직**접 **고**용한 자

6) 제7조의2 제3항(경비업무를 도급하는 자는 그 경비업무를 수급한 경비업자의 경비원 채용 시 무자격자나 부적격자 등을 채용하도록 관여하거나 영향력을 행사해서는 아니 된다)을 위반하여 경비업자의 경비원 채용 시 무자격자나 부적격자 등을 **채용**하도록 **관여**하거나 영향력을 행사한 도급인

7) 과실로 인하여 제14조 제2항(특수경비원은 국가중요시설에 대한 경비업무 수행중 국가중요시설의 정상적인 운영을 해치는 장해를 일으켜서는 아니된다)의 규정에 위반하여 국가중요시설의 정상적인 운영을 해치는 **장해**를 일으킨 **특수경**비원

8) **특수경**비원으로서 경비구역 안에서 시설물의 절도, 손괴, 위험물의 폭발 등의 사유로 인한 위급사태가 발생한 때에 제15조 제1항(특수경비원은 직무를 수행함에 있어 시설주·관할 경찰관서장 및 소속상사의 직무상 **명령**에 복종하여야 한다) 또는 제2항(특수경비원은 소속상사의 허가 또는 정당한 사유없이 경비구역을 **벗어나서는** 아니된다)의 규정에 위반한 자

9) 제15조의2 제2항(누구든지 경비원으로 하여금 경비업무의 범위를 벗어난 행위를 하게 하여서는 아니된다)의 규정을 위반하여 경비원에게 경비업무의 범위를 **벗**어난 **행**위를 하게 한 **자**

(3) 2년 이하의 징역 또는 2천만원 이하의 벌금

제14조 제4항 후단(특수경비원은 정당한 사유없이 무기를 소지하고 배치된 경비구역을 벗어나서는 아니된다)의 규정에 위반하여 정당한 사유없이 무기를 소지하고 배치된 경비구역을 벗어난 특수경비원은 2년 이하의 징역 또는 2천만원 이하의 벌금에 처한다(경비업법 제28조 제3항).

(4) 1년 이하의 징역 또는 1천만원 이하의 벌금

다음의 어느 하나에 해당하는 자는 1년 이하의 징역 또는 1천만원 이하의 벌금에 처한다(경비업법 제28조 제4항).

관·책	쟁·특	업·벗·경	장·외·흉	관경장 배·폐·명	지경장 / 관경장 중·명

1) 제14조 제7항(시설주로부터 무기의 관리를 위하여 지정받은 책임자(이하 "관리책임자"라 한다)는 무기출납부 및 무기장비운영카드를 비치·기록하여야 하고, 무기는 관리책임자가 직접 지급·회수하여야 한다)의 규정에 위반한 **관**리**책**임자

2) 제15조 제3항(특수경비원은 파업·태업 그 밖에 경비업무의 정상적인 운영을 저해하는 일체의 쟁의행위를 하여서는 아니된다)의 규정에 위반하여 **쟁**의행위를 한 **특**수경비원

3) 제15조의2 제1항(경비원은 직무를 수행함에 있어 타인에게 위력을 과시하거나 물리력을 행사하는 등 경비업무의 범위를 벗어난 행위를 하여서는 아니된다)을 위반하여 경비**업**무의 범위를 **벗**어난 행위를 한 **경**비원

4) 제16조의2 제1항(경비원이 휴대할 수 있는 장비의 종류는 경적·단봉·분사기 등 행정안전부령으로 정하되, 근무 중에만 이를 휴대할 수 있다)에서 정한 **장**비 **외**로 **흉**기 또는 그 밖의 위험한 물건을 휴대하고 경비업무를 수행한 경비원 또는 경비원에게 이를 휴대하고 경비업무를 수행하게 한 자

5) 제18조 제8항(관할 경찰관서장은 경비업자가 다음 각 호(제18조 제8항 1호 내지 5호)의 어느 하나에 해당하는 때에는 배치폐지를 명할 수 있다)을 위반하여 경찰관서장의 **배**치**폐**지 **명**령을 따르지 아니한 자

6) 제24조 제3항(지방경찰청장 또는 관할 경찰관서장은 경비업자 또는 배치된 경비원이 이 법이나 이 법에 따른 명령, 「폭력행위 등 처벌에 관한 법률」을 위반하는 행위를 하는 경우 그 위반행위의 중지를 명할 수 있다)에 따른 지방경찰청장 또는 관할 경찰관서장의 **중**지**명**령에 따르지 아니한 자

2. 형의 가중처벌

(1) 특수경비원

특수경비원이 무기를 휴대하고 경비업무를 수행중에 제14조 제8항(특수경비원은 국가중요시설의 경비를 위하여 무기를 사용하지 아니하고는 다른 수단이 없다고 인정되는 때에는 필요한 한도안에서 무기를 사용할 수 있다)의 규정 및 제15조 제4항(특수경비원이 무기를 휴대하고 경비업무를 수행하는 때에는 무기의 안전사용수칙을 지켜야 한다)의 규정에 의한 무기의 안전수칙을 위반하여 「형법」제258조의2 (특수상해) 제1항(제257조제1항(상해)의 죄로 한정한다) · 제2항(제258조제1항 · 제2항(중상해)의 죄로 한정한다), 제259조 제1항(상해치사), 제260조 제1항(폭행), 제262조(폭행치사상), 제268조(업무상과실 · 중과실 치사상), 제276조 제1항(체포, 감금), 제277조 제1항(중체포, 중감금), 제281조 제1항(체포 · 감금 등의 치사상), 제283조 제1항(협박), 제324조 제2항(강요), 제350조의2(특수공갈) 및 제366조(재물손괴 등)의 죄를 범한 때에는 그 죄에 정한 형의 2분의 1까지 가중처벌한다(경비업법 제29조 제1항).

(2) (일반)경비원

경비원이 경비업무 수행 중에 제16조의2 제1항(경비원이 휴대할 수 있는 장비의 종류는 경적 · 단봉 · 분사기 등 행정안전부령으로 정하되, 근무 중에만 이를 휴대할 수 있다)에서 정한 장비 외에 흉기 또는 그 밖의 위험한 물건을 휴대하고 「형법」제258조의2(특수상해) 제1항(제257조제1항(상해)의 죄로 한정한다) · 제2항(제258조제1항 · 제2항(중상해)의 죄로 한정한다), 제259조 제1항(상해치사), 제261조(특수폭행), 제262조(폭행치사상), 제268조(업무상과실 · 중과실 치사상), 제276조 제1항(체포, 감금), 제277조 제1항(중체포, 중감금), 제281조 제1항(체포 · 감금 등의 치사상), 제283조 제1항(협박), 제324조 제2항(강요), 제350조의2 (특수공갈)및 제366조(재물손괴 등)의 죄를 범한 때에는 그 죄에 정한 형의 2분의 1까지 가중처벌한다(경비업법 제29조 제2항).

3. 양벌규정

(1) 원칙

법인의 대표자나 법인 또는 개인의 대리인, 사용인, 그 밖의 종업원이 그 법인 또는 개인의 업무에 관하여 제28조(징역 및 벌금(5·5, 3·3, 2·2, 1·1))의 위반행위를 하면 그 행위자를 벌하는 외에 그 법인 또는 개인에게도 해당 조문의 벌금형을 과(科)한다(경비업법 제30조 본문).

(2) 예외

법인 또는 개인이 그 위반행위를 방지하기 위하여 해당 업무에 관하여 상당한 주의와 감독을 게을리하지 아니한 경우에는 그러하지 아니하다(경비업법 제30조 단서).

II. 과태료

✓ QR코드를 통해 유튜브(YouTube) 채널로 이동합니다.

1. 3천만원 이하의 과태료

다음의 어느 하나에 해당하는 경비업자에게는 3천만 원 이하의 과태료를 부과한다(경비업법 제31조 제1항).

(1) 제16조 제1항(경비업자는 경찰공무원 또는 군인의 제복과 색상 및 디자인 등이 명확히 구별되는 소속 경비원의 복장을 정하고 이를 확인할 수 있는 사진을 첨부하여 주된 사무소를 관할하는 지방경찰청장에게 행정안전부령으로 정하는 바에 따라 신고하여야 한다)을 위반하여 경비원의 **복장**에 관한 **신고**를 하지 아니하고 집단민원현장에 경비원을 배치한 자

(2) 제16조 제2항(경비업자는 경비업무 수행 시 경비원에게 소속 경비업체를 표시한 이름표를 부착하도록 하고, 제1항에 따라 신고된 동일한 복장을 착용하게 하여야 하며, 복장에 소속 회사를 오인할 수 있는 표시를 하거나 다른 회사의 복장을 착용하게 하여서는 아니 된다)을 위반하여 **이름표**를 부착하게 하지 아니하거나, **신고**된 동일 **복장**을 착용하게 하지 아니하고 집단민원현장에 경비원을 배치한 자

(3) 제18조 제1항 단서(집단민원현장에 배치되는 일반경비원의 명부는 그 경비원이 배치되는 장소에도 작성·비치하여야 한다)를 위반하여 집단민원현장에 일반경비원을 배치하면서 경비원의 **명부**를 배치장소에 작성·비치하지 아니한 자

(4) 제18조 제2항 각 호 외의 부분 단서(제1호(시설경비업무 또는 신변보호업무 중 집단민원현장에 배치된 일반경비원)의 경우에는 경비원을 배치하기 48시간 전까지 행정안전부령으로 정하는 바에 따라 배치허가를 신청하고, 관할 경찰관서장의 배치허가를 받은 후에 경비원을 배치하여야 하며, 제2호(집단민원현장이 아닌 곳에서 신변보호업무를 수행하는 일반경비원) 및 제3호(특수경비원)의 경우에는 경비원을 배치하기 전까지 신고하여야 한다)를 위반하여 **배치허가**를 받지 **아니**하고 경비원을 배치하거나 경비원 명단 및 배치일시·배치장소 등 배치허가 신청의 내용을 **거짓**으로 한 자

(5) 제18조 제7항(경비업자는 경비원 명부에 없는 자를 경비업무에 종사하게 하여서는 아니 되고, 경비원을 배치하는 경우에는 신임교육을 이수한 자를 배치하여야 한다)을 위반하여 신임**교육**을 이수하지 아니한 자를 제18조 제2항 각 호[10] 의 경비원으로 배치한 자

				1	2	3
①			복장 신고	600	1200	2400
②		집단	이름표·신고 복장	600	1200	2400
③	♦		명부 작성	300	600	1200
			명부 비치	600	1200	2400
④	♦		배치허가 x·거짓	1000	2000	3000
⑤			교육	600	1200	2400

2. 5백만원 이하의 과태료

다음의 어느 하나에 해당하는 경비업자 또는 시설주에게는 500만원 이하의 과태료를 부과한다(경비업법 제31조 제2항).

---

10) 1. 시설경비업무 또는 신변보호업무 중 집단민원현장에 배치된 일반경비원
    2. 집단민원현장이 아닌 곳에서 신변보호업무를 수행하는 일반경비원
    3. 특수경비원

(1) 제4조 제3항(경비업자의 신고사항)[11] 또는 제18조 제2항(경비업자의 배치신고 또는 배치폐지 신고)[12] 의 규정에 위반하여 신고를 하지 아니한 자

(2) 제7조 제7항(특수경비업무를 수행하는 경비업자는 특수경비업무의 개시신고를 하는 때에는 국가중요시설에 대한 특수경비업무의 수행이 중단되는 경우 시설주의 동의를 얻어 다른 특수경비업자중에서 경비업무를 대행할 자를 지정하여 허가관청에 신고하여야 한다. 경비대행업자의 지정을 변경하는 경우에도 또한 같다)의 규정에 위반하여 경비대행업자 지정신고를 하지 아니한 자

(3) 제9조 제1항(기계경비업자는 경비계약을 체결하는 때에는 오경보를 막기 위하여 계약상대방에게 기기사용요령 및 기계경비운영체계 등에 관하여 설명하여야 하며, 각종 기기가 오작동되지 아니하도록 관리하여야 한다)의 규정에 위반하여 설명의무를 이행하지 아니한 자

(4) 제12조 제1항(경비업자는 대통령령이 정하는 바에 따라 경비지도사를 선임하여야 한다)의 규정에 위반하여 경비지도사를 선임하지 아니한 자

(5) 제14조 제6항(관할 경찰관서장은 무기의 적정한 관리를 위하여 제4항의 규정에 의하여 무기를 대여받은 시설주에 대하여 필요한 명령을 발할 수 있다)의 규정에 의한 감독상 필요한 명령을 정당한 이유없이 이행하지 아니한 자

(6) 제10조 제3항(경비업자는 결격사유에 해당하는 자를 경비지도사 또는 경비원으로 채용 또는 근무하게 하여서는 아니된다)을 위반하여 결격사유에 해당하는 경비원을 배치하거나 결격사유에 해당하는 경비지도사를 선임·배치한 자

(7) 제16조 제1항(경비업자는 경찰공무원 또는 군인의 제복과 색상 및 디자인 등이 명확히 구별되는 소속 경비원의 복장을 정하고 이를 확인할 수 있는 사진을 첨부하여 주된 사무소를 관할하는 지방경찰청장에게 행정안전부령으로 정하는 바에 따라 신고하여야 한다)의 복장 등에 관한 신고규정을 위반하여 신고를 하지 아니한 자

(8) 제16조 제2항(경비업자는 경비업무 수행 시 경비원에게 소속 경비업체를 표시한 이름표를 부착하도록 하고, 제1항에 따라 신고된 동일한 복장을 착용하게 하여야 하며, 복장에 소속 회사를 오인할 수 있는 표시를 하거나 다른 회사의 복장을 착용하게 하여서는 아니된다)을 위반하여 이름표를 부착하게 하지 아니하거나, 신고된 동일 복장을 착용

---

11) 경비업의 허가를 받은 법인은 1. 영업을 폐업하거나 휴업한 때, 2. 법인의 명칭이나 대표자·임원을 변경한 때, 3. 법인의 주사무소나 출장소를 신설·이전 또는 폐지한 때, 4. 기계경비업무의 수행을 위한 관제시설을 신설·이전 또는 폐지한 때, 5. 특수경비업무를 개시하거나 종료한 때, 6. 그 밖에 대통령령이 정하는 중요사항을 변경한 때에는 지방경찰청장에게 신고하여야 한다.

12) 경비업자가 경비원을 배치하거나 배치를 폐지한 경우에는 행정안전부령으로 정하는 바에 따라 관할 경찰관서장에게 신고하여야 한다.

하게 하지 아니하고 경비원을 경비업무에 배치한 자

(9) 제18조 제1항 본문(경비업자는 행정안전부령으로 정하는 바에 따라 경비원의 명부를 작성·비치하여야 한다)을 위반하여 **명부**를 작성·비치하지 아니한 자

(10) 제18조 제5항(경비업자는 경비원을 배치하여 경비업무를 수행하게 하는 때에는 행정안전부령으로 정하는 바에 따라 배치된 경비원의 인적사항과 배치일시·배치장소 등 근무상황을 기록하여 보관하여야 한다)을 위반하여 경비원의 근무상황을 **기록**하여 **보관**하지 아니한 자

3. 과태료의 부과 · 징수

과태료는 대통령령이 정하는 바에 의하여 지방경찰청장 또는 경찰관서장이 부과 · 징수한다(경비업법 제31조 제3항).

4. 과태료의 부과기준 등
(1) 과태료 부과기준

과태료의 부과기준은 [별표 6]과 같다(경비업법 시행령 제32조 제1항).

■ **경비업법 시행령 [별표 6]**

과태료의 부과기준(제32조제1항 관련)

위반행위	해당 법조문	과태료 금액 (단위: 만원)		
		1회 위반	2회 위반	3회 이상
1. 법 제4조제3항 또는 제18조제2항을 위반하여 신고를 하지 않은 경우	법 제31조 제2항 제1호			
가. 1개월 이내의 기간 경과			50	
나. 1개월 초과 6개월 이내의 기간 경과			100	
다. 6개월 초과 12개월 이내의 기간 경과			200	
라. 12개월 초과의 기간 경과			400	
2. 법 제7조제7항을 위반하여 경비대행업자 지정신고를 하지 않은 경우	법 제31조 제2항 제2호			
가. 허위로 신고한 경우			400	
나. 그 밖의 사유로 신고하지 않은 경우			300	
3. 법 제9조제1항을 위반하여 설명의무를 이행하지 않은 경우	법 제31조 제2항 제3호	100	200	400
4. 법 제10조제3항을 위반하여 결격사유에 해당하는 경비원을 배치하거나 결격사유에 해당하는 경비지도사를 선임 · 배치한 경우	법 제31조 제2항 제6호	100	200	400
5. 법 제12조제1항을 위반하여 경비지도사를 선임하지 않은 경우	법 제31조 제2항 제4호	100	200	400
6. 법 제14조제6항에 따른 감독상 필요한 명령을 정당한 이유없이 이행하지 않은 경우	법 제31조 제2항 제5호		500	

위반행위	해당 법조문	과태료 금액 (단위: 만원)		
		1회 위반	2회 위반	3회 이상
7. 법 제16조제1항을 위반하여 복장 등에 관한 신고규정을 위반하여 신고를 하지 않은 경우	법 제31조 제2항 제7호	100	200	400
8. 법 제16조제1항을 위반하여 경비원의 복장에 관한 신고를 하지 않고 집단민원현장에 경비원을 배치한 경우	법 제31조 제1항 제1호	600	1200	2400
9. 법 제16조제2항을 위반하여 이름표를 부착하게 하지 않거나, 신고된 동일 복장을 착용하게 하지 않고 경비원을 경비업무에 배치한 경우	법 제31조 제2항 제8호	100	200	400
10. 법 제16조제2항을 위반하여 이름표를 부착하게 하지 않거나, 신고된 동일 복장을 착용하게 하지 않고 집단민원현장에 경비원을 배치한 경우	법 제31조 제1항 제2호	600	1200	2400
11. 법 제18조제1항 본문을 위반하여 명부를 작성·비치하지 않은 경우	법 제31조 제2항 제9호			
가. 경비원 명부를 비치하지 않은 경우		100	200	400
나. 경비원 명부를 작성하지 않은 경우		50	100	200
12. 법 제18조제1항 단서를 위반하여 집단민원현장에 배치되는 일반경비원의 명부를 그 배치 장소에 작성·비치하지 않은 경우	법 제31조 제1항 제3호			
가. 경비원 명부를 비치하지 않은 경우		600	1200	2400
나. 경비원 명부를 작성하지 않은 경우		300	600	1200
13. 법 제18조제2항 각 호 외의 부분 단서를 위반하여 배치허가를 받지 않고 경비원을 배치하거나, 경비원 명단 및 배치일시·배치장소 등 배치허가 신청의 내용을 거짓으로 한 경우	법 제31조 제1항 제4호	1000	2000	3000
14. 법 제18조제5항을 위반하여 경비원의 근무상황을 기록하여 보관하지 않은 경우	법 제31조 제2항 제10호	50	100	200
15. 법 제18조제7항을 위반하여 법 제13조에 따른 신임교육을 이수하지 않은 자를 법 제18조제2항 각 호의 경비원으로 배치한 경우	법 제31조 제1항 제5호	600	1200	2400

비고: 위반행위의 횟수에 따른 과태료의 부과기준은 최근 2년간 같은 위반행위로 과태료 부과처분을 받은 경우에 적용한다. 이 경우 기준 적용일은 위반행위에 대한 과태료 부과처분일과 그 처분 후의 위반행위가 다시 적발된 날을 기준으로 한다.

(2) 과태료의 경감 또는 가중

1) 경감 또는 가중의 범위

지방경찰청장 또는 경찰관서장은[13] 「질서위반행위규제법」 제14조 각 호의 사항을 고려하여 [별표 6]에 따른 금액의 100분의 50의 범위에서 경감하거나 가중할 수 있다(경비업법 시행령 제32조 제2항 본문).

2) 과태료 가중의 제한

다만, 가중하는 때에는 과태료 금액의 상한을 초과할 수 없다(경비업법 시행령 제32조 제2항 단서).

5. 과태료 부과 고지서 등

(1) 과태료 부과의 사전통지

과태료 부과의 사전 통지는 별지 제16호서식의 과태료 부과 사전 통지서에 따른다(경비업법 시행규칙 제28조 제1항).

(2) 과태료 부과 고지서

과태료의 부과는 별지 제17호서식의 과태료 부과 고지서에 따른다(경비업법 시행규칙 제28조 제2항).

---

[13] 「질서위반행위규제법」 제14조(과태료의 산정) 행정청 및 법원은 과태료를 정함에 있어서 다음 각 호의 사항을 고려하여야 한다.
  1. 질서위반행위의 동기 · 목적 · 방법 · 결과
  2. 질서위반행위 이후의 당사자의 태도와 정황
  3. 질서위반행위자의 연령 · 재산상태 · 환경
  4. 그 밖에 과태료의 산정에 필요하다고 인정되는 사유

〉〉〉 실전적용문제

2019년 제21회 기출문제 (20번 문제)

1. 특수경비원 갑(甲)이 국가중요시설에 대한 경비업무 수행 중 국가중요시설의 정상적인 운영을 해치는 장해를 발생시킨 경우, 경비업법령상 벌칙규정에 관한 설명으로 옳은 것을 모두 고른 것은?

> ㄱ. 갑(甲)이 고의로 위와 같은 행위를 했다면, 그 처벌기준은 5년 이하의 징역 또는 5천만원 이하의 벌금이다.
> ㄴ. 갑(甲)이 과실로 위와 같은 행위를 했다면, 그 처벌기준은 1년 이하의 징역 또는 1천만원 이하의 벌금이다.
> ㄷ. 양벌규정에 의하면 갑(甲)이 소속된 법인의 처벌기준은 1천만원 이하의 벌금이다.
> ㄹ. 갑(甲)을 고용한 법인의 대표자에게는 3천만원 이하의 과태료가 부과된다.

① ㄱ
② ㄱ, ㄴ
③ ㄱ, ㄷ
④ ㄴ, ㄹ

정답 ①

※ 해설

ㄱ. (경비업법 제28조 제1항).
ㄴ. '1년 이하의 징역 또는 1천만원 이하의 벌금'이 아닌 '3년 이하의 징역 또는 3천만원 이하의 벌금'이다(경비업법 제28조 제2항 제7호).
ㄷ. '1천만원 이하의 벌금'이 아닌 '5천만원 이하의 벌금'이다. 법인의 대표자나 법인 또는 개인의 대리인, 사용인, 그 밖의 종업원이 그 법인 또는 개인의 업무에 관하여 제28조의 위반행위를 하면 그 행위자를 벌하는 외에 그 법인 또는 개인에게도 해당 조문의 벌금형을 과(科)한다(경비업법 제30조 본문).
ㄹ. '3천만원 이하의 과태료'가 아닌 '5천만원 이하의 벌금'이다(경비업법 제30조 본문).

2018년 제20회 기출문제 (22번 문제)

2. 경비업법령상 국가중요시설에 대한 경비업무 중 정당한 사유 없이 무기를 소지하고 배치된 경비구역을 벗어난 특수경비원의 처벌기준은?

① 1년 이하의 징역 또는 1천만원 이하의 벌금
② 2년 이하의 징역 또는 2천만원 이하의 벌금
③ 3년 이하의 징역 또는 3천만원 이하의 벌금
④ 5년 이하의 징역 또는 5천만원 이하의 벌금

정답 ②

※ 해설
제14조 제4항 후단(지방경찰청장은 국가중요시설에 대한 경비업무의 수행을 위하여 필요하다고 인정하는 때에는 관할경찰관서장으로 하여금 시설주의 신청에 의하여 시설주로부터 국가에 기부채납된 무기를 대여하게 하고, 시설주는 이를 특수경비원으로 하여금 휴대하게 할 수 있다. 이 경우 특수경비원은 정당한 사유없이 무기를 소지하고 배치된 경비구역을 벗어나서는 아니된다)의 규정에 위반하여 정당한 사유없이 무기를 소지하고 배치된 경비구역을 벗어난 특수경비원은 2년 이하의 징역 또는 2천만원 이하의 벌금에 처한다(경비업법 제28조 제3항).

2016년 제18회 기출문제 (25번 문제)

3. 경비업법상 법정형 3년 이하의 징역 또는 3천만원 이하의 벌금에 처해지지 않는 자는?

① 경비업 허가를 받지 않고 경비업을 영위한자
② 집단민원현장에 경비원을 배치하면서 경비업 허가를 받지 아니한 자에게 경비업무를 도급한 자
③ 경비원으로 하여금 직무를 수행함에 있어 타인에게 위력을 과시하거나 물리력을 행사하는 등 경비업무의 범위를 벗어난 행위를 하게 한 자
④ 파업·태업 그 밖에 경비업무의 정상적인 운영을 저해하는 쟁의행위를 한 특수경비원

정답 ④

※ 해설
'제15조 제3항(특수경비원은 파업·태업 그 밖에 경비업무의 정상적인 운영을 저해하는 일체의 쟁의행위를 하여서는 아니된다)의 규정에 위반하여 쟁의행위를 한 특수경비원'은 1년 이하의 징역 또는 1천만원 이하의 벌금형에 처한다(경비업법 제28조 제4항 제2호). ①, ②, ③은 3년 이하의 징역 또는 3천만원 이하의 벌금형에 처하는 사유이다(경비업법 제28조 제2항 제1호, 4호, 9호).

벌칙(경비업법 제28조 제2항)
다음 각 호의 어느 하나에 해당하는 자는 3년 이하의 징역 또는 3천만원 이하의 벌금에 처한다.
1. 제4조제1항의 규정에 의한 허가를 받지 아니하고 경비업을 영위한 자
2. 제7조제4항의 규정에 위반하여 직무상 알게 된 비밀을 누설하거나 부당한 목적을 위하여 사용한 자
3. 제7조제8항의 규정에 위반하여 경비업무의 중단을 통보하지 아니하거나 경비업무를 즉시 인수하지 아니한 특수경비업자 또는 경비대행업자
4. 집단민원현장에 경비원을 배치하면서 제7조의2제1항을 위반하여 제4조제1항에 따른 허가를 받지 아니한 자에게 경비업무를 도급한 자
5. 제7조의2제2항을 위반하여 집단민원현장에 20명 이상의 경비인력을 배치하면서 그 경비인력을 직접 고용한 자
6. 제7조의2제3항을 위반하여 경비업자의 경비원 채용 시 무자격자나 부적격자 등을 채용하도록 관여하거나 영향력을 행사한 도급인
7. 과실로 인하여 제14조제2항의 규정에 위반하여 국가중요시설의 정상적인 운영을 해치는 장해를 일으킨 특수경비원
8. 특수경비원으로서 경비구역 안에서 시설물의 절도, 손괴, 위험물의 폭발 등의 사유로 인한 위급사태가 발생한 때에 제15조제1항 또는 제2항의 규정에 위반한 자
9. 제15조의2제2항의 규정을 위반하여 경비원에게 경비업무의 범위를 벗어난 행위를 하게 한 자

			집 단			특 경		
허가	직비	대행	허×도	20↑직·고	채용관여	과실·장해·(특경)	(특경)·명령△이탈	벗행자

2014년 제16회 기출문제 (22번 문제)

(※법개정사항 있으므로 참고하여 문제풀이 바람※)[14]

4. 경비업법령상 벌칙에 관한 설명으로 옳은 것은?

① 국가중요시설에 대한 경비업무 수행 중 국가중요시설의 정상적인 운영을 해치는 장해를 일으킨 특수경비원은 7년 이하의 징역 또는 5천만원 이하의 벌금에 처한다.

② 허가를 받지 아니하고 경비업을 영위한 자는 2년 이하의 징역 또는 2천만원 이하의 벌금에 처한다.

③ 국가중요시설에 대한 경비업무의 수행 중 정당한 사유없이 무기를 소지하고 배치된 경비구역을 벗어난 특수경비원은 3년 이하의 징역 또는 3천만원 이하의 벌금에 처한다.

④ 경비업법 규정에 위반하여 쟁의행위를 한 특수경비원은 2년 이하의 징역 또는 2천만원 이하의 벌금에 처한다.

---
14) [법률 제14909호, 2017. 10. 24. 일부개정].
저작권 문제로 인하여 법개정에도 불구하고 당시의 기출문제 그대로 수록함.

정답 ①

※ 해설
국가중요시설의 정상적인 운영을 해치는 장해를 일으킨 특수경비원은 5년 이하의 징역 또는 5천만원 이하의 벌금에 처한다(경비업법 제28조 제1항).

① '국가중요시설에 대한 경비업무 수행 중 국가중요시설의 정상적인 운영을 해치는 장해를 일으킨 특수경비원은 7년 이하의 징역 또는 5천만원 이하의 벌금에 처한다.'지문은 2014년 제16회 시험에서는 맞는 지문이었으나, 2017년 10월 24일 법개정 [법률 제14909호, 2017. 10. 24, 일부개정]으로 인하여 현재는 틀린 답안이 되었다.
② 3년 이하의 징역 또는 3천만원 이하의 벌금(경비업법 제28조 제2항 제1호).
③ 2년 이하의 징역 또는 2천만원 이하의 벌금(경비업법 제28조 제3항).
④ 1년 이하의 징역 또는 1천만원 이하의 벌금(경비업법 제28조 제4항).

2018년 제20회 기출문제 (23번 문제)

5. 경비업법령상 1년 이하의 징역이나 1천만원 이하의 벌금형에 해당하는 행위를 한 사람을 모두 고른 것은?

> ㄱ. 직무수행 중 경비업무의 범위를 벗어나 타인에게 물리력을 행사한 경비원
> ㄴ. 정당한 사유없이 무기를 소지하고 배치된 경비구역을 벗어난 특수경비원
> ㄷ. 법률에 근거없이 직무상 알게 된 비밀을 누설한 경비업체의 임원
> ㄹ. 「경비업법」에서 정한 장비 외에 흉기를 휴대하고 경비업무를 수행한 경비원

① ㄱ, ㄴ
② ㄱ, ㄹ
③ ㄴ, ㄷ
④ ㄷ, ㄹ

정답 ②

※ 해설
ㄱ. 1년 이하의 징역 또는 1천만원 이하의 벌금(경비업법 제28조 제4항 제3호).
ㄴ. 2년 이하의 징역 또는 2천만원 이하의 벌금(경비업법 제28조 제3항).
ㄷ. 3년 이하의 징역 또는 3천만원 이하의 벌금(경비업법 제28조 제2항).
ㄹ. 1년 이하의 징역 또는 1천만원 이하의 벌금(경비업법 제28조 제4항 제4호).

2018년 제20회 기출문제 (6번 문제)

6. 경비업법령상 경비원이 경비업무 수행 중에 경비업법에서 정한 장비 외에 흉기 등을 휴대하고 범죄를 범한 경우 그 법정형의 2분의 1까지 가중 처벌되는 형법상의 범죄가 아닌 것은?

① 폭행죄

② 재물손괴죄

③ 중체포 또는 중감금죄

④ 협박죄

정답 ①

※ 해설

'폭행죄'는 경비원이 경비업무 수행 중에 경비업법에서 정한 장비 외에 흉기 등을 휴대하고 범죄를 범한 경우 그 법정형의 2분의 1까지 가중 처벌되는 형법상의 범죄에 해당하지 않는다. 폭행죄는 특수경비원에 해당하고, 특수폭행죄가 일반경비원에 해당한다.

> **형의 가중처벌(경비업법 제29조 제2항)**
> 경비원이 경비업무 수행 중에 제16조의2 제1항(경비원이 휴대할 수 있는 장비의 종류는 경적·단봉·분사기 등 행정안전부령으로 정하되, 근무 중에만 이를 휴대할 수 있다)에서 정한 장비 외에 흉기 또는 그 밖의 위험한 물건을 휴대하고 「형법」 제258조의2(특수상해) 제1항(제257조제1항(상해)의 죄로 한정한다)·제2항(제258조제1항·제2항(중상해)의 죄로 한정한다), 제259조 제1항(상해치사), 제261조(특수폭행), 제262조(폭행치사상), 제268조(업무상과실·중과실 치사상), 제276조 제1항(체포, 감금), 제277조 제1항(중체포, 중감금), 제281조 제1항(체포·감금 등의 치사상), 제283조 제1항(협박), 제324조 제2항(강요), 제350조의2 (특수공갈)및 제366조(재물손괴 등)의 죄를 범한 때에는 그 죄에 정한 형의 2분의 1까지 가중처벌한다.

2014년 제16회 기출문제 (21번 문제)

7. 경비업법령상 경비원이 경비업무 수행 중에 경비업법에서 정한 장비 외에 흉기 등을 휴대하고 범죄를 범한 경우 그 법정형의 2분의 1까지 가중 처벌된다. 다음 중 이에 해당되는 형법상 범죄는?

① 형법 제324조의2(인질강요죄)

② 형법 제261조(특수폭행죄)

③ 형법 제136조(공무집행방해죄)

④ 형법 제333조(강도죄)

> 정답 ②
>
> ※ 해설
> '특수폭행죄'는 경비원이 경비업무 수행 중에 경비업법에서 정한 장비 외에 흉기 등을 휴대하고 범죄를 범한 경우 그 법정형의 2분의 1까지 가중 처벌되는 형법상의 범죄에 해당한다.

2018년 제20회 기출문제 (7번 문제)

8. 경비업법령상 양벌규정이 적용되는 행위자가 될 수 없는 자는?

　① 법인의 대표자

　② 개인의 대리인

　③ 사용인

　④ 직계비속

> 정답 ④
>
> ※ 해설
> '직계비속'은 경비업법령상 양벌규정이 적용되는 행위자가 될 수 없다.
>
> **양벌규정(경비업법 제30조 본문)**
> 법인의 대표자나 법인 또는 개인의 대리인, 사용인, 그 밖의 종업원이 그 법인 또는 개인의 업무에 관하여 제28조(징역 및 벌금)의 위반행위를 하면 그 행위자를 벌하는 외에 그 법인 또는 개인에게도 해당 조문의 벌금형을 과(科)한다.

2016년 제18회 기출문제 (27번 문제)

9. 경비업법령상 과태료의 부과기준에서 1회 위반 시 부과되는 과태료 금액이 다른 것은?

　① 경비지도사를 선임하지 않은 경우

　② 경비원 명부를 비치하지 않은 경우

　③ 결격사유에 해당하는 경비지도사를 선임·배치한 경우

　④ 경비원 명단 및 배치일시·배치장소 등 배치허가 신청의 내용을 거짓으로 한 경우

> 정답 ④
>
> ※ 해설
> ① 경비업법 제31조 제2항 제4호(100/200/400)
> ② 경비업법 제31조 제2항 제9호(비치-100/200/400)
> ③ 경비업법 제31조 제2항 제6호(100/200/400)
> ④ 경비업법 제31조 제1항 제4호(1000/2000/3000)

2014년 제16회 기출문제 (25번 문제)

10. 경비업법령상 경비업법 위반 횟수에 관계없이 과태료 금액이 동일한 것은?

① 기계경비업자가 경비계약을 체결하면서 계약상대방에게 설명의무를 이행하지 않은 경우
② 무기의 적정관리를 위해 관할 경찰관서장이 감독상 필요한 명령을 발하였으나 무기를 대여받은 시설주가 정당한 이유 없이 이를 이행하지 않은 경우
③ 경비업자가 경비업법을 위반하여 경비원의 복장에 관한 신고를 하지 않고 집단민원현장에 경비원을 배치한 경우
④ 경비업자가 경비업법을 위반하여 경비원의 근무상황을 기록하여 보관하지 않은 경우

정답 ②

※ 해설
① 경비업법 제31조 제2항 제3호(100/200/400)
② 경비업법 제31조 제2항 제5호(500)
③ 경비업법 제31조 제1항 제1호(600/1200/2400)
④ 경비업법 제31조 제2항 제10호(50/100/200)

2015년 제17회 기출문제 (26번 문제)

11. 경비업법령상 과태료의 부과기준으로서 과태료 금액이 가장 많은 것은? (단, 최초 1회 위반을 기준으로 함)

① 집단민원현장에 일반경비원을 배치하면서 일반경비원 명부를 그 배치장소에 비치하지 아니한 경우
② 경비업법상 복장 등에 관한 신고규정을 위반하여 신고를 하지 않은 경우
③ 경비원 명단 및 배치일시·배치장소 등 배치허가 신청의 내용을 거짓으로 한 경우
④ 기계경비업자가 경비계약을 체결하면서, 오경보를 막기 위하여 계약상대방에게 기기사용요령 및 기계경비운영체계 등에 관한 설명의무를 이행하지 아니한 경우

정답 ③

※ 해설
① 경비업법 제31조 제1항 제3호(600/1200/2400)
② 경비업법 제31조 제2항 제7호(100/200/400)
③ 경비업법 제31조 제1항 제4호(1000/2000/3000)
④ 경비업법 제31조 제2항 제3호(100/200/400)

2018년 제20회 기출문제 (2번 문제)

12. 경비업법령상 과태료의 부과기준이다. ( )안에 들어갈 숫자의 연결이 옳은 것은?

위반행위	과태료 금액 (단위: 만원)		
	1회 위반	2회 위반	3회 위반
경비업자가 경비원의 복장 등에 관한 신고규정을 위반하여 신고를 하지 않은 경우	100	200	(ㄱ)
경비업자가 경비원의 복장에 관한 신고를 하지 않고 집단민원현장에 경비원을 배치한 경우	(ㄴ)	1200	2400

① ㄱ: 300, ㄴ: 300

② ㄱ: 400, ㄴ: 600

③ ㄱ: 500, ㄴ: 800

④ ㄱ: 600, ㄴ: 1000

정답 ②

※ 해설
경비업자가 경비원의 복장 등에 관한 신고규정을 위반하여 신고를 하지 않은 경우(경비업법 제31조 제2항 제7호)-(100/200/400)
경비업자가 경비원의 복장에 관한 신고를 하지 않고 집단민원현장에 경비원을 배치한 경우(경비업법 제31조 제1항 제1호)-(600/1200/2400)

> **1. 3천만원 이하의 과태료(경비업법 제31조 제1항).**
> 다음의 어느 하나에 해당하는 경비업자에게는 3천만원 이하의 과태료를 부과한다.
> (1) 제16조 제1항(경비업자는 경찰공무원 또는 군인의 제복과 색상 및 디자인 등이 명확히 구별되는 소속 경비원의 복장을 정하고 이를 확인할 수 있는 사진을 첨부하여 주된 사무소를 관할하는 지방경찰청장에게 행정안전부령으로 정하는 바에 따라 신고하여야 한다)을 위반하여 경비원의 복장에 관한 신고를 하지 아니하고 집단민원현장에 경비원을 배치한 자
> (2) 제16조 제2항(경비업자는 경비업무 수행 시 경비원에게 소속 경비업체를 표시한 이름표를 부착하도록 하고, 제1항에 따라 신고된 동일한 복장을 착용하게 하여야 하며, 복장에 소속 회사를 오인할 수 있는 표시를 하거나 다른 회사의 복장을 착용하게 하여서는 아니 된다)을 위반하여 이름표를 부착하게 하지 아니하거나, 신고된 동일 복장을 착용하게 하지 아니하고 집단민원현장에 경비원을 배치한 자
> (3) 제18조 제1항 단서(집단민원현장에 배치되는 일반경비원의 명부는 그 경비원이 배치되는 장소에도 작성·비치하여야 한다)를 위반하여 집단민원현장에 일반경비원을 배치하면서 경비원의 명부를 배치장소에 작성·비치하지 아니한 자
> (4) 제18조 제2항 각 호 외의 부분 단서(제1호(시설경비업무 또는 신변보호업무 중 집단민원현장에 배치된 일반경비원)의 경우에는 경비원을 배치하기 48시간 전까지 행정안전부령으로 정하는 바에 따라 배치허가를 신청하고, 관할 경찰관서장의 배치허가를 받은 후에 경비원을 배치하여야 하며, 제2호(집단민원현장이 아닌 곳에서 신변보호업무를 수행하는 일반경비원) 및 제3호(특수경비원)의 경우에는 경비원을 배치하기 전까지 신고하여야 한다)를 위반하여 배치허가를 받지 아니하고 경비원을 배치하거나 경비원 명단 및 배치일시·배치장소 등 배치허가 신청의 내용을 거짓으로 한 자
> (5) 제18조 제7항(경비업자는 경비원 명부에 없는 자를 경비업무에 종사하게 하여서는 아니 되고, 경비원을 배치하는 경우에는 신임교육을 이수한 자를 배치하여야 한다)을 위반하여 신임교육을 이수하지 아니한 자를 제18조 제2항 각 호[15]의 경비원으로 배치한 자

---

15) 1. 시설경비업무 또는 신변보호업무 중 집단민원현장에 배치된 일반경비원
2. 집단민원현장이 아닌 곳에서 신변보호업무를 수행하는 일반경비원
3. 특수경비원

					1	2	3
①		집단	복장 신고		600	1200	2400
②			이름표 · 신고 복장		1 600	2 1200	3 2400
③	♦		명부	작성	1 300	2 600	3 1200
				비치	1 600	2 1200	3 2400
④	♦		배치허가 x · 거짓		1 1000	2 2000	3 3000
⑤			교육		1 600	2 1200	3 2400

2. 5백만원 이하의 과태료(경비업법 제31조 제2항)

다음의 어느 하나에 해당하는 경비업자 또는 시설주에게는 500만원 이하의 과태료를 부과한다.

(1) 제4조 제3항(경비업자의 신고사항)[16] 또는 제18조 제2항(경비업자의 배치신고 또는 배치폐지 신고)[17]의 규정에 위반하여 신고를 하지 아니한 자

(2) 제7조 제7항(특수경비업무를 수행하는 경비업자는 특수경비업무의 개시신고를 하는 때에는 국가중요시설에 대한 특수경비업무의 수행이 중단되는 경우 시설주의 동의를 얻어 다른 특수경비업자중에서 경비업무를 대행할 자를 지정하여 허가관청에 신고하여야 한다. 경비대행업자의 지정을 변경하는 경우에도 또한 같다)의 규정에 위반하여 경비대행업자 지정신고를 하지 아니한 자

(3) 제9조 제1항(기계경비업자는 경비계약을 체결하는 때에는 오경보를 막기 위하여 계약상대방에게 기기사용요령 및 기계경비운영체계 등에 관하여 설명하여야 하며, 각종 기기가 오작동되지 아니하도록 관리하여야 한다)의 규정에 위반하여 설명의무를 이행하지 아니한 자

(4) 제12조 제1항(경비업자는 대통령령이 정하는 바에 따라 경비지도사를 선임하여야 한다)의 규정에 위반하여 경비지도사를 선임하지 아니한 자

(5) 제14조 제6항(관할 경찰관서장은 무기의 적정한 관리를 위하여 제4항의 규정에 의하여 무기를 대여받은 시설주에 대하여 필요한 명령을 발할 수 있다)의 규정에 의한 감독상 필요한 명령을 정당한 이유없이 이행하지 아니한 자

(6) 제10조 제3항(경비업자는 결격사유에 해당하는 자를 경비지도사 또는 경비원으로 채용 또는 근무하게 하여서는 아니된다)을 위반하여 결격사유에 해당하는 경비원을 배치하거나 결격사유에 해당하는 경비지도사를 선임·배치한 자

(7) 제16조 제1항(경비업자는 경찰공무원 또는 군인의 제복과 색상 및 디자인 등이 명확히 구별되는 소속 경비원의 복장을 정하고 이를 확인할 수 있는 사진을 첨부하여 주된 사무소를 관할하는 지방경찰청장에게 행정안전부령으로 정하는 바에 따라 신고하여야 한다)의 복장 등에 관한 신고규정을 위반하여 신고를 하지 아니한 자

(8) 제16조 제2항(경비업자는 경비업무 수행 시 경비원에게 소속 경비업체를 표시한 이름표를 부착하도록 하고, 제1항에 따라 신고한 동일한 복장을 착용하게 하여야 하며, 복장에 소속 회사를 오인할 수 있는 표시를 하거나 다른 회사의 복장을 착용하게 하여서는 아니 된다)을 위반하여 이름표를 부착하게 하지 아니하거나, 신고된 동일 복장을 착용하게 하지 아니하고 경비원을 경비업무에 배치한 자

(9) 제18조 제1항 본문(경비업자는 행정안전부령으로 정하는 바에 따라 경비원의 명부를 작성·비치하여야 한다)을 위반하여 명부를 작성·비치하지 아니한 자

(10) 제18조 제5항(경비업자는 경비원을 배치하여 경비업무를 수행하게 하는 때에는 행정안전부령으로 정하는 바에 따라 배치된 경비원의 인적사항과 배치일시·배치장소 등 근무상황을 기록하여 보관하여야 한다)을 위반하여 경비원의 근무상황을 기록하여 보관하지 아니한 자

---

16) 경비업의 허가를 받은 법인은 1. 영업을 폐업하거나 휴업한 때, 2. 법인의 명칭이나 대표자·임원을 변경한 때, 3. 법인의 주사무소나 출장소를 신설·이전 또는 폐지한 때, 4. 기계경비업무의 수행을 위한 관제시설을 신설·이전 또는 폐지한 때, 5. 특수경비업무를 개시하거나 종료한 때, 6. 그 밖에 대통령령이 정하는 중요사항을 변경한 때에는 지방경찰청장에게 신고하여야 한다.

17) 경비업자가 경비원을 배치하거나 배치를 폐지한 경우에는 행정안전부령으로 정하는 바에 따라 관할 경찰관서장에게 신고하여야 한다.

신 대. 오 경 감 결. 집단. 기록

①	♦		신	50 / 100 / 200 / 400 1월 / 6월 / 12월
②	♦		대	허위 400 / 그 밖 300
③			오	1:100 / 2:200 / 3:400
④			경	1:100 / 2:200 / 3:400
⑤	♦		감	500
⑥			결	1:100 / 2:200 / 3:400
⑦		※	복장	1:100 / 2:200 / 3:400
⑧		※	이름표-	1:100 / 2:200 / 3:400
⑨	♦	※	명부 (작성·비치) — 비치	1:100 / 2:200 / 3:400
			명부 — 작성	1:50 / 2:100 / 3:200
⑩	♦		기록·보관	1:50 / 2:100 / 3:200

Chapter 2
청원경찰법

제1장 >> 총칙
제2장 >> 청원경찰의 배치 및 임용 등
제3장 >> 청원경찰의 경비 · 제복 · 무기
제4장 >> 보칙
제5장 >> 벌칙

Chapter 2. 청원경찰법

제1장 총칙

✓ QR코드를 통해 유튜브(YouTube) 채널로 이동합니다.

I. 목적

이 법은 청원경찰의 직무·임용·배치·보수·사회보장 및 그 밖에 필요한 사항을 규정함으로써 청원경찰의 원활한 운영을 목적으로 한다(청원경찰법 제1조).[18)][19)]

II. 정의

> **국 공 하 / 내 재 외 / 수금방학의공(안녕)**

1. 용어정의

이 법에서 "청원경찰"이란 다음의 어느 하나에 해당하는 기관의 장 또는 시설·사업장 등의 경영자가 경비{이하 "청원경찰경비"(請願警察經費)}라 한다를 부담할 것을 조건으로 경찰의 배치를 신청하는 경우 그 기관·시설 또는 사업장 등의 경비(警備)를 담당하게 하기 위하여 배치하는 경찰을 말한다(청원경찰법 제2조).

1) **국**가기관 또는 **공**공단체와 그 관리**하**에 있는 중요 시설 또는 사업장
2) 국**내** 주**재**(駐在) **외**국기관
3) 그 밖에 행정안전부령으로 정하는 중요 시설, 사업장 또는 장소

---

18) 청원경찰법 시행령 제1조(목적) 이 영은 「청원경찰법」에서 위임된 사항과 그 시행에 필요한 사항을 규정함을 목적으로 한다.
19) 청원경찰법 시행규칙 제1조(목적) 이 규칙은 「청원경찰법」 및 같은 법 시행령에서 위임된 사항과 그 시행에 필요한 사항을 규정함을 목적으로 한다.

2. 그 밖에 행정안전부령으로 정하는 중요 시설, 사업장 또는 장소

「청원경찰법」(이하 "법"이라 한다) 제2조 제3호에서 "그 밖에 행정안전부령으로 정하는 중요 시설, 사업장 또는 장소"란 다음 각 호의 시설, 사업장 또는 장소를 말한다(청원경찰법 시행규칙 제2조).

1) 선박, 항공기 등 **수**송시설
2) **금**융 또는 보험을 업(業)으로 하는 시설 또는 사업장
3) 언론, 통신, **방**송 또는 인쇄를 업으로 하는 시설 또는 사업장
4) **학**교 등 육영시설
5) 「의료법」에 따른 **의**료기관
6) 그 밖에 **공**공의 **안녕**질서 유지와 국민경제를 위하여 고도의 경비(警備)가 필요한 중요 시설, 사업체 또는 장소

Ⅲ. 청원경찰의 신분 및 복무

1. 청원경찰의 신분

(1) 신분

청원경찰은 「형법」이나 그 밖의 법령에 따른 벌칙을 적용하는 경우와 법 및 이 영에서 특별히 규정한 경우를 제외하고는 공무원으로 보지 아니한다(청원경찰법 시행령 제18조).

(2) 신분증명서

1) 신분증명서의 발행 및 형식

청원경찰의 신분증명서는 청원주가 발행하며, 그 형식은 청원주가 결정하되 사업장별로 통일하여야 한다(청원경찰법 시행규칙 제11조 제1항).

2) 신분증명서의 휴대

청원경찰은 근무 중에는 항상 신분증명서를 휴대하여야 한다(청원경찰법 시행규칙 제11조 제2항).

2. 청원경찰의 복무

(1) 준용규정

청원경찰의 복무에 관하여는 「국가공무원법」 제57조(복종의 의무), 제58조 제1항(직장 이탈 금지), 제60조(비밀 엄수의 의무) 및 「경찰공무원법」 제18조(거짓 보고 등의 금지)를 준용한다(청원경찰법 제5조 제4항).[20]

암기법	조항명	법	내용
복	복종의 의무	국가공무원법	공무원은 직무를 수행할 때 소속 상관의 직무상 명령에 복종하여야 한다.
비	비밀 엄수의 의무		공무원은 재직 중은 물론 퇴직 후에도 직무상 알게 된 비밀을 엄수(嚴守)하여야 한다.
이	직장 이탈 금지		공무원은 소속 상관의 허가 또는 정당한 사유가 없으면 직장을 이탈하지 못한다.
거!	거짓 보고 등의 금지	경찰공무원법	① 경찰공무원은 직무에 관하여 거짓으로 보고나 통보를 하여서는 아니 된다. ② 경찰공무원은 직무를 게을리하거나 유기(遺棄)해서는 아니 된다.

(2) 취업규칙의 적용

청원경찰법 제5조 제4항에서 규정한 사항 외에 청원경찰의 복무에 관하여는 해당 사업장의 취업규칙에 따른다(청원경찰법 시행령 제7조).

Ⅳ. 청원경찰의 직무

1. 직무의 범위

청원경찰은 청원경찰의 배치 결정을 받은 자(이하 "청원주"(請願主)라 한다)와 배치된 기관·시설 또는 사업장 등의 구역을 관할하는 경찰서장의 감독을 받아 그 경비구역만의 경비를 목적으로 필요한 범위에서 「경찰관 직무집행법」에 따른 경찰관의 직무를 수행한다(청원경찰법 제3조).

---

20) [2018. 9. 18. 법률 제15765호에 의하여 2017. 9. 28. 헌법재판소에서 헌법불합치 결정된 이 조 제4항을 개정함.]

> **경찰관 직무집행법 제2조(직무의 범위)** 경찰관은 다음 각 호의 직무를 수행한다.
> **1.** 국민의 생명 · 신체 및 재산의 보호
> **2.** 범죄의 예방 · 진압 및 수사
> **2의2.** 범죄피해자 보호
> **3.** 경비, 주요 인사(人士) 경호 및 대간첩 · 대테러 작전 수행
> **4.** 치안정보의 수집 · 작성 및 배포
> **5.** 교통 단속과 교통 위해(危害)의 방지
> **6.** 외국 정부기관 및 국제기구와의 국제협력
> **7.** 그 밖에 공공의 안녕과 질서 유지

2. 주의사항

(1) 청원경찰이 직무를 수행할 때에는 경비 목적을 위하여 필요한 최소한의 범위에서 하여야 한다(청원경찰법 시행규칙 제21조 제1항).

(2) 청원경찰은 「경찰관 직무집행법」에 따른 직무 외의 수사활동 등 사법경찰관리의 직무를 수행해서는 아니 된다(청원경찰법 시행규칙 제21조 제2항).

3. 보고

청원경찰이 직무를 수행할 때에 「경찰관 직무집행법」 및 같은 법 시행령에 따라 하여야 할 모든 보고는 관할 경찰서장에게 서면으로 보고하기 전에 지체 없이 구두로 보고하고 그 지시에 따라야 한다(청원경찰법 시행규칙 제22조).

4. 근무요령

(1) 입초근무자

자체경비를 하는 입초근무자는 경비구역의 정문이나 그 밖의 지정된 장소에서 경비구역의 내부, 외부 및 출입자의 움직임을 감시한다(청원경찰법 시행규칙 제14조 제1항).

(2) 소내근무자

업무처리 및 자체경비를 하는 소내근무자는 근무 중 특이한 사항이 발생하였을 때에는 지체 없이 청원주 또는 관할 경찰서장에게 보고하고 그 지시에 따라야 한다(청원경찰법 시행규칙 제14조 제2항).

(3) 순찰근무자

순찰근무자는 청원주가 지정한 일정한 구역을 순회하면서 경비 임무를 수행한다. 이 경우 순찰은 단독 또는 복수로 정선순찰[21] (定線巡察)을 하되, 청원주가 필요하다고 인정할 때에는 요점순찰[22] (要點巡察) 또는 난선순찰[23] (亂線巡察)을 할 수 있다(청원경찰법 시행규칙 제14조 제3항).

(4) 대기근무자

대기근무자는 소내근무에 협조하거나 휴식하면서 불의의 사고에 대비한다(청원경찰법 시행규칙 제14조 제4항).

---

21) **정선순찰**[汀線巡察] (경찰학사전): 가급적 관할구역 전부에 미칠 수 있도록 사전에 정하여진 노선을 규칙적으로 순찰하는 방법으로 인간에 대한 불신을 바탕으로 감독의 용이성을 위하여 순찰함에 일일이 싸인을 하도록 하는 방식이다. 순찰노선이 일정하고 경찰관 행동이 규칙적이므로 감독·연락이 용이한 반면에 근무자의 자율성이 저하되고 책임회피식 순찰이 될 위험이 있으며 범죄행위자들이 이를 예측하고 출현할 수 있다는 단점이 있다. (출처: 신현기 외 편저, 경찰학사전, 2012, 361면)

22) **요점순찰**[要點巡察] (경찰학사전): 순찰구역 내의 중요지점을 지정하여 순찰자는 반드시 그곳을 통과하며, 지정된 요점과 요점 사이에서는 난선순찰 방식에 따라 순찰하는 방법이다. 정선순찰과 난선순찰의 장점을 절충한 방식으로 중요 요점에만 순찰함이 놓이게 되므로 순찰함이 정선순찰에 비해 적게 소요된다. (출처: 시현기 외 편저, 경찰학사전, 2012, 308면)

23) **난선순찰**[亂線巡察] (경찰학사전): 경찰사고발생상황 등을 고려하여 임의로 순찰지역이나 노선을 선정, 불규칙적으로 순찰하는 방법으로, 사전에 순찰노선을 정해 놓지 않고 임의로 불규칙적으로 순찰하는 방식이다. 범죄자의 예측을 교란시킬 수 있고, 종횡무진한 순찰을 통하여 범죄예방을 증대시킬 수 있으나, 순찰근무자에 대한 위치추적이 곤란하고, 근무자의 태만과 소홀을 조장할 수 있다. (출처: 신현기 외 편저, 경찰학사전, 2012, 149면)

>>> 실전적용문제

2014년 제16회 기출문제 (28번 문제)

1. 청원경찰법 제1조의 내용이다. (　) 안에 들어갈 용어로 옳은 것은?

> 청원경찰법은 청원경찰의 직무ㆍ임용ㆍ배치ㆍ보수ㆍ(　) 및 그 밖에 필요한 사항을 규정함으로써 청원경찰의 원활한 운영을 목적으로 한다.

① 무기휴대

② 신분보장

③ 사회보장

④ 징계

정답 ③

※ 해설
청원경찰법은 청원경찰의 직무ㆍ임용ㆍ배치ㆍ보수ㆍ사회보장 및 그 밖에 필요한 사항을 규정함으로써 청원경찰의 원활한 운영을 목적으로 한다(청원경찰법 제1조).

2018년 제20회 기출문제 (28번 문제)

2. 청원경찰법령상 명시된 청원경찰의 배치 대상이 아닌 것은?

① 선박, 항공기 등 수송시설

② 보험을 업으로 하는 시설

③ 「의료법」에 따른 의료기관

④ 「사회복지사업법」에 따른 사회복지시설

정답 ④

※ 해설
'「사회복지사업법」에 따른 사회복지시설'은 청원경찰법령상 명시된 청원경찰의 배치 대상에 해당하지 않는다.

국 공 하 / 내 재 외 / 수금방학의공(안녕)

1. 용어정의

이 법에서 "청원경찰"이란 다음의 어느 하나에 해당하는 기관의 장 또는 시설·사업장 등의 경영자가 경비(이하 {"청원경찰경비"(請願警察經費)}라 한다)를 부담할 것을 조건으로 경찰의 배치를 신청하는 경우 그 기관·시설 또는 사업장 등의 경비(警備)를 담당하게 하기 위하여 배치하는 경찰을 말한다(청원경찰법 제2조).

1) **국**가기관 또는 **공**공단체와 그 관리**하**에 있는 중요 시설 또는 사업장
2) 국**내** 주**재**(駐在) **외**국기관
3) 그 밖에 행정안전부령으로 정하는 중요 시설, 사업장 또는 장소

2. 그 밖에 행정안전부령으로 정하는 중요 시설, 사업장 또는 장소

「청원경찰법」(이하 "법"이라 한다) 제2조 제3호에서 "그 밖에 행정안전부령으로 정하는 중요 시설, 사업장 또는 장소"란 다음 각 호의 시설, 사업장 또는 장소를 말한다(청원경찰법 시행규칙 제2조).

1) 선박, 항공기 등 **수**송시설
2) **금**융 또는 보험을 업(業)으로 하는 시설 또는 사업장
3) 언론, 통신, **방**송 또는 인쇄를 업으로 하는 시설 또는 사업장
4) **학**교 등 육영시설
5) 「**의**료법」에 따른 **의료**기관
6) 그 밖에 **공**공의 **안녕**, 질서 유지와 국민경제를 위하여 고도의 경비(警備)가 필요한 중요 시설, 사업체 또는 장소

2015년 제17회 기출문제 (28번 문제)

3. 청원경찰법령상 청원경찰에 관한 설명으로 옳지 않은 것은?

① 청원경찰은 「경찰관 직무집행법」에 따른 직무 외의 수사활동 등 사법경찰관리의 직무를 수행해서는 아니된다.
② 청원경찰은 「형법」이나 그 밖의 법령에 따른 벌칙을 적용하는 경우를 제외하고는 공무원으로 본다.
③ 청원경찰이 직무를 수행할 때에는 경비 목적을 위하여 필요한 최소한의 범위에서 하여야 한다.
④ 청원경찰이 직무를 수행할 때에 「경찰관 직무집행법」 및 같은 법 시행령에 따라 하여야 할 모든 보고는 관할 경찰서장에게 서면으로 보고하기 전에 지체 없이 구두로 보고하고 그 지시에 따라야 한다.

정답 ②

※ 해설
청원경찰은 「형법」이나 그 밖의 법령에 따른 벌칙을 적용하는 경우와 법 및 이 영에서 특별히 규정한 경우를 제외하고는 공무원으로 보지 아니한다(청원경찰법 시행령 제18조).

2015년 제17회 기출문제 (29번 문제)

4. 청원경찰법상 청원경찰의 복무에 관하여 경찰공무원법 규정이 준용되는 것은?

① 거짓 보고 등의 금지

② 비밀 엄수의 의무

③ 집단 행위의 금지

④ 복종의 의무

정답 ①

※ 해설
청원경찰의 복무에 관하여는 「국가공무원법」 제57조(복종의 의무), 제58조 제1항(직장 이탈 금지), 제60조(비밀 엄수의 의무) 및 「경찰공무원법」 제18조(거짓 보고 등의 금지)를 준용한다(청원경찰법 제5조 제4항). '③ 집단 행위의 금지'는 헌법재판소 헌법불합치 결정에 따라 청원경찰법 제5조 제4항에서 삭제됨.[24]

암기법	조항명	법	내용
복	복종의 의무	국가공무원법	공무원은 직무를 수행할 때 소속 상관의 직무상 명령에 복종하여야 한다.
비	비밀 엄수의 의무		공무원은 재직 중은 물론 퇴직 후에도 직무상 알게 된 비밀을 엄수(嚴守)하여야 한다.
이	직장 이탈 금지		공무원은 소속 상관의 허가 또는 정당한 사유가 없으면 직장을 이탈하지 못한다.
거!	거짓 보고 등의 금지	경찰공무원법	① 경찰공무원은 직무에 관하여 거짓으로 보고나 통보를 하여서는 아니 된다. ② 경찰공무원은 직무를 게을리하거나 유기(遺棄)해서는 아니 된다.

24) [헌법불합치, 2015헌마653, 2017.9.28., 청원경찰법(2010. 2. 4. 법률 제10013호로 개정된 것) 제5조 제4항 중 국가공무원법 제66조 제1항 가운데 '노동운동' 부분을 준용하는 부분은 헌법에 합치되지 아니한다. 위 법률조항은 2018. 12. 31.을 시한으로 개정될 때까지 계속 적용한다.]
  [2018.9.18 법률 제15765호에 의하여 2017.9.28 헌법재판소에서 헌법불합치 결정된 이 조 제4항을 개정함.]

2015년 제17회 기출문제 (30번 문제)

5. 청원경찰법령상 근무요령 중 '업무처리 및 자체경비를 하며, 근무 중 특이한 사항이 발생하였을 때에는 지체 없이 청원주 또는 관할 경찰서장에게 보고하고 그 지시에 따라야 하는' 근무자는 누구인가?

① 입초근무자

② 순찰근무자

③ 소내근무자

④ 대기근무자

정답 ③

※ 해설
업무처리 및 자체경비를 하는 소내근무자는 근무 중 특이한 사항이 발생하였을 때에는 지체 없이 청원주 또는 관할 경찰서장에게 보고하고 그 지시에 따라야 한다(청원경찰법 시행규칙 제14조 제2항).

2019년 제21회 기출문제 (39번 문제)

6. 청원경찰법령상 청원경찰의 근무요령에 관한 설명으로 옳은 것은?

① 대기근무자는 소내근무에 협조하거나 휴식하면서 불의의 사고에 대비한다.

② 자체경비를 하는 입초근무자는 경비구역의 정문이나 그 밖의 지정된 장소에서 경비구역의 내부, 외부 및 출입자의 움직임을 감시한다.

③ 업무처리 및 자체경비를 하는 소내근무자는 근무 중 특이한 사항이 발생하였을 때에는 지체없이 청원주 또는 관할 경찰서장에게 보고하고 그 지시에 따라야 한다.

④ 순찰근무자는 청원주가 지정한 일정한 구역을 요점순찰을 하되, 청원주가 필요하다고 인정할 때에는 정선순찰을 할 수 있다.

정답 ④

※ 해설
순찰근무자는 청원주가 지정한 일정한 구역을 '요점순찰'이 아닌 '정선순찰'하되, 청원주가 필요하다고 인정할 때에는 '정선순찰'이 아닌 '요점순찰 또는 난선순찰'을 할 수 있다(청원경찰법 시행규칙 제14조 제3항).

Chapter 2. 청원경찰법

제 2 장 청원경찰의 배치 및 임용 등

✓ QR코드를 통해 유튜브(YouTube) 채널로 이동합니다.

Ⅰ. 청원경찰의 배치 등

1. 청원경찰의 배치

(1) 청원경찰의 배치신청

청원경찰을 배치받으려는 자는 대통령령으로 정하는 바에 따라 관할 지방경찰청장에게 청원경찰 배치를 신청하여야 한다(청원경찰법 제4조 제1항).

(2) 배치신청서 제출

1) 신청서 제출(청원경찰법 시행령 제2조)

「청원경찰법」(이하 "법"이라 한다)에 따라 청원경찰의 배치를 받으려는 자는 청원경찰 배치신청서에 다음의 서류를 첨부하여 기관·시설·사업장 또는 장소(이하 "사업장"이라 한다)의 소재지를 관할하는 경찰서장(이하 "관할 경찰서장"이라 한다)을 거쳐 지방경찰청장에게 제출하여야 한다(청원경찰법 시행령 제2조 전문).

① 경비구역 평면도 1부
② 배치계획서 1부

2) 신청서의 일괄신청(청원경찰법 시행령 제2조)

배치 장소가 둘 이상의 도(특별시, 광역시, 특별자치시 및 특별자치도를 포함한다. 이하 같다)일 때에는 주된 사업장의 관할 경찰서장을 거쳐 지방경찰청장에게 한꺼번에 신청할 수 있다(청원경찰법 시행령 제2조 후문).

3) 신청서 양식

「청원경찰법 시행령」(이하 "영"이라 한다) 제2조에 따른 청원경찰 배치신청서는 별지 제1호서식에 따른다(청원경찰법 시행규칙 제3조 제1항).

(3) 배치결정의 통지

1) 배치여부 결정
지방경찰청장은 청원경찰 배치 신청을 받으면 지체 없이 그 배치 여부를 결정하여 신청인에게 알려야 한다(청원경찰법 제4조 제2항).

2) 통지서 양식
청원경찰 배치 결정 통지 또는 청원경찰 배치 불허 통지는 별지 제2호서식에 따른다(청원경찰법 시행규칙 제3조 제2항).

(4) 청원경찰 배치의 요청
지방경찰청장은 청원경찰 배치가 필요하다고 인정하는 기관의 장 또는 시설·사업장의 경영자에게 청원경찰을 배치할 것을 요청할 수 있다(청원경찰법 제4조 제3항).

2. 청원경찰의 배치 및 이동

(1) 배치의 통보
청원주는 청원경찰을 신규로 배치하거나 이동배치하였을 때에는 배치지(이동배치의 경우에는 종전의 배치지)를 관할하는 경찰서장에게 그 사실을 통보하여야 한다(청원경찰법 시행령 제6조 제1항).

(2) 전입지 관할 경찰서장에의 통보
배치통보를 받은 경찰서장은 이동배치지가 다른 관할구역에 속할 때에는 전입지를 관할하는 경찰서장에게 이동배치한 사실을 통보하여야 한다(청원경찰법 시행령 제6조 제2항).

(3) 배치통보서 양식
(시행령 제6조 제1항에 따른) 청원경찰 배치 통보 및 (시행령 제6조 제2항에 따른) 청원경찰 전출 통보는 별지 제4호서식에 따른다(청원경찰법 시행규칙 제7조).

3. 청원경찰의 배치폐지 등

(1) 청원경찰의 배치폐지 또는 인원감축

1) 원칙
청원주는 청원경찰이 배치된 시설이 폐쇄되거나 축소되어 청원경찰의 배치를 폐지하거나 배치인원을 감축할 필요가 있다고 인정하면 청원경찰의 배치를 폐지하거나 배치인원을 감축할 수 있다(청원경찰법 제10조의5 제1항 본문).

2) 예외

청원주는 다음의 어느 하나에 해당하는 경우에는 청원경찰의 배치를 폐지하거나 배치인원을 감축할 수 없다(청원경찰법 제10조의5 제1항 단서).
① 청원경찰을 대체할 목적으로 「경비업법」에 따른 특수경비원을 배치하는 경우
② 청원경찰이 배치된 기관·시설 또는 사업장 등이 배치인원의 변동사유 없이 다른 곳으로 이전하는 경우

(2) 배치폐지 또는 인원감축의 통보

청원주가 청원경찰을 폐지하거나 감축하였을 때에는 청원경찰 배치 결정을 한 경찰관서의 장에게 알려야 하며, 그 사업장이 지방경찰청장이 청원경찰의 배치를 요청한 사업장일 때에는 그 폐지 또는 감축 사유를 구체적으로 밝혀야 한다(청원경찰법 제10조의5 제2항). 청원경찰 배치의 폐지 또는 감축의 통보는 별지 제6호서식에 따른다(청원경찰법 시행규칙 제23조).

(3) 청원경찰에 대한 고용보장노력

청원경찰의 배치를 폐지하거나 배치인원을 감축하는 경우 해당 청원주는 배치폐지나 배치인원 감축으로 과원(過員)이 되는 청원경찰 인원을 그 기관·시설 또는 사업장 내의 유사 업무에 종사하게 하거나 다른 시설·사업장 등에 재배치하는 등 청원경찰의 고용이 보장될 수 있도록 노력하여야 한다(청원경찰법 제10조의5 제3항).

4. 근무 배치 등의 위임

(1) 경비업자에의 권한 위임

「경비업법」에 따른 경비업자가 중요 시설의 경비를 도급받았을 때에는 청원주는 그 사업장에 배치된 청원경찰의 근무 배치 및 감독에 관한 권한을 해당 경비업자에게 위임할 수 있다(청원경찰법 시행령 제19조 제1항).

(2) 불이익조치 금지

청원주는 경비업자에게 청원경찰의 근무 배치 및 감독에 관한 권한을 위임한 경우에 이를 이유로 청원경찰의 보수나 신분상의 불이익을 주어서는 아니 된다(청원경찰법 시행령 제19조 제2항).

II. 청원경찰의 임용 및 교육

 ✓ QR코드를 통해 유튜브(YouTube) 채널로 이동합니다.

1. 청원경찰의 임용 등

(1) 청원경찰의 임용

1) 임용권자

청원경찰은 청원주가 임용한다(청원경찰법 제5조 제1항 전단).

2) 지방경찰청장의 사전 승인

청원주가 청원경찰을 임용할 때에는 미리 지방경찰청장의 승인을 받아야 한다(청원경찰법 제5조 제1항 후단).

(2) 청원경찰의 임용자격

1) 위임규정

청원경찰의 임용자격에 관하여는 대통령령으로 정한다(청원경찰법 제5조 제3항).

2) 임용자격

① 18세 이상인 사람. 다만, 남자의 경우에는 군복무를 마쳤거나 군복무가 면제된 사람으로 한정한다(청원경찰법 시행령 제3조 제1호).

② 행정안전부령으로 정하는 신체조건에 해당하는 사람(청원경찰법 시행령 제3조 제2호)

㉠ 신체가 건강하고 팔다리가 완전할 것(청원경찰법 시행규칙 제4조 제1호).

㉡ 시력(교정시력을 포함한다)은 양쪽 눈이 각각 0.8 이상일 것(청원경찰법 시행규칙 제4조 제2호).

3) 청원경찰로 임용될 수 없는 결격사유자

「국가공무원법」 제33조 각 호의 어느 하나의 결격사유에 해당하는 사람은 청원경찰로 임용될 수 없다(청원경찰법 제5조 제2항).

피 파 금 / 자 공 성 / 미(파해) / 파 해

「**국가공무원법**」 **제33조(결격사유)**
① **피**성년후견인 또는 피한정후견인
② **파**산선고를 받고 복권되지 아니한 자
③ **금**고 이상의 실형을 선고받고 그 집행이 종료되거나 집행을 받지 아니하기로 확정된 후 5년이 지나지 아니한 자
④ **금**고 이상의 형을 선고받고 그 집행유예 기간이 끝난 날부터 2년이 지나지 아니한 자
⑤ **금**고 이상의 형의 선고유예를 받은 경우에 그 선고유예 기간 중에 있는 자
⑥ 법원의 판결 또는 다른 법률에 따라 **자**격이 상실되거나 정지된 자
⑦ **공**무원으로 재직기간 중 직무와 관련하여 「형법」 제355조(횡령, 배임) 및 제356조(업무상의 횡령과 배임)에 규정된 죄를 범한 자로서 300만원 이상의 벌금형을 선고받고 그 형이 확정된 후 2년이 지나지 아니한 자
⑧ 「**성**폭력범죄의 처벌 등에 관한 특례법」 제2조에 규정된 죄를 범한 사람으로서 100만원 이상의 벌금형을 선고받고 그 형이 확정된 후 3년이 지나지 아니한 사람
⑨ **미**성년자에 대한 다음의 어느 하나에 해당하는 죄를 저질러 파면·해임되거나 형 또는 치료감호를 선고받아 그 형 또는 치료감호가 확정된 사람(집행유예를 선고받은 후 그 집행유예기간이 경과한 사람을 포함한다)
  ㉠ 「성폭력범죄의 처벌 등에 관한 특례법」 제2조에 따른 성폭력범죄
  ㉡ 「아동·청소년의 성보호에 관한 법률」 제2조제2호에 따른 아동·청소년대상 성범죄
⑩ 징계로 **파**면처분을 받은 때부터 5년이 지나지 아니한 자
⑪ 징계로 **해**임처분을 받은 때부터 3년이 지나지 아니한 자

「성폭력범죄의 처벌 등에 관한 특례법」 제2조

① 이 법에서 "성폭력범죄"란 다음 각 호의 어느 하나에 해당하는 죄를 말한다.
  1. 「형법」 제2편제22장 성풍속에 관한 죄 중 제242조(음행매개), 제243조(음화반포 등), 제244조(음화제조 등) 및 제245조(공연음란)의 죄
  2. 「형법」 제2편제31장 약취(略取), 유인(誘引) 및 인신매매의 죄 중 추행, 간음 또는 성매매와 성적 착취를 목적으로 범한 제288조(추행 등 목적 약취, 유인 등) 또는 추행, 간음 또는 성매매와 성적 착취를 목적으로 범한 제289조(인신매매), 제290조(약취, 유인, 매매, 이송 등 상해·치상)(추행, 간음 또는 성매매와 성적 착취를 목적으로 제288조 또는 추행, 간음 또는 성매매와 성적 착취를 목적으로 제289조의 죄를 범하여 약취, 유인, 매매된 사람을 상해하거나 상해에 이르게 한 경우에 한정한다), 제291조(약취, 유인, 매매, 이송 등 살인·치사)(추행, 간음 또는 성매매와 성적 착취를 목적으로 제288조 또는 추행, 간음 또는 성매매와 성적 착취를 목적으로 제289조의 죄를 범하여 약취, 유인, 매매된 사람을 살해하거나 사망에 이르게 한 경우에 한정한다), 제292조(약취, 유인, 매매, 이송된 사람의 수수·은닉)[추행, 간음 또는 성매매와 성적 착취를 목적으로 한 제288조 또는 추행, 간음 또는 성매매와 성적 착취를 목적으로 한 제289조의 죄로 약취, 유인, 매매된 사람을 수수(授受) 또는 은닉한 죄, 추행, 간음 또는 성매매와 성적 착취를 목적으로 한 제288조 또는 추행, 간음 또는 성매매와 성적 착취를 목적으로 한 제289조의 죄를 범할 목적으로 사람을 모집, 운송, 전달한 경우에 한정한다] 및 제294조(미수범)(추행, 간음 또는 성매매와 성적 착취를 목적으로 범한 제288조의 미수범 또는 추행, 간음 또는 성매매와 성적 착취를 목적으로 범한 제289조의 미수범, 추행, 간음 또는 성매매와 성적 착취를 목적으로 제288조 또는 추행, 간음 또는 성매매와 성적 착취를 목적으로 제289조의 죄를 범하여 발생한 제290조제1항의 미수범 또는 추행, 간음 또는 성매매와 성적 착취를 목적으로 제288조 또는 추행, 간음 또는 성매매와 성적 착취를 목적으로 제289조의 죄를 범하여 발생한 제291조제1항의 미수범 및 제292조제1항의 미수범 중 추행, 간음 또는 성매매와 성적 착취를 목적으로 약취, 유인, 매매된 사람을 수수, 은닉한 죄의 미수범으로 한정한다)의 죄
  3. 「형법」 제2편제32장 강간과 추행의 죄 중 제297조(강간), 제297조의2(유사강간), 제298조(강제추행), 제299조(준강간, 준강제추행), 제300조(미수범), 제301조(강간 등 상해·치상), 제301조의2(강간 등 살인·치사), 제302조(미성년자 등에 대한 간음), 제303조(업무상위력 등에 의한 간음) 및 제305조(미성년자에 대한 간음, 추행)의 죄
  4. 「형법」 제339조(강도강간)의 죄 및 제342조(제339조의 미수범으로 한정한다)의 죄
  5. 이 법 제3조(특수강도강간 등)부터 제15조(미수범)까지의 죄
② 제1항 각 호의 범죄로서 다른 법률에 따라 가중처벌되는 죄는 성폭력범죄로 본다.

> 「아동ㆍ청소년의 성보호에 관한 법률」 제2조 제2호
> 2. "아동ㆍ청소년대상 성범죄"란 다음 각 목의 어느 하나에 해당하는 죄를 말한다.
>   가. 제7조부터 제15조(아동ㆍ청소년에 대한 강간ㆍ강제추행 등, 장애인인 아동ㆍ청소년에 대한 간음 등, 강간 등 상해ㆍ치상, 강간 등 살인ㆍ치사, 아동ㆍ청소년이용음란물의 제작ㆍ배포 등, 아동ㆍ청소년 매매행위, 아동ㆍ청소년의 성을 사는 행위 등, 아동ㆍ청소년에 대한 강요행위 등, 알선영업행위 등)까지의 죄
>   나. 아동ㆍ청소년에 대한 「성폭력범죄의 처벌 등에 관한 특례법」 제3조부터 제15조(특수강도강간 등, 특수강간 등, 친족관계에 의한 강간 등, 장애인에 대한 강간ㆍ강제추행 등, 13세 미만의 미성년자에 대한 강간, 강제추행 등, 강간 등 상해ㆍ치상, 강간 등 살인ㆍ치사, 업무상 위력 등에 의한 추행, 공중 밀집 장소에서의 추행, 성적 목적을 위한 다중이용장소 침입행위, 통신매체를 이용한 음란행위, 카메라 등을 이용한 촬영, 미수범)까지의 죄
>   다. 아동ㆍ청소년에 대한 「형법」 제297조(강간), 제297조의2(유사강간) 및 제298조부터 제301조(강제추행, 준강간, 준강제추행, 미수범, 강간 등 상해ㆍ치상)까지, 제301조의2(강간 등 살인ㆍ치사), 제302조(미성년자 등에 대한 간음), 제303조(업무상위력 등에 의한 간음), 제305조(미성년자에 대한 간음, 추행), 제339조(강도강간) 및 제342조(미수범)(제339조의 미수범에 한정한다)의 죄
>   라. 아동ㆍ청소년에 대한 「아동복지법」 제17조 제2호(아동에게 음란한 행위를 시키거나 이를 매개하는 행위 또는 아동에게 성적 수치심을 주는 성희롱 등의 성적 학대행위)의 죄

(3) 청원경찰의 임용방법

1) 위임규정

청원경찰의 임용방법에 관하여는 대통령령으로 정한다(청원경찰법 제5조 제3항).

2) 임용승인 신청

청원경찰의 배치 결정을 받은 자(이하 "청원주"라 한다)는 그 배치 결정의 통지를 받은 날부터 30일 이내에 배치 결정된 인원수의 임용예정자에 대하여 청원경찰 임용승인을 지방경찰청장에게 신청하여야 한다(청원경찰법 시행령 제4조 제1항).

① 임용승인신청서 첨부서류

청원경찰의 배치 결정을 받은 자(이하 "청원주"(請願主)라 한다)가 지방경찰청장에게 청원경찰 임용승인을 신청할 때에는 별지 제3호서식의 청원경찰 임용승인신청서에 그 해당자에 관한 다음의 서류를 첨부하여야 한다(청원경찰법 시행규칙 제5조 제1항).

> # 이 주 민 신 기

　　㉠ **이**력서 1부
　　㉡ **주**민등록증 사본 1부
　　㉢ **민**간인 신원진술서 1부
　　㉣ 최근 3개월 이내에 발행한 채용**신**체검사서 또는 취업용 건강진단서 1부
　　㉤ 가족관계등록부 중 **기**본증명서 1부

② **병적증명서 확인**

　　신청서를 제출받은 지방경찰청장은 「전자정부법」 제36조 제1항에 따라 행정정보의 공동이용을 통하여 해당자의 병적증명서를 확인하여야 한다. 다만, 그 해당자가 확인에 동의하지 아니할 때에는 해당 서류를 첨부하도록 하여야 한다(청원경찰법 시행규칙 제5조 제2항).

■ **청원경찰법 시행규칙 [별지 제3호서식] 中**

첨부 서류	임용예정자에 대한 다음 각 호의 서류 1. 이력서 1부 2. 주민등록증 사본 1부 3. 민간인 신원진술서 1부 4. 최근 3개월 이내에 발행한 채용신체검사서 또는 취업용건강진단서 1부 5. 가족관계등록부 중 기본증명서 1부	수수료 없음
담당 공무원 확인사항	임용예정자 병적증명서	

3) 임용사항의 보고

　　청원주가 청원경찰을 임용하였을 때에는 임용한 날부터 10일 이내에 그 임용사항을 관할 경찰서장을 거쳐 지방경찰청장에게 보고하여야 한다. 청원경찰이 퇴직하였을 때에도 또한 같다(청원경찰법 시행령 제4조 제2항).

2. 청원경찰의 교육

(1) 위임규정

청원경찰의 교육에 관하여는 대통령령으로 정한다(청원경찰법 제5조 제3항).

(2) 청원경찰의 신임교육

1) 교육의 시기

① **원칙(사전교육)**

청원주는 청원경찰로 임용된 사람으로 하여금 경비구역에 배치하기 전에 경찰교육기관에서 직무 수행에 필요한 교육을 받게 하여야 한다(청원경찰법 시행령 제5조 제1항 본문).

② **예외(사후교육)**

경찰교육기관의 교육계획상 부득이하다고 인정할 때에는 우선 배치하고 임용 후 1년 이내에 교육을 받게 할 수 있다(청원경찰법 시행령 제5조 제1항 단서).

2) 교육의 면제

경찰공무원(의무경찰을 포함한다) 또는 청원경찰에서 퇴직한 사람이 퇴직한 날부터 3년 이내에 청원경찰로 임용되었을 때에는 교육을 면제할 수 있다(청원경찰법 시행령 제5조 제2항).

3) 교육기간 등

① **위임규정**

교육기간·교육과목·수업시간 및 그 밖에 교육의 시행에 필요한 사항은 행정안전부령으로 정한다(청원경찰법 시행령 제5조 제3항).

② **교육기간**

교육기간은 2주로 한다(청원경찰법 시행규칙 제6조 전단).

③ **교육과목 및 수업시간**

교육과목 및 수업시간은 [별표 1]과 같다(청원경찰법 시행규칙 제6조 후단).

■ 청원경찰법 시행규칙 [별표 1]

청원경찰의 교육과목 및 수업시간표(제6조 관련)

학과별	과목		시간
정신교육	정신교육		8
학술교육	형사법		10
	청원경찰법		5
실무교육	경무	경찰관직무집행법	5
	방범	방범업무	3
		경범죄처벌법	2
	경비	시설경비	6
		소방	4
	정보	대공이론	2
		불심검문	2
	민방위	민방공	3
		화생방	2
		기본훈련	5
		총기조작	2
		총검술	2
		사격	6
술과	체포술 및 호신술		6
기타	입교·수료(식) 및 평가		3
총 교육시간 합계			76

형사법	10	청경, 경무, 기본	5
정신교육	8	사·체	6
		시·소	6·4
식	3	방·경, 민·화	3·2
		대·불, 총·총	2

(2) 청원경찰의 직무교육

1) 직무교육 시간

청원주는 소속 청원경찰에게 그 직무집행에 필요한 교육을 매월 4시간 이상 하여야 한다(청원경찰법 시행규칙 제13조 제1항).

2) 소속 공무원 파견교육

청원경찰이 배치된 사업장의 소재지를 관할하는 경찰서장(이하 "관할 경찰서장"이라 한다)은 필요하다고 인정하는 경우에는 그 사업장에 소속 공무원을 파견하여 직무집행에 필요한 교육을 할 수 있다(청원경찰법 시행규칙 제13조 제2항).

Ⅲ. 청원경찰의 징계 및 표창

✓ QR코드를 통해 유튜브(YouTube) 채널로 이동합니다.

1. 청원경찰의 징계

(1) 징계사유

청원주는 청원경찰이 다음의 어느 하나에 해당하는 때에는 <u>대통령령</u>으로 정하는 징계절차를 거쳐 징계처분을 하여야 한다(청원경찰법 제5조의2 제1항).

1) 직무상의 의무를 위반하거나 직무를 태만히 한 때
2) 품위를 손상하는 행위를 한 때

(2) 징계의 요청

관할 경찰서장은 청원경찰이 징계사유에 해당한다고 인정되면 청원주에게 해당 청원경찰에 대하여 징계처분을 하도록 요청할 수 있다(청원경찰법 시행령 제8조 제1항).

(3) 징계의 종류

청원경찰에 대한 징계의 종류는[25] <u>파</u>면, <u>해</u>임[26], <u>정</u>직, <u>감</u>봉 및 <u>견</u>책으로 구분한다 (청원경찰법 제5조의2 제2항).

---

[25] 파면: 1. 잘못을 저지른 사람에게 직무나 직업을 그만두게 함. 2. 징계절차를 거쳐 임면권자의 일방적 의사에 의하여 공무원 관계를 소멸시키거나 관직을 박탈하는 행정처분. (출처: 국립국어원 표준국어대사전)

[26] 해임: 어떤 지위나 맡은 임무를 그만두게 함. (출처: 국립국어원 표준국어대사전)

파 해 정 감 견

1) 정직

정직(停職)은 1개월 이상 3개월 이하로 하고, 그 기간에 청원경찰의 신분은 보유하나 직무에 종사하지 못하며, 보수의 3분의 2를 줄인다(청원경찰법 시행령 제8조 제2항).

2) 감봉

감봉은 1개월 이상 3개월 이하로 하고, 그 기간에 보수의 3분의 1을 줄인다(청원경찰법 시행령 제8조 제3항).

3) 견책

견책(譴責)은 전과(前過)에 대하여 훈계하고 회개하게 한다(청원경찰법 시행령 제8조 제4항).

(4) 징계규정의 신고

청원주는 청원경찰 배치 결정의 통지를 받았을 때에는 통지를 받은 날부터 15일 이내에 청원경찰에 대한 징계규정을 제정하여 관할 지방경찰청장에게 신고하여야 한다. 징계규정을 변경할 때에도 또한 같다(청원경찰법 시행령 제8조 제5항).

(5) 징계규정의 보완 요구

지방경찰청장은 징계규정의 보완이 필요하다고 인정할 때에는 청원주에게 그 보완을 요구할 수 있다(청원경찰법 시행령 제8조 제6항).

(6) 위임규정

청원경찰의 징계에 관하여 그 밖에 필요한 사항은 <u>대통령령</u>으로 정한다(청원경찰법 제5조의2 제3항).

2. 청원경찰의 표창

지방경찰청장, 관할 경찰서장 또는 청원주는 청원경찰에게 다음의 구분에 따라 표창을 수여할 수 있다(청원경찰법 시행규칙 제18조).

(1) 공적상

성실히 직무를 수행하여 근무성적이 탁월하거나 헌신적인 봉사로 특별한 공적을 세운 경우

(2) 우등상

교육훈련에서 교육성적이 우수한 경우

IV. 청원경찰의 면직 및 퇴직 등

1. 청원경찰의 면직

(1) 의사에 반한 면직의 금지

청원경찰은 형의 선고, 징계처분 또는 신체상·정신상의 이상으로 직무를 감당하지 못할 때를 제외하고는 그 의사(意思)에 반하여 면직(免職)되지 아니한다(청원경찰법 제10조의4 제1항).

(2) 면직 사실의 보고

청원주가 청원경찰을 면직시켰을 때에는 그 사실을 관할 경찰서장을 거쳐 지방경찰청장에게 보고하여야 한다(청원경찰법 제10조의4 제2항).

2. 청원경찰의 당연퇴직

청원경찰이 다음의 어느 하나에 해당할 때에는 당연 퇴직된다(청원경찰법 제10조의6).

(1) 제5조 제2항(「국가공무원법」 제33조 각 호의 어느 하나의 결격사유에 해당하는 사람은 청원경찰로 임용될 수 없다)에 따른 임용결격사유에 해당될 때

(2) 제10조의5(배치의 폐지 등)에 따라 청원경찰의 배치가 폐지되었을 때

(3) 나이가 60세가 되었을 때. 다만, 그 날이 1월부터 6월 사이에 있으면 6월 30일에, 7월부터 12월 사이에 있으면 12월 31일에 각각 당연 퇴직된다.

> **「국가공무원법」 제33조(결격사유)**
> 1. 피성년후견인 또는 피한정후견인
> 2. 파산선고를 받고 복권되지 아니한 자
> 3. 금고 이상의 실형을 선고받고 그 집행이 종료되거나 집행을 받지 아니하기로 확정된 후 5년이 지나지 아니한 자
> 4. 금고 이상의 형을 선고받고 그 집행유예 기간이 끝난 날부터 2년이 지나지 아니한 자
> 5. 금고 이상의 형의 선고유예를 받은 경우에 그 선고유예 기간 중에 있는 자 **(위헌결정)**[27]
> 6. 법원의 판결 또는 다른 법률에 따라 자격이 상실되거나 정지된 자
> 6의2. 공무원으로 재직기간 중 직무와 관련하여 「형법」 제355조 및 제356조에 규정된 죄를 범한 자로서 300만원 이상의 벌금형을 선고받고 그 형이 확정된 후 2년이 지나지 아니한 자
> 6의3. 「성폭력범죄의 처벌 등에 관한 특례법」 제2조에 규정된 죄를 범한 사람으로서 100만원 이상의 벌금형을 선고받고 그 형이 확정된 후 3년이 지나지 아니한 사람
> 6의4. 미성년자에 대한 다음 각 목의 어느 하나에 해당하는 죄를 저질러 파면·해임되거나 형 또는 치료감호를 선고받아 그 형 또는 치료감호가 확정된 사람(집행유예를 선고받은 후 그 집행유예기간이 경과한 사람을 포함한다)
>   가. 「성폭력범죄의 처벌 등에 관한 특례법」 제2조에 따른 성폭력범죄
>   나. 「아동·청소년의 성보호에 관한 법률」 제2조제2호에 따른 아동·청소년대상 성범죄
> 7. 징계로 파면처분을 받은 때부터 5년이 지나지 아니한 자
> 8. 징계로 해임처분을 받은 때부터 3년이 지나지 아니한 자

3. 청원경찰의 휴직 및 명예퇴직

국가기관이나 지방자치단체에 근무하는 청원경찰의 휴직 및 명예퇴직에 관하여는 「국가공무원법」 제71조부터 제73조(휴직, 휴직기간, 휴직의 효력)까지 및 제74조의2(명예퇴직 등)를 준용한다(청원경찰법 제10조의7).

---

[27] [단순위헌, 2017헌가26, 2018. 1. 25., 청원경찰법(2010. 2. 4. 법률 제10013호로 개정된 것) 제10조의6 제1호 중 제5조 제2항에 의한 국가공무원법 제33조 제5호에 관한 부분은 헌법에 위반된다.]

―청원경찰법 제10조의7 준용규정―
「국가공무원법」
제71조(휴직)
① 공무원이 다음 각 호의 어느 하나에 해당하면 임용권자는 본인의 의사에도 불구하고 휴직을 명하여야 한다.
  1. 신체 · 정신상의 장애로 장기 요양이 필요할 때
  2. 삭제
  3. 「병역법」에 따른 병역 복무를 마치기 위하여 징집 또는 소집된 때
  4. 천재지변이나 전시 · 사변, 그 밖의 사유로 생사(生死) 또는 소재(所在)가 불명확하게 된 때
  5. 그 밖에 법률의 규정에 따른 의무를 수행하기 위하여 직무를 이탈하게 된 때
  6. 「공무원의 노동조합 설립 및 운영 등에 관한 법률」 제7조에 따라 노동조합 전임자로 종사하게 된 때
② 임용권자는 공무원이 다음 각 호의 어느 하나에 해당하는 사유로 휴직을 원하면 휴직을 명할 수 있다. 다만, 제4호의 경우에는 대통령령으로 정하는 특별한 사정이 없으면 휴직을 명하여야 한다.
  1. 국제기구, 외국 기관, 국내외의 대학 · 연구기관, 다른 국가기관 또는 대통령령으로 정하는 민간기업, 그 밖의 기관에 임시로 채용될 때
  2. 국외 유학을 하게 된 때
  3. 중앙인사관장기관의 장이 지정하는 연구기관이나 교육기관 등에서 연수하게 된 때
  4. 만 8세 이하 또는 초등학교 2학년 이하의 자녀를 양육하기 위하여 필요하거나 여성공무원이 임신 또는 출산하게 된 때
  5. 사고나 질병 등으로 장기간 요양이 필요한 조부모, 부모(배우자의 부모를 포함한다), 배우자, 자녀 또는 손자녀를 간호하기 위하여 필요한 때. 다만, 조부모나 손자녀의 간호를 위하여 휴직할 수 있는 경우는 본인 외에는 간호할 수 있는 사람이 없는 등 대통령령등으로 정하는 요건을 갖춘 경우로 한정한다.
  6. 외국에서 근무 · 유학 또는 연수하게 되는 배우자를 동반하게 된 때
  7. 대통령령등으로 정하는 기간 동안 재직한 공무원이 직무 관련 연구과제 수행 또는 자기개발을 위하여 학습 · 연구 등을 하게 된 때
③ 임기제공무원에 대하여는 제1항제1호 · 제3호 및 제2항제4호에 한정하여 제1항 및 제2항을 적용한다. 이 경우 제2항제4호는 휴직을 시작하려는 날부터 남은 근무기간이 6개월 이상인 경우로 한정한다.
④ 임용권자는 제2항제4호에 따른 휴직을 이유로 인사에 불리한 처우를 하여서는 아니 된다.
⑤ 제1항부터 제4항까지의 규정에 따른 휴직 제도 운영에 관하여 필요한 사항은 대통령령등으로 정한다.

−청원경찰법 제10조의7 준용규정−
「국가공무원법」
제72조(휴직 기간) 휴직 기간은 다음과 같다.
1. 제71조제1항제1호에 따른 휴직기간은 1년 이내로 하되, 부득이한 경우 1년의 범위에서 연장할 수 있다. 다만, 다음 각 목의 어느 하나에 해당하는 공무상 질병 또는 부상으로 인한 휴직기간은 3년 이내로 한다.
    가. 「공무원연금법」 제35조제1항에 따른 공무상요양비 지급대상 질병 또는 부상
    나. 「산업재해보상보험법」 제40조에 따른 요양급여 결정 대상 질병 또는 부상
2. 제71조제1항제3호와 제5호에 따른 휴직 기간은 그 복무 기간이 끝날 때까지로 한다.
3. 제71조제1항제4호에 따른 휴직 기간은 3개월 이내로 한다.
4. 제71조제2항제1호에 따른 휴직 기간은 그 채용 기간으로 한다. 다만, 민간기업이나 그 밖의 기관에 채용되면 3년 이내로 한다.
5. 제71조제2항제2호와 제6호에 따른 휴직 기간은 3년 이내로 하되, 부득이한 경우에는 2년의 범위에서 연장할 수 있다.
6. 제71조제2항제3호에 따른 휴직 기간은 2년 이내로 한다.
7. 제71조제2항제4호에 따른 휴직 기간은 자녀 1명에 대하여 3년 이내로 한다.
8. 제71조제2항제5호에 따른 휴직 기간은 1년 이내로 하되, 재직 기간 중 총 3년을 넘을 수 없다.
9. 제71조제1항제6호에 따른 휴직 기간은 그 전임 기간으로 한다.
10. 제71조제2항제7호에 따른 휴직 기간은 1년 이내로 한다.

제73조(휴직의 효력)
① 휴직 중인 공무원은 신분은 보유하나 직무에 종사하지 못한다.
② 휴직 기간 중 그 사유가 없어지면 30일 이내에 임용권자 또는 임용제청권자에게 신고하여야 하며, 임용권자는 지체 없이 복직을 명하여야 한다.
③ 휴직 기간이 끝난 공무원이 30일 이내에 복귀 신고를 하면 당연히 복직된다.

–청원경찰법 제10조의7 준용규정–
「국가공무원법」
제74조의 2(명예퇴직 등) ① 공무원으로 20년 이상 근속(勤續)한 자가 정년 전에 스스로 퇴직(임기제공무원이 아닌 경력직공무원이 임기제공무원으로 임용되어 퇴직하는 경우로서 대통령령으로 정하는 경우를 포함한다)하면 예산의 범위에서 명예퇴직 수당을 지급할 수 있다.
② 직제와 정원의 개폐 또는 예산의 감소 등에 따라 폐직 또는 과원이 되었을 때에 20년 미만 근속한 자가 정년 전에 스스로 퇴직하면 예산의 범위에서 수당을 지급할 수 있다.
③ 제1항에 따라 명예퇴직수당을 지급받은 자가 다음 각 호의 어느 하나에 해당하는 경우에는 명예퇴직수당을 지급한 국가기관의 장이 그 명예퇴직 수당을 환수하여야 한다. 다만, 제2호에 해당하는 경우로서 국가공무원으로 재임용된 경우에는 재임용한 국가기관의 장이 환수하여야 한다.
  1. 재직 중의 사유로 금고 이상의 형을 받은 경우
  1의2. 재직 중에 「형법」 제129조부터 제132조까지에 규정된 죄를 범하여 금고 이상의 형의 선고유예를 받은 경우
  1의3. 재직 중에 직무와 관련하여 「형법」 제355조 또는 제356조에 규정된 죄를 범하여 300만원 이상의 벌금형을 선고받고 그 형이 확정되거나 금고 이상의 형의 선고유예를 받은 경우
  2. 경력직공무원, 그 밖에 대통령령등으로 정하는 공무원으로 재임용되는 경우
  3. 명예퇴직 수당을 초과하여 지급받거나 그 밖에 명예퇴직 수당의 지급 대상이 아닌 자가 지급받은 경우
④ 제3항에 따라 환수금을 내야할 사람이 기한 내에 내지 아니하면 국세 체납처분의 예에 따라 환수금을 징수할 수 있다.
⑤ 제1항에 따른 명예퇴직 수당과 제2항에 따른 수당의 지급대상범위·지급액·지급절차와 제3항 및 제4항에 따른 명예퇴직 수당의 환수액·환수절차 등에 필요한 사항은 대통령령등으로 정한다.

>>> 실전적용문제

2018년 제20회 기출문제 (30번 문제)

1. 청원경찰법령상 청원경찰의 배치에 관한 설명으로 옳은 것은?

① 지방경찰청장은 청원경찰 배치 신청을 받으면 15일 이내에 그 배치 여부를 결정하여 신청인에게 알려야 한다.

② 청원경찰 배치신청서 제출시, 배치 장소가 둘 이상의 도(道)일 때에는 주된 사업장의 관할 경찰서장을 거쳐 지방경찰청장에게 한꺼번에 신청할 수 있다.

③ 청원경찰의 배치를 받으려는 자는 청원경찰 배치신청서에 경비구역 배치도 1부를 첨부하여 사업장의 소재지를 관할하는 지방경찰청장에게 제출하여야 한다.

④ 관할 경찰서장은 청원경찰이 배치된 시설이 축소될 경우 배치인원을 감축할 수 있다.

정답 ②

※ 해설

배치 장소가 둘 이상의 도(특별시, 광역시, 특별자치시 및 특별자치도를 포함한다. 이하 같다)일 때에는 주된 사업장의 관할 경찰서장을 거쳐 지방경찰청장에게 한꺼번에 신청할 수 있다(청원경찰법 시행령 제2조 후문).

① 지방경찰청장은 청원경찰 배치 신청을 받으면 지체 없이 그 배치 여부를 결정하여 신청인에게 알려야 한다(청원경찰법 제4조 제2항). '15일 이내'가 아닌 '지체 없이' 알려야 한다.

③ 청원경찰의 배치를 받으려는 자는 청원경찰 배치신청서에 경비구역 평면도 1부, 배치계획서 1부를 첨부하여 기관·시설·사업장 또는 장소의 소재지를 관할하는 경찰서장을 거쳐 지방경찰청장에게 제출하여야 한다(청원경찰법 시행령 제2조). '배치계획서 1부'도 같이 첨부하여 신청하여야 한다.

④ 청원주는 청원경찰이 배치된 시설이 폐쇄되거나 축소되어 청원경찰의 배치를 폐지하거나 배치인원을 감축할 필요가 있다고 인정하면 청원경찰의 배치를 폐지하거나 배치인원을 감축할 수 있다(청원경찰법 제10조의5 제1항 본문). '관할 경찰서장'이 아닌 '청원주'이다.

2019년 제21회 기출문제 (33번 문제)

2. 청원경찰법령상 청원경찰의 배치와 이동 등에 관한 설명으로 옳지 않은 것은?

① 청원경찰이 배치된 사업장이 배치인원의 변동사유 없이 다른 곳으로 이전하는 경우 청원주는 청원경찰의 배치를 폐지하거나 배치인원을 감축할 수 없다.

② 청원주는 배치폐지나 배치인원 감축으로 과원(過員)이 되는 청원경찰의 고용이 보장될 수 있도록 노력하여야 한다.

③ 청원주는 청원경찰을 신규로 배치하였을 때에는 배치지를 관할하는 경찰서장에게 그 사실을 통보하여야 한다.

④ 청원경찰의 이동배치의 통보를 받은 경찰서장은 이동배치지가 다른 관할구역에 속할 때에는 전입지를 관할하는 지방경찰청장에게 이동배치한 사실을 통보하여야 한다.

> 정답 ④
>
> ※ 해설
> '지방경찰청장'이 아닌 '경찰서장'이다. 배치통보를 받은 경찰서장은 이동배치지가 다른 관할구역에 속할 때에는 전입지를 관할하는 경찰서장에게 이동배치한 사실을 통보하여야 한다(청원경찰법 시행령 제6조 제2항).
> ① (청원경찰법 제10조의5 제1항 단서).
> ② (청원경찰법 제10조의5 제3항).
> ③ (청원경찰법 시행령 제6조 제1항).

2017년 제19회 기출문제 (29번 문제)

3. 청원경찰법령상 청원경찰의 배치폐지 등에 관한 설명으로 옳지 않은 것은?

① 청원주는 청원경찰을 대체할 목적으로 특수경비원을 배치하는 경우에 청원경찰의 배치를 폐지하거나 배치인원을 감축할 수 없다.

② 청원주가 청원경찰의 배치폐지하였을 때에는 청원경찰 배치결정을 한 경찰관서장에게 알려야 한다.

③ 청원주가 청원경찰의 배치폐지하는 경우에는 배치폐지로 과원(過員)이 되는 그 사업장내의 유사업무에 종사하게 하는 등 청원경찰의 고용을 보장하여야 한다.

④ 청원주는 청원경찰이 배치된 사업장이 배치인원의 변동사유 없이 다른 곳으로 이전하는 경우에 배치인원을 감축할 수 없다.

> 정답 ③
>
> ※ 해설
> 청원경찰의 배치를 폐지하거나 배치인원을 감축하는 경우 해당 청원주는 배치폐지나 배치인원 감축으로 과원(過員)이 되는 청원경찰 인원을 그 기관·시설 또는 사업장 내의 유사 업무에 종사하게 하거나 다른 시설·사업장 등에 재배치하는 등 청원경찰의 고용이 보장될 수 있도록 노력하여야 한다(청원경찰법 제10조의5 제3항). '고용을 보장하여야 한다'가 아닌 '고용이 보장될 수 있도록 노력하여야 한다'이다.

2018년 제20회 기출문제 (39번 문제)

4. 청원경찰법령상 청원경찰의 임용 등에 관한 설명으로 옳은 것은?

① 청원경찰은 나이가 58세가 되었을 때 당연 퇴직된다.
② 청원경찰의 복무에 관하여는 「경찰관직무집행법」을 준용한다.
③ 청원경찰은 청원주가 임용하되, 임용을 할 때에는 「경찰공무원법」이 정하는 특별한 경우를 제외하고는 미리 경찰청장의 승인을 받아야 한다.
④ 청원주가 청원경찰을 임용하였을 때에는 임용한 날부터 10일 이내에 그 임용사항을 관할 경찰서장을 거쳐 지방경찰청장에게 보고하여야 한다.

> 정답 ④
>
> ※ 해설
> 청원주가 청원경찰을 임용하였을 때에는 임용한 날부터 10일 이내에 그 임용사항을 관할 경찰서장을 거쳐 지방경찰청장에게 보고하여야 한다. 청원경찰이 퇴직하였을 때에도 또한 같다(청원경찰법 시행령 제4조 제2항).
> ① 청원경찰이 나이가 60세가 되었을 때에는 당연 퇴직된다(청원경찰법 제10조의6 제3호). '58세'가 아닌 '60세'이다.
> ② 청원경찰의 복무에 관하여는 「국가공무원법」 제57조(복종의 의무), 제58조 제1항(직장 이탈 금지), 제60조(비밀 엄수의 의무) 및 「경찰공무원법」 제18조(거짓 보고 등의 금지)를 준용한다(청원경찰법 제5조 제4항). '경찰관직무집행법'이 아닌 '국가공무원법'및 '경찰공무원법'이다.
> ③ 청원주가 청원경찰을 임용할 때에는 미리 지방경찰청장의 승인을 받아야 한다(청원경찰법 제5조 제1항 후단). '경찰청장'이 아닌 '지방경찰청장'의 승인이다.

2014년 제16회 기출문제 (32번 문제)

5. 청원경찰법령상 청원주가 지방경찰청장에게 청원경찰 임용승인을 신청할 때 청원경찰 임용승인신청서에 첨부해야 하는 서류가 <u>아닌</u> 것은?

① 주민등록증 사본 1부

② 가족관계등록부 중 가족관계증명서 1부

③ 민간인 신원진술서 1부

④ 최근 3개월 이내에 발행한 채용신체검사서 또는 취업용 건강진단서 1부

정답 ②

※ 해설
'가족관계증명서 1부'가 아닌 '기본증명서 1부'이다.

① **임용승인신청서 첨부서류**(청원경찰법 시행규칙 제5조 제1항)
청원경찰의 배치 결정을 받은 자(이하 "청원주(請願主)"라 한다)가 지방경찰청장에게 청원경찰 임용승인을 신청할 때에는 별지 제3호서식의 청원경찰 임용승인신청서에 그 해당자에 관한 다음의 서류를 첨부하여야 한다.
㉠ 이력서 1부
㉡ 주민등록증 사본 1부
㉢ 민간인 신원진술서 1부
㉣ 최근 3개월 이내에 발행한 채용신체검사서 또는 취업용 건강진단서 1부
㉤ 가족관계등록부 중 기본증명서 1부

이 주 민 신 기

2015년 제17회 기출문제 (32번 문제)

6. 청원경찰법령상 청원경찰의 교육에 관한 설명으로 옳지 않은 것은?

① 청원경찰의 교육과목에는 대공이론, 국가보안법, 통합방위법이 포함된다.
② 청원주는 소속 청원경찰에게 그 직무집행에 필요한 교육을 매월 4시간 이상 하여야 한다.
③ 의무경찰을 포함한 경찰공무원 또는 청원경찰에서 퇴직한 사람이 퇴직한 날부터 3년 이내에 청원경찰로 임용되었을 때에는 신임 교육을 면제할 수 있다.
④ 청원경찰의 신임 교육기간은 2주로 한다.

정답 ①

※ 해설
'국가보안법', '통합방위법'은 교육과목에 해당하지 않는다(청원경찰법 시행규칙 [별표 1]).
② 청원주는 소속 청원경찰에게 그 직무집행에 필요한 교육을 매월 4시간 이상 하여야 한다(청원경찰법 시행규칙 제13조 제1항).
③ 경찰공무원(의무경찰을 포함한다) 또는 청원경찰에서 퇴직한 사람이 퇴직한 날부터 3년 이내에 청원경찰로 임용되었을 때에는 교육을 면제할 수 있다(청원경찰법 시행령 제5조 제2항).
④ 교육기간은 2주로 한다(청원경찰법 시행규칙 제6조 전단).

■ 청원경찰법 시행규칙 [별표 1]

청원경찰의 교육과목 및 수업시간표(제6조 관련)

학과별		과목	시간
정신교육		정신교육	8
학술교육		형사법	10
		청원경찰법	5
실무교육	경무	경찰관직무집행법	5
	방범	방범업무	3
		경범죄처벌법	2
	경비	시설경비	6
		소방	4
	정보	대공이론	2
		불심검문	2
	민방위	민방공	3
		화생방	2
		기본훈련	5
		총기조작	2
		총검술	2
		사격	6
술과		체포술 및 호신술	6
기타		입교·수료(식) 및 평가	3
총교육시간 합계			76

형사법	10	청경, 경무, 기본	5
정신교육	8	사·체	6
		시·소	6·4
식	3	방·경, 민·화	3·2
		대·불, 총·총	2

2016년 제18회 기출문제 (29번 문제)

7. 청원경찰법령상 청원경찰로 임용이 된 경우에 이수하여야 할 교육과목과 수업시간을 옳지 않은 것은? (단, 교육면제자는 고려하지 않는다.)

① 형사법 – 5시간

② 청원경찰법 – 5시간

③ 경찰관직무집행법 – 5시간

④ 시설경비 – 6시간

정답 ①

※ 해설
형사법은 '5시간'이 아닌 '10시간'이다.

2018년 제20회 기출문제 (33번 문제)

8. 청원경찰법령상 청원경찰의 징계에 관한 설명으로 옳은 것은?

① 징계의 종류는 파면, 해임, 강등, 정직, 감봉 및 견책으로 구분한다.

② 지방경찰청장은 징계규정의 보완이 필요하다고 인정할 때에는 청원주에게 그 보완을 요구할 수 있다.

③ 정직은 1개월 이상 3개월 이하로 하고, 보수의 3분의 1을 줄인다.

④ 청원주는 청원경찰 배치 결정의 통지를 받았을 때에는 통지를 받은 날부터 10일 이내에 청원경찰에 대한 징계규정을 제정하여야 한다.

정답 ②

※ 해설
지방경찰청장은 징계규정의 보완이 필요하다고 인정할 때에는 청원주에게 그 보완을 요구할 수 있다(청원경찰법 시행령 제8조 제6항).
① 청원경찰에 대한 징계의 종류는 파면, 해임, 정직, 감봉 및 견책으로 구분한다(청원경찰법 제5조의2 제2항). '강등'은 청원경찰의 징계에 해당하지 않는다.

파헤정감견

③ 정직(停職)은 1개월 이상 3개월 이하로 하고, 그 기간에 청원경찰의 신분은 보유하나 직무에 종사하지 못하며, 보수의 3분의 2를 줄인다(청원경찰법 시행령 제8조 제2항). '3분의 1'이 아니라 '3분의 2'를 줄인다.

④ 청원주는 청원경찰 배치 결정의 통지를 받았을 때에는 통지를 받은 날부터 15일 이내에 청원경찰에 대한 징계규정을 제정하여 관할 지방경찰청장에게 신고하여야 한다. '10일 이내'가 아닌 '15일 이내'이다.

2019년 제21회 기출문제 (36번 문제)

9. 청원경찰법령상 청원경찰의 징계에 관한 설명으로 옳지 않은 것은?

① 청원주는 청원경찰이 품위를 손상하는 행위를 한 때에는 징계절차를 거쳐 징계처분을 하여야 한다.

② 관할 경찰서장은 청원경찰이 「청원경찰법」 상의 징계사유에 해당한다고 인정되면 청원주에게 해당 청원경찰에 대하여 징계처분을 하도록 요청할 수 있다.

③ 감봉은 1개월 이상 3개월 이하로 하고, 그 기간에 보수의 3분의 1을 줄인다.

④ 청원주는 청원경찰 배치 결정의 통지를 받은 날부터 15일 이내에 청원경찰에 대한 징계규정을 제정하여 관할 경찰서장에게 신고하여야 한다.

정답 ④

※ 해설
'관할 경찰서장'이 아닌 '관할 지방경찰청장'이다. 청원주는 청원경찰 배치 결정의 통지를 받았을 때에는 통지를 받은 날부터 15일 이내에 청원경찰에 대한 징계규정을 제정하여 관할 지방경찰청장에게 신고하여야 한다(청원경찰법 시행령 제8조 제5항).

① (청원경찰법 제5조의2 제1항).
② (청원경찰법 시행령 제8조 제1항).
③ (청원경찰법 시행령 제8조 제3항).

2019년 제21회 기출문제 (40번 문제)

10. 청원경찰법령에 관한 내용이다. (   )에 들어갈 내용이 옳은 것은?

> 청원경찰은 형의 선고, 징계처분 또는 신체상·정신상의 이상으로 직무를 감당하지 못할 때를 제외하고는 그 의사에 반하여 (   )되지 아니한다.

① 파면
② 강등
③ 면직
④ 견책

정답 ③

※ 해설
청원경찰은 형의 선고, 징계처분 또는 신체상·정신상의 이상으로 직무를 감당하지 못할 때를 제외하고는 그 의사(意思)에 반하여 '면직(免職)'되지 아니한다(청원경찰법 제10조의4 제1항).

2013년 제15회 기출문제 (36번 문제)

11. 청원경찰법령상 국가기관이나 지방자치단체에 근무하는 청원경찰 본인의 의사에도 불구하고 휴직을 명하여야 하는 경우가 아닌 것은?

① 국외유학을 하게 된 때
② 신체·정신상의 장애로 장기 요양이 필요할 때
③ 병역법에 따른 병역 복무를 마치기 위하여 징집된 때
④ 천재지변 등의 사유로 생사가 불명확하게 된 때

정답 ①

※ 해설
"국외유학을 하게 된 때"는 공무원이 휴직을 원하면 임용권자가 휴직을 명할 수 있는 사유이다(국가공무원법 제71조 제2항 제2호).
②, ③, ④는 본인의 의사에도 불구하고 임용권자는 휴직을 명하여야 하는 사유이다(국가공무원법 제71조 제1항).

−청원경찰법 제10조의7 준용규정−

국가기관이나 지방자치단체에 근무하는 청원경찰의 휴직 및 명예퇴직에 관하여는 「국가공무원법」 제71조부터 제73조(휴직, 휴직기간, 휴직의 효력)까지 및 제74조의2(명예퇴직 등)를 준용한다(청원경찰법 제10조의7).

「국가공무원법」

제71조(휴직)

① 공무원이 다음 각 호의 어느 하나에 해당하면 임용권자는 본인의 의사에도 불구하고 휴직을 명하여야 한다.
 1. 신체·정신상의 장애로 장기 요양이 필요할 때
 2. 삭제
 3. 「병역법」에 따른 병역 복무를 마치기 위하여 징집 또는 소집된 때
 4. 천재지변이나 전시·사변, 그 밖의 사유로 생사(生死) 또는 소재(所在)가 불명확하게 된 때
 5. 그 밖에 법률의 규정에 따른 의무를 수행하기 위하여 직무를 이탈하게 된 때
 6. 「공무원의 노동조합 설립 및 운영 등에 관한 법률」 제7조에 따라 노동조합 전임자로 종사하게 된 때

② 임용권자는 공무원이 다음 각 호의 어느 하나에 해당하는 사유로 휴직을 원하면 휴직을 명할 수 있다. 다만, 제4호의 경우에는 대통령령으로 정하는 특별한 사정이 없으면 휴직을 명하여야 한다.
 1. 국제기구, 외국 기관, 국내외의 대학·연구기관, 다른 국가기관 또는 대통령령으로 정하는 민간기업, 그 밖의 기관에 임시로 채용될 때
 2. 국외 유학을 하게 된 때
 3. 중앙인사관장기관의 장이 지정하는 연구기관이나 교육기관 등에서 연수하게 된 때
 4. 만 8세 이하 또는 초등학교 2학년 이하의 자녀를 양육하기 위하여 필요하거나 여성공무원이 임신 또는 출산하게 된 때
 5. 사고나 질병 등으로 장기간 요양이 필요한 조부모, 부모(배우자의 부모를 포함한다), 배우자, 자녀 또는 손자녀를 간호하기 위하여 필요한 때. 다만, 조부모나 손자녀의 간호를 위하여 휴직할 수 있는 경우는 본인 외에는 간호할 수 있는 사람이 없는 등 대통령령등으로 정하는 요건을 갖춘 경우로 한정한다.
 6. 외국에서 근무·유학 또는 연수하게 되는 배우자를 동반하게 된 때
 7. 대통령령등으로 정하는 기간 동안 재직한 공무원이 직무 관련 연구과제 수행 또는 자기개발을 위하여 학습·연구 등을 하게 된 때

Chapter 2. 청원경찰법

제3장 청원경찰의 경비·제복·무기

✓ QR코드를 통해 유튜브(YouTube) 채널로 이동합니다.

Ⅰ. 청원경찰의 경비(經費)

1. 청원경찰 경비의 부담

(1) 청원주의 경비 부담

청원주는 다음의 청원경찰경비를 부담하여야 한다(청원경찰법 제6조 제1항).

1) 청원경찰에게 지급할 봉급과 각종 수당
2) 청원경찰의 피복비
3) 청원경찰의 교육비
4) (제7조에 따른) 보상금 및 (제7조의2에 따른) 퇴직금

(2) 청원경찰의 보수

1) **위임규정**

   청원경찰의 보수에 관하여는 대통령령으로 정한다(청원경찰법 제5조 제3항).

2) **국가기관 또는 지방자치단체에 근무하는 청원경찰**

   ① **보수의 정함**

   ㉠ 국가기관 또는 지방자치단체에 근무하는 청원경찰의 보수는 다음의 구분에 따라 같은 재직기간에 해당하는 경찰공무원의 보수를 감안하여 대통령령으로 정한다(청원경찰법 제6조 제2항).

   ⓐ 재직기간 15년 미만: 순경
   ⓑ 재직기간 15년 이상 23년 미만: 경장
   ⓒ 재직기간 23년 이상 30년 미만: 경사
   ⓓ 재직기간 30년 이상: 경위

ⓒ 재직기간은 청원경찰로서 근무한 기간으로 한다(청원경찰법 시행령 제9조 제3항).

② **봉급과 수당**

㉠ 국가기관 또는 지방자치단체에 근무하는 청원경찰의 봉급은 별표 1과 같다(청원경찰법 시행령 제9조 제1항).

ⓒ 국가기관 또는 지방자치단체에 근무하는 청원경찰의 각종 수당은 「공무원 수당 등에 관한 규정」에 따른 수당 중 가계보전수당, 실비변상 등으로 하며, 그 세부 항목은 경찰청장이 정하여 고시한다(청원경찰법 시행령 제9조 제2항).

3) **국가기관 또는 지방자치단체에 근무하는 청원경찰 외의 청원경찰**

① **부담기준액의 정함**

㉠ **고시권자**

청원주의 봉급·수당의 최저부담기준액(국가기관 또는 지방자치단체에 근무하는 청원경찰의 봉급·수당은 제외한다)과 청원경찰의 피복비(동항 제2호) 및 교육비(동항 제3호)에 따른 비용의 부담기준액은 경찰청장이 정하여 고시(告示)한다(청원경찰법 제6조 제3항).

ⓒ **고시의 시기**

청원경찰경비의 최저부담기준액 및 부담기준액은 경찰공무원 중 순경의 것을 고려하여 다음 연도분을 매년 12월에 고시하여야 한다. 다만, 부득이한 사유가 있을 때에는 수시로 고시할 수 있다(청원경찰법 시행령 제12조 제2항).

② **봉급과 수당**

국가기관 또는 지방자치단체에 근무하는 청원경찰 외의 청원경찰의 봉급과 각종 수당은 경찰청장이 고시한 최저부담기준액 이상으로 지급하여야 한다. 다만, 고시된 최저부담기준액이 배치된 사업장에서 같은 종류의 직무나 유사 직무에 종사하는 근로자에게 지급하는 임금보다 적을 때에는 그 사업장에서 같은 종류의 직무나 유사 직무에 종사하는 근로자에게 지급하는 임금에 상당하는 금액을 지급하여야 한다(청원경찰법 시행령 제10조).

4) 보수 산정 시의 경력의 인정

① 인정되는 경력

청원경찰의 보수 산정에 관하여 그 배치된 사업장의 취업규칙에 특별한 규정이 없는 경우에는 다음의 경력을 봉급 산정의 기준이 되는 경력에 산입(算入)하여야 한다(청원경찰법 시행령 제11조 제1항).

청경 / 군·의 / 수 / 상

㉠ **청원경**찰로 근무한 경력
㉡ **군** 또는 **의**무경찰에 복무한 경력
㉢ **수**위·경비원·감시원 또는 그 밖에 청원경찰과 비슷한 직무에 종사하던 사람이 해당 사업장의 청원주에 의하여 청원경찰로 임용된 경우에는 그 직무에 종사한 경력
㉣ 국가기관 또는 지방자치단체에서 근무하는 청원경찰에 대해서는 국가기관 또는 지방자치단체에서 **상**근(常勤)으로 근무한 경력

② 승급기간 등 규정의 준용

㉠ **국가기관 또는 지방자치단체에 근무하는 청원경찰**

국가기관 또는 지방자치단체에 근무하는 청원경찰 보수의 호봉 간 승급기간은 경찰공무원의 승급기간에 관한 규정을 준용한다(청원경찰법 시행령 제11조 제2항).

ⓛ **국가기관 또는 지방자치단체에 근무하는 청원경찰 외의 청원경찰**

국가기관 또는 지방자치단체에 근무하는 청원경찰 외의 청원경찰 보수의 호봉 간 승급기간 및 승급액은 그 배치된 사업장의 취업규칙에 따르며, 이에 관한 취업규칙이 없을 때에는 순경의 승급에 관한 규정을 준용한다(청원경찰법 시행령 제11조 제3항).

(3) 청원경찰경비의 지급방법

1) 위임규정

청원경찰경비의 지급방법 또는 납부방법은 <u>행정안전부령</u>으로 정한다(청원경찰법 시행령 제12조 제1항).

2) 지급방법 및 납부방법

청원경찰경비의 지급방법 및 납부방법은 다음과 같다.

① **봉급과 수당**

봉급과 각종 수당은 청원주가 그 청원경찰이 배치된 기관·시설·사업장 또는 장소(이하 "사업장"이라 한다)의 직원에 대한 보수 지급일에 청원경찰에게 직접 지급한다(청원경찰법 시행규칙 제8조 제1호).

② **피복**

피복은 청원주가 제작하거나 구입하여 **[별표 2]**에 따른 정기지급일 또는 신규 배치 시에 청원경찰에게 현품으로 지급한다(청원경찰법 시행규칙 제8조 제2호).

■ 청원경찰법 시행규칙 [별표 2]

청원경찰 급여품표(제12조 관련)

품 명	수 량	사 용 기 간	정 기 지 급 일
근무복(하복)	1	1년	5월 5일
근무복(동복)	1	1년	9월 25일
성 하 복	1	1년	6월 5일
외투·방한복 또는 점퍼	1	2~3년	9월 25일
기동화 또는 단화	1	단화 1년 기동화 2년	9월 25일
비 옷	1	3년	5월 5일
정 모	1	3년	9월 25일
기동모	1	3년	필요할 때
기동복	1	2년	필요할 때
방한화	1	2년	9월 25일
장 갑	1	2년	9월 25일
호 루 라 기	1	2년	9월 25일

③ **교육비**

교육비는 청원주가 해당 청원경찰의 입교(入校) 3일 전에 해당 경찰교육기관에 낸다(청원경찰법 시행규칙 제8조 제3호).

2. 보상금 및 퇴직금

(1) 보상금

1) 지급사유

청원주는 청원경찰이 다음의 어느 하나에 해당하게 되면 대통령령으로 정하는 바에 따라 청원경찰 본인 또는 그 유족에게 보상금을 지급하여야 한다(청원경찰법 제7조).

① 직무수행으로 인하여 부상을 입거나, 질병에 걸리거나 또는 사망한 경우
② 직무상의 부상·질병으로 인하여 퇴직하거나, 퇴직 후 2년 이내에 사망한 경우

2) 재원(財源)의 마련

청원주는 보상금의 지급을 이행하기 위하여 「산업재해보상보험법」에 따른 산업재해보상보험에 가입하거나, 「근로기준법」에 따라 보상금을 지급하기 위한 재원(財源)을 따로 마련하여야 한다(청원경찰법 시행령 제13조).

(2) 퇴직금

청원주는 청원경찰이 퇴직할 때에는 「근로자퇴직급여 보장법」에 따른 퇴직금을 지급하여야 한다. 다만, 국가기관이나 지방자치단체에 근무하는 청원경찰의 퇴직금에 관하여는 따로[28] 대통령령으로 정한다(청원경찰법 제7조의2).

II. 청원경찰의 제복 및 무기

✓ QR코드를 통해 유튜브(YouTube) 채널로 이동합니다.

1. 청원경찰의 제복

(1) 청원경찰의 제복 착용

1) 제복의 착용
청원경찰은 근무 중 제복을 착용하여야 한다(청원경찰법 제8조 제1항).

2) 제복의 착용시기
하복·동복의 착용시기는 사업장별로 청원주가 결정하되, 착용시기를 통일하여야 한다(청원경찰법 시행규칙 제10조).

3) 위임규정
청원경찰의 복제(服制)에 필요한 사항은 대통령령으로 정한다(청원경찰법 제8조 제3항).

(2) 청원경찰의 복제(服制)[29]

1) 복제의 구분

---

28) 조문에서 위임한 사항을 규정한 하위법령이 없음. (출처: 국가법령정보센터)
29) 복제(服制): 옷차림에 대한 규정. (출처: 국립국어원 표준국어대사전)

청원경찰의 복제(服制)는 제복·장구(裝具)[30] 및 부속물로 구분한다(청원경찰법 시행령 제14조 제1항).

2) 위임규정

청원경찰의 제복·장구 및 부속물에 관하여 필요한 사항은 행정안전부령으로 정한다(청원경찰법 시행령 제14조 제2항).

3) 복제의 종류

① **제복**(청원경찰법 시행규칙 제9조 제1항 제1호)

정모(正帽), 기동모, 근무복(하복, 동복), 성하복(盛夏服), 기동복, 점퍼, 비옷, 방한복, 외투, 단화, 기동화 및 방한화

② **장구**(청원경찰법 시행규칙 제9조 제1항 제2호)

허리띠, **경**찰봉, **호**루라기 및 **포**승(捕繩)

③ **부속물**(청원경찰법 시행규칙 제9조 제1항 제3호)

모자표장, 가슴표장, 휘장, 계급장, 넥타이핀, 단추 및 장갑

4) 복제의 제식 및 재질

청원경찰의 제복·장구(裝具) 및 부속물의 제식(制式)과 재질은 다음과 같다(청원경찰법 시행규칙 제9조 제2항).

① **제복**(청원경찰법 시행규칙 제9조 제2항 제1호)

제복의 제식 및 재질은 청원주가 결정하되, 경찰공무원 또는 군인 제복의 색상과 명확하게 구별될 수 있어야 하며, 사업장별로 통일하여야 한다. 다만, 기동모와 기동복의 색상은 진한 청색으로 하고, 기동복의 제식은 [**별도 1**]과 같이 한다.

---

30) 장구(裝具): 1. 무엇을 꾸미는데 쓰는 여러 가지 도구. 2. 어떤 일을 하려고 몸에 지니는 기구. (출처: 국립국어원 표준국어대사전)

■ 청원경찰법 시행규칙 [별도 1]

기동복의 제식

앞 면	뒷 면
계급장, 가슴휘장, 어깨휘장	

상의
- 노타이(no tie) 식, 가슴받이를 붙이고 긴소매, 앞면 중앙에 플라스틱 단추(소) 6개
- 흉부 좌우에 겉붙임 뚜껑주머니 및 플라스틱 단추(소)
- 어깨·가슴에 휘장(좌측)

하의
- 긴바지
- 앞면 좌우측에 겉붙임 옆주머니
- 뒷면 좌우 둔부에 겉붙임주머니 및 단추
※ 그 밖의 사항은 「경찰복제에 관한 규칙」에 따른 제식에 따른다.

(출처: 국가법령정보센터)

② **장구**(청원경찰법 시행규칙 제9조 제2항 제2호)

장구의 제식과 재질은 경찰 장구와 같이 한다.

③ **부속물**(청원경찰법 시행규칙 제9조 제2항 제3호)

부속물의 제식과 재질은 다음과 같이 한다.

㉠ 모자표장의 제식과 재질은 [**별도 2**]와 같이 하되, 기동모의 표장은 정모 표장의 2분의 1 크기로 할 것.

㉡ 가슴표장, 휘장, 계급장, 넥타이핀 및 단추의 제식과 재질은 [**별도 3**]부터 [**별도 7**]까지와 같이 할 것.

■ 청원경찰법 시행규칙 [별도 2]

모자표장

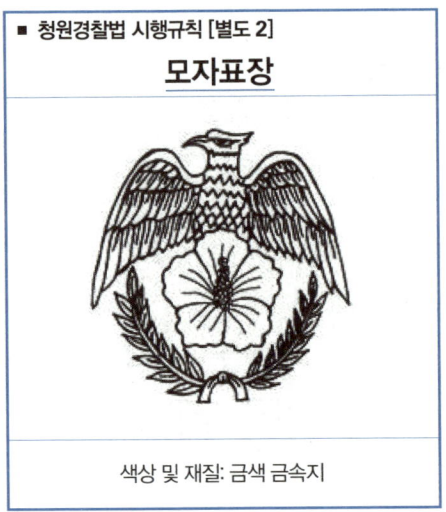

색상 및 재질: 금색 금속지

(출처: 국가법령정보센터)

■ 청원경찰법 시행규칙 [별도 3]

가슴표장

색상 및 재질: 금색 금속지
"청원경찰"은 음각으로 새겨 넣는다.
"번호"에는 소속 기관과 그 일련번호를
새겨 넣는다(예: 체신 112).

(출처: 국가법령정보센터)

■ 청원경찰법 시행규칙 [별도 4]

휘장

어깨휘장(좌측)	가슴휘장(좌측)

○ 너비 2cm, 바깥지름 10cm의 반원형 ○ 바탕색: 상의 색상과 동일 ○ 글자(청원경찰)색: 바탕이 밝은 색일 경우 검은색, 바탕이 어두운 색일 경우 흰색 ○ 글씨의 굵기는 2mm, 크기는 한 글자 기준으로 가로 1.7cm, 세로 1.9cm ○ 모든 제복 왼쪽 어깨에 부착	○ 가로 10cm, 세로 6.5cm ○ 흰색 바탕에 글자(청원경찰)는 검은색 ○ 글씨의 굵기는 4mm, 크기는 한 글자 기준으로 가로 2cm, 세로 5.5cm ○ 기동복, 점퍼, 비옷, 방한복 및 외투 왼쪽 가슴에 부착

(출처: 국가법령정보센터)

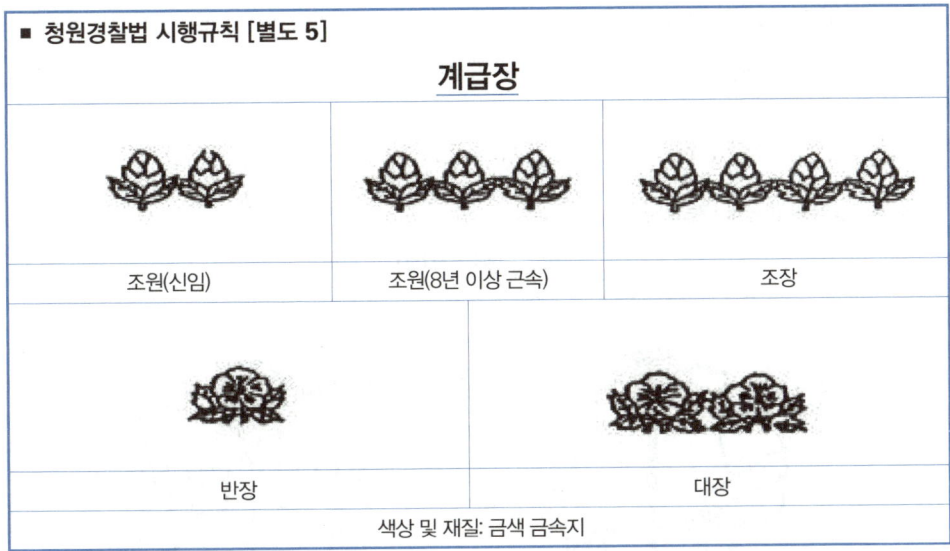

(출처: 국가법령정보센터)

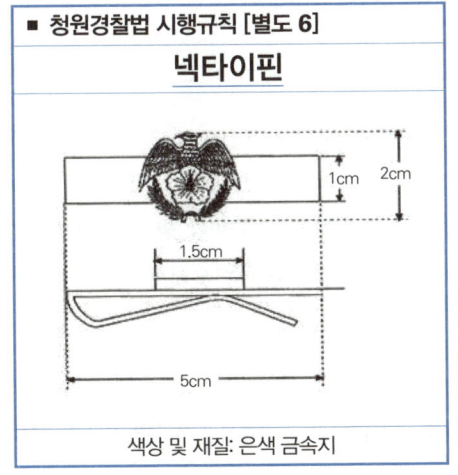

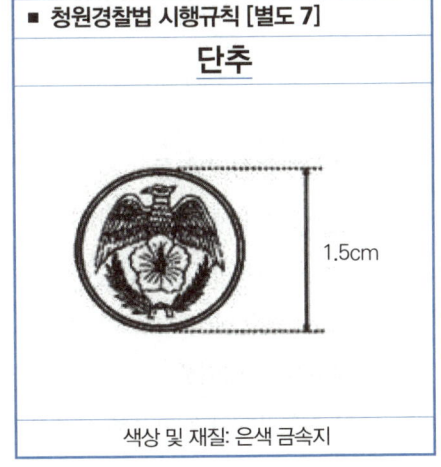

(출처: 국가법령정보센터)　　　　　　　　(출처: 국가법령정보센터)

5) 복제의 착용과 휴대

청원경찰은 평상근무 중에는 정모, 근무복, 단화, 호루라기, 경찰봉 및 포승을 착용하거나 휴대하여야 하고, 총기를 휴대하지 아니할 때에는 분사기를 휴대하여야 하며, 교육훈련이나 그 밖의 특수근무 중에는 기동모, 기동복, 기동화 및 휘장을 착용하거나 부착하되, 허리띠와 경찰봉은 착용하거나 휴대하지 아니할 수 있다(청원경찰법 시행규칙 제9조 제3항).

6) 부속물의 부착 위치

가슴표장, 휘장 및 계급장을 달거나 부착할 위치는 [**별도 8**]과 같다(청원경찰법 시행규칙 제9조 제4항).

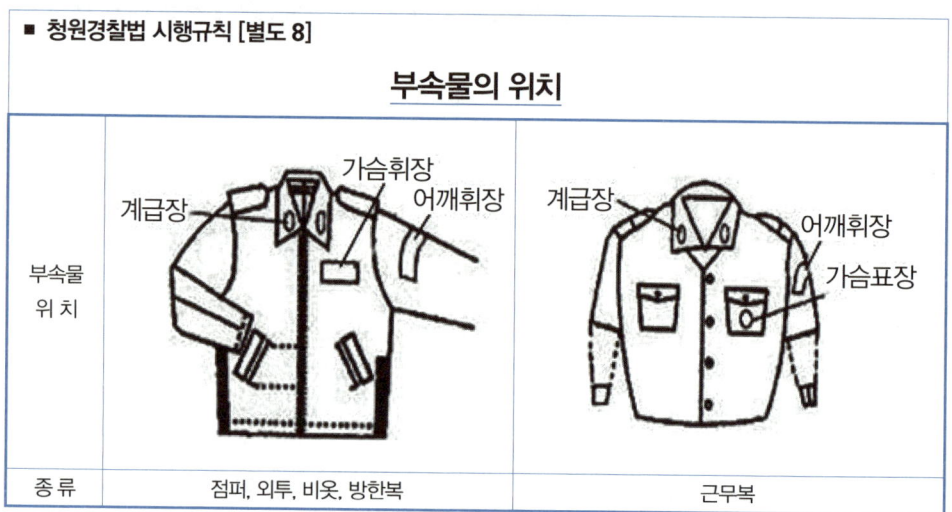

(출처: 국가법령정보센터)

7) 특수복장의 착용

청원경찰이 그 배치지의 특수성 등으로 특수복장을 착용할 필요가 있을 때에는 청원주는 지방경찰청장의 승인을 받아 특수복장을 착용하게 할 수 있다(청원경찰법 시행령 제14조 제3항).

(3) 급여품 및 대여품

1) 청원경찰에게 지급하는 급여품은 [**별표 2**]와 같고, 대여품은 [**별표 3**]과 같다 (청원경찰법 시행규칙 제12조 제1항).

2) 청원경찰이 퇴직할 때에는 대여품을 청원주에게 반납하여야 한다(청원경찰법 시행규칙 제12조 제2항).

■ 청원경찰법 시행규칙 [별표 2]

청원경찰 급여품표(제12조 관련)

품 명	수량	사 용 기 간	정 기 지 급 일
근무복(하복)	1	1년	5월 5일
근무복(동복)	1	1년	9월 25일
성 하 복	1	1년	6월 5일
외투·방한복 또는 점퍼	1	2~3년	9월 25일
기동화 또는 단화	1	단화 1년 기동화 2년	9월 25일
비 옷	1	3년	5월 5일
정 모	1	3년	9월 25일
기동모	1	3년	필요할 때
기동복	1	2년	필요할 때
방한화	1	2년	9월 25일
장 갑	1	2년	9월 25일
호루라기	1	2년	9월 25일

■ 청원경찰법 시행규칙 [별표 3]

청원경찰 대여품표(제12조 관련)

허 경 가 분 포

품 명	수 량
허 리 띠	1
경 찰 봉	1
가 슴 표 장	1
분 사 기	1
포 승	1

2. 청원경찰의 무기

(1) 무기 등의 휴대

1) 분사기 휴대

① 청원주는 「총포·도검·화약류 등의 안전관리에 관한 법률」에 따른 분사기의 소지허가를 받아 청원경찰로 하여금 그 분사기를 휴대하여 직무를 수행하게 할 수 있다(청원경찰법 시행령 제15조).

② 청원경찰은 총기를 휴대하지 아니할 때에는 분사기를 휴대하여야 한다(청원경찰법 시행규칙 제9조 제3항).

2) 무기 휴대

① **무기의 대여 및 휴대**

지방경찰청장은 청원경찰이 직무를 수행하기 위하여 필요하다고 인정하면 청원주의 신청을 받아 관할 경찰서장으로 하여금 청원경찰에게 무기를 대여하여 지니게 할 수 있다(청원경찰법 제8조 제2항).

② **위임규정**

청원경찰의 무기 휴대에 필요한 사항은 대통령령으로 정한다(청원경찰법 제8조 제3항).

③ **무기대여의 신청**

㉠ **무기대여 신청**

청원주가 청원경찰이 휴대할 무기를 대여받으려는 경우에는 관할 경찰서장을 거쳐 지방경찰청장에게 무기대여를 신청하여야 한다(청원경찰법 시행령 제16조 제1항).

㉡ **신청양식**

무기대여 신청은 [별지 제5호서식]에 따른다(청원경찰법 시행규칙 제15조).

④ **기부채납된 무기의 대여**

무기대여 신청을 받은 지방경찰청장이 무기를 대여하여 휴대하게 하려는 경우에는 청원주로부터 국가에 기부채납된 무기에 한정하여 관할 경찰서장으로 하여금 무기를 대여하여 휴대하게 할 수 있다(청원경찰법 시행령 제16조 제2항).

■ 청원경찰법 시행규칙 [별지 제5호서식] 中

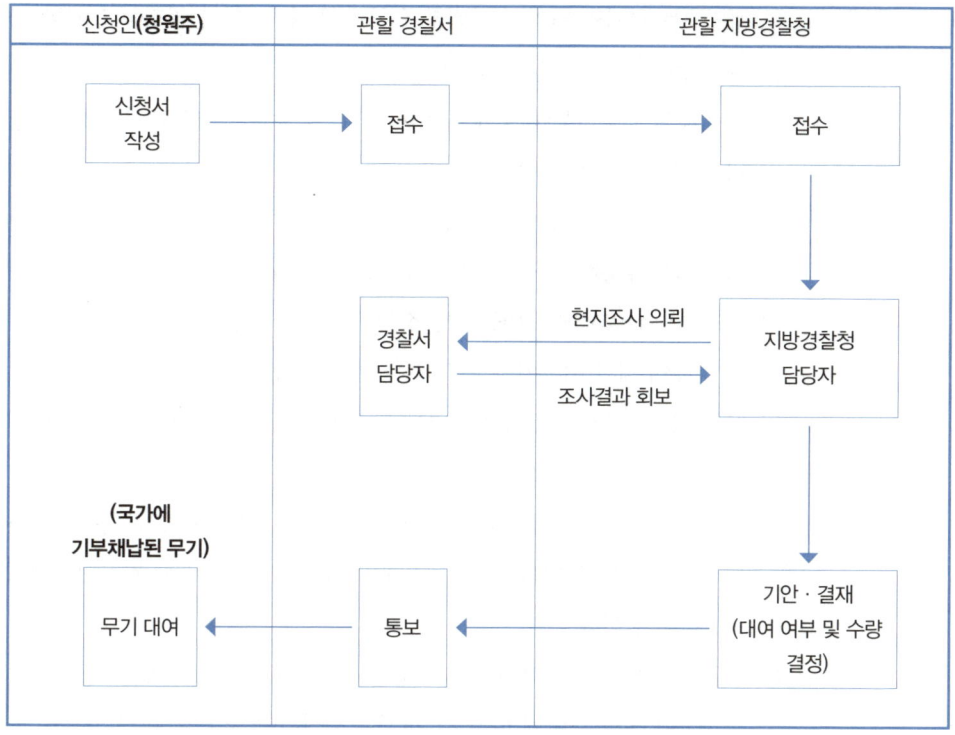

⑤ **무기관리상황의 점검**

　　무기를 대여하였을 때에는 관할 경찰서장은 청원경찰의 무기관리 상황을 수시로 점검하여야 한다(청원경찰법 시행령 제16조 제3항).

(2) 무기관리수칙

　1) 무기관리수칙의 준수

　　청원주 및 청원경찰은 <u>행정안전부령</u>으로 정하는 무기관리수칙을 준수하여야 한다(청원경찰법 시행령 제16조 제4항).

　2) 청원주의 무기관리수칙

　　① **무기와 탄약의 관리**

　　　무기와 탄약을 대여받은 청원주는 다음에 따라 무기와 탄약을 관리하여야 한다(청원경찰법 시행규칙 제16조 제1항).

㉠ 청원주가 무기와 탄약을 대여받았을 때에는 경찰청장이 정하는 무기·탄약 출납부 및 무기장비 운영카드를 갖춰 두고 기록하여야 한다.

㉡ 청원주는 무기와 탄약의 관리를 위하여 관리책임자를 지정하고 관할 경찰서장에게 그 사실을 통보하여야 한다.

㉢ 무기고 및 탄약고는 단층에 설치하고 환기·방습·방화 및 총가(銃架) 등의 시설을 하여야 한다.

㉣ 탄약고는 무기고와 떨어진 곳에 설치하고, 그 위치는 사무실이나 그 밖에 여러 사람을 수용하거나 여러 사람이 오고 가는 시설로부터 격리되어야 한다.

㉤ 무기고와 탄약고에는 이중 잠금장치를 하고, 열쇠는 관리책임자가 보관하되, 근무시간 이후에는 숙직책임자에게 인계하여 보관시켜야 한다.

㉥ 청원주는 경찰청장이 정하는 바에 따라 매월 무기와 탄약의 관리 실태를 파악하여 다음 달 3일까지 관할 경찰서장에게 통보하여야 한다.

㉦ 청원주는 대여받은 무기와 탄약에 분실·도난·피탈(被奪) 또는 훼손 등의 사고가 발생하였을 때에는 지체 없이 그 사유를 관할 경찰서장에게 통보하여야 한다.

◎ 청원주는 무기와 탄약이 분실·도난·피탈 또는 훼손되었을 때에는 경찰청장이 정하는 바에 따라 그 전액을 배상하여야 한다. 다만, 전시·사변·천재지변이나 그 밖의 불가항력적인 사유가 있다고 지방경찰청장이 인정하였을 때에는 그러하지 아니하다.

② **무기와 탄약의 출납**

무기와 탄약을 대여받은 청원주가 청원경찰에게 무기와 탄약을 출납하려는 경우에는 다음에 따라야 한다. 다만, 관할 경찰서장의 지시에 따라 아래의 '㉡'에 따른 탄약의 수를 늘리거나 줄일 수 있고, 무기와 탄약의 출납을 중지할 수 있으며, 무기와 탄약을 회수하여 집중관리할 수 있다(청원경찰법 시행규칙 제16조 제2항).

㉠ 무기와 탄약을 출납하였을 때에는 무기·탄약 출납부에 그 출납사항을 기록하여야 한다.

㉡ 소총의 탄약은 1정당 15발 이내, 권총의 탄약은 1정당 7발 이내로 출납하여야 한다. 이 경우 생산된 후 오래된 탄약을 우선하여 출납하여야 한다.

ⓒ 청원경찰에게 지급한 무기와 탄약은 매주 1회 이상 손질하게 하여야 한다.
ⓔ 수리가 필요한 무기가 있을 때에는 그 목록과 무기장비 운영카드를 첨부하여 관할 경찰서장에게 수리를 요청할 수 있다.

③ **무기와 탄약의 지급 금지**

청원주는 다음의 어느 하나에 해당하는 청원경찰에게 무기와 탄약을 지급해서는 아니 되며, 지급한 무기와 탄약은 회수하여야 한다(청원경찰법 시행규칙 제16조 제4항).

형사 / 불 주 / 변비

㉠ 직무상 **비**위(非違)로 징계 대상이 된 사람
㉡ **형**사사건으로 조사 대상이 된 사람
㉢ **사**의(辭意)를 밝힌 사람
㉣ 평소에 **불**평이 심하고 염세적인 사람
㉤ **주**벽(酒癖)이 심한 사람
㉥ **변**태적 성벽(性癖)이 있는 사람

3) 청원경찰의 무기관리수칙

청원주로부터 무기와 탄약을 지급받은 청원경찰은 다음의 사항을 준수하여야 한다(청원경찰법 시행규칙 제16조 제3항).

① 무기를 지급받거나 반납할 때 또는 인계인수할 때에는 반드시 "앞에 총"자세에서 "검사 총"을 하여야 한다.
② 무기와 탄약을 지급받았을 때에는 별도의 지시가 없으면 무기와 탄약을 분리하여 휴대하여야 하며, 소총은 "우로 어깨 걸어 총"의 자세를 유지하고, 권총은 "권총집에 넣어 총"의 자세를 유지하여야 한다.
③ 지급받은 무기는 다른 사람에게 보관 또는 휴대하게 할 수 없으며 손질을 의뢰할 수 없다.
④ 무기를 손질하거나 조작할 때에는 반드시 총구를 공중으로 향하게 하여야 한다.
⑤ 무기와 탄약을 반납할 때에는 손질을 철저히 하여야 한다.
⑥ 근무시간 이후에는 무기와 탄약을 청원주에게 반납하거나 교대근무자에게 인계하여야 한다.

》》 실전적용문제

2018년 제20회 기출문제 (36번 문제)

1. 청원경찰법령상 청원경찰경비(經費)에 관한 설명으로 옳지 않은 것은?

① 청원경찰경비는 봉급과 각종 수당, 피복비, 교육비, 보상금 및 퇴직금을 말한다.

② 봉급·수당의 최저부담기준액(국가기관 또는 지방자치단체에 근무하는 청원경찰의 봉급·수당은 제외)은 경찰청장이 정하여 고시한다.

③ 국가기관 또는 지방자치단체에 근무하는 청원경찰의 각종 수당은 「공무원수당 등에 관한 규정」에 따른 수당 중 가계보전수당, 실비변상 등으로 한다.

④ 교육비는 청원주가 해당 청원경찰의 입교 7일 전에 청원경찰에게 직접 지급한다.

> 정답 ④
>
> ※ 해설
> 교육비는 청원주가 해당 청원경찰의 입교(入校) 3일 전에 해당 경찰교육기관에 낸다(청원경찰법 시행규칙 제8조 제3호). '7일 전'이 아닌 '3일 전'이다.

2015년 제17회 기출문제 (35번 문제)

2. 청원경찰법령상 청원경찰의 보수에 관한 설명으로 옳지 않은 것은?

① 국가기관 또는 지방자치단체에 근무하는 청원경찰 보수의 호봉 간 승급기간은 경찰공무원의 승급기간에 관한 규정을 준용한다.

② 국가기관에 근무하는 청원경찰의 보수는 그 재직기간이 25년인 경우, 경찰공무원 경사의 보수를 감안하여 대통령령으로 정한다.

③ 국가기관 또는 지방자치단체에 근무하는 청원경찰의 봉급·수당에 관한 청원주의 최저부담기준액은 경찰청장이 정하여 고시한다.

④ 국가기관 또는 지방자치단체에 근무하는 청원경찰의 각종 수당은 「공무원수당 등에 관한 규정」에 따른 수당 중 가계보전수당, 실비변상 등으로 하며, 그 세부항목은 경찰청장이 정하여 고시한다.

정답 ③

※ 해설
청원주의 봉급·수당의 최저부담기준액(국가기관 또는 지방자치단체에 근무하는 청원경찰의 봉급·수당은 제외한다)과 청원경찰의 피복비 및 교육비에 따른 비용의 부담기준액은 경찰청장이 정하여 고시(告示)한다(청원경찰법 제6조 제3항). '국가기관 또는 지방자치단체에 근무하는 청원경찰의 봉급·수당은 제외한다.'

2017년 제19회 기출문제 (35번 문제)

3. 청원경찰법령상 청원경찰의 보수산정에 관하여 그 배치된 사업장의 취업규칙에 특별한 규정이 없는 경우에 봉급산정의 기준이 되는 경력에 불산입 되는 것으로 옳은 것은?

① 군복무한 경력

② 의무경찰에 복무한 경력

③ 청원경찰로 임용되어 근무한 경력

④ 지방자치단체에서 근무하는 청원경찰에 대해서는 지방자치단체에 비상근으로 근무한 경력

정답 ④

※ 해설
'비상근'이 아닌 '상근'으로 근무한 경력이다.

보수 산정 시의 경력의 인정(청원경찰법 시행령 제11조 제1항)
청원경찰의 보수 산정에 관하여 그 배치된 사업장의 취업규칙에 특별한 규정이 없는 경우에는 다음의 경력을 봉급 산정의 기준이 되는 경력에 산입(算入)하여야 한다.
㉠ 청원경찰로 근무한 경력
㉡ 군 또는 의무경찰에 복무한 경력
㉢ 수위·경비원·감시원 또는 그 밖에 청원경찰과 비슷한 직무에 종사하던 사람이 해당 사업장의 청원주에 의하여 청원경찰로 임용된 경우에는 그 직무에 종사한 경력
㉣ 국가기관 또는 지방자치단체에서 근무하는 청원경찰에 대해서는 국가기관 또는 지방자치단체에서 상근(常勤)으로 근무한 경력

청경 / 군·의 / 수 / 상

2018년 제20회 기출문제 (40번 문제)

4. 청원경찰법령상 청원경찰의 복제(服制)에 관한 설명으로 옳은 것은?

① 청원경찰의 복제는 제복·장구 및 부속물로 구분하며, 이 가운데 모자표장, 계급장, 장급 등은 부속물에 해당한다.
② 청원주는 청원경찰이 특수복장을 착용할 필요가 있을 때에는 관할 경찰서장에게 보고하고 특수복장을 착용하게 할 수 있다.
③ 청원경찰의 제복의 제식 및 재질은 지방경찰청장이 결정하되, 사업장별로 통일하여야 한다.
④ 청원경찰은 특수근무 중에는 정모, 근무복, 단화, 호루라기, 경찰봉 및 포승을 착용하거나 휴대하여야 한다.

정답 ①

※ 해설
청원경찰의 복제(服制)는 제복·장구(裝具) 및 부속물로 구분한다(청원경찰법 시행령 제14조 제1항). 모자표장, 가슴표장, 휘장, 계급장, 넥타이핀, 단추 및 장갑은 부속물에 해당한다(청원경찰법 시행규칙 제9조 제1항 제3호).

② 청원경찰이 그 배치지의 특수성 등으로 특수복장을 착용할 필요가 있을 때에는 청원주는 지방경찰청장의 승인을 받아 특수복장을 착용하게 할 수 있다(청원경찰법 시행령 제14조 제3항). '관할 경찰서장'이 아닌 '지방경철청장'의 승인이다.
③ 제복의 제식 및 재질은 청원주가 결정하되, 경찰공무원 또는 군인 제복의 색상과 명확하게 구별될 수 있어야 하며, 사업장별로 통일하여야 한다(청원경찰법 시행규칙 제9조 제2항 제1호). '지방경찰청장'이 아닌 '청원주'가 결정한다.
④ 청원경찰은 … (생략) … 교육훈련이나 그 밖의 특수근무 중에는 기동모, 기동복, 기동화 및 휘장을 착용하거나 부착하되, 허리띠와 경찰봉은 착용하거나 휴대하지 아니할 수 있다(청원경찰법 시행규칙 제9조 제3항). '경찰봉'은 착용하거나 휴대하지 않을 수 있다.

2019년 제21회 기출문제 (28번 문제)

5. 청원경찰법령상 급여품과 대여품에 관한 설명으로 옳지 않은 것은?

① 근무복과 기동화는 청원경찰에게 지급하는 급여품에 해당한다.

② 청원경찰에게 지급하는 대여품에는 허리띠, 경찰봉, 가슴표장, 분사기, 포승이 있다.

③ 급여품 중 호루라기, 방한화, 장갑의 사용기간은 2년이다.

④ 청원경찰이 퇴직할 때에는 급여품과 대여품을 청원주에게 반납하여야 한다.

> 정답 ④
>
> ※ 해설
> '급여품과 대여품'이 아닌 '대여품'이다. 청원경찰이 퇴직할 때에는 대여품을 청원주에게 반납하여야 한다(청원경찰법 시행규칙 제12조 제2항).
> ① (청원경찰법 시행규칙 제12조 제1항, 청원경찰법 시행규칙 [별표 2]).
> ② (청원경찰법 시행규칙 제12조 제1항, 청원경찰법 시행규칙 [별표 3]).
> ③ (청원경찰법 시행규칙 제12조 제2항, 청원경찰법 시행규칙 [별표 2]).

2017년 제19회 기출문제 (32번 문제)

6. 청원경찰법령상 청원경찰이 퇴직할 때 청원주에게 반납하여야 하는 것을 모두 고른 것은?

| ㄱ. 허리띠 | ㄴ. 근무복 | ㄷ. 방한화 | ㄹ. 호루라기 |
| ㅁ. 가슴표장 | ㅂ. 분사기 | ㅅ. 포승 | ㅇ. 기동복 |

① ㄱ, ㄷ, ㅁ, ㅇ

② ㄱ, ㅁ, ㅂ, ㅅ

③ ㄴ, ㄷ, ㄹ, ㅇ

④ ㄴ, ㄹ, ㅂ, ㅅ

정답 ②

※ 해설
청원경찰이 퇴직할 때에는 대여품을 청원주에게 반납하여야 한다(청원경찰법 시행규칙 제12조 제2항). 허리띠, 경찰봉, 가슴표장, 분사기, 포승을 반납하여야 한다.

■ 청원경찰법 시행규칙 [별표 3]

청원경찰 대여품표(제12조 관련)

허 경 가 분 포

품 명	수 량
허리띠	1
경찰봉	1
가슴표장	1
분사기	1
포승	1

2018년 제20회 기출문제 (35번 문제)

7. 청원경찰법령상 청원경찰의 분사기 및 무기휴대에 관한 설명으로 옳은 것은?

① 관할 경찰서장은 대여한 청원경찰의 무기관리 상황을 월 1회 이상 점검하여야 한다.

② 청원경찰은 평상근무 중에 총기를 휴대하지 아니할 때에는 분사기를 휴대하여야 한다.

③ 청원주는 「위험물안전관리법」에 따른 분사기의 소지허가를 받아 청원경찰로 하여금 그 분사기를 휴대하여 직무를 수행하게 할 수 있다.

④ 관할 경찰서장은 청원경찰이 직무를 수행하기 위하여 필요하다고 인정하면 직권으로 청원경찰에게 무기를 대여하여 지니게 할 수 있다.

정답 ②

※ 해설
청원경찰은 평상근무 중에는 … (생략) … 총기를 휴대하지 아니할 때에는 분사기를 휴대하여야 하며, … (생략) …. (청원경찰법 시행규칙 제9조 제3항)

① 무기를 대여하였을 때에는 관할 경찰서장은 청원경찰의 무기관리 상황을 수시로 점검하여야 한다(청원경찰법 시행령 제16조 제3항).
③ 청원주는 「총포·도검·화약류 등의 안전관리에 관한 법률」에 따른 분사기의 소지허가를 받아 청원경찰로 하여금 그 분사기를 휴대하여 직무를 수행하게 할 수 있다(청원경찰법 시행령 제15조).
④ 지방경찰청장은 청원경찰이 직무를 수행하기 위하여 필요하다고 인정하면 청원주의 신청을 받아 관할 경찰서장으로 하여금 청원경찰에게 무기를 대여하여 지니게 할 수 있다(청원경찰법 제8조 제2항).

2018년 제20회 기출문제 (29번 문제)

8. 청원경찰법령상 청원주의 무기관리수칙에 관한 설명으로 옳은 것은?

① 탄약고는 무기고와 떨어진 곳에 설치하고, 그 위치는 사무실이나 그 밖에 여러사람을 수용하거나 여러 사람이 오고 가는 시설로부터 인접해 있어야 한다.
② 무기와 탄약을 대여 받았을 때에는 지방경찰청장이 정하는 무기·탄약 출납부 등을 갖춰 두고 기록하여야 한다.
③ 대여 받은 무기와 탄약에 분실·도난 등의 사고가 발생하였을 때에는 지체 없이 그 사유를 관할 경찰서장에게 통보하여야 한다.
④ 청원경찰에게 지급한 무기와 탄약은 매월 1회 이상 손질하게 하여야 한다.

정답 ③

※ 해설
청원주는 대여받은 무기와 탄약에 분실·도난·피탈(被奪) 또는 훼손 등의 사고가 발생하였을 때에는 지체 없이 그 사유를 관할 경찰서장에게 통보하여야 한다(청원경찰법 시행규칙 제16조 제7호).
① 탄약고는 무기고와 떨어진 곳에 설치하고, 그 위치는 사무실이나 그 밖에 여러 사람을 수용하거나 여러 사람이 오고 가는 시설로부터 격리되어야 한다(청원경찰법 시행규칙 제16조 제1항 제4호). '인접'이 아닌 '격리'이다.
② 청원주가 무기와 탄약을 대여받았을 때에는 경찰청장이 정하는 무기·탄약 출납부 및 무기장비 운영카드를 갖춰 두고 기록하여야 한다(청원경찰법 시행규칙 제16조 제1항 제1호). '지방경찰청장'이 아닌 '경찰청장'이다.
④ 청원경찰에게 지급한 무기와 탄약은 매주 1회 이상 손질하게 하여야 한다(청원경찰법 시행규칙 제16조 제2항 제3호).

2019년 제21회 기출문제 (35번 문제)

9. 청원경찰법령상 무기와 탄약을 지급받은 청원경찰의 준수사항으로 옳지 <u>않은</u> 것은?

① 무기를 지급받거나 반납할 때 또는 인계인수할 때에는 반드시 "앞에 총" 자세에서 "검사 총"을 하여야 한다.

② 무기와 탄약을 지급받았을 때에는 별도의 지시가 없으면 무기와 탄약을 분리하여 휴대하여야 한다.

③ 지급받은 무기는 다른 사람에게 보관 또는 휴대하게 할 수 없으며 손질을 의뢰할 수 없다.

④ 근무시간 이후에는 무기와 탄약을 관리책임자에게 반납하여야 한다.

정답 ④

※ **해설**

'관리책임자'가 아닌 '청원주'이다. 근무시간 이후에는 무기와 탄약을 청원주에게 반납하거나 교대근무자에게 인계하여야 한다(청원경찰법 시행규칙 제16조 제3항 제6호).

① (청원경찰법 시행규칙 제16조 제3항 제1호).
② (청원경찰법 시행규칙 제16조 제3항 제2호).
③ (청원경찰법 시행규칙 제16조 제3항 제3호).

2016년 제18회 기출문제 (35번 문제)

10. 청원경찰법령상 청원주가 무기와 탄약을 지급할 수 있는 청원경찰은?

① 직무상 비위(非違)로 징계 대상이 된 사람

② 사의(辭意)를 밝힌 사람

③ 변태적 성벽(性癖)이 있는 사람

④ 근무 중 휴대전화를 자주 사용하는 사람

정답 ④

※ 해설

'근무 중 휴대전화를 자주 사용하는 사람'은 청원주가 무기와 탄약을 지급할 수 있는 청원경찰에 해당한다.

청원주는 다음의 어느 하나에 해당하는 청원경찰에게 무기와 탄약을 지급해서는 아니 되며, 지급한 무기와 탄약은 회수하여야 한다(청원경찰법 시행규칙 제16조 제4항).
㉠ 직무상 비위(非違)로 징계 대상이 된 사람
㉡ 형사사건으로 조사 대상이 된 사람
㉢ 사의(辭意)를 밝힌 사람
㉣ 평소에 불평이 심하고 염세적인 사람
㉤ 주벽(酒癖)이 심한 사람
㉥ 변태적 성벽(性癖)이 있는 사람

형사 / 불 주 / 변 비

Chapter 2. 청원경찰법

제 4 장 보칙

✓ QR코드를 통해 유튜브(YouTube) 채널로 이동합니다.

Ⅰ. 감독 등

1. 감독

(1) 청원주의 감독 및 교육

청원주는 항상 소속 청원경찰의 근무 상황을 감독하고, 근무 수행에 필요한 교육을 하여야 한다(청원경찰법 제9조의3 제1항).

(2) 지방경찰청장의 지도 및 감독상 명령

지방경찰청장은 청원경찰의 효율적인 운영을 위하여 청원주를 지도하며 감독상 필요한 명령을 할 수 있다(청원경찰법 제9조의3 제2항).

(3) 관할 경찰서장의 감독

관할 경찰서장은 매달 1회 이상 청원경찰을 배치한 경비구역에 대하여 다음의 사항을 감독하여야 한다(청원경찰법 시행령 제17조).

1) 복무규율과 근무 상황

2) 무기의 관리 및 취급 사항

2. 감독자의 지정

(1) 청원주의 감독자 지정

2명 이상의 청원경찰을 배치한 사업장의 청원주는 청원경찰의 지휘·감독을 위하여 청원경찰 중에서 유능한 사람을 선정하여 감독자로 지정하여야 한다(청원경찰법 시행규칙 제19조 제1항).

(2) 감독자 지정기준

감독자는 조장, 반장 또는 대장으로 하며, 그 지정기준은 **[별표 4]**와 같다(청원경찰법 시행규칙 제19조 제2항).

■ 청원경찰법 시행규칙 [별표 4]

감독자 지정기준(제19조제2항 관련)

근무인원	직급별 지정기준		
	대장	반장	조장
9명까지			1명
10명 이상 29명 이하		1명	2~3명
30명 이상 40명 이하		1명	3~4명
41명 이상 60명 이하	1명	2명	6명
61명 이상 120명 이하	1명	4명	12명

II. 손해배상책임

청원경찰(국가기관이나 지방자치단체에 근무하는 청원경찰은 제외한다)의 직무상 불법행위에 대한 배상책임에 관하여는 「민법」의 규정을 따른다(청원경찰법 제10조의2).

III. 권한의 위임

1. 위임규정

이 법에 따른 지방경찰청장의 권한은 그 일부를 대통령령으로 정하는 바에 따라 관할 경찰서장에게 위임할 수 있다(청원경찰법 제10조의3).

2. 위임사항

지방경찰청장은 다음의 권한을 관할 경찰서장에게 위임한다. 다만, 청원경찰을 배치하고 있는 사업장이 하나의 경찰서의 관할구역에 있는 경우로 한정한다(청원경찰법 시행령 제20조).

(1) 청원경찰 배치의 결정 및 요청에 관한 권한(법 제4조 제2항 및 제3항)

(2) 청원경찰의 임용승인에 관한 권한(법 제5조 제1항)

(3) 청원주에 대한 지도 및 감독상 필요한 명령에 관한 권한(법 제9조의3 제2항)

(4) 과태료 부과·징수에 관한 권한(법 제12조)

Ⅳ. 민감정보 및 고유식별정보의 처리

지방경찰청장 또는 경찰서장은 다음의 사무를 수행하기 위하여 불가피한 경우 (「개인정보 보호법」 제23조에 따른) 건강에 관한 정보와 (같은 법 시행령 제18조 제2호에 따른) 범죄경력자료에 해당하는 정보, (같은 영 제19조 제1호 또는 제4호에 따른) 주민등록번호 또는 외국인등록번호가 포함된 자료를 처리할 수 있다(청원경찰법 시행령 제20조의2).

1. 청원경찰의 임용, 배치 등 인사관리에 관한 사무(법 및 이 영에 따른)
2. 청원경찰의 제복 착용 및 무기 휴대에 관한 사무(법 제8조에 따른)
3. 청원주에 대한 지도·감독에 관한 사무(법 제9조의3에 따른)
4. 제1호부터 제3호까지의 규정에 따른 사무를 수행하기 위하여 필요한 사무

Ⅴ. 경비전화의 가설

1. 경비전화의 가설

관할 경찰서장은 청원주의 신청에 따라 경비를 위하여 필요하다고 인정할 때에는 청원경찰이 배치된 사업장에 경비전화를 가설할 수 있다(청원경찰법 시행규칙 제20조 제1항).

2. 소요경비의 부담

경비전화를 가설할 때 드는 비용은 청원주가 부담한다(청원경찰법 시행규칙 제20조 제2항).

Ⅵ. 문서와 장부의 비치[31]

1. 청원주

청원주는 다음의 문서와 장부를 갖춰 두어야 한다(청원경찰법 시행규칙 제17조 제1항).

(1) 청원경찰 명부

(2) 근무일지

(3) 근무 상황카드

(4) 경비구역 배치도

(5) 순찰표철

(6) 무기·탄약 출납부

---

31) 청원경찰법 시행규칙 제17조(문서와 장부의 비치) ④ 제1항부터 제3항까지의 규정에 따른 문서와 장부의 서식은 경찰관서에서 사용하는 서식을 준용한다.

(7) 무기장비 운영카드

(8) 봉급지급 조서철

(9) 신분증명서 발급대장

(10) 징계 관계철

(11) 교육훈련 실시부

(12) 청원경찰 직무교육계획서

(13) 급여품 및 대여품 대장

(14) 그 밖에 청원경찰의 운영에 필요한 문서와 장부

2. 관할 경찰서장

관할 경찰서장은 다음의 문서와 장부를 갖춰 두어야 한다(청원경찰법 시행규칙 제17조 제2항).

(1) 청원경찰 명부

(2) 감독 순시부

(3) 전출입 관계철

(4) 교육훈련 실시부

(5) 무기·탄약 대여대장

(6) 징계요구서철

(7) 그 밖에 청원경찰의 운영에 필요한 문서와 장부

3. 지방경찰청장

지방경찰청장은 다음의 문서와 장부를 갖춰 두어야 한다(청원경찰법 시행규칙 제17조 제3항).

(1) 배치 결정 관계철

(2) 청원경찰 임용승인 관계철

(3) 전출입 관계철

(4) 그 밖에 청원경찰의 운영에 필요한 문서와 장부

주체(人) \ 법(法)	청원경찰법	경비업법
청원주 (시설주)	① 청원경찰 명부 ② 근무일지 ③ 근무 상황카드 ④ 경비구역 배치도 ⑤ 순찰표철 ⑥ 무기·탄약 출납부 ⑦ 무기장비 운영카드 ⑧ 봉급지급 조서철 ⑨ 신분증명서 발급대장 ⑩ 징계 관계철 ⑪ 교육훈련 실시부 ⑫ 청원경찰 직무교육계획서 ⑬ 급여품 및 대여품 대장 ⑭ 그 밖에 청원경찰의 운영에 필요한 문서와 장부	① 근무일지 ② 근무상황카드 ③ 경비구역배치도 ④ 순찰표철 ⑤ 무기탄약출납부 ⑥ 무기장비운영카드
관할경찰서장 (경찰관서장)	① 청원경찰 명부 ② 감독 순시부 ③ 전출입 관계철 ④ 교육훈련 실시부 ⑤ 무기·탄약 대여대장 ⑥ 징계요구서철 ⑦ 그 밖에 청원경찰의 운영에 필요한 문서와 장부	① 감독순시부 ② 특수경비원 전·출입관계철 ③ 특수경비원 교육훈련실시부 ④ 무기·탄약대여대장 ⑤ 그 밖에 특수경비원의 관리 등을 위하여 필요한 장부 또는 서류
지방경찰청장	① 배치 결정 관계철 ② 청원경찰 임용승인 관계철 ③ 전출입 관계철 ④ 그 밖에 청원경찰의 운영에 필요한 문서와 장부	

〈갖추어 두어야 할 장부나 서류의 비교〉

>>> 실전적용문제

2015년 제17회 기출문제 (36번 문제)

1. 청원경찰법령상 청원경찰의 지휘·감독을 위한 감독자 지정기준에 관한 설명으로 옳지 않은 것은?

① 근무인원이 9명인 경우 반장 1명을 지정하여야 한다.

② 근무인원이 30명인 경우 반장 1명, 조장 3~4명을 지정하여야 한다.

③ 근무인원이 60명인 경우 대장 1명, 반장 2명, 조장 6명을 지정하여야 한다.

④ 근무인원이 100명인 경우 대장 1명, 반장 4명, 조장 12명을 지정하여야 한다.

정답 ①

※ 해설
근무인원이 9명인 경우 '조장 1명'을 지정하여야 한다.

■ 청원경찰법 시행규칙 [별표 4]

감독자 지정기준(제19조제2항 관련)

근무인원	직급별 지정기준		
	대장	반장	조장
9명까지			1명
10명 이상 29명 이하		1명	2 ~ 3명
30명 이상 40명 이하		1명	3 ~ 4명
41명 이상 60명 이하	1명	2명	6명
61명 이상 120명 이하	1명	4명	12명

2017년 제19회 기출문제 (34번 문제)

2. 청원경찰법령상 배상책임과 권한의 위임에 관한 설명으로 옳은 것은?

① 지방경찰청장은 청원경찰의 임용승인에 관한 권한을 대통령령으로 관할경찰서장에게 위임할 수 있다.

② 경비업자가 중요시설의 경비를 도급받았을 때에는 청원주는 그 사업장에 배치된 청원경찰의 근무 배치 및 감독에 관한 권한을 해당 경비업자에게 위임할 수 없다.

③ 공기업에 근무하는 청원경찰의 직무상 불법행위로 인한 배상책임은 국가배상법에 의한다.

④ 국가기관에 근무하는 청원경찰의 직무상 불법행위로 인한 배상책임에 관해서는 민법의 규정에 의한다.

정답 ①

※ 해설

지방경찰청장은 청원경찰의 임용승인에 관한 권한(법 제5조 제1항)을 관할 경찰서장에게 위임한다(청원경찰법 시행령 제20조).

②「경비업법」에 따른 경비업자가 중요 시설의 경비를 도급받았을 때에는 청원주는 그 사업장에 배치된 청원경찰의 근무 배치 및 감독에 관한 권한을 해당 경비업자에게 위임할 수 있다(청원경찰법 시행령 제19조 제1항).

③, ④ 청원경찰(국가기관이나 지방자치단체에 근무하는 청원경찰은 제외한다)의 직무상 불법행위에 대한 배상책임에 관하여는 「민법」의 규정을 따른다(청원경찰법 제10조의2). '국가기관이나 지방자치단체'에 근무하는 청원경찰은 직무상 불법행위에 대한 배상책임에 관하여는 국가배상법의 규정을 따른다. '공기업'에 근무하는 청원경찰은 직무상 불법행위에 대한 배상책임에 관하여는 민법의 규정을 따른다.

2019년 제21회 기출문제 (29번 문제)

3. 청원경찰법령상 관할 경찰서장이 갖춰 두어야 할 문서와 장부가 아닌 것은?

① 청원경찰 명부

② 전출입 관계철

③ 교육훈련 실시부

④ 청원경찰 임용승인 관계철

정답 ④

※ 해설

'청원경찰 임용승인 관계철'은 관할 경찰서장이 갖춰 두어야 할 문서와 장부가 아니라 지방경찰청장이 갖춰 두어야 할 문서와 장부에 해당한다(청원경찰법 시행규칙 제17조 제2항 및 동조 제3항).

관할 경찰서장 (청원경찰법 시행규칙 제17조 제2항)

(1) 청원경찰 명부

(2) 감독 순시부

(3) 전출입 관계철

(4) 교육훈련 실시부

(5) 무기·탄약 대여대장

(6) 징계요구서철

(7) 그 밖에 청원경찰의 운영에 필요한 문서와 장부

지방경찰청장 (청원경찰법 시행규칙 제17조 제3항)

(1) 배치 결정 관계철

(2) 청원경찰 임용승인 관계철

(3) 전출입 관계철

(4) 그 밖에 청원경찰의 운영에 필요한 문서와 장부

2017년 제19회 기출문제 (28번 문제)

4. 청원경찰법령상 지방경찰청장과 관할경찰서장이 모두 비치해야 할 장부 등으로 옳은 것은?

① 전출입 관계철
② 교육훈련 실시부
③ 청원경찰 명부
④ 배치 결정 관계철

정답 ①

※ 해설
'전출입 관계철'이 지방경찰청장과 관할경찰서장이 모두 비치해야 할 장부에 해당한다.

관할 경찰서장 (청원경찰법 시행규칙 제17조 제2항).
(1) 청원경찰 명부
(2) 감독 순시부
(3) 전출입 관계철
(4) 교육훈련 실시부
(5) 무기 · 탄약 대여대장
(6) 징계요구서철
(7) 그 밖에 청원경찰의 운영에 필요한 문서와 장부

지방경찰청장(청원경찰법 시행규칙 제17조 제3항).
(1) 배치 결정 관계철
(2) 청원경찰 임용승인 관계철
(3) 전출입 관계철
(4) 그 밖에 청원경찰의 운영에 필요한 문서와 장부

Chapter 2. 청원경찰법

제 5 장 벌칙

✓ QR코드를 통해 유튜브(YouTube) 채널로 이동합니다.

Ⅰ. 벌칙

1. 쟁의행위 금지

(1) 쟁의행위의 금지[32]

청원경찰은 파업, 태업 또는 그 밖에 업무의 정상적인 운영을 방해하는 일체의 쟁의행위를 하여서는 아니 된다(청원경찰법 제9조의4).

(2) 1년 이하의 징역 또는 1천만원 이하의 벌금

제9조의4(청원경찰은 파업, 태업 또는 그 밖에 업무의 정상적인 운영을 방해하는 일체의 쟁의행위를 하여서는 아니 된다)를 위반하여 파업, 태업 또는 그 밖에 업무의 정상적인 운영을 방해하는 쟁의행위를 한 사람은 1년 이하의 징역 또는 1천만원 이하의 벌금에 처한다(청원경찰법 제11조).

2. 직권남용 금지 등

(1) 직권남용 금지

청원경찰이 직무를 수행할 때 직권을 남용하여 국민에게 해를 끼쳐서는 아니 된다(청원경찰법 제10조 제1항).

(2) 6개월 이하의 징역이나 금고

청원경찰이 직무를 수행할 때 직권을 남용하여 국민에게 해를 끼친 경우에는 6개월 이하의 징역이나 금고에 처한다(청원경찰법 제10조 제1항).

---

32) [본조신설 2018. 9. 18.]

3. 형법 등이나 벌칙 적용시 청원경찰의 신분

청원경찰 업무에 종사하는 사람은 「형법」이나 그 밖의 법령에 따른 벌칙을 적용할 때에는 공무원으로 본다(청원경찰법 제10조 제2항).

II. 과태료

1. 5백만원 이하의 과태료

다음의 어느 하나에 해당하는 자에게는 500만원 이하의 과태료를 부과한다(청원경찰법 제12조 제1항).

(1) 제4조 제2항(지방경찰청장은 제1항의 청원경찰 배치 신청을 받으면 지체 없이 그 배치 여부를 결정하여 신청인에게 알려야 한다)에 따른 지방경찰청장의 배치 결정을 받지 아니하고 청원경찰을 배치하거나, 제5조 제1항(청원경찰은 청원주가 임용하되, 임용을 할 때에는 미리 지방경찰청장의 승인을 받아야 한다)에 따른 지방경찰청장의 승인을 받지 아니하고 청원경찰을 임용한 자

(2) 정당한 사유 없이 제6조 제3항{청원주의 제1항제1호에 따른 봉급·수당의 최저부담기준액(국가기관 또는 지방자치단체에 근무하는 청원경찰의 봉급·수당은 제외한다)과 같은 항 제2호 및 제3호에 따른 비용의 부담기준액은 경찰청장이 정하여 고시한다}에 따라 경찰청장이 고시한 최저부담기준액 이상의 보수를 지급하지 아니한 자

(3) 제9조의3 제2항(지방경찰청장은 청원경찰의 효율적인 운영을 위하여 청원주를 지도하며 감독상 필요한 명령을 할 수 있다)에 따른 감독상 필요한 명령을 정당한 사유 없이 이행하지 아니한 자

2. 과태료의 부과·징수

과태료는 대통령령으로 정하는 바에 따라 지방경찰청장이 부과·징수한다(청원경찰법 제12조 제1항).

3. 과태료의 부과기준 등

(1) 과태료 부과기준

과태료의 부과기준은 [별표 2]와 같다(청원경찰법 시행령 제21조 제1항).

■ 청원경찰법 시행령 [별표 2]

과태료의 부과기준(제21조제1항 관련)

위 반 행 위	해당 법조문	과태료 금액
1) (법 제4조제2항에 따른) 지방경찰청장의 **배치 결정**을 받지 않고 다음 각 목의 시설에 청원경찰을 배치한 경우 ① **국가 중요 시설**(국가정보원장이 지정하는 국가보안 목표시설을 말한다)인 경우 ② 가목에 따른 국가 중요 시설 **외의 시설**인 경우	법 제12조 제1항 제1호	**500** 만 원 **400** 만 원
2) (법 제5조제1항에 따른) 지방경찰청장의 **승인**을 받지 않고 다음 각 목의 청원경찰을 **임용**한 경우 ① 법 제5조제2항에 따른 임용 **결격사유에 해당**하는 청원경찰 ② 법 제5조제2항에 따른 임용 **결격사유에 해당**하지 **않고** 청원경찰	법 제12조 제1항 제1호	**500** 만 원 **300** 만 원
3) 정당한 사유 없이 (법 제6조제3항에 따라) 경찰청장이 고시한 최저부담 기준액 이상의 **보수**를 **지급**하지 않은 경우	법 제12조 제1항 제2호	**500** 만 원
4) (법 제9조의3제2항에 따른) 지방경찰청장의 **감독상** 필요한 다음 각 목의 **명령**을 정당한 사유 없이 이행하지 않은 경우 ① **총기ㆍ실탄** 및 **분사기**에 관한 명령 ② 가목에 따른 명령 **외의 명령**	법 제12조 제1항 제3호	**500** 만 원 **300** 만 원

구분		금액
배치결정	국가중요시설	500
	(국가중요시설) 외의 시설	400
임용승인	결격사유 해당	500
	(결격사유) 해당 않는	300
감독상명령	총기ㆍ실탄, 분사기	500
	외의 명령	300
보수지급		500

(2) 과태료의 경감 또는 가중

1) 경감 또는 가중의 범위

지방경찰청장은 위반행위의 동기, 내용 및 위반의 정도 등을 고려하여 **[별표 2]**에 따른 과태료 금액의 100분의 50의 범위에서 그 금액을 줄이거나 늘릴 수 있다(청원경찰법 시행령 제21조 제2항 본문).

2) 과태료 가중의 제한

과태료 금액을 늘리는 경우에는 과태료 금액의 상한을 초과할 수 없다(청원경찰법 시행령 제21조 제2항 단서).

4. 과태료 부과 고지서 등

(1) 과태료 부과의 사전통지

과태료 부과의 사전 통지는 별지 제7호서식의 과태료 부과 사전 통지서에 따른다(청원경찰법 시행규칙 제24조 제1항).

(2) 과태료 부과 고지서

과태료의 부과는 별지 제8호서식의 과태료 부과 고지서에 따른다(청원경찰법 시행규칙 제24조 제2항).

(3) 과태료 부과·징수사항의 기록 및 정리

경찰서장은 과태료처분을 하였을 때에는 과태료 부과 및 징수 사항을 별지 제9호서식의 과태료 수납부에 기록하고 정리하여야 한다(청원경찰법 시행규칙 제24조 제3항).

▶▶▶ 실전적용문제

2019년 제21회 기출문제 (30번 문제)

1. 청원경찰법령상 벌칙과 과태료에 관한 설명으로 옳지 않은 것은?

① 지방경찰청장의 승인을 받지 아니하고 청원경찰을 임용한 자에게는 500만원 이하의 과태료를 부과한다.

② 지방경찰청장은 위반행위의 동기, 내용 및 위반의 정도 등을 고려하여 대통령령에서 정한 과태료 금액의 100분의 50의 범위에서 그 금액을 줄일 수 있다.

③ 경찰청장은 과태료처분을 하였을 때에는 과태료 부과 및 징수 사항을 과태료 수납부에 기록하고 정리하여야 한다.

④ 파업 등 쟁의행위를 한 청원경찰은 1년 이하의 징역 또는 1천만원 이하의 벌금에 처한다.

> 정답 ③
>
> ※ 해설
> '경찰청장'이 아닌 '경찰서장'이다. 경찰서장은 과태료처분을 하였을 때에는 과태료 부과 및 징수 사항을 과태료 수납부에 기록하고 정리하여야 한다(청원경찰법 시행규칙 제24조 제3항).
> ① (청원경찰법 제12조 제1항 제1호).
> ② (청원경찰법 시행령 제21조 제2항 본문).
> ④ (청원경찰법 제11조).

2018년 제20회 기출문제 (32번 문제)

2. 청원경찰법령상 과태료 부과기준 금액이 500만원에 해당하지 않는 경우는?

① 임용 결격사유에 해당하지 않는 청원경찰을 지방경찰청장의 승인을 받지 않고 임용한 경우

② 지방경찰청장의 배치 결정을 받지 않고 국가정보원장이 지정하는 국가보안 목표시설에 청원경찰을 배치한 경우

③ 정당한 사유 없이 경찰청장이 고시한 최저부담기준액 이상의 보수를 지급하지 않은 경우

④ 지방경찰청장의 감독상 필요한 총기·실탄 및 분사기에 관한 명령을 정당한 사유 없이 이행하지 않은 경우

정답 ①

※ 해설
임용 결격사유에 '해당하지 않는'이 아니라 '해당하는' 청원경찰을 지방경찰청장의 승인을 받지 않고 임용한 경우가 과태료 부과기준 금액 500만원에 해당하는 사유이다.

> **5백만원 이하의 과태료(청원경찰법 제12조 제1항)**
> 다음의 어느 하나에 해당하는 자에게는 500만원 이하의 과태료를 부과한다.
> (1) 제4조 제2항(지방경찰청장은 제1항의 청원경찰 배치 신청을 받으면 지체 없이 그 배치 여부를 결정하여 신청인에게 알려야 한다)에 따른 지방경찰청장의 배치 결정을 받지 아니하고 청원경찰을 배치하거나, 제5조 제1항(청원경찰은 청원주가 임용하되, 임용을 할 때에는 미리 지방경찰청장의 승인을 받아야 한다)에 따른 지방경찰청장의 승인을 받지 아니하고 청원경찰을 임용한 자
> (2) 정당한 사유 없이 제6조 제3항(청원주의 제1항제1호에 따른 봉급·수당의 최저부담기준액(국가기관 또는 지방자치단체에 근무하는 청원경찰의 봉급·수당은 제외한다)과 같은 항 제2호 및 제3호에 따른 비용의 부담기준액은 경찰청장이 정하여 고시한다)에 따라 경찰청장이 고시한 최저부담기준액 이상의 보수를 지급하지 아니한 자
> (3) 제9조의3 제2항(지방경찰청장은 청원경찰의 효율적인 운영을 위하여 청원주를 지도하며 감독상 필요한 명령을 할 수 있다)에 따른 감독상 필요한 명령을 정당한 사유 없이 이행하지 아니한 자

2016년 제18회 기출문제 (36번 문제)

3. 청원경찰법 제12조(과태료) 제2항에 관한 규정이다. ( ) 안에 들어갈 내용으로 옳은 것은?

> 과태료는 대통령령으로 정하는 바에 따라 (   )이(가) 부과·징수한다.

① 경찰청장
② 지방경찰청장
③ 지방자치단체장
④ 청원주

정답 ②

※ 해설
(제1항에 따른) 과태료는 대통령령으로 정하는 바에 따라 지방경찰청장이 부과·징수한다(청원경찰법 제12조 제2항).

부록

■ 법조문 ■

※ 경비업법
- 경비업법
- 경비업법 시행령
- 경비업법 시행규칙

※ 청원경찰법
- 청원경찰법
- 청원경찰법 시행령
- 청원경찰법 시행규칙

※ 국가공무원법
※ 경찰관 직무집행법

■ 별표 ■

※ 경비업법
- 경비업법 시행령 별표
- 경비업법 시행규칙 별표

※ 청원경찰법
- 청원경찰법 시행령 별표
- 청원경찰법 시행규칙 별표

부록

경비업법(법, 시행령, 시행규칙)

경비업법

제1장 총칙

제1조(목적) 이 법은 경비업의 육성 및 발전과 그 체계적 관리에 관하여 필요한 사항을 정함으로써 경비업의 건전한 운영에 이바지함을 목적으로 한다.

제2조(정의) 이 법에서 사용하는 용어의 정의는 다음과 같다.

1. "경비업"이라 함은 다음 각목의 1에 해당하는 업무(이하 "경비업무"라 한다)의 전부 또는 일부를 도급받아 행하는 영업을 말한다.
   - 가. 시설경비업무: 경비를 필요로 하는 시설 및 장소(이하 "경비대상시설"이라 한다)에서의 도난·화재 그 밖의 혼잡 등으로 인한 위험발생을 방지하는 업무
   - 나. 호송경비업무: 운반중에 있는 현금·유가증권·귀금속·상품 그 밖의 물건에 대하여 도난·화재 등 위험발생을 방지하는 업무
   - 다. 신변보호업무: 사람의 생명이나 신체에 대한 위해의 발생을 방지하고 그 신변을 보호하는 업무
   - 라. 기계경비업무: 경비대상시설에 설치한 기기에 의하여 감지·송신된 정보를 그 경비대상시설외의 장소에 설치한 관제시설의 기기로 수신하여 도난·화재 등 위험발생을 방지하는 업무
   - 마. 특수경비업무: 공항(항공기를 포함한다) 등 대통령령이 정하는 국가중요시설(이하 "국가중요시설"이라 한다)의 경비 및 도난·화재 그 밖의 위험발생을 방지하는 업무
2. "경비지도사"라 함은 경비원을 지도·감독 및 교육하는 자를 말하며 일반경비지도사와 기계경비지도사로 구분한다.
3. "경비원"이라 함은 제4조제1항의 규정에 의하여 경비업의 허가를 받은 법인(이하 "경비업자"라 한다)이 채용한 고용인으로서 다음 각목의 1에 해당하는 자를 말한다.
   - 가. 일반경비원: 제1호 가목 내지 라목의 경비업무를 수행하는 자
   - 나. 특수경비원: 제1호 마목의 경비업무를 수행하는 자

4. "무기"라 함은 인명 또는 신체에 위해를 가할 수 있도록 제작된 권총·소총 등을 말한다.
5. "집단민원현장"이란 다음 각 목의 장소를 말한다.
   가. 「노동조합 및 노동관계조정법」에 따라 노동관계 당사자가 노동쟁의 조정신청을 한 사업장 또는 쟁의행위가 발생한 사업장
   나. 「도시 및 주거환경정비법」에 따른 정비사업과 관련하여 이해대립이 있어 다툼이 있는 장소
   다. 특정 시설물의 설치와 관련하여 민원이 있는 장소
   라. 주주총회와 관련하여 이해대립이 있어 다툼이 있는 장소
   마. 건물·토지 등 부동산 및 동산에 대한 소유권·운영권·관리권·점유권 등 법적 권리에 대한 이해대립이 있어 다툼이 있는 장소
   바. 100명 이상의 사람이 모이는 국제·문화·예술·체육 행사장
   사. 「행정대집행법」에 따라 대집행을 하는 장소

제3조(법인) 경비업은 법인이 아니면 이를 영위할 수 없다.

제2장 경비업의 허가 등

제4조(경비업의 허가) ① 경비업을 영위하고자 하는 법인은 도급받아 행하고자 하는 경비업무를 특정하여 그 법인의 주사무소의 소재지를 관할하는 지방경찰청장의 허가를 받아야 한다. 도급받아 행하고자 하는 경비업무를 변경하는 경우에도 또한 같다.

② 제1항에 따른 허가를 받고자 하는 법인은 다음 각 호의 요건을 갖추어야 한다.
1. 대통령령으로 정하는 1억원 이상의 자본금의 보유
2. 다음 각 목의 경비인력 요건
   가. 시설경비업무: 경비원 20명 이상 및 경비지도사 1명 이상
   나. 시설경비업무 외의 경비업무: 대통령령으로 정하는 경비 인력
3. 제2호의 경비인력을 교육할 수 있는 교육장을 포함하여 대통령령으로 정하는 시설과 장비의 보유
4. 그 밖에 경비업무 수행을 위하여 대통령령으로 정하는 사항

③ 제1항의 규정에 의하여 경비업의 허가를 받은 법인은 다음 각호의 1에 해당하는 때에는 지방경찰청장에게 신고하여야 한다.

1. 영업을 폐업하거나 휴업한 때
2. 법인의 명칭이나 대표자·임원을 변경한 때
3. 법인의 주사무소나 출장소를 신설·이전 또는 폐지한 때
4. 기계경비업무의 수행을 위한 관제시설을 신설·이전 또는 폐지한 때
5. 특수경비업무를 개시하거나 종료한 때
6. 그 밖에 대통령령이 정하는 중요사항을 변경한 때

④ 제1항 및 제3항의 규정에 의한 허가 또는 신고의 절차, 신고의 기한 등 허가 및 신고에 관하여 필요한 사항은 대통령령으로 정한다.

제4조의2(허가의 제한) ① 누구든지 제4조제1항에 따른 허가를 받은 경비업체와 동일한 명칭으로 경비업 허가를 받을 수 없다.

② 제19조제1항제2호 및 제7호의 사유로 경비업체의 허가가 취소된 경우 허가가 취소된 날부터 10년이 지나지 아니한 때에는 누구든지 허가가 취소된 경비업체와 동일한 명칭으로 제4조제1항에 따른 허가를 받을 수 없다.

③ 제19조제1항제2호 및 제7호의 사유로 허가가 취소된 법인은 법인명 또는 임원의 변경에도 불구하고 허가가 취소된 날부터 5년이 지나지 아니한 때에는 제4조제1항에 따른 허가를 받을 수 없다.

제5조(임원의 결격사유) 다음 각호의 1에 해당하는 자는 경비업을 영위하는 법인(제4호에 해당하는 자의 경우에는 특수경비업무를 수행하는 법인을 말하고, 제5호에 해당하는 자의 경우에는 허가취소사유에 해당하는 경비업무와 동종의 경비업무를 수행하는 법인을 말한다)의 임원이 될 수 없다.

1. 피성년후견인 또는 피한정후견인
2. 파산선고를 받고 복권되지 아니한 자
3. 금고 이상의 형의 선고를 받고 그 형이 실효되지 아니한 자
4. 이 법 또는 「대통령 등의 경호에 관한 법률」에 위반하여 벌금형의 선고를 받고 3년이 지나지 아니한 자
5. 이 법(제19조제1항제2호 및 제7호는 제외한다) 또는 이 법에 의한 명령에 위반하여 허가가 취소된 법인의 허가취소 당시의 임원이었던 자로서 그 취소 후 3년이 지나지 아니한 자
6. 제19조제1항제2호 및 제7호의 사유로 허가가 취소된 법인의 허가취소 당시의 임원이었던 자로서 허가가 취소된 날부터 5년이 지나지 아니한 자

제6조(허가의 유효기간 등) ① 제4조제1항의 규정에 의한 경비업 허가의 유효기간은 허가받은 날부터 5년으로 한다.
② 제1항의 규정에 의한 유효기간이 만료된 후 계속하여 경비업을 하고자 하는 법인은 행정안전부령으로 정하는 바에 따라 갱신허가를 받아야 한다.

제7조(경비업자의 의무) ① 경비업자는 경비대상시설의 소유자 또는 관리자(이하 "시설주"라 한다)의 관리권의 범위안에서 경비업무를 수행하여야 하며, 다른 사람의 자유와 권리를 침해하거나 그의 정당한 활동에 간섭하여서는 아니된다.
② 경비업자는 경비업무를 성실하게 수행하여야 하고, 도급을 의뢰받은 경비업무가 위법 또는 부당한 것일 때에는 이를 거부하여야 한다.
③ 경비업자는 불공정한 계약으로 경비원의 권익을 침해하거나 경비업의 건전한 육성과 발전을 해치는 행위를 하여서는 아니된다.
④ 경비업자의 임·직원이거나 임·직원이었던 자는 다른 법률에 특별한 규정이 있는 경우를 제외하고는 그 직무상 알게 된 비밀을 누설하거나 다른 사람에게 제공하여 이용하도록 하는 등 부당한 목적을 위하여 사용하여서는 아니된다.
⑤ 경비업자는 허가받은 경비업무외의 업무에 경비원을 종사하게 하여서는 아니된다.
⑥ 경비업자는 집단민원현장에 경비원을 배치하는 때에는 경비지도사를 선임하고 그 장소에 배치하여 행정안전부령으로 정하는 바에 따라 경비원을 지도·감독하게 하여야 한다.
⑦ 특수경비업무를 수행하는 경비업자(이하 "특수경비업자"라 한다)는 제4조제3항제5호의 규정에 의한 특수경비업무의 개시신고를 하는 때에는 국가중요시설에 대한 특수경비업무의 수행이 중단되는 경우 시설주의 동의를 얻어 다른 특수경비업자중에서 경비업무를 대행할 자(이하 "경비대행업자"라 한다)를 지정하여 허가관청에 신고하여야 한다. 경비대행업자의 지정을 변경하는 경우에도 또한 같다.
⑧ 특수경비업자는 국가중요시설에 대한 특수경비업무를 중단하게 되는 경우에는 미리 이를 제7항의 규정에 의한 경비대행업자에게 통보하여야 하며, 경비대행업자는 통보받은 즉시 그 경비업무를 인수하여야 한다. 이 경우 제7항의 규정은 경비대행업자에 대하여 이를 준용한다.
⑨ 특수경비업자는 이 법에 의한 경비업과 경비장비의 제조·설비·판매업, 네트워크를 활용한 정보산업, 시설물 유지관리업 및 경비원 교육업 등 대통령령이 정하는 경비관련업외의 영업을 하여서는 아니된다.

제7조의2(경비업무 도급인 등의 의무) ① 누구든지 제4조제1항에 따른 허가를 받지 아니한 자에게 경비업무를 도급하여서는 아니 된다.

② 누구든지 집단민원현장에 경비인력을 20명 이상 배치하려고 할 때에는 그 경비인력을 직접 고용하여서는 아니 되고, 경비업자에게 경비업무를 도급하여야 한다. 다만, 시설주 등이 집단민원현장 발생 3개월 전까지 직접 고용하여 경비업무를 수행하는 피고용인의 경우에는 그러하지 아니하다.

③ 제1항 및 제2항에 따라 경비업무를 도급하는 자는 그 경비업무를 수급한 경비업자의 경비원 채용 시 무자격자나 부적격자 등을 채용하도록 관여하거나 영향력을 행사해서는 아니 된다.

④ 제3항에 따른 무자격자 및 부적격자의 구체적인 범위 등은 대통령령으로 정한다.

제3장 기계경비업무

제8조(대응체제) 기계경비업무를 수행하는 경비업자(이하 "기계경비업자"라 한다)는 경비대상시설에 관한 경보를 수신한 때에는 신속하게 그 사실을 확인하는 등 필요한 대응조치를 취하여야 하며, 이를 위한 대응체제를 갖추어야 한다.

제9조(오경보의 방지 등) ① 기계경비업자는 경비계약을 체결하는 때에는 오경보를 막기 위하여 계약상대방에게 기기사용요령 및 기계경비운영체계 등에 관하여 설명하여야 하며, 각종 기기가 오작동되지 아니하도록 관리하여야 한다.

② 기계경비업자는 대응조치 등 업무의 원활한 운영과 개선을 위하여 대통령령이 정하는 바에 따라 관련 서류를 작성·비치하여야 한다.

제4장 경비지도사 및 경비원

제10조(경비지도사 및 경비원의 결격사유) ① 다음 각호의 1에 해당하는 자는 경비지도사 또는 일반경비원이 될 수 없다.

1. 만 18세 미만인 자, 피성년후견인, 피한정후견인
2. 파산선고를 받고 복권되지 아니한 자
3. 금고 이상의 실형의 선고를 받고 그 집행이 종료(집행이 종료된 것으로 보는 경우를 포함한다)되거나 집행이 면제된 날부터 5년이 지나지 아니한 자
4. 금고 이상의 형의 집행유예선고를 받고 그 유예기간중에 있는 자

5. 다음 각 목의 어느 하나에 해당하는 죄를 범하여 벌금형을 선고받은 날부터 10년이 지나지 아니하거나 금고 이상의 형을 선고받고 그 집행이 종료된(종료된 것으로 보는 경우를 포함한다) 날 또는 집행이 유예·면제된 날부터 10년이 지나지 아니한 자

   가. 「형법」 제114조의 죄

   나. 「폭력행위 등 처벌에 관한 법률」 제4조의 죄

   다. 「형법」 제297조, 제297조의2, 제298조부터 제301조까지, 제301조의2, 제302조, 제303조, 제305조, 제305조의2의 죄

   라. 「성폭력범죄의 처벌 등에 관한 특례법」 제3조부터 제11조까지 및 제15조(제3조부터 제9조까지의 미수범만 해당한다)의 죄

   마. 「아동·청소년의 성보호에 관한 법률」 제7조 및 제8조의 죄

   바. 다목부터 마목까지의 죄로서 다른 법률에 따라 가중처벌되는 죄

6. 다음 각 목의 어느 하나에 해당하는 죄를 범하여 벌금형을 선고받은 날부터 5년이 지나지 아니하거나 금고 이상의 형을 선고받고 그 집행이 유예된 날부터 5년이 지나지 아니한 자

   가. 「형법」 제329조부터 제331조까지, 제331조의2 및 제332조부터 제343조까지의 죄

   나. 가목의 죄로서 다른 법률에 따라 가중처벌되는 죄

   다. 삭제

   라. 삭제

7. 제5호 다목부터 바목까지의 어느 하나에 해당하는 죄를 범하여 치료감호를 선고받고 그 집행이 종료된 날 또는 집행이 면제된 날부터 10년이 지나지 아니한 자 또는 제6호 각 목의 어느 하나에 해당하는 죄를 범하여 치료감호를 선고받고 그 집행이 면제된 날부터 5년이 지나지 아니한 자

8. 이 법이나 이 법에 따른 명령을 위반하여 벌금형을 선고받은 날부터 5년이 지나지 아니하거나 금고 이상의 형을 선고받고 그 집행이 유예된 날부터 5년이 지나지 아니한 자

② 다음 각 호의 어느 하나에 해당하는 자는 특수경비원이 될 수 없다.

1. 만 18세 미만 또는 만 60세 이상인 자, 피성년후견인, 피한정후견인

2. 제1항제2호부터 제8호까지의 어느 하나에 해당하는 자

3. 금고 이상의 형의 선고유예를 받고 그 유예기간중에 있는 자

4. 행정안전부령으로 정하는 신체조건에 미달되는 자

③ 경비업자는 제1항 각호 또는 제2항 각호의 결격사유에 해당하는 자를 경비지도사 또는 경비원으로 채용 또는 근무하게 하여서는 아니된다.

제11조(경비지도사의 시험 등) ① 경비지도사는 제10조제1항 각호의 1에 해당하지 아니하는 자로서 경찰청장이 시행하는 경비지도사시험에 합격하고 행정안전부령으로 정하는 교육을 받은 자이어야 한다.

② 경찰청장은 제1항의 규정에 의한 교육을 받은 자에게 행정안전부령으로 정하는 바에 따라 경비지도사자격증을 교부하여야 한다.

③ 경비지도사시험은 매년 1회 이상 시행하며, 시험과목, 시험공고, 시험의 일부가 면제되는 자의 범위 그 밖에 경비지도사시험에 관하여 필요한 사항은 대통령령으로 정한다.

제12조(경비지도사의 선임 등) ① 경비업자는 대통령령이 정하는 바에 따라 경비지도사를 선임하여야 한다.

② 제1항의 규정에 의하여 선임된 경비지도사의 직무는 다음과 같다.

1. 경비원의 지도·감독·교육에 관한 계획의 수립·실시 및 그 기록의 유지
2. 경비현장에 배치된 경비원에 대한 순회점검 및 감독
3. 경찰기관 및 소방기관과의 연락방법에 대한 지도
4. 집단민원현장에 배치된 경비원에 대한 지도·감독
5. 그 밖에 대통령령이 정하는 직무

③ 선임된 경비지도사는 제2항 각호의 규정에 의한 직무를 대통령령이 정하는 바에 따라 성실하게 수행하여야 한다.

제13조(경비원의 교육 등) ① 경비업자는 경비업무를 적정하게 실시하기 위하여 경비원으로 하여금 대통령령으로 정하는 바에 따라 경비원 신임교육 및 직무교육을 받게 하여야 한다. 다만, 경비업자는 대통령령으로 정하는 경력 또는 자격을 갖춘 일반경비원을 신임교육 대상에서 제외할 수 있다.

② 경비원이 되려는 사람은 대통령령으로 정하는 교육기관에서 미리 일반경비원 신임교육을 받을 수 있다.

③ 특수경비업자는 대통령령으로 정하는 바에 따라 특수경비원으로 하여금 특수경비원 신임교육과 정기적인 직무교육을 받게 하여야 하고, 특수경비원 신임교육을 받지 아니한 자를 특수경비업무에 종사하게 하여서는 아니 된다.

④ 제3항에 의한 특수경비원의 교육시 관할경찰서 소속 경찰공무원이 교육기관에 입회하여 대통령령이 정하는 바에 따라 지도 · 감독하여야 한다.

제14조(특수경비원의 직무 및 무기사용 등) ① 특수경비업자는 특수경비원으로 하여금 배치된 경비구역안에서 관할 경찰서장 및 공항경찰대장 등 국가중요시설의 경비책임자(이하 "관할 경찰관서장"이라 한다)와 국가중요시설의 시설주의 감독을 받아 시설을 경비하고 도난 · 화재 그 밖의 위험의 발생을 방지하는 업무를 수행하게 하여야 한다.

② 특수경비원은 국가중요시설에 대한 경비업무 수행중 국가중요시설의 정상적인 운영을 해치는 장해를 일으켜서는 아니된다.

③ 지방경찰청장은 국가중요시설에 대한 경비업무의 수행을 위하여 필요하다고 인정하는 때에는 시설주의 신청에 의하여 무기를 구입한다. 이 경우 시설주는 그 무기의 구입대금을 지불하고, 구입한 무기를 국가에 기부채납하여야 한다.

④ 지방경찰청장은 국가중요시설에 대한 경비업무의 수행을 위하여 필요하다고 인정하는 때에는 관할경찰관서장으로 하여금 시설주의 신청에 의하여 시설주로부터 국가에 기부채납된 무기를 대여하게 하고, 시설주는 이를 특수경비원으로 하여금 휴대하게 할 수 있다. 이 경우 특수경비원은 정당한 사유없이 무기를 소지하고 배치된 경비구역을 벗어나서는 아니된다.

⑤ 시설주가 제4항의 규정에 의하여 대여받은 무기에 대하여 시설주 및 관할 경찰관서장은 무기의 관리책임을 지고, 관할 경찰관서장은 시설주 및 특수경비원의 무기관리상황을 대통령령이 정하는 바에 따라 지도 · 감독하여야 한다.

⑥ 관할 경찰관서장은 무기의 적정한 관리를 위하여 제4항의 규정에 의하여 무기를 대여받은 시설주에 대하여 필요한 명령을 발할 수 있다.

⑦ 시설주로부터 무기의 관리를 위하여 지정받은 책임자(이하 "관리책임자"라 한다)는 다음 각호에 의하여 이를 관리하여야 한다.

1. 무기출납부 및 무기장비운영카드를 비치 · 기록하여야 한다.
2. 무기는 관리책임자가 직접 지급 · 회수하여야 한다.

⑧ 특수경비원은 국가중요시설의 경비를 위하여 무기를 사용하지 아니하고는 다른 수단이 없다고 인정되는 때에는 필요한 한도안에서 무기를 사용할 수 있다. 다만, 다음 각호의 1에 해당하는 때를 제외하고는 사람에게 위해를 끼쳐서는 아니된다.

1. 무기 또는 폭발물을 소지하고 국가중요시설에 침입한 자가 특수경비원으로부터 3회 이

상 투기(投棄) 또는 투항(投降)을 요구받고도 이에 불응하면서 계속 항거하는 경우 이를 억제하기 위하여 무기를 사용하지 아니하고는 다른 수단이 없다고 인정되는 때

2. 국가중요시설에 침입한 무장간첩이 특수경비원으로부터 투항(投降)을 요구받고도 이에 불응한 때

⑨ 특수경비원의 무기휴대, 무기종류, 그 사용기준 및 안전검사의 기준 등에 관하여 필요한 사항은 대통령령으로 정한다.

제15조(특수경비원의 의무) ① 특수경비원은 직무를 수행함에 있어 시설주·관할 경찰관서장 및 소속상사의 직무상 명령에 복종하여야 한다.

② 특수경비원은 소속상사의 허가 또는 정당한 사유없이 경비구역을 벗어나서는 아니된다.

③ 특수경비원은 파업·태업 그 밖에 경비업무의 정상적인 운영을 저해하는 일체의 쟁의행위를 하여서는 아니된다.

④ 특수경비원이 무기를 휴대하고 경비업무를 수행하는 때에는 다음 각호의 1에 정하는 무기의 안전사용수칙을 지켜야 한다.

1. 특수경비원은 사람을 향하여 권총 또는 소총을 발사하고자 하는 때에는 미리 구두 또는 공포탄에 의한 사격으로 상대방에게 경고하여야 한다. 다만, 다음 각목의 1에 해당하는 경우로서 부득이한 때에는 경고하지 아니할 수 있다.

    가. 특수경비원을 급습하거나 타인의 생명·신체에 대한 중대한 위험을 야기하는 범행이 목전에 실행되고 있는 등 상황이 급박하여 경고할 시간적 여유가 없는 경우

    나. 인질·간첩 또는 테러사건에 있어서 은밀히 작전을 수행하는 경우

2. 특수경비원은 무기를 사용하는 경우에 있어서 범죄와 무관한 다중의 생명·신체에 위해를 가할 우려가 있는 때에는 이를 사용하여서는 아니된다. 다만, 무기를 사용하지 아니하고는 타인 또는 특수경비원의 생명·신체에 대한 중대한 위협을 방지할 수 없다고 인정되는 때에는 필요한 최소한의 범위 안에서 이를 사용할 수 있다.

3. 특수경비원은 총기 또는 폭발물을 가지고 대항하는 경우를 제외하고는 14세 미만의 자 또는 임산부에 대하여는 권총 또는 소총을 발사하여서는 아니된다.

제15조의2(경비원 등의 의무) ① 경비원은 직무를 수행함에 있어 타인에게 위력을 과시하거나 물리력을 행사하는 등 경비업무의 범위를 벗어난 행위를 하여서는 아니된다.

② 누구든지 경비원으로 하여금 경비업무의 범위를 벗어난 행위를 하게 하여서는 아니된다.

제16조(경비원의 복장 등) ① 경비업자는 경찰공무원 또는 군인의 제복과 색상 및 디자인 등이 명확히 구별되는 소속 경비원의 복장을 정하고 이를 확인할 수 있는 사진을 첨부하여 주된 사무소를 관할하는 지방경찰청장에게 행정안전부령으로 정하는 바에 따라 신고하여야 한다.
② 경비업자는 경비업무 수행 시 경비원에게 소속 경비업체를 표시한 이름표를 부착하도록 하고, 제1항에 따라 신고된 동일한 복장을 착용하게 하여야 하며, 복장에 소속 회사를 오인할 수 있는 표시를 하거나 다른 회사의 복장을 착용하게 하여서는 아니 된다. 다만, 집단민원현장이 아닌 곳에서 신변보호업무를 수행하는 경우 또는 경비업무의 성격상 부득이한 사유가 있어 관할 경찰관서장이 허용하는 경우에는 그러하지 아니하다.
③ 지방경찰청장은 제1항에 따라 제출받은 사진을 검토한 후 경비업자에게 복장 변경 등에 대한 시정명령을 할 수 있다.
④ 제3항에 따른 시정명령을 받은 경비업자는 이를 이행하여야 하고, 지방경찰청장에게 행정안전부령으로 정하는 바에 따라 이행보고를 하여야 한다.
⑤ 그 밖에 경비원의 복장 등에 필요한 사항은 행정안전부령으로 정한다.

제16조의2(경비원의 장비 등) ① 경비원이 휴대할 수 있는 장비의 종류는 경적·단봉·분사기 등 행정안전부령으로 정하되, 근무 중에만 이를 휴대할 수 있다.
② 경비업자가 경비원으로 하여금 분사기를 휴대하여 직무를 수행하게 하는 경우에는 「총포·도검·화약류 등 단속법」에 따라 미리 분사기의 소지허가를 받아야 한다.
③ 누구든지 제1항의 장비를 임의로 개조하여 통상의 용법과 달리 사용함으로써 다른 사람의 생명·신체에 위해를 가하여서는 아니 된다.
④ 경비원은 경비업무를 위하여 필요하다고 인정되는 상당한 이유가 있을 때에는 필요한 최소한도에서 제1항의 장비를 사용할 수 있다.
⑤ 그 밖에 경비원의 장비 등에 관하여 필요한 사항은 행정안전부령으로 정한다.

제16조의3(출동차량 등) ① 경비업자는 출동차량 등의 도색 및 표지를 경찰차량 및 군차량과 명확히 구별될 수 있게 하여야 한다.
② 경비업자는 출동차량 등의 도색 및 표지를 정하고 이를 확인할 수 있는 사진을 첨부하여 주된 사무소를 관할하는 지방경찰청장에게 행정안전부령으로 정하는 바에 따라 신고하여야 한다.
③ 지방경찰청장은 제2항에 따라 제출받은 사진을 검토한 후 경비업자에게 도색 및 표지 변경 등에 대한 시정명령을 할 수 있다.

④ 제3항에 따른 시정명령을 받은 경비업자는 이를 이행하여야 하고, 지방경찰청장에게 행정안전부령으로 정하는 바에 따라 이행보고를 하여야 한다.

⑤ 그 밖에 출동차량 등에 필요한 사항은 행정안전부령으로 정한다.

제17조(결격사유 확인을 위한 범죄경력조회 등) ① 경찰청장, 지방경찰청장 또는 관할 경찰관서장은 직권으로 또는 제2항에 따른 범죄경력조회 요청이 있는 경우에는 경비업자의 임원, 경비지도사 또는 경비원이 제5조제3호·제4호, 제10조제1항제3호부터 제8호까지 또는 같은 조 제2항제2호·제3호에 따른 결격사유에 해당하는지를 확인하기 위하여 「형의 실효 등에 관한 법률」 제6조에 따른 범죄경력조회를 할 수 있다.

② 경비업자는 선출·선임·채용 또는 배치하려는 임원, 경비지도사 또는 경비원이 제5조제3호·제4호, 제10조제1항제3호부터 제8호까지 또는 같은 조 제2항제2호·제3호에 따른 결격사유에 해당하는지를 확인하기 위하여 주된 사무소, 출장소 또는 배치장소를 관할하는 지방경찰청장 또는 경찰관서장에게 「형의 실효 등에 관한 법률」 제6조에 따른 범죄경력조회를 요청할 수 있다.

③ 제2항에 따른 범죄경력조회 요청을 받은 지방경찰청장 또는 관할 경찰관서장은 경비업자에게 그 결과를 통보할 때에는 경비업자의 임원, 경비지도사 또는 경비원이 제5조제3호·제4호, 제10조제1항제3호부터 제8호까지 또는 같은 조 제2항제2호·제3호에 따른 결격사유에 해당하는지 여부만을 통보하여야 한다.

④ 지방경찰청장 또는 관할 경찰관서장은 경비업자의 임원, 경비지도사 또는 경비원이 제5조 각 호, 제10조제1항 각 호 또는 제2항 각 호의 결격사유에 해당하는 사실을 알게 되거나 이 법 또는 이 법에 따른 명령을 위반한 때에는 경비업자에게 그 사실을 통보하여야 한다.

제18조(경비원의 명부와 배치허가 등) ① 경비업자는 행정안전부령으로 정하는 바에 따라 경비원의 명부를 작성·비치하여야 한다. 다만, 집단민원현장에 배치되는 일반경비원의 명부는 그 경비원이 배치되는 장소에도 작성·비치하여야 한다.

② 경비업자가 경비원을 배치하거나 배치를 폐지한 경우에는 행정안전부령으로 정하는 바에 따라 관할 경찰관서장에게 신고하여야 한다. 다만, 다음 제1호의 경우에는 경비원을 배치하기 48시간 전까지 행정안전부령으로 정하는 바에 따라 배치허가를 신청하고, 관할 경찰관서장의 배치허가를 받은 후에 경비원을 배치하여야 하며(제2호 및 제3호의 경우에는 경비원을 배치하기 전까지 신고하여야 한다), 이 경우 관할 경찰관서장은 배치허가를 함에 있어 필요한 조건을 붙일 수 있다.

1. 제2조제1호가목에 따른 시설경비업무 또는 같은 호 다목에 따른 신변보호업무 중 집단민원현장에 배치된 일반경비원
2. 집단민원현장이 아닌 곳에서 제2조제1호 다목의 규정에 의한 신변보호업무를 수행하는 일반경비원
3. 특수경비원

③ 관할 경찰관서장은 제2항 각 호 외의 부분 단서에 따른 배치허가 신청을 받은 경우 다음 각 호의 사유에 해당하는 때에는 배치허가를 하여서는 아니 된다. 이 경우 관할 경찰관서장은 다음 각 호의 사유를 확인하기 위하여 소속 경찰관으로 하여금 그 배치장소를 방문하여 조사하게 할 수 있다.

1. 제15조의2제1항 및 제2항을 위반하여 경비업무의 범위를 벗어난 행위를 할 우려가 있는 경우
2. 경비원 중 제10조제1항 또는 제2항에 해당하는 결격자나 제13조에 따른 신임교육을 받지 아니한 사람이 대통령령으로 정하는 기준 이상으로 포함되어 있는 경우
3. 제24조에 따라 경비원의 복장·장비 등에 대하여 내려진 필요한 명령을 이행하지 아니하는 경우

④ 제2항 각 호 외의 부분 단서에 따른 배치허가 신청을 받은 관할 경찰관서장은 배치되는 경비원 중 제10조제1항 또는 제2항에 해당하는 결격자가 있는 경우에는 그 사람을 제외하고 배치허가를 하여야 한다.

⑤ 경비업자는 경비원을 배치하여 경비업무를 수행하게 하는 때에는 행정안전부령으로 정하는 바에 따라 배치된 경비원의 인적사항과 배치일시·배치장소 등 근무상황을 기록하여 보관하여야 한다.

⑥ 경비업자는 다음 각 호의 어느 하나에 해당하는 죄를 범하여 벌금형을 선고받고 5년이 지나지 아니하거나 금고 이상의 형을 선고받고 그 집행이 유예된 날부터 5년이 지나지 아니한 자를 집단민원현장에 일반경비원으로 배치하여서는 아니 된다.

1. 「형법」 제257조부터 제262조까지, 제264조, 제276조부터 제281조까지의 죄, 제284조의 죄, 제285조의 죄, 제320조의 죄, 제324조제2항의 죄, 제350조의2의 죄, 제351조의 죄(제350조, 제350조의2의 상습범으로 한정한다), 제369조제1항의 죄
2. 「폭력행위 등 처벌에 관한 법률」 제2조 또는 제3조의 죄

⑦ 경비업자는 제1항에 따른 경비원 명부에 없는 자를 경비업무에 종사하게 하여서는 아니 되고, 제2항에 따라 경비원을 배치하는 경우에는 제13조에 따른 신임교육을 이수한 자를 배치하여야 한다.

⑧ 관할 경찰관서장은 경비업자가 다음 각 호의 어느 하나에 해당하는 때에는 배치폐지를 명할 수 있다.

1. 제2항 각 호 외의 부분 단서를 위반하여 배치허가를 받지 아니하고 경비원을 배치하거나 경비원 명단 및 배치일시·배치장소 등 배치허가 신청의 내용을 거짓으로 한 때
2. 제6항의 결격사유에 해당하는 자를 집단민원현장에 일반경비원으로 배치한 때
3. 제7항을 위반하여 신임교육을 이수하지 아니한 자를 제2항 각 호의 경비원으로 배치한 때
4. 경비업자 또는 경비원이 위력이나 흉기 또는 그 밖의 위험한 물건을 사용하여 집단적 폭력사태를 일으킨 때
5. 경비업자가 제2항 각 호 외의 부분 본문을 위반하여 신고하지 아니하고 일반경비원을 배치한 때

제5장 행정처분 등

제19조(경비업 허가의 취소 등) ① 허가관청은 경비업자가 다음 각 호의 어느 하나에 해당하는 때에는 그 허가를 취소하여야 한다.

1. 허위 그 밖의 부정한 방법으로 허가를 받은 때
2. 제7조제5항의 규정에 위반하여 허가받은 경비업무외의 업무에 경비원을 종사하게 한 때
3. 제7조제9항의 규정에 위반하여 경비업 및 경비관련업외의 영업을 한 때
4. 정당한 사유없이 허가를 받은 날부터 2년 이내에 경비 도급실적이 없거나 계속하여 1년 이상 휴업한 때
5. 정당한 사유없이 최종 도급계약 종료일의 다음 날부터 2년 이내에 경비 도급실적이 없을 때
6. 영업정지처분을 받고 계속하여 영업을 한 때
7. 제15조의2제2항을 위반하여 소속 경비원으로 하여금 경비업무의 범위를 벗어난 행위를 하게 한 때
8. 제18조제8항에 따른 관할 경찰관서장의 배치폐지 명령에 따르지 아니한 때

② 허가관청은 경비업자가 다음 각 호의 어느 하나에 해당하는 때에는 대통령령으로 정하는

행정처분의 기준에 따라 그 허가를 취소하거나 6개월 이내의 기간을 정하여 영업의 전부 또는 일부에 대하여 영업정지를 명할 수 있다.

1. 제4조제1항 후단을 위반하여 지방경찰청장의 허가 없이 경비업무를 변경한 때
2. 제7조제2항을 위반하여 도급을 의뢰받은 경비업무가 위법한 것임에도 이를 거부하지 아니한 때
3. 제7조제6항을 위반하여 경비지도사를 집단민원현장에 선임·배치하지 아니한 때
4. 제8조를 위반하여 경비대상 시설에 관한 경보 대응체제를 갖추지 아니한 때
5. 제9조제2항을 위반하여 관련 서류를 작성·비치하지 아니한 때
6. 제10조제3항을 위반하여 결격사유에 해당하는 경비원을 배치하거나 결격사유에 해당하는 경비지도사를 선임·배치한 때
7. 제12조제1항을 위반하여 경비지도사를 선임한 때
8. 제13조를 위반하여 경비원으로 하여금 교육을 받게 하지 아니한 때
9. 제16조에 따른 경비원의 복장 등에 관한 규정을 위반한 때
10. 제16조의2에 따른 경비원의 장비 등에 관한 규정을 위반한 때
11. 제16조의3에 따른 경비원의 출동차량 등에 관한 규정을 위반한 때
12. 제18조제1항 단서를 위반하여 집단민원현장에 일반경비원 명부를 작성·비치하지 아니한 때
13. 제18조제2항 각 호 외의 부분 단서를 위반하여 배치허가를 받지 아니하고 경비원을 배치하거나 경비원 명단 및 배치일시·배치장소 등 배치허가 신청의 내용을 거짓으로 한 때
14. 제18조제6항을 위반하여 결격사유에 해당하는 일반경비원을 집단민원현장에 배치한 때
15. 제24조에 따른 감독상 명령에 따르지 아니한 때
16. 제26조를 위반하여 손해를 배상하지 아니한 때

③ 허가관청은 제1항 및 제2항에 의하여 허가취소 또는 영업정지처분을 하는 때에는 경비업자가 허가받은 경비업무중 허가취소 또는 영업정지사유에 해당되는 경비업무에 한하여 처분을 하여야 한다. 다만, 제1항제2호 및 제7호에 해당하여 허가취소를 하는 때에는 그러하지 아니하다.

제20조(경비지도사자격의 취소 등) ① 경찰청장은 경비지도사가 다음 각호의 1에 해당하는 때에는 그 자격을 취소하여야 한다.

1. 제10조제1항 각호의 결격사유에 해당하게 된 때
2. 허위 그 밖의 부정한 방법으로 경비지도사자격증을 교부받은 때
3. 경비지도사자격증을 다른 사람에게 빌려주거나 양도한 때
4. 자격정지 기간 중에 경비지도사로 선임되어 활동한 때
② 경찰청장은 경비지도사가 다음 각호의 1에 해당하는 때에는 대통령령이
1. 제12조제3항의 규정에 위반하여 직무를 성실하게 수행하지 아니한 때
2. 제24조의 규정에 의한 경찰청장 또는 지방경찰청장의 명령을 위반한 때
③ 경찰청장은 제1항의 규정에 의하여 경비지도사의 자격을 취소한 때에는 경비지도사자격증을 회수하여야 하고, 제2항의 규정에 의하여 경비지도사의 자격을 정지한 때에는 그 정지기간동안 경비지도사자격증을 회수하여 보관하여야 한다.

제21조(청문) 경찰청장 또는 지방경찰청장은 다음 각호의 1에 해당하는 처분을 하고자 하는 경우에는 청문을 실시하여야 한다.
1. 제19조의 규정에 의한 경비업 허가의 취소 또는 영업정지
2. 제20조제1항 또는 제2항의 규정에 의한 경비지도사자격의 취소 또는 정지

제6장 경비협회

제22조(경비협회) ① 경비업자는 경비업무의 건전한 발전과 경비원의 자질향상 및 교육훈련 등을 위하여 대통령령이 정하는 바에 따라 경비협회를 설립할 수 있다.
② 경비협회는 법인으로 한다.
③ 경비협회의 업무는 다음과 같다.
1. 경비업무의 연구
2. 경비원 교육 · 훈련 및 그 연구
3. 경비원의 후생 · 복지에 관한 사항
4. 경비진단에 관한 사항
5. 그 밖에 경비업무의 건전한 운영과 육성에 관하여 필요한 사항
④ 경비협회에 관하여 이 법에 특별한 규정이 있는 것을 제외하고는 민법중 사단법인에 관한 규정을 준용한다.

제23조(공제사업) ① 경비협회는 다음 각 호의 공제사업을 할 수 있다.
1. 제26조에 따른 경비업자의 손해배상책임을 보장하기 위한 사업
2. 경비업자가 경비업을 운영할 때 필요한 입찰보증, 계약보증(이행보증을 포함한다), 하도급보증을 위한 사업
3. 경비원의 복지향상과 업무상 재해로 인한 손실을 보상하는 사업
4. 경비업무와 관련한 연구 및 경비원 교육·훈련에 관한 사업

② 경비협회는 제1항의 규정에 의한 공제사업을 하고자 하는 때에는 공제규정을 제정하여야 한다.

③ 제2항의 공제규정에는 공제사업의 범위, 공제계약의 내용, 공제금, 공제료 및 공제금에 충당하기 위한 책임준비금 등 공제사업의 운영에 관하여 필요한 사항을 정하여야 한다.

④ 경찰청장은 제1항에 따른 공제사업의 건전한 육성과 가입자의 보호를 위하여 공제사업의 감독에 관한 기준을 정할 수 있다.

⑤ 경찰청장은 제2항에 따른 공제규정을 승인하거나 제4항에 따라 공제사업의 감독에 관한 기준을 정하는 경우에는 미리 금융위원회와 협의하여야 한다.

⑥ 경찰청장은 제1항에 따른 공제사업에 대하여 「금융위원회의 설치 등에 관한 법률」에 따른 금융감독원의 원장에게 검사를 요청할 수 있다.

제7장 보칙

제24조(감독) ① 경찰청장 또는 지방경찰청장은 경비업무의 적정한 수행을 위하여 경비업자 및 경비지도사를 지도·감독하며 필요한 명령을 할 수 있다.

② 지방경찰청장 또는 관할 경찰관서장은 소속 경찰공무원으로 하여금 관할구역안에 있는 경비업자의 주사무소 및 출장소와 경비원배치장소에 출입하여 근무상황 및 교육훈련상황 등을 감독하며 필요한 명령을 하게 할 수 있다. 이 경우 출입하는 경찰공무원은 그 권한을 표시하는 증표를 관계인에게 내보여야 한다.

③ 지방경찰청장 또는 관할 경찰관서장은 경비업자 또는 배치된 경비원이 이 법이나 이 법에 따른 명령, 「폭력행위 등 처벌에 관한 법률」을 위반하는 행위를 하는 경우 그 위반행위의 중지를 명할 수 있다.

④ 지방경찰청장 또는 관할 경찰관서장은 경비업무 장소가 집단민원현장으로 판단되는 경

우에는 그 때부터 48시간 이내에 경비업자에게 경비원 배치 허가를 받을 것을 고지하여야 한다.

제25조(보안지도·점검 등) 지방경찰청장은 대통령령이 정하는 바에 따라 특수경비업자에 대하여 보안지도·점검을 실시하여야 하고, 필요한 경우 관계기관에 보안측정을 요청하여야 한다.

제26조(손해배상 등) ① 경비업자는 경비원이 업무수행중 고의 또는 과실로 경비대상에 손해가 발생하는 것을 방지하지 못한 때에는 그 손해를 배상하여야 한다.
② 경비업자는 경비원이 업무수행중 고의 또는 과실로 제3자에게 손해를 입힌 경우에는 이를 배상하여야 한다.

제27조(위임 및 위탁) ① 이 법에 의한 경찰청장의 권한은 대통령령이 정하는 바에 따라 그 일부를 지방경찰청장에게 위임할 수 있다.
② 경찰청장은 제11조의 규정에 의한 경비지도사의 시험 및 교육에 관한 업무를 대통령령이 정하는 바에 따라 관계전문기관 또는 단체에 위탁할 수 있다.

제27조의2(수수료) 이 법에 따른 경비업의 허가를 받거나 허가증을 재교부 받고자 하는 자는 대통령령이 정하는 바에 따라 수수료를 납부하여야 한다.

제27조의3(벌칙 적용에서 공무원 의제) 제27조 제2항에 따라 위탁받은 업무에 종사하는 관계전문기관 또는 단체의 임직원은 「형법」제129조부터 제132조까지의 규정을 적용할 때에는 공무원으로 본다.
[본조신설 2019. 4. 16.]

제8장 벌칙

제28조(벌칙) ① 제14조제2항의 규정에 위반하여 국가중요시설의 정상적인 운영을 해치는 장해를 일으킨 특수경비원은 5년 이하의 징역 또는 5천만원 이하의 벌금에 처한다.
② 다음 각 호의 어느 하나에 해당하는 자는 3년 이하의 징역 또는 3천만원 이하의 벌금에 처한다.
1. 제4조제1항의 규정에 의한 허가를 받지 아니하고 경비업을 영위한 자
2. 제7조제4항의 규정에 위반하여 직무상 알게 된 비밀을 누설하거나 부당한 목적을 위하여 사용한 자

3. 제7조제8항의 규정에 위반하여 경비업무의 중단을 통보하지 아니하거나 경비업무를 즉시 인수하지 아니한 특수경비업자 또는 경비대행업자
4. 집단민원현장에 경비원을 배치하면서 제7조의2제1항을 위반하여 제4조제1항에 따른 허가를 받지 아니한 자에게 경비업무를 도급한 자
5. 제7조의2제2항을 위반하여 집단민원현장에 20명 이상의 경비인력을 배치하면서 그 경비인력을 직접 고용한 자
6. 제7조의2제3항을 위반하여 경비업자의 경비원 채용 시 무자격자나 부적격자 등을 채용하도록 관여하거나 영향력을 행사한 도급인
7. 과실로 인하여 제14조제2항의 규정에 위반하여 국가중요시설의 정상적인 운영을 해치는 장해를 일으킨 특수경비원
8. 특수경비원으로서 경비구역 안에서 시설물의 절도, 손괴, 위험물의 폭발 등의 사유로 인한 위급사태가 발생한 때에 제15조제1항 또는 제2항의 규정에 위반한 자
9. 제15조의2제2항의 규정을 위반하여 경비원에게 경비업무의 범위를 벗어난 행위를 하게 한 자

③ 제14조제4항 후단의 규정에 위반하여 정당한 사유없이 무기를 소지하고 배치된 경비구역을 벗어난 특수경비원은 2년 이하의 징역 또는 2천만원 이하의 벌금에 처한다.

④ 다음 각 호의 어느 하나에 해당하는 자는 1년 이하의 징역 또는 1천만원 이하의 벌금에 처한다.

1. 제14조제7항의 규정에 위반한 관리책임자
2. 제15조제3항의 규정에 위반하여 쟁의행위를 한 특수경비원
3. 제15조의2제1항을 위반하여 경비업무의 범위를 벗어난 행위를 한 경비원
4. 제16조의2제1항에서 정한 장비 외에 흉기 또는 그 밖의 위험한 물건을 휴대하고 경비업무를 수행한 경비원 또는 경비원에게 이를 휴대하고 경비업무를 수행하게 한 자
5. 제18조제8항을 위반하여 경찰관서장의 배치폐지 명령을 따르지 아니한 자
6. 제24조제3항에 따른 지방경찰청장 또는 관할 경찰관서장의 중지명령에 따르지 아니한 자

⑤ 삭제

제29조(형의 가중처벌) ① 특수경비원이 무기를 휴대하고 경비업무를 수행중에 제14조제8항의 규정 및 제15조제4항의 규정에 의한 무기의 안전수칙을 위반하여 「형법」 제258조의

2제1항(제257조제1항의 죄로 한정한다)·제2항(제258조제1항·제2항의 죄로 한정한다), 제259조제1항, 제260조제1항, 제262조, 제268조, 제276조제1항, 제277조제1항, 제281조제1항, 제283조제1항, 제324조제2항, 제350조의2 및 제366조의 죄를 범한 때에는 그 죄에 정한 형의 2분의 1까지 가중처벌한다.

② 경비원이 경비업무 수행 중에 제16조의2제1항에서 정한 장비 외에 흉기 또는 그 밖의 위험한 물건을 휴대하고 「형법」 제258조의2제1항(제257조제1항의 죄로 한정한다)·제2항(제258조제1항·제2항의 죄로 한정한다), 제259조제1항, 제261조, 제262조, 제268조, 제276조제1항, 제277조제1항, 제281조제1항, 제283조제1항, 제324조제2항, 제350조의2 및 제366조의 죄를 범한 때에는 그 죄에 정한 형의 2분의 1까지 가중처벌한다.

제30조(양벌규정) 법인의 대표자나 법인 또는 개인의 대리인, 사용인, 그 밖의 종업원이 그 법인 또는 개인의 업무에 관하여 제28조의 위반행위를 하면 그 행위자를 벌하는 외에 그 법인 또는 개인에게도 해당 조문의 벌금형을 과(科)한다. 다만, 법인 또는 개인이 그 위반행위를 방지하기 위하여 해당 업무에 관하여 상당한 주의와 감독을 게을리하지 아니한 경우에는 그러하지 아니하다.

제31조(과태료) ① 다음 각 호의 어느 하나에 해당하는 경비업자에게는 3천만원 이하의 과태료를 부과한다.

1. 제16조제1항을 위반하여 경비원의 복장에 관한 신고를 하지 아니하고 집단민원현장에 경비원을 배치한 자
2. 제16조제2항을 위반하여 이름표를 부착하게 하지 아니하거나, 신고된 동일 복장을 착용하게 하지 아니하고 집단민원현장에 경비원을 배치한 자
3. 제18조제1항 단서를 위반하여 집단민원현장에 일반경비원을 배치하면서 경비원의 명부를 배치장소에 작성·비치하지 아니한 자
4. 제18조제2항 각 호 외의 부분 단서를 위반하여 배치허가를 받지 아니하고 경비원을 배치하거나 경비원 명단 및 배치일시·배치장소 등 배치허가 신청의 내용을 거짓으로 한 자
5. 제18조제7항을 위반하여 제13조에 따른 신임교육을 이수하지 아니한 자를 제18조제2항 각 호의 경비원으로 배치한 자

② 다음 각 호의 어느 하나에 해당하는 경비업자 또는 시설주에게는 500만원 이하의 과태료를 부과한다.

1. 제4조제3항 또는 제18조제2항의 규정에 위반하여 신고를 하지 아니한 자
2. 제7조제7항의 규정에 위반하여 경비대행업자 지정신고를 하지 아니한 자
3. 제9조제1항의 규정에 위반하여 설명의무를 이행하지 아니한 자
4. 제12조제1항의 규정에 위반하여 경비지도사를 선임하지 아니한 자
5. 제14조제6항의 규정에 의한 감독상 필요한 명령을 정당한 이유없이 이행하지 아니한 자
6. 제10조제3항을 위반하여 결격사유에 해당하는 경비원을 배치하거나 결격사유에 해당하는 경비지도사를 선임·배치한 자
7. 제16조제1항의 복장 등에 관한 신고규정을 위반하여 신고를 하지 아니한 자
8. 제16조제2항을 위반하여 이름표를 부착하게 하지 아니하거나, 신고된 동일 복장을 착용하게 하지 아니하고 경비원을 경비업무에 배치한 자
9. 제18조제1항 본문을 위반하여 명부를 작성·비치하지 아니한 자
10. 제18조제5항을 위반하여 경비원의 근무상황을 기록하여 보관하지 아니한 자

③ 제1항 및 제2항의 규정에 의한 과태료는 대통령령이 정하는 바에 의하여 지방경찰청장 또는 경찰관서장이 부과·징수한다.
④ 삭제
⑤ 삭제

경비업법 시행령

제1조(목적) 이 영은 경비업법에서 위임된 사항과 그 시행에 관하여 필요한 사항을 규정함을 목적으로 한다.

제2조(국가중요시설) 경비업법(이하 "법"이라 한다) 제2조제1호마목에서 "대통령령이 정하는 국가중요시설"이라 함은 공항·항만, 원자력발전소 등의 시설중 국가정보원장이 지정하는 국가보안목표시설과 「통합방위법」 제21조제4항의 규정에 의하여 국방부장관이 지정하는 국가중요시설을 말한다.

제3조(허가신청 등) ① 법 제4조제1항에 따라 경비업의 허가를 받으려는 경우에는 허가신청서에, 경비업의 허가를 받은 법인(이하 "경비업라"라 한다)이 허가를 받은 경비업무를 변경

하거나 새로운 경비업무를 추가하려는 경우에는 변경허가신청서에 행정안전부령으로 정하는 서류를 첨부하여 법인의 주사무소를 관할하는 지방경찰청장 또는 해당 지방경찰청 소속의 경찰서장에게 제출하여야 한다. 이 경우 신청서를 제출받은 경찰서장은 지체 없이 관할 지방경찰청장에게 보내야 한다.

② 제1항의 규정에 의하여 허가 또는 변경허가 신청서를 제출하는 법인은 별표 1의 규정에 의한 경비인력·자본금·시설 및 장비를 갖추어야 한다. 다만, 경비업의 허가 또는 변경허가를 신청하는 때에 별표 1의 규정에 의한 시설 등(자본금을 제외한다. 이하 이 항에서 같다)을 갖출 수 없는 경우에는 허가 또는 변경허가의 신청시 시설 등의 확보계획서를 제출한 후 허가 또는 변경허가를 받은 날부터 1월 이내에 별표 1의 규정에 의한 시설 등을 갖추고 지방경찰청장의 확인을 받아야 한다.

제4조(허가절차 등) ① 지방경찰청장은 제3조제1항의 규정에 의하여 허가 또는 변경허가의 신청을 받은 때에는 경비업을 영위하고자 하는 법인의 임원중 법 제5조의 규정에 의한 결격사유에 해당하는 자가 있는지의 유무, 경비인력·시설 및 장비의 확보 또는 확보가능성의 여부, 자본금과 대표자·임원의 경력 및 신용 등을 검토하여 허가여부를 결정하여야 한다.

② 지방경찰청장은 제1항에 따른 검토를 한 후 경비업을 허가하거나 변경허가를 한 경우에는 해당 법인의 주사무소를 관할하는 경찰서장을 거쳐 신청인에게 허가증을 발급하여야 한다.

③ 경비업자는 경비업 허가증을 잃어버리거나 경비업 허가증이 못쓰게 된 경우에는 허가증 재교부신청서에 다음 각 호의 구분에 따른 서류를 첨부하여 법인의 주사무소를 관할하는 지방경찰청장 또는 해당 지방경찰청 소속의 경찰서장에게 재발급을 신청하여야 하고, 신청서를 제출받은 경찰서장은 지체 없이 관할 지방경찰청장에게 보내야 한다.

1. 허가증을 잃어버린 경우에는 그 사유서
2. 허가증이 못쓰게 된 경우에는 그 허가증

제5조(폐업 또는 휴업 등의 신고) ① 경비업자는 폐업을 한 경우에는 법 제4조제3항제1호에 따라 폐업을 한 날부터 7일 이내에 폐업신고서에 허가증을 첨부하여 법인의 주사무소를 관할하는 지방경찰청장 또는 해당 지방경찰청 소속의 경찰서장에게 제출하여야 한다. 이 경우 폐업신고서를 제출받은 경찰서장은 지체 없이 관할 지방경찰청장에게 보내야 한다.

② 경비업자는 휴업을 한 경우에는 법 제4조제3항제1호에 따라 휴업한 날부터 7일 이내에 휴업신고서를 법인의 주사무소를 관할하는 지방경찰청장 또는 해당 지방경찰청 소속의 경

찰서장에게 제출하여야 하고, 휴업신고서를 제출받은 경찰서장은 지체 없이 관할 지방경찰청장에게 보내야 한다. 이 경우 휴업신고를 한 경비업자가 신고한 휴업기간이 끝나기 전에 영업을 다시 시작하거나 신고한 휴업기간을 연장하려는 경우에는 영업을 다시 시작한 후 7일 이내에 또는 신고한 휴업기간이 끝난 후 7일 이내에 영업재개신고서 또는 휴업기간연장신고서를 제출하여야 한다.

③ 법 제4조제3항제3호의 규정에 의하여 신설·이전 또는 폐지한 때에 신고를 하여야 하는 출장소는 주사무소 외의 장소로서 일상적으로 일정 지역안의 경비업무를 지휘·총괄하는 영업거점인 지점·지사 또는 사업소 등의 장소로 한다.

④ 법 제4조제3항제6호에서 "그밖에 대통령령이 정하는 중요사항"이라 함은 정관의 목적을 말한다.

⑤ 법 제4조제3항제2호부터 제6호까지의 규정에 따른 신고는 그 사유가 발생한 날부터 30일 이내에 하여야 한다.

제6조(특수경비업자의 업무개시전의 조치) ① 법 제2조제1호마목의 규정에 의한 특수경비업무를 수행하는 경비업자(이하 "특수경비업자"라 한다)는 법 제4조제3항제5호의 규정에 의하여 첫 업무개시의 신고를 하기 전에 지방경찰청장의 비밀취급인가를 받아야 한다.

② 지방경찰청장은 제1항의 규정에 의하여 특수경비업자에게 비밀취급인가를 하고자 하는 때에는 법 제25조의 규정에 의하여 특수경비업자로 하여금 경찰청장을 거쳐 국가정보원장에게 보안측정을 요청하도록 하여야 한다.

제7조(기계경비업자의 대응체제) 법 제2조제1호라목의 규정에 의한 기계경비업무를 수행하는 경비업자(이하 "기계경비업자"라 한다)는 법 제8조의 규정에 의하여 관제시설 등에서 경보를 수신한 때에는 경보를 수신한 때부터 늦어도 25분 이내에는 도착시킬 수 있는 대응체제를 갖추어야 한다.

제7조의2(특수경비업자가 할 수 있는 영업) ① 법 제7조제9항에서 "경비장비의 제조·설비·판매업, 네트워크를 활용한 정보산업, 시설물 유지관리업 및 경비원 교육업 등 대통령령이 정하는 경비관련업"이란 다음 각 호의 영업을 말한다.

1. 별표 1의2에 따른 영업
2. 제1호에 따른 영업에 부수되는 것으로서 경찰청장이 지정·고시하는 영업

② 제1항에 따른 영업의 범위에 관하여는 법 또는 이 영에 특별한 규정이 있는 경우를 제외하고는 「통계법」에 따라 통계청장이 고시하는 한국표준산업분류표에 따른다.

제7조의3(무자격자 및 부적격자 등의 범위) 다음 각 호의 경비업무를 도급하려는 자는 법 제7조의2제3항에 따라 다음 각 호의 구분에 해당하는 사람을 그 경비업무를 수급한 경비업자의 경비원으로 채용하도록 관여하거나 영향력을 행사해서는 아니된다.

1. 시설경비업무, 신변보호업무(집단민원현장의 시설경비업무 또는 신변보호업무는 제외한다), 호송경비업무 또는 기계경비업무
   가. 법 제10조제1항에 따라 경비지도사 또는 일반경비원이 될 수 없는 사람
   나. 「아동·청소년의 성보호에 관한 법률」 제56조제1항제14호에 따라 경비업무에 종사할 수 없는 사람
2. 특수경비업무
   가. 법 제10조제2항에 따라 특수경비원이 될 수 없는 사람
   나. 「아동·청소년의 성보호에 관한 법률」 제56조제1항제14호에 따라 경비업무에 종사할 수 없는 사람
3. 집단민원현장의 시설경비업무 또는 신변보호업무
   가. 법 제10조제1항에 따라 경비지도사 또는 일반경비원이 될 수 없는 사람
   나. 법 제18조제6항에 따라 집단민원현장에 일반경비원으로 배치할 수 없는 사람
   다. 「아동·청소년의 성보호에 관한 법률」 제56조제1항제14호에 따라 경비업무에 종사할 수 없는 사람

제8조(오경보의 방지를 위한 설명 등) ① 법 제9조제1항의 규정에 의하여 기계경비업자가 계약상대방에게 하여야 하는 설명은 다음 각호의 사항을 기재한 서면 또는 전자문서(이하 "서면등"이라 하며, 이 조에서 전자문서는 계약상대방이 원하는 경우에 한한다)를 교부하는 방법에 의한다.

1. 당해 기계경비업무와 관련된 관제시설 및 출장소(제5조제3항의 규정에 의한 출장소를 말한다. 이하 같다)의 명칭·소재지
2. 기계경비업자가 경비대상시설에서 발생한 경보를 수신한 경우에 취하는 조치
3. 기계경비업무용 기기의 설치장소 및 종류와 그밖의 기계장치의 개요
4. 오경보의 발생원인과 송신기기의 유지·관리방법

② 기계경비업자는 제1항 각호의 사항을 기재한 서면등과 함께 법 제26조의 규정에 의한 손해배상의 범위와 손해배상액에 관한 사항을 기재한 서면등을 계약상대방에게 교부하여야 한다.

제9조(기계경비업자의 관리 서류) ① 기계경비업자는 법 제9조제2항의 규정에 의하여 출장소별로 다음 각호의 사항을 기재한 서류를 갖추어 두어야 한다.
1. 경비대상시설의 명칭·소재지 및 경비계약기간
2. 기계경비지도사의 명단·배치일자·배치장소와 출동차량의 대수
3. 경보의 수신 및 현장도착 일시와 조치의 결과
4. 오경보인 경우 오경보가 발생한 경비대상시설 및 그 오경보에 대한 조치의 결과
② 제1항제3호 및 제4호의 규정에 의한 사항을 기재한 서류는 당해 경보를 수신한 날부터 1년간 이를 보관하여야 한다.

제10조(경비지도사의 구분) 법 제10조 내지 제12조의 규정에 의한 경비지도사는 다음 각호와 같이 구분한다.
1. 일반경비지도사: 다음 각목의 경비업무에 종사하는 경비원을 지도·감독 및 교육하는 경비지도사
   가. 시설경비업무
   나. 호송경비업무
   다. 신변보호업무
   라. 특수경비업무
2. 기계경비지도사: 기계경비업무에 종사하는 경비원을 지도·감독 및 교육하는 경비지도사

제11조(경비지도사시험의 시행 및 공고) ① 경찰청장은 법 제11조제1항에 따른 경비지도사시험(이하 "시험"이라 한다)의 실시계획을 매년 수립해야 한다.
② 경찰청장은 제1항의 규정에 의한 시험의 실시계획에 따라 시험을 실시하고자 하는 때에는 응시자격·시험과목·시험일시·시험장소 및 선발예정인원 등을 시험시행일 90일 전까지 공고하여야 한다.
③ 제2항의 규정에 의한 공고는 관보게재와 각 지방경찰청 게시판 및 인터넷 홈페이지에 게시하는 방법에 의한다.

제12조(시험의 방법 및 과목 등) ① 시험은 필기시험의 방법에 의하되, 제1차시험과 제2차시험으로 구분하여 실시한다. 이 경우 경찰청장이 필요하다고 인정하는 때에는 제1차시험과 제2차시험을 병합하여 실시할 수 있다.
② 제1차시험 및 제2차시험은 각각 선택형으로 하되, 제2차시험에 있어서는 선택형 외에 단답형을 추가할 수 있다.

③ 제1차시험 및 제2차시험의 과목은 별표 2와 같다.

④ 제2차시험은 제1차시험에 합격한 자에 대하여 실시한다. 다만, 제1항 후단의 규정에 의하여 제1차시험과 제2차시험을 병합하여 실시하는 경우에는 그러하지 아니하다.

⑤ 제1항 후단의 규정에 의하여 제1차시험과 제2차시험을 병합하여 실시하는 경우에는 제1차시험에 불합격한 자가 치른 제2차시험은 이를 무효로 한다.

⑥ 제1차시험에 합격한 자에 대하여는 다음 회의 시험에 한하여 제1차 시험을 면제한다.

제13조(시험의 일부면제) 법 제11조제3항에 따라 다음 각 호의 어느 하나에 해당하는 사람은 경비지도사 제1차 시험을 면제한다. 〈개정 2013. 3. 23., 2014. 11. 19., 2017. 7. 26., 2020. 2. 4.〉

1. 「경찰공무원법」에 따른 경찰공무원으로 7년 이상 재직한 사람
2. 「대통령 등의 경호에 관한 법률」에 따른 경호공무원 또는 별정직공무원으로 7년 이상 재직한 사람
3. 「군인사법」에 따른 각 군 전투병과 또는 군사경찰병과 부사관 이상 간부로 7년 이상 재직한 사람
4. 「경비업법」에 따른 경비업무에 7년 이상(특수경비업무의 경우에는 3년 이상) 종사하고 행정안전부령으로 정하는 교육과정을 이수한 사람
5. 「고등교육법」에 따른 대학 이상의 학교를 졸업한 사람으로서 재학 중 제12조제3항에 따른 경비지도사 시험과목을 3과목 이상을 이수하고 졸업한 후 경비업무에 종사한 경력이 3년 이상인 사람
6. 「고등교육법」에 따른 전문대학을 졸업한 사람으로서 재학 중 제12조제3항에 따른 경비지도사 시험과목을 3과목 이상을 이수하고 졸업한 후 경비업무에 종사한 경력이 5년 이상인 사람
7. 일반경비지도사의 자격을 취득한 후 기계경비지도사의 시험에 응시하는 사람 또는 기계경비지도사의 자격을 취득한 후 일반경비지도사의 시험에 응시하는 사람
8. 「공무원임용령」에 따른 행정직군 교정직렬 공무원으로 7년 이상 재직한 사람

제14조(시험합격자의 결정) ① 제1차시험의 합격결정에 있어서는 매 과목 100점을 만점으로 하며, 매과목 40점 이상, 전과목 평균 60점 이상 득점한 자를 합격자로 결정한다.

② 제2차시험의 합격결정에 있어서는 선발예정인원의 범위안에서 60점 이상을 득점한 자 중에서 고득점 순으로 합격자를 결정한다. 이 경우 동점자로 인하여 선발예정인원이 초과되는 때에는 동점자 모두를 합격자로 한다.

③ 경찰청장은 제2차시험에 합격한 자에 대하여 합격공고를 하고, 합격 및 교육소집 통지서를 교부하여야 한다.

제15조(시험출제위원의 임명·위촉 등) ① 경찰청장은 시험문제의 출제를 위하여 다음 각호의 1에 해당하는 자중에서 시험출제위원을 임명 또는 위촉한다.

1. 고등교육법에 의한 전문대학 이상의 교육기관에서 경찰행정학과 등 경비업무 관련학과 및 법학과의 부교수(전문대학의 경우에는 교수) 이상으로 재직하고 있는 자
2. 석사 이상의 학위소지자로 경찰청장이 정하는 바에 의하여 경비업무에 관한 연구실적이나 전문경력이 인정되는 자
3. 방범·경비업무를 3년 이상 담당한 경감 이상 경찰공무원의 경력이 있는 자

② 제1항의 규정에 의한 시험출제위원의 수는 시험과목별로 2인 이상으로 한다.

③ 시험출제위원으로 임명 또는 위촉된 자는 경찰청장이 정하는 준수사항을 성실히 이행하여야 한다.

④ 시험출제위원과 시험관리업무에 종사하는 자에 대하여는 예산의 범위안에서 수당과 여비를 지급할 수 있다. 다만, 공무원인 위원이 그 소관업무와 직접적으로 관련하여 시험관리업무에 종사하는 경우에는 그러하지 아니하다.

제16조(경비지도사의 선임·배치) ① 경비업자는 법 제12조제1항의 규정에 의하여 별표 3의 기준에 따라 경비지도사를 선임·배치하여야 한다.

② 경비업자는 제1항의 규정에 의하여 선임·배치된 경비지도사에 결원이 있거나 자격정지 등의 사유로 그 직무를 수행할 수 없는 때에는 15일 이내에 경비지도사를 새로이 충원하여야 한다.

제17조(경비지도사의 직무 및 준수사항) ① 법 제12조제2항제5호에서 "대통령령이 정하는 직무"란 다음 각 호의 직무를 말한다.

1. 기계경비업무를 위한 기계장치의 운용·감독(기계경비지도사의 경우에 한한다)
2. 오경보방지 등을 위한 기기관리의 감독(기계경비지도사의 경우에 한한다)

② 경비지도사는 법 제12조제3항에 따라 같은 조 제2항제1호·제2호의 직무 및 제1항 각 호의 직무를 월 1회 이상 수행하여야 한다.

③ 경비지도사는 법 제12조제2항제1호에 따라 경비원에 대한 교육을 실시하고, 행정안전부령으로 정하는 경비원 직무교육 실시대장에 그 내용을 기록하여 2년간 보존하여야 한다.

제18조(일반경비원에 대한 교육) ① 경비업자는 일반경비원을 채용한 경우 법 제13조제1항 본문에 따라 해당 일반경비원에게 경비업자의 부담으로 다음 각 호의 기관 또는 단체에서 실시하는 일반경비원 신임교육을 받도록 하여야 한다.
1. 법 제22조제1항에 따른 경비협회
2. 「경찰공무원 교육훈련규정」 제2조제3호에 따른 경찰교육기관
3. 경비업무 관련 학과가 개설된 대학 등 경비원에 대한 교육을 전문적으로 수행할 수 있는 인력과 시설을 갖춘 기관 또는 단체 중 경찰청장이 지정하여 고시하는 기관 또는 단체

② 경비업자는 법 제13조제1항 단서에 따라 다음 각 호의 어느 하나에 해당하는 사람을 일반경비원으로 채용한 경우에는 해당 일반경비원을 일반경비원 신임교육 대상에서 제외할 수 있다.
1. 법 제13조제1항 본문 및 같은 조 제3항에 따른 일반경비원 또는 특수경비원 신임교육을 받은 사람으로서 채용 전 3년 이내에 경비업무에 종사한 경력이 있는 사람
2. 「경찰공무원법」에 따른 경찰공무원으로 근무한 경력이 있는 사람
3. 「대통령 등의 경호에 관한 법률」에 따른 경호공무원 또는 별정직공무원으로 근무한 경력이 있는 사람
4. 「군인사법」에 따른 부사관 이상으로 근무한 경력이 있는 사람
5. 경비지도사 자격이 있는 사람
6. 채용 당시 법 제13조제2항에 따른 일반경비원 신임교육을 받은 지 3년이 지나지 아니한 사람

③ 경비업자는 법 제13조제1항에 따라 소속 일반경비원에게 법 제12조에 따라 선임한 경비지도사가 수립한 교육계획에 따라 매월 행정안전부령으로 정하는 시간 이상의 직무교육을 받도록 하여야 한다.

④ 법 제13조제2항에서 "대통령령으로 정하는 교육기관"이란 제18조제1항 각 호의 기관 또는 단체를 말한다.

⑤ 제1항에 따른 신임교육의 과목 및 시간, 제3항에 따른 직무교육의 과목 등 일반경비원의 교육 실시에 필요한 사항은 행정안전부령으로 정한다.

제19조(특수경비원에 대한 교육) ① 특수경비업자는 특수경비원을 채용한 경우 법 제13조제3항에 따라 해당 특수경비원에게 특수경비업자의 부담으로 다음 각 호의 기관 또는 단체에서 실시하는 특수경비원 신임교육을 받도록 하여야 한다.

1. 「경찰공무원 교육훈련규정」 제2조제3호에 따른 경찰교육기관
2. 행정안전부령으로 정하는 기준에 적합한 기관 또는 단체 중 경찰청장이 지정하여 고시하는 기관 또는 단체

② 제1항에도 불구하고 특수경비업자는 채용 전 3년 이내에 특수경비업무에 종사하였던 경력이 있는 사람을 특수경비원으로 채용한 경우에는 해당 특수경비원을 특수경비원 신임교육 대상에서 제외할 수 있다.

③ 특수경비업자는 법 제13조제3항에 따라 소속 특수경비원에게 법 제12조에 따라 선임한 경비지도사가 수립한 교육계획에 따라 매월 행정안전부령으로 정하는 시간 이상의 직무교육을 받도록 하여야 한다.

④ 제1항에 따른 신임교육의 과목 및 시간, 제3항에 따른 직무교육의 과목 등 특수경비원의 교육 실시에 필요한 사항은 행정안전부령으로 정한다.

제20조(특수경비원 무기휴대의 절차 등) ① 시설주는 법 제14조제4항의 규정에 의하여 특수경비원이 휴대할 무기를 대여받고자 하는 때에는 무기대여신청서를 관할경찰서장 및 공항경찰대장 등 국가중요시설의 경비책임자(이하 "관할경찰관서장"이라 한다)를 거쳐 지방경찰청장에게 제출하여야 한다.

② 시설주는 법 제14조제4항의 규정에 의하여 관할경찰관서장으로부터 대여받은 무기를 특수경비원에게 휴대하게 하는 경우에는 동조제9항의 규정에 의하여 관할경찰관서장의 사전승인을 얻어야 한다.

③ 제2항의 규정에 의한 사전승인을 함에 있어서 관할경찰관서장은 국가중요시설에 총기 또는 폭발물의 소지자나 무장간첩 침입의 우려가 있는지의 여부 등을 고려하는 등 특수경비원에게 무기를 지급하여야 할 필요성이 있는지의 여부에 관하여 판단하여야 한다.

④ 시설주는 제3항의 규정에 의한 무기지급의 필요성이 해소되었다고 인정되는 때에는 특수경비원으로부터 즉시 무기를 회수하여야 한다.

⑤ 법 제14조제9항의 규정에 의하여 특수경비원이 휴대할 수 있는 무기종류는 권총 및 소총으로 한다.

⑥ 「위해성 경찰장비의 사용기준 등에 관한 규정」 제18조 및 별표 2의 규정은 법 제14조제9항의 규정에 의한 안전검사의 기준에 관하여 이를 준용한다.

⑦ 시설주, 법 제14조제7항의 규정에 의한 관리책임자와 특수경비원은 행정안전부령이 정하는 무기관리수칙을 준수하여야 한다.

제21조(무기관리에 대한 지도·감독) 관할경찰관서장은 법 제14조제5항의 규정에 의하여 시설주 및 특수경비원의 무기관리상황을 매월 1회 이상 점검하여야 한다.

제22조(집단민원현장 배치 불허가 기준) 법 제18조제3항제2호에서 "대통령령으로 정하는 기준"이란 100분의 21을 말한다.

제23조(위반행위의 보고·통보) ① 경비업자의 출장소 또는 경비대상시설을 관할하는 지방경찰청장 또는 경찰관서장은 출장소의 임·직원이나 경비원이 법 또는 법에 의한 명령에 위반한 사실을 안 때에는 지체없이 그 사실을 서면등으로 당해 경비업을 허가한 지방경찰청장에게 통보하거나 보고하여야 한다.

② 제1항의 규정에 의하여 통보 또는 보고를 받은 지방경찰청장은 그 위반행위에 대하여 행정처분을 한 때에는 이를 해당 지방경찰청장 또는 경찰관서장에게 통보하여야 한다.

제24조(행정처분의 기준) 법 제19조제2항에 따른 행정처분의 기준은 별표 4와 같다.

제25조(경비지도사의 자격정지처분의 기준) 법 제20조제2항의 규정에 의한 경비지도사에 대한 자격정지처분의 기준은 별표 5와 같다.

제26조(경비협회) ① 경비업자가 법 제22조제1항에 따라 경비협회(이하 "협회"라 한다)를 설립하려는 경우에는 정관을 작성하여야 한다.

② 협회는 정관이 정하는 바에 의하여 회원으로부터 회비를 징수할 수 있다.

제27조(공제사업) ① 협회는 법 제23조제1항의 규정에 의하여 공제사업을 하는 경우 공제사업의 회계는 다른 사업의 회계와 구분하여 경리하여야 한다.

② 삭제

제28조(허가증 등의 수수료) ① 법에 의한 경비업의 허가를 받거나 허가증을 재교부받고자 하는 자는 다음 각호의 수수료를 납부하여야 한다.

1. 법 제4조제1항 및 법 제6조제2항의 규정에 의한 경비업의 허가(추가·변경·갱신허가를 포함한다)의 경우에는 1만원
2. 허가사항의 변경신고로 인한 허가증 재교부의 경우에는 2천원

② 제1항의 규정에 의한 수수료는 허가 등의 신청서에 수입인지를 첨부하여 납부한다.

③ 시험에 응시하고자 하는 자는 경찰청장이 정하여 고시하는 수수료를 납부하여야 한다.

④ 경찰청장은 다음 각 호의 어느 하나에 해당하는 경우에는 제3항에 따라 받은 응시수수료의 전부 또는 일부를 다음 각 호의 구분에 따라 반환하여야 한다.

1. 응시수수료를 과오납한 경우: 과오납한 금액 전액
2. 시험시행기관의 귀책사유로 시험에 응시하지 못한 경우: 응시수수료 전액
3. 시험시행일 20일 전까지 접수를 취소하는 경우: 응시수수료 전액
4. 시험시행일 10일 전까지 접수를 취소하는 경우: 응시수수료의 100분의 50

⑤ 경찰청장 및 지방경찰청장은 제2항 및 제3항의 규정에 불구하고 정보통신망을 이용하여 전자화폐·전자결제 등의 방법으로 수수료를 납부하게 할 수 있다.

제29조(보안지도점검) 지방경찰청장은 법 제25조의 규정에 의하여 특수경비업자에 대하여 연 2회 이상의 보안지도·점검을 실시하여야 한다.

제30조(경비가 필요한 시설 등에 대한 경비의 요청) 지방경찰청장은 행사장 그밖에 많은 사람이 모이는 시설 또는 장소에서 혼잡 등으로 인한 위험의 발생을 방지하기 위하여 법 제2조제3호의 규정에 의한 경비원에 의한 경비가 필요하다고 인정되는 때에는 행사개최일 전에 당해 행사의 주최자에게 경비원에 의한 경비를 실시하거나 부득이한 사유로 그것을 실시할 수 없는 경우에는 행사개최 24시간 전까지 지방경찰청장에게 그 사실을 통지하여 줄 것을 요청할 수 있다.

제31조(권한의 위임 및 위탁) ① 경찰청장은 법 제27조제1항의 규정에 의하여 다음 각호의 권한을 지방경찰청장에게 위임한다.
1. 법 제20조의 규정에 의한 경비지도사의 자격의 취소 및 정지에 관한 권한
2. 법 제21조제2호의 규정에 의한 경비지도사 자격의 취소 및 정지에 관한 청문의 권한

② 경찰청장 또는 경찰관서장은 법 제27조제2항의 규정에 의하여 법 제11조제1항의 규정에 의한 경비지도사시험의 관리와 경비지도사의 교육에 관한 업무를 경비업무에 관한 인력과 전문성을 갖춘 기관으로서 경찰청장이 지정하여 고시하는 기관 또는 단체에 위탁한다.

제31조의2(민감정보 및 고유식별정보의 처리) 경찰청장, 지방경찰청장, 경찰서장 및 경찰관서장(제31조에 따라 경찰청장 및 경찰관서장의 권한을 위임·위탁받은 자를 포함한다)은 다음 각 호의 사무를 수행하기 위하여 불가피한 경우 「개인정보 보호법 시행령」 제18조제2호에 따른 범죄경력자료에 해당하는 정보와 같은 영 제19조제1호 또는 제4호에 따른 주민등록번호 또는 외국인등록번호가 포함된 자료를 처리할 수 있다.
1. 법 제4조 및 제6조에 따른 경비업의 허가 및 갱신허가 등에 관한 사무
2. 법 제11조에 따른 경비지도사 시험 등에 관한 사무

3. 법 제13조에 따른 경비원의 교육 등에 관한 사무
4. 법 제14조에 따른 특수경비원의 직무 및 무기사용 등에 관한 사무
5. 법 제17조에 따른 결격사유 확인을 위한 범죄경력조회 등에 관한 사무
6. 법 제18조에 따른 경비원 배치허가 등에 관한 사무
7. 법 제19조 및 제20조에 따른 행정처분에 관한 사무
8. 법 제24조에 따른 경비업자 및 경비지도사의 지도·감독에 관한 사무
9. 법 제25조에 따른 보안지도·점검 및 보안측정에 관한 사무
10. 제1호부터 제9호까지의 규정에 따른 사무를 수행하기 위하여 필요한 사무

제31조의3(규제의 재검토) 경찰청장은 다음 각 호의 사항에 대하여 다음 각 호의 기준일을 기준으로 3년마다(매 3년이 되는 해의 기준일과 같은 날 전까지를 말한다) 그 타당성을 검토하여 개선 등의 조치를 하여야 한다.
1. 제3조제2항 및 별표 1에 따른 경비업의 시설 등의 기준: 2014년 6월 8일
2. 제22조에 따른 집단민원현장 배치 불허가 기준: 2014년 6월 8일
3. 제24조 및 별표 4에 따른 행정처분 기준: 2014년 6월 8일
4. 제32조제1항 및 별표 6에 따른 과태료의 부과기준: 2014년 6월 8일

제32조(과태료의 부과기준 등) ① 법 제31조제1항 및 제2항에 따른 과태료의 부과기준은 별표 6과 같다.
② 지방경찰청장 또는 경찰관서장은 「질서위반행위규제법」 제14조 각 호의 사항을 고려하여 별표 6에 따른 금액의 100분의 50의 범위에서 경감하거나 가중할 수 있다. 다만, 가중하는 때에는 법 제31조제1항 및 제2항에 따른 과태료 금액의 상한을 초과할 수 없다.
③ 삭제
④ 삭제

경비업법 시행규칙

제1조(목적) 이 규칙은 경비업법 및 동법시행령에서 위임된 사항과 그 시행에 관하여 필요한 사항을 규정함을 목적으로 한다.
제2조(호송경비의 통지) 경비업법(이하 "법"이라 한다) 제4조제1항의 규정에 의하여 경비업의 허가를 받은 법인(이하 "경비업자"라 한다)은 법 제2조제1호 나목의 규정에 의한 호송경

비업무를 수행하기 위하여 관할경찰서의 협조를 얻고자 하는 때에는 현금 등의 운반을 위한 출발 전일까지 출발지의 경찰서장에게 별지 제1호서식의 호송경비통지서(전자문서로 된 통지서를 포함한다)를 제출하여야 한다.

제3조(허가신청 등) ① 법 제4조제1항 및 「경비업법 시행령」(이하 "영"이라 한다) 제3조제1항에 따라 경비업의 허가를 받으려는 경우 또는 경비업자가 허가를 받은 경비업무를 변경하거나 새로운 경비업무를 추가하려는 경우에는 별지 제2호서식의 경비업 허가신청서 또는 변경허가신청서(전자문서로 된 신청서를 포함한다)에 다음 각 호의 서류(전자문서를 포함한다)를 첨부하여 법인의 주사무소를 관할하는 지방경찰청장 또는 해당 지방경찰청 소속의 경찰서장에게 제출하여야 한다. 이 경우 신청서를 제출받은 경찰서장은 지체 없이 관할 지방경찰청장에게 보내야 한다.

1. 법인의 정관 1부
2. 법인 임원의 이력서 1부
3. 경비인력·시설 및 장비의 확보계획서 1부(경비업 허가의 신청시 이를 갖출 수 없는 경우에 한한다)

② 제1항에 따른 신청서를 제출받은 지방경찰청장은 「전자정부법」 제36조제1항에 따른 행정정보의 공동이용을 통하여 법인의 등기사항증명서를 확인하여야 한다.

제4조(허가증 등) ① 영 제4조제2항의 규정에 의한 허가증은 별지 제3호서식에 의한다.
② 영 제4조제3항의 규정에 의한 허가증 재교부신청서는 별지 제4호서식에 의한다.

제5조(폐업 또는 휴업 등의 신고) ① 영 제5조제1항의 규정에 의한 폐업신고서와 동조제2항의 규정에 의한 휴업신고서·영업재개신고서 및 휴업기간연장신고서는 별지 제5호서식에 의한다.

② 법 제4조제3항제2호에 따른 법인의 명칭·대표자·임원, 같은 항 제3호에 따른 주사무소·출장소나 영 제5조제4항에 따른 정관의 목적이 변경되어 법 제4조제3항에 따른 신고를 하는 경우에는 별지 제6호서식의 경비업 허가사항 등의 변경신고서(전자문서로 된 신고서를 포함한다)에 다음 각 호의 서류(전자문서를 포함한다)를 첨부하여 법인의 주사무소를 관할하는 지방경찰청장 또는 해당 지방경찰청 소속의 경찰서장에게 제출하여야 한다. 변경신고서를 제출받은 경찰서장은 이를 지체 없이 관할지방경찰청장에게

1. 명칭 변경의 경우: 허가증 원본

2. 대표자 변경의 경우

　　가. 삭제

　　나. 법인 대표자의 이력서 1부

　　다. 허가증 원본

3. 임원 변경의 경우: 법인 임원의 이력서 1부
4. 주사무소 또는 출장소 변경의 경우: 허가증 원본
5. 정관의 목적 변경의 경우: 법인의 정관 1부

③ 제2항에 따른 신고서를 제출받은 지방경찰청장은 「전자정부법」 제36조제1항에 따른 행정정보의 공동이용을 통하여 법인의 등기사항증명서를 확인하여야 한다.

④ 법 제4조제3항제5호의 규정에 의한 특수경비업무의 개시 또는 종료의 신고는 별지 제7호서식에 의한다.

제6조(허가갱신) ① 법 제6조제2항에 따라 경비업의 갱신허가를 받으려는 자는 허가의 유효기간 만료일 30일 전까지 별지 제2호서식의 경비업 갱신허가신청서(전자문서로 된 신청서를 포함한다)에 허가증 원본 및 정관(변경사항이 있는 경우만 해당한다)을 첨부하여 법인의 주사무소를 관할하는 지방경찰청장 또는 해당 지방경찰청 소속의 경찰서장에게 제출하여야 한다. 경비업 갱신허가신청서를 제출받은 경찰서장은 이를 지체 없이 관할지방경찰청장에게 보내야 한다.

② 제1항에 따른 신청서를 제출받은 지방경찰청장은 「전자정부법」 제36조제1항에 따른 행정정보의 공동이용을 통하여 법인의 등기사항증명서를 확인하여야 한다.

③ 지방경찰청장은 법 제6조제2항의 규정에 의하여 갱신허가를 하는 때에는 유효기간이 만료되는 허가증을 회수한 후 별지 제3호서식의 허가증을 교부하여야 한다.

제6조의2(집단민원현장에 선임·배치된 경비지도사의 직무) 법 제7조제6항에 따라 경비업자는 집단민원현장에 선임·배치된 경비지도사로 하여금 다음 각 호의 직무를 수행하도록 하여야 한다.

1. 법 제15조의2에 따른 경비원 등의 의무 위반행위 예방 및 제지
2. 법 제16조에 따른 경비원의 복장 착용 등에 대한 지도·감독
3. 법 제16조의2에 따른 경비원의 장비 휴대 및 사용에 대한 지도·감독
4. 법 제18조제1항 단서에 따라 집단민원현장에 비치된 경비원 명부의 관리

제7조(특수경비원의 신체조건) 법 제10조제2항제4호에서 "행정안전부령이 정하는 신체조건"이라 함은 팔과 다리가 완전하고 두 눈의 맨눈시력 각각 0.2 이상 또는 교정시력 각각 0.8 이상을 말한다.

제8조(응시원서) ① 법 제11조의 규정에 의한 경비지도사시험에 응시하고자 하는 자는 별지 제8호서식의 응시원서(전자문서로 된 원서를 포함한다)를 영 제31조 제2항에 따라 경비지도사시험의 관리를 위탁받은 기관 또는 단체(이하 이 조에서 "시험관리기관"이라 한다)에 제출해야 한다. 〈개정 2004. 12. 10., 2019. 4. 23.〉

② 영 제13조에 따라 경비지도사 제1차 시험을 면제받으려는 사람은 같은 조 각 호의 면제사유를 증명할 수 있는 서류로서 영 제11조 제2항에 따른 공고에서 정하는 서류를 시험관리기관에 제출해야 한다. 〈신설 2019. 4. 23.〉

③ 시험관리기관은 제2항에 따른 서류 중 재직증명서 또는 경력증명서를 제출받은 경우에는 「전자정부법」 제36조 제1항에 따른 행정정보의 공동이용을 통하여 제출인의 국민연금가입자가입증명 또는 건강보험자격득실확인서를 확인해야 한다. 다만, 제출인이 확인에 동의하지 않는 경우에는 해당 서류를 제출하도록 해야 한다. 〈신설 2019. 4. 23.〉

제9조(경비지도사에 대한 교육) ① 법 제11조제1항에서 "행정안전부령이 정하는 교육"이라 함은 경비지도사에 대한 별표 1의 규정에 의한 과목 및 시간의 교육을 말한다.

② 제1항의 규정에 의한 교육에 소요되는 비용은 경비지도사의 교육을 받는 자의 부담으로 한다.

제10조(경비지도사시험의 일부면제) 영 제13조제4호에서 "행정안전부령으로 정하는 교육과정을 이수한 사람"이란 다음 각 호의 어느 하나에 해당하는 사람을 말한다.

1. 고등교육법에 의한 전문대학 이상의 교육기관(경비지도사의 시험과목 3과목 이상이 개설된 교육기관에 한한다)에서 1년 이상의 경비업무관련 과정을 마친 사람
2. 경찰청장이 지정하는 기관 또는 단체에서 실시하는 64시간 이상의 경비지도사 양성과정을 마치고 수료시험에 합격한 사람

제11조(경비지도사자격증의 교부) 경찰청장은 법 제11조의 규정에 의한 경비지도사시험에 합격하고 제9조의 규정에 의한 경비지도사 교육을 받은 자에 대하여는 별지 제9호서식의 경비지도사자격증 교부대장에 소정의 사항을 기재한 후, 별지 제10호서식의 경비지도사 자격증을 교부하여야 한다.

제11조의2(경비원 직무교육 실시대장) 영 제17조제3항에 따른 경비원 직무교육 실시대장은 별지 제10호의2서식에 따른다.

제12조(일반경비원에 대한 신임교육의 실시 등) ① 영 제18조제1항에 따른 일반경비원 신임교육의 과목 및 시간은 별표 2와 같다. 〈개정 2019. 4. 23.〉

② 경찰청장은 일반경비원에 대한 신임교육의 실시를 위하여 연도별 교육계획을 수립하고, 영 제18조 제1항에 따른 일반경비원 신임교육 기관 또는 단체가 교육계획에 따라 교육을 실시하도록 하여야 한다. 〈개정 2006. 2. 2., 2014. 6. 5.〉

③ 삭제 〈2014. 6. 5.〉

④ 영 제18조 제1항에 따른 일반경비원 신임교육 기관 또는 단체의 장은 제1항에 따른 일반경비원 신임교육과정을 마친 사람에게 별지 제11호서식의 신임교육이수증을 교부하고 그 사실을 별지 제12호서식의 신임교육이수증 교부대장에 기록해야 하며, 교육기관, 교육일, 교육이수증 교부번호 등을 포함한 신임교육 이수자 현황을 경찰청장에게 통보해야 한다. 〈개정 2014. 6. 5., 2019. 4. 23.〉

⑤ 경비업자는 일반경비원이 제1항의 규정에 의한 신임교육을 받은 때에는 제23조 제1항의 규정에 의한 경비원의 명부에 그 사실을 기재하여야 한다.

⑥ 지방경찰청장 또는 경찰서장은 제1항에 따른 일반경비원 신임교육을 받은 사람이 요청하는 경우에는 별지 제12호의2서식의 신임교육 이수 확인증을 발급할 수 있다. 〈신설 2019. 4. 23.〉

제13조(일반경비원에 대한 직무교육의 시간 등) ① 영 제18조제3항에서 "행정안전부령으로 정하는 시간"이란 4시간을 말한다.

② 영 제18조제3항에 따른 일반경비원에 대한 직무교육의 과목은 일반경비원의 직무수행에 필요한 이론·실무과목, 그 밖에 정신교양 등으로 한다.

제14조(특수경비원 신임교육 기관 또는 단체의 지정 등) ① 영 제19조제1항에 의한 특수경비원 신임교육의 과정을 개설하고자 하는 기관 또는 단체는 별표 3의 규정에 의한 시설 등을 갖추고 경찰청장에게 지정을 요청하여야 한다.

② 경찰청장은 제1항의 규정에 의한 교육과정을 개설하고자 하는 기관 또는 단체가 동항의 규정에 의한 지정을 요청한 때에는 별표 3의 규정에 의한 기준에 적합한 지의 여부를 확인한 후 그 기준에 적합한 경우 이를 특수경비원 신임교육을 실시할 수 있는 기관 또는 단체로 지정할 수 있다.

③ 제2항의 규정에 의하여 지정을 받은 기관 또는 단체는 신임교육의 과정에서 필요한 경우

에는 관할 경찰관서장에게 경찰관서 시설물의 이용이나 전문적인 소양을 갖춘 경찰관의 파견을 요청할 수 있다.

제15조(특수경비원에 대한 신임교육의 실시 등) ① 영 제19조제1항에 따른 특수경비원 신임교육의 과목 및 시간은 별표 4와 같다. 〈개정 2019. 4. 23.〉

② 영 제19조 제1항에 따른 특수경비원 신임교육 기관 또는 단체의 장은 제1항에 따른 특수경비원 신임교육과정을 마친 사람에게 별지 제11호서식의 신임교육이수증을 교부하고 그 사실을 별지 제12호서식의 신임교육이수증 교부대장에 기록해야 하며, 교육기관, 교육일, 교육이수증 교부번호 등을 포함한 신임교육 이수자 현황을 경찰청장에게 통보해야 한다. 〈개정 2014. 6. 5., 2019. 4. 23.〉

③ 경비업자는 특수경비원이 제1항의 규정에 의한 신임교육을 받은 때에는 제23조 제1항의 규정에 의한 경비원의 명부에 그 사실을 기재하여야 한다.

④ 지방경찰청장 또는 경찰서장은 제1항에 따른 특수경비원 신임교육을 받은 사람이 요청하는 경우에는 별지 제12호의2서식의 신임교육 이수 확인증을 발급할 수 있다. 〈신설 2019. 4. 23.〉

[제목개정 2019. 4. 23.]

제16조(특수경비원에 대한 직무교육의 시간 등) ① 영 제19조제3항에서 "행정안전부령으로 정하는 시간"이란 6시간을 말한다.

② 관할경찰서장 및 공항경찰대장 등 국가중요시설의 경비책임자(이하 "관할경찰관서장"이라 한다)는 필요하다고 인정하는 경우에는 특수경비원이 배치된 경비대상시설에 소속공무원을 파견하여 직무집행에 필요한 교육을 실시할 수 있다.

③ 영 제19조제3항에 따른 특수경비원에 대한 직무교육의 과목은 특수경비원의 직무수행에 필요한 이론·실무과목, 그 밖에 정신교양 등으로 한다.

제17조(무기대여신청서) 영 제20조제1항의 규정에 의한 무기대여신청서는 별지 제13호서식에 의한다.

제18조(무기의 관리수칙 등) ① 법 제14조제4항의 규정에 의하여 무기를 대여받은 국가중요시설의 시설주(이하 "시설주"라 한다) 또는 동조제7항의 규정에 의한 관리책임자(이하 "관리책임자"라 한다)는 다음 각호의 관리수칙에 따라 무기(탄약을 포함한다. 이하 같다)를 관리하여야 한다.

1. 무기의 관리를 위한 책임자를 지정하고 관할경찰관서장에게 이를 통보할 것
2. 무기고 및 탄약고는 단층에 설치하고 환기·방습·방화 및 총가 등의 시설을 할 것
3. 탄약고는 무기고와 사무실 등 많은 사람을 수용하거나 많은 사람이 오고 가는 시설과 떨어진 곳에 설치할 것
4. 무기고 및 탄약고에는 이중 잠금장치를 하여야 하며, 열쇠는 관리책임자가 보관하되, 근무시간 이후에는 열쇠를 당직책임자에게 인계하여 보관시킬 것
5. 관할경찰관서장이 정하는 바에 의하여 무기의 관리실태를 매월 파악하여 다음 달 3일까지 관할경찰관서장에게 통보할 것
6. 대여받은 무기를 빼앗기거나 대여받은 무기가 분실·도난 또는 훼손되는 등의 사고가 발생한 때에는 관할경찰관서장에게 그 사유를 지체없이 통보할 것
7. 대여받은 무기를 빼앗기거나 대여받은 무기가 분실·도난 또는 훼손된 때에는 경찰청장이 정하는 바에 의하여 그 전액을 배상할 것. 다만, 전시·사변, 천재·지변 그 밖의 불가항력의 사유가 있다고 지방경찰청장이 인정한 때에는 그러하지 아니하다.
8. 시설주는 자체계획을 수립하여 보관하고 있는 무기를 매주 1회 이상 손질할 수 있게 할 것

② 시설주 또는 관리책임자는 고의 또는 과실로 무기(부속품을 포함한다)를 빼앗기거나 무기가 분실·도난 또는 훼손되도록 한 특수경비원에 대하여 특수경비업자에게 교체 또는 징계 등의 조치를 요청할 수 있다. 이 경우 특수경비업자는 특별한 사유가 없는 한 이에 응하여야 한다.

③ 법 제14조제4항의 규정에 의하여 무기를 대여받은 시설주 또는 관리책임자가 특수경비원에게 무기를 출납하고자 하는 때에는 다음 각호의 관리수칙에 따라 무기를 관리하여야 한다.

1. 관할경찰관서장이 무기를 회수하여 집중적으로 관리하도록 지시하는 경우 또는 출납하는 탄약의 수를 증감하거나 출납을 중지하도록 지시하는 경우에는 이에 따를 것
2. 탄약의 출납은 소총에 있어서는 1정당 15발 이내, 권총에 있어서는 1정당 7발 이내로 하되, 생산된 후 오래된 탄약을 우선적으로 출납할 것
3. 무기를 지급받은 특수경비원으로 하여금 무기를 매주 1회 이상 손질하게 할 것
4. 수리가 필요한 무기가 있는 때에는 그 목록과 무기장비운영카드를 첨부하여 관할경찰관서장에게 수리를 요청할 것

④ 법 제14조제4항의 규정에 의하여 시설주로부터 무기를 지급받은 특수경비원은 다음 각호의 관리수칙에 따라 무기를 관리하여야 한다.

1. 무기를 지급받거나 반납하는 때 또는 무기의 인계 인수를 하는 때에는 반드시 "앞에 총"의 자세에서 "검사 총"을 할 것
2. 무기를 지급받은 때에는 별도의 지시가 없는 한 탄약은 무기로부터 분리하여 휴대하여야 하며, 소총은 "우로 어깨걸어 총"의 자세를 유지하고, 권총은 "권총집에 넣어 총"의 자세를 유지할 것
3. 지급받은 무기를 다른 사람에게 보관·휴대 또는 손질시키지 아니할 것
4. 무기를 손질 또는 조작하는 때에는 총구를 반드시 공중으로 향하게 할 것
5. 무기를 반납하는 때에는 손질을 철저히 한 후 반납하도록 할 것
6. 근무시간 이후에는 무기를 시설주에게 반납하거나 교대근무자에게 인계할 것

⑤ 시설주는 다음 각호의 1에 해당하는 특수경비원에 대하여 무기를 지급하여서는 아니되며, 지급된 무기가 있는 경우 이를 즉시 회수하여야 한다.
1. 형사사건으로 인하여 조사를 받고 있는 사람
2. 사의를 표명한 사람
3. 정신질환자
4. 그 밖에 무기를 지급하기에 부적합하다고 인정되는 사람

⑥ 시설주는 무기를 수송하는 때에는 출발하기 전에 관할경찰서장에게 그 사실을 통보하여야 하며, 통보를 받은 관할경찰서장은 1인 이상의 무장경찰관을 무기를 수송하는 자동차 등에 함께 타도록 하여야 한다.

제19조(경비원의 복장 등 신고 등) ① 법 제16조제1항에 따라 경비원의 복장 신고(변경신고를 포함한다)를 하려는 경비업자는 소속 경비원에게 복장을 착용하도록 하기 전에 별지 제13호의2서식의 경비원 복장 등 신고서(전자문서로 된 신고서를 포함한다. 이하 같다)를 경비업자의 주된 사무소를 관할하는 지방경찰청장에게 제출하여야 한다.

② 법 제16조제4항에 따라 경비원 복장 시정명령에 대한 이행보고를 하려는 경비업자는 별지 제13호의3서식의 시정명령 이행보고서(전자문서로 된 보고서를 포함한다. 이하 같다)에 이행사실을 입증할 수 있는 사진 등의 서류를 첨부하여 시정명령을 한 지방경찰청장에게 제출하여야 한다.

③ 경비업자는 제1항에 따른 신고서 또는 제2항에 따른 이행보고서를 경비업자의 주된 사무소를 관할하는 지방경찰청장 소속 경찰서장을 거쳐 제출할 수 있다. 이 경우 신고서 또는

이행보고서를 받은 경찰서장은 지체 없이 경비업자의 주된 사무소를 관할하는 지방경찰청장에게 해당 신고서 또는 이행보고서를 보내야 한다.
④ 경비원은 경비업무 수행 시 이름표를 경비원 복장의 상의 가슴 부위에 부착하여 경비원의 이름을 외부에서 알아볼 수 있도록 하여야 한다.

제20조(경비원의 휴대장비) ① 법 제16조의2제1항에 따라 경비원은 근무 중 경적, 단봉, 분사기, 안전방패, 무전기 및 그 밖에 경비 업무 수행에 필요한 것으로서 공격적인 용도로 제작되지 아니하는 장비를 휴대할 수 있으며, 안전모 및 방검복 등 안전장비를 착용할 수 있다.
② 제1항에 따른 경비원 장비의 구체적인 기준은 별표 5에 따른다.

제21조(출동차량 등의 신고 등) ① 법 제16조의3제2항에 따라 출동차량 등에 대한 신고(변경신고를 포함한다)를 하려는 경비업자는 출동차량 등을 운행하기 전에 별지 제13호의4서식의 출동차량등 신고서(전자문서로 된 신고서를 포함한다. 이하 같다)를 경비업자의 주된 사무소를 관할하는 지방경찰청장에게 제출하여야 한다.
② 법 제16조의3제4항에 따라 출동차량 등의 시정명령에 대한 이행보고를 하려는 경비업자는 별지 제13호의3서식의 시정명령 이행보고서에 이행사실을 입증할 수 있는 사진 등의 서류를 첨부하여 시정명령을 한 지방경찰청장에게 제출하여야 한다.
③ 경비업자는 제1항에 따른 신고서 및 제2항에 따른 이행보고서를 경비업자의 주된 사무소를 관할하는 지방경찰청장 소속의 경찰서장을 거쳐 제출할 수 있다. 이 경우 신고서 또는 이행보고서를 받은 경찰서장은 지체 없이 경비업자의 주된 사무소를 관할하는 지방경찰청장에게 해당 신고서 또는 이행보고서를 보내야 한다.

제22조(결격사유 확인을 위한 범죄경력조회 요청) ① 법 제17조제2항에 따른 범죄경력조회 요청은 별지 제13호의5서식의 범죄경력조회 신청서(전자문서로 된 신청서를 포함한다)에 따른다.
② 경비업자는 제1항에 따라 범죄경력조회를 요청하는 경우 다음 각 호의 서류를 첨부하여야 한다.
1. 경비업 허가증 사본
2. 별지 제13호의6서식의 취업자 또는 취업예정자 범죄경력조회 동의서

제23조(경비원의 명부) 경비업자는 법 제18조제1항에 따라 다음 각 호의 장소에 별지 제14호서식의 경비원 명부(제2호 및 제3호의 경우에는 해당 장소에 배치된 경비원의 명부를 말

한다)를 작성·비치하여 두고, 이를 항상 정리하여야 한다.
1. 주된 사무소
2. 영 제5조제3항에 따른 출장소
3. 집단민원현장

제24조(경비원의 배치 및 배치폐지의 신고) ① 경비업자는 법 제18조제2항에 따라 경비업무를 수행하기 위하여 20일 이상 경비원을 배치하거나 그 기간을 연장하려는 때에는 경비원을 배치한 후 7일 이내에 별지 제15호서식의 경비원 배치신고서(전자문서로 된 신고서를 포함한다)를 배치지를 관할하는 경찰관서장에게 제출하여야 한다. 다만, 법 제18조제2항제2호 및 제3호에 해당하는 경비원을 배치하는 경우에는 경비원을 배치하는 기간과 관계없이 경비원을 배치하기 전까지 제출하여야 한다.
② 제1항의 규정에 의하여 경비원의 배치신고를 한 경비업자가 경비원의 배치를 폐지한 때에는 배치폐지를 한 날부터 7일 이내에 별지 제15호서식의 경비원 배치폐지신고서(전자문서로 된 신고서를 포함한다)를 배치지의 관할경찰관서장에게 제출하여야 한다. 다만, 경비원 배치신고시에 기재한 배치폐지 예정일에 경비원의 배치를 폐지한 경우에는 그러하지 아니하다.
③ 지방경찰청장 또는 경찰서장은 일반경비원 또는 특수경비원이나 일반경비원 또는 특수경비원으로 근무했던 사람이 요청하는 경우에는 별지 제12호의2서식의 배치폐지 확인증을 발급할 수 있다. 〈신설 2019. 4. 23.〉

제24조의2(집단민원현장에의 일반경비원 배치허가 신청 등) ① 법 제18조제2항 각 호 외의 부분 단서에 따라 집단민원현장에 일반경비원 배치허가를 신청하려는 경비업자는 별지 제15호의2서식의 집단민원현장 일반경비원 배치허가 신청서(전자문서에 의한 신청서를 포함하며, 이하 "배치허가 신청서"라 한다)에 집단민원현장에 배치될 일반경비원의 신임교육 이수증(영 제18조제2항에 따른 일반경비원 신임교육 면제 대상의 경우 신임교육 면제 대상에 해당함을 입증할 수 있는 서류를 말한다) 각 1부를 첨부하여 관할 경찰관서장에게 제출하여야 한다.
② 제1항에 따른 배치허가 신청서를 받은 관할 경찰관서장은 경비원 배치예정 일시 전까지 배치허가 여부를 결정하여 경비업자에게 통보하여야 한다.
③ 제2항에 따라 일반경비원 배치허가를 받은 경비업자가 경비원 배치기간을 연장하려는 경우에는 배치기간이 만료되기 48시간 전까지 배치허가 신청서를 관할 경찰관서장에게 제출하여 허가를 받아야 한다.

④ 제2항에 따라 일반경비원 배치허가를 받은 경비업자가 집단민원현장에 새로운 경비원을 배치하려는 경우에는 새로운 경비원을 배치하기 48시간 전까지 배치허가 신청서를 관할 경찰관서장에게 제출하여 허가를 받아야 한다.

⑤ 제2항에 따라 일반경비원 배치허가를 받은 경비업자가 경비원의 배치를 폐지한 때에는 배치폐지를 한 날부터 48시간 이내에 별지 제15호의3서식의 집단민원현장 일반경비원 배치폐지 신고서(전자문서로 된 신고서를 포함한다)를 관할 경찰관서장에게 제출하여야 한다.

⑥ 제2항에 따라 일반경비원 배치허가를 받은 경비업자가 집단민원현장에 배치된 경비지도사를 변경한 경우에는 변경된 내용을 관할 경찰관서장에게 통보하여야 한다.

제24조의3(경비원 근무상황 기록부) ① 경비업자는 법 제18조제5항에 따라 경비업무를 수행하는 경비원의 인적사항, 배치일시, 배치장소, 배차폐지일시 및 근무여부 등 근무상황을 기록한 근무상황기록부(전자문서로 된 근무상황기록부를 포함한다. 이하 같다)를 작성하여 주된 사무소 및 출장소에 갖추어 두어야 한다.

② 경비업자는 제1항에 따른 근무상황기록부를 1년 동안 보관하여야 한다.

제25조(경비전화의 가설) ① 관할경찰관서장은 시설주의 신청에 의하여 특수경비원이 배치된 국가중요시설 등에 경비전화를 가설할 수 있다.

② 제1항의 규정에 의하여 경비전화를 가설하는 경우의 소요경비는 시설주의 부담으로 한다.

제26조(갖추어 두어야 하는 장부 또는 서류) ① 특수경비원을 배치한 시설주는 다음 각호의 장부 및 서류를 갖추어 두어야 한다.

1. 근무일지
2. 근무상황카드
3. 경비구역배치도
4. 순찰표철
5. 무기탄약출납부
6. 무기장비운영카드

② 특수경비원을 배치한 국가중요시설의 관할경찰관서장은 다음 각호의 장부 및 서류를 갖추어 두어야 한다.

1. 감독순시부
2. 특수경비원 전·출입관계철

3. 특수경비원 교육훈련실시부

4. 무기·탄약대여대장

5. 그 밖에 특수경비원의 관리 등을 위하여 필요한 장부 또는 서류

③ 제1항 및 제2항의 규정에 의한 장부 또는 서류의 서식은 경찰관서에서 사용하는 서식을 준용한다.

제27조 삭제

제27조의2(규제의 재검토) 경찰청장은 제20조에 따른 경비원이 휴대하는 장비 등에 대하여 2014년 6월 8일을 기준으로 3년마다(매 3년이 되는 해의 6월 8일 전까지를 말한다) 그 타당성을 검토하여 개선 등의 조치를 하여야 한다.

제28조(과태료 부과 고지서 등) ① 법 제31조제1항 및 제2항에 따른 과태료 부과의 사전 통지는 별지 제16호서식의 과태료 부과 사전 통지서에 따른다.

② 법 제31조제1항 및 제2항에 따른 과태료의 부과는 별지 제17호서식의 과태료 부과 고지서에 따른다.

부록

청원경찰법(법, 시행령, 시행규칙)

청원경찰법

제1조(목적) 이 법은 청원경찰의 직무·임용·배치·보수·사회보장 및 그 밖에 필요한 사항을 규정함으로써 청원경찰의 원활한 운영을 목적으로 한다.

제2조(정의) 이 법에서 "청원경찰"이란 다음 각 호의 어느 하나에 해당하는 기관의 장 또는 시설·사업장 등의 경영자가 경비이하 "청원경찰경비"(請願警察經費)라 한다를 부담할 것을 조건으로 경찰의 배치를 신청하는 경우 그 기관·시설 또는 사업장 등의 경비(警備)를 담당하게 하기 위하여 배치하는 경찰을 말한다.

1. 국가기관 또는 공공단체와 그 관리하에 있는 중요 시설 또는 사업장
2. 국내 주재(駐在) 외국기관
3. 그 밖에 행정안전부령으로 정하는 중요 시설, 사업장 또는 장소

제3조(청원경찰의 직무) 청원경찰은 제4조제2항에 따라 청원경찰의 배치 결정을 받은 자이하 "청원주"(請願主)라 한다와 배치된 기관·시설 또는 사업장 등의 구역을 관할하는 경찰서장의 감독을 받아 그 경비구역만의 경비를 목적으로 필요한 범위에서 「경찰관 직무집행법」에 따른 경찰관의 직무를 수행한다.

제4조(청원경찰의 배치) ① 청원경찰을 배치받으려는 자는 대통령령으로 정하는 바에 따라 관할 지방경찰청장에게 청원경찰 배치를 신청하여야 한다.

② 지방경찰청장은 제1항의 청원경찰 배치 신청을 받으면 지체 없이 그 배치 여부를 결정하여 신청인에게 알려야 한다.

③ 지방경찰청장은 청원경찰 배치가 필요하다고 인정하는 기관의 장 또는 시설·사업장의 경영자에게 청원경찰을 배치할 것을 요청할 수 있다.

제5조(청원경찰의 임용 등) ① 청원경찰은 청원주가 임용하되, 임용을 할 때에는 미리 지방경찰청장의 승인을 받아야 한다.

② 「국가공무원법」 제33조 각 호의 어느 하나의 결격사유에 해당하는 사람은 청원경찰로 임용될 수 없다.

③ 청원경찰의 임용자격·임용방법·교육 및 보수에 관하여는 대통령령으로 정한다.
④ 청원경찰의 복무에 관하여는 「국가공무원법」 제57조, 제58조제1항, 제60조 및 「경찰공무원법」 제18조를 준용한다.
[2018. 9. 18. 법률 제15765호에 의하여 2017. 9. 28. 헌법재판소에서 헌법불합치 결정된 이 조 제4항을 개정함.]

제5조의2(청원경찰의 징계) ① 청원주는 청원경찰이 다음 각 호의 어느 하나에 해당하는 때에는 대통령령으로 정하는 징계절차를 거쳐 징계처분을 하여야 한다.
1. 직무상의 의무를 위반하거나 직무를 태만히 한 때
2. 품위를 손상하는 행위를 한 때
② 청원경찰에 대한 징계의 종류는 파면, 해임, 정직, 감봉 및 견책으로 구분한다.
③ 청원경찰의 징계에 관하여 그 밖에 필요한 사항은 대통령령으로 정한다.

제6조(청원경찰경비) ① 청원주는 다음 각 호의 청원경찰경비를 부담하여야 한다.
1. 청원경찰에게 지급할 봉급과 각종 수당
2. 청원경찰의 피복비
3. 청원경찰의 교육비
4. 제7조에 따른 보상금 및 제7조의2에 따른 퇴직금
② 국가기관 또는 지방자치단체에 근무하는 청원경찰의 보수는 다음 각 호의 구분에 따라 같은 재직기간에 해당하는 경찰공무원의 보수를 감안하여 대통령령으로 정한다.
1. 재직기간 15년 미만: 순경
2. 재직기간 15년 이상 23년 미만: 경장
3. 재직기간 23년 이상 30년 미만: 경사
4. 재직기간 30년 이상: 경위
③ 청원주의 제1항제1호에 따른 봉급·수당의 최저부담기준액(국가기관 또는 지방자치단체에 근무하는 청원경찰의 봉급·수당은 제외한다)과 같은 항 제2호 및 제3호에 따른 비용의 부담기준액은 경찰청장이 정하여 고시(告示)한다.

제7조(보상금) 청원주는 청원경찰이 다음 각 호의 어느 하나에 해당하게 되면 대통령령으로 정하는 바에 따라 청원경찰 본인 또는 그 유족에게 보상금을 지급하여야 한다.
1. 직무수행으로 인하여 부상을 입거나, 질병에 걸리거나 또는 사망한 경우

2. 직무상의 부상·질병으로 인하여 퇴직하거나, 퇴직 후 2년 이내에 사망한 경우

제7조의2(퇴직금) 청원주는 청원경찰이 퇴직할 때에는「근로자퇴직급여 보장법」에 따른 퇴직금을 지급하여야 한다. 다만, 국가기관이나 지방자치단체에 근무하는 청원경찰의 퇴직금에 관하여는 따로 대통령령으로 정한다.

제8조(제복 착용과 무기 휴대) ① 청원경찰은 근무 중 제복을 착용하여야 한다.
② 지방경찰청장은 청원경찰이 직무를 수행하기 위하여 필요하다고 인정하면 청원주의 신청을 받아 관할 경찰서장으로 하여금 청원경찰에게 무기를 대여하여 지니게 할 수 있다.
③ 청원경찰의 복제(服制)와 무기 휴대에 필요한 사항은 대통령령으로 정한다.

제9조 삭제

제9조의2 삭제

제9조의3(감독) ① 청원주는 항상 소속 청원경찰의 근무 상황을 감독하고, 근무 수행에 필요한 교육을 하여야 한다.
② 지방경찰청장은 청원경찰의 효율적인 운영을 위하여 청원주를 지도하며 감독상 필요한 명령을 할 수 있다.

제9조의4(쟁의행위의 금지) 청원경찰은 파업, 태업 또는 그 밖에 업무의 정상적인 운영을 방해하는 일체의 쟁의행위를 하여서는 아니 된다.

제10조(직권남용 금지 등) ① 청원경찰이 직무를 수행할 때 직권을 남용하여 국민에게 해를 끼친 경우에는 6개월 이하의 징역이나 금고에 처한다.
② 청원경찰 업무에 종사하는 사람은「형법」이나 그 밖의 법령에 따른 벌칙을 적용할 때에는 공무원으로 본다.

제10조의2(청원경찰의 불법행위에 대한 배상책임) 청원경찰(국가기관이나 지방자치단체에 근무하는 청원경찰은 제외한다)의 직무상 불법행위에 대한 배상책임에 관하여는「민법」의 규정을 따른다.

제10조의3(권한의 위임) 이 법에 따른 지방경찰청장의 권한은 그 일부를 대통령령으로 정하는 바에 따라 관할 경찰서장에게 위임할 수 있다.

제10조의4(의사에 반한 면직) ① 청원경찰은 형의 선고, 징계처분 또는 신체상·정신상의 이상으로 직무를 감당하지 못할 때를 제외하고는 그 의사(意思)에 반하여 면직(免職)되지 아니한다.

② 청원주가 청원경찰을 면직시켰을 때에는 그 사실을 관할 경찰서장을 거쳐 지방경찰청장에게 보고하여야 한다.

제10조의5(배치의 폐지 등) ① 청원주는 청원경찰이 배치된 시설이 폐쇄되거나 축소되어 청원경찰의 배치를 폐지하거나 배치인원을 감축할 필요가 있다고 인정하면 청원경찰의 배치를 폐지하거나 배치인원을 감축할 수 있다. 다만, 청원주는 다음 각 호의 어느 하나에 해당하는 경우에는 청원경찰의 배치를 폐지하거나 배치인원을 감축할 수 없다.
1. 청원경찰을 대체할 목적으로 「경비업법」에 따른 특수경비원을 배치하는 경우
2. 청원경찰이 배치된 기관·시설 또는 사업장 등이 배치인원의 변동사유 없이 다른 곳으로 이전하는 경우

② 제1항에 따라 청원주가 청원경찰을 폐지하거나 감축하였을 때에는 청원경찰 배치 결정을 한 경찰관서의 장에게 알려야 하며, 그 사업장이 제4조제3항에 따라 지방경찰청장이 청원경찰의 배치를 요청한 사업장일 때에는 그 폐지 또는 감축 사유를 구체적으로 밝혀야 한다.
③ 제1항에 따라 청원경찰의 배치를 폐지하거나 배치인원을 감축하는 경우 해당 청원주는 배치폐지나 배치인원 감축으로 과원(過員)이 되는 청원경찰 인원을 그 기관·시설 또는 사업장 내의 유사 업무에 종사하게 하거나 다른 시설·사업장 등에 재배치하는 등 청원경찰의 고용이 보장될 수 있도록 노력하여야 한다.

제10조의6(당연 퇴직) 청원경찰이 다음 각 호의 어느 하나에 해당할 때에는 당연 퇴직된다.
1. 제5조제2항에 따른 임용결격사유에 해당될 때
2. 제10조의5에 따라 청원경찰의 배치가 폐지되었을 때
3. 나이가 60세가 되었을 때. 다만, 그 날이 1월부터 6월 사이에 있으면 6월 30일에, 7월부터 12월 사이에 있으면 12월 31일에 각각 당연 퇴직된다.

[단순위헌, 2017헌가26, 2018. 1. 25., 청원경찰법(2010. 2. 4. 법률 제10013호로 개정된 것) 제10조의6 제1호 중 제5조 제2항에 의한 국가공무원법 제33조 제5호에 관한 부분은 헌법에 위반된다.]

제10조의7(휴직 및 명예퇴직) 국가기관이나 지방자치단체에 근무하는 청원경찰의 휴직 및 명예퇴직에 관하여는 「국가공무원법」 제71조부터 제73조까지 및 제74조의2를 준용한다.

제11조(벌칙) 제9조의4를 위반하여 파업, 태업 또는 그 밖에 업무의 정상적인 운영을 방해하는 쟁의행위를 한 사람은 1년 이하의 징역 또는 1천만원 이하의 벌금에 처한다.

제12조(과태료) ① 다음 각 호의 어느 하나에 해당하는 자에게는 500만원 이하의 과태료를 부과한다.
1. 제4조제2항에 따른 지방경찰청장의 배치 결정을 받지 아니하고 청원경찰을 배치하거나 제5조제1항에 따른 지방경찰청장의 승인을 받지 아니하고 청원경찰을 임용한 자
2. 정당한 사유 없이 제6조제3항에 따라 경찰청장이 고시한 최저부담기준액 이상의 보수를 지급하지 아니한 자
3. 제9조의3제2항에 따른 감독상 필요한 명령을 정당한 사유 없이 이행하지 아니한 자

② 제1항에 따른 과태료는 대통령령으로 정하는 바에 따라 지방경찰청장이 부과·징수한다.

청원경찰법 시행령

제1조(목적) 이 영은 「청원경찰법」에서 위임된 사항과 그 시행에 필요한 사항을 규정함을 목적으로 한다.

제2조(청원경찰의 배치 신청 등) 「청원경찰법」(이하 "법"이라 한다) 제4조제1항에 따라 청원경찰의 배치를 받으려는 자는 청원경찰 배치신청서에 다음 각 호의 서류를 첨부하여 법 제2조 각 호의 기관·시설·사업장 또는 장소(이하 "사업장"이라 한다)의 소재지를 관할하는 경찰서장(이하 "관할 경찰서장"이라 한다)을 거쳐 지방경찰청장에게 제출하여야 한다. 이 경우 배치 장소가 둘 이상의 도(특별시, 광역시, 특별자치시 및 특별자치도를 포함한다. 이하 같다)일 때에는 주된 사업장의 관할 경찰서장을 거쳐 지방경찰청장에게 한꺼번에 신청할 수 있다.
1. 경비구역 평면도 1부
2. 배치계획서 1부

제3조(임용자격) 법 제5조제3항에 따른 청원경찰의 임용자격은 다음 각 호와 같다.
1. 18세 이상인 사람. 다만, 남자의 경우에는 군복무를 마쳤거나 군복무가 면제된 사람으로 한정한다.
2. 행정안전부령으로 정하는 신체조건에 해당하는 사람

제4조(임용방법 등) ① 법 제4조제2항에 따라 청원경찰의 배치 결정을 받은 자(이하 "청원주"라 한다)는 법 제5조제1항에 따라 그 배치 결정의 통지를 받은 날부터 30일 이내에 배치 결정된 인원수의 임용예정자에 대하여 청원경찰 임용승인을 지방경찰청장에게 신청하여야 한다.

② 청원주가 법 제5조제1항에 따라 청원경찰을 임용하였을 때에는 임용한 날부터 10일 이내에 그 임용사항을 관할 경찰서장을 거쳐 지방경찰청장에게 보고하여야 한다. 청원경찰이 퇴직하였을 때에도 또한 같다.

제5조(교육) ① 청원주는 청원경찰로 임용된 사람으로 하여금 경비구역에 배치하기 전에 경찰교육기관에서 직무 수행에 필요한 교육을 받게 하여야 한다. 다만, 경찰교육기관의 교육계획상 부득이하다고 인정할 때에는 우선 배치하고 임용 후 1년 이내에 교육을 받게 할 수 있다.
② 경찰공무원(의무경찰을 포함한다) 또는 청원경찰에서 퇴직한 사람이 퇴직한 날부터 3년 이내에 청원경찰로 임용되었을 때에는 제1항에 따른 교육을 면제할 수 있다.
③ 제1항의 교육기간·교육과목·수업시간 및 그 밖에 교육의 시행에 필요한 사항은 행정안전부령으로 정한다.

제6조(배치 및 이동) ① 청원주는 청원경찰을 신규로 배치하거나 이동배치하였을 때에는 배치지(이동배치의 경우에는 종전의 배치지)를 관할하는 경찰서장에게 그 사실을 통보하여야 한다.
② 제1항의 통보를 받은 경찰서장은 이동배치지가 다른 관할구역에 속할 때에는 전입지를 관할하는 경찰서장에게 이동배치한 사실을 통보하여야 한다.

제7조(복무) 법 제5조제4항에서 규정한 사항 외에 청원경찰의 복무에 관하여는 해당 사업장의 취업규칙에 따른다.

제8조(징계) ① 관할 경찰서장은 청원경찰이 법 제5조의2제1항 각 호의 어느 하나에 해당한다고 인정되면 청원주에게 해당 청원경찰에 대하여 징계처분을 하도록 요청할 수 있다.
② 법 제5조의2제2항의 정직(停職)은 1개월 이상 3개월 이하로 하고, 그 기간에 청원경찰의 신분은 보유하나 직무에 종사하지 못하며, 보수의 3분의 2를 줄인다.
③ 법 제5조의2제2항의 감봉은 1개월 이상 3개월 이하로 하고, 그 기간에 보수의 3분의 1을 줄인다.
④ 법 제5조의2제2항의 견책(譴責)은 전과(前過)에 대하여 훈계하고 회개하게 한다.
⑤ 청원주는 청원경찰 배치 결정의 통지를 받았을 때에는 통지를 받은 날부터 15일 이내에 청원경찰에 대한 징계규정을 제정하여 관할 지방경찰청장에게 신고하여야 한다. 징계규정을 변경할 때에도 또한 같다.
⑥ 지방경찰청장은 제5항에 따른 징계규정의 보완이 필요하다고 인정할 때에는 청원주에게 그 보완을 요구할 수 있다.

제9조(국가기관 또는 지방자치단체에 근무하는 청원경찰의 보수) ① 법 제6조제2항에 따른 국가기관 또는 지방자치단체에 근무하는 청원경찰의 봉급은 별표 1과 같다.
② 법 제6조제2항에 따른 국가기관 또는 지방자치단체에 근무하는 청원경찰의 각종 수당은 「공무원수당 등에 관한 규정」에 따른 수당 중 가계보전수당, 실비변상 등으로 하며, 그 세부 항목은 경찰청장이 정하여 고시한다.
③ 법 제6조제2항에 따른 재직기간은 청원경찰로서 근무한 기간으로 한다.

제10조(국가기관 또는 지방자치단체에 근무하는 청원경찰 외의 청원경찰의 보수) 국가기관 또는 지방자치단체에 근무하는 청원경찰 외의 청원경찰의 봉급과 각종 수당은 법 제6조제3항에 따라 경찰청장이 고시한 최저부담기준액 이상으로 지급하여야 한다. 다만, 고시된 최저부담기준액이 배치된 사업장에서 같은 종류의 직무나 유사 직무에 종사하는 근로자에게 지급하는 임금보다 적을 때에는 그 사업장에서 같은 종류의 직무나 유사 직무에 종사하는 근로자에게 지급하는 임금에 상당하는 금액을 지급하여야 한다.

제11조(보수 산정 시의 경력 인정 등) ① 청원경찰의 보수 산정에 관하여 그 배치된 사업장의 취업규칙에 특별한 규정이 없는 경우에는 다음 각 호의 경력을 봉급 산정의 기준이 되는 경력에 산입(算入)하여야 한다.
1. 청원경찰로 근무한 경력
2. 군 또는 의무경찰에 복무한 경력
3. 수위·경비원·감시원 또는 그 밖에 청원경찰과 비슷한 직무에 종사하던 사람이 해당 사업장의 청원주에 의하여 청원경찰로 임용된 경우에는 그 직무에 종사한 경력
4. 국가기관 또는 지방자치단체에서 근무하는 청원경찰에 대해서는 국가기관 또는 지방자치단체에서 상근(常勤)으로 근무한 경력
② 국가기관 또는 지방자치단체에 근무하는 청원경찰 보수의 호봉 간 승급기간은 경찰공무원의 승급기간에 관한 규정을 준용한다.
③ 국가기관 또는 지방자치단체에 근무하는 청원경찰 외의 청원경찰 보수의 호봉 간 승급기간 및 승급액은 그 배치된 사업장의 취업규칙에 따르며, 이에 관한 취업규칙이 없을 때에는 순경의 승급에 관한 규정을 준용한다.

제12조(청원경찰경비의 고시 등) ① 법 제6조제1항제1호부터 제3호까지의 청원경찰경비의 지급방법 또는 납부방법은 행정안전부령으로 정한다.

② 법 제6조제3항에 따른 청원경찰경비의 최저부담기준액 및 부담기준액은 경찰공무원 중 순경의 것을 고려하여 다음 연도분을 매년 12월에 고시하여야 한다. 다만, 부득이한 사유가 있을 때에는 수시로 고시할 수 있다.

제13조(보상금) 청원주는 법 제7조에 따른 보상금의 지급을 이행하기 위하여 「산업재해보상보험법」에 따른 산업재해보상보험에 가입하거나, 「근로기준법」에 따라 보상금을 지급하기 위한 재원(財源)을 따로 마련하여야 한다.

제14조(복제) ① 청원경찰의 복제(服制)는 제복·장구(裝具) 및 부속물로 구분한다.
② 청원경찰의 제복·장구 및 부속물에 관하여 필요한 사항은 행정안전부령으로 정한다.
③ 청원경찰이 그 배치지의 특수성 등으로 특수복장을 착용할 필요가 있을 때에는 청원주는 지방경찰청장의 승인을 받아 특수복장을 착용하게 할 수 있다.

제15조(분사기 휴대) 청원주는 「총포·도검·화약류 등의 안전관리에 관한 법률」에 따른 분사기의 소지허가를 받아 청원경찰로 하여금 그 분사기를 휴대하여 직무를 수행하게 할 수 있다.

제16조(무기 휴대) ① 청원주가 법 제8조제2항에 따라 청원경찰이 휴대할 무기를 대여받으려는 경우에는 관할 경찰서장을 거쳐 지방경찰청장에게 무기대여를 신청하여야 한다.
② 제1항의 신청을 받은 지방경찰청장이 무기를 대여하여 휴대하게 하려는 경우에는 청원주로부터 국가에 기부채납된 무기에 한정하여 관할 경찰서장으로 하여금 무기를 대여하여 휴대하게 할 수 있다.
③ 제1항에 따라 무기를 대여하였을 때에는 관할 경찰서장은 청원경찰의 무기관리 상황을 수시로 점검하여야 한다.
④ 청원주 및 청원경찰은 행정안전부령으로 정하는 무기관리수칙을 준수하여야 한다.

제17조(감독) 관할 경찰서장은 매달 1회 이상 청원경찰을 배치한 경비구역에 대하여 다음 각 호의 사항을 감독하여야 한다.
1. 복무규율과 근무 상황
2. 무기의 관리 및 취급 사항

제18조(청원경찰의 신분) 청원경찰은 「형법」이나 그 밖의 법령에 따른 벌칙을 적용하는 경우와 법 및 이 영에서 특별히 규정한 경우를 제외하고는 공무원으로 보지 아니한다.

제19조(근무 배치 등의 위임) ① 「경비업법」에 따른 경비업자(이하 이 조에서 "경비업자"라 한

다)가 중요 시설의 경비를 도급받았을 때에는 청원주는 그 사업장에 배치된 청원경찰의 근무 배치 및 감독에 관한 권한을 해당 경비업자에게 위임할 수 있다.

② 청원주는 제1항에 따라 경비업자에게 청원경찰의 근무 배치 및 감독에 관한 권한을 위임한 경우에 이를 이유로 청원경찰의 보수나 신분상의 불이익을 주어서는 아니 된다.

제20조(권한의 위임) 지방경찰청장은 법 제10조의3에 따라 다음 각 호의 권한을 관할 경찰서장에게 위임한다. 다만, 청원경찰을 배치하고 있는 사업장이 하나의 경찰서의 관할구역에 있는 경우로 한정한다.

1. 법 제4조제2항 및 제3항에 따른 청원경찰 배치의 결정 및 요청에 관한 권한
2. 법 제5조제1항에 따른 청원경찰의 임용승인에 관한 권한
3. 법 제9조의3제2항에 따른 청원주에 대한 지도 및 감독상 필요한 명령에 관한 권한
4. 법 제12조에 따른 과태료 부과·징수에 관한 권한

제20조의2(민감정보 및 고유식별정보의 처리) 지방경찰청장 또는 경찰서장은 다음 각 호의 사무를 수행하기 위하여 불가피한 경우「개인정보 보호법」제23조에 따른 건강에 관한 정보와 같은 법 시행령 제18조제2호에 따른 범죄경력자료에 해당하는 정보, 같은 영 제19조제1호 또는 제4호에 따른 주민등록번호 또는 외국인등록번호가 포함된 자료를 처리할 수 있다.

1. 법 및 이 영에 따른 청원경찰의 임용, 배치 등 인사관리에 관한 사무
2. 법 제8조에 따른 청원경찰의 제복 착용 및 무기 휴대에 관한 사무
3. 법 제9조의3에 따른 청원주에 대한 지도·감독에 관한 사무
4. 제1호부터 제3호까지의 규정에 따른 사무를 수행하기 위하여 필요한 사무

제20조의3(규제의 재검토) 삭제 〈2020. 3. 3.〉

제21조(과태료의 부과기준 등) ① 법 제12조제1항에 따른 과태료의 부과기준은 별표 2와 같다.

② 지방경찰청장은 위반행위의 동기, 내용 및 위반의 정도 등을 고려하여 별표 2에 따른 과태료 금액의 100분의 50의 범위에서 그 금액을 줄이거나 늘릴 수 있다. 다만, 늘리는 경우에는 법 제12조제1항에 따른 과태료 금액의 상한을 초과할 수 없다.

청원경찰법 시행규칙

제1조(목적) 이 규칙은 「청원경찰법」 및 같은 법 시행령에서 위임된 사항과 그 시행에 필요한 사항을 규정함을 목적으로 한다.

제2조(배치 대상) 「청원경찰법」(이하 "법"이라 한다) 제2조제3호에서 "그 밖에 행정안전부령으로 정하는 중요 시설, 사업장 또는 장소"란 다음 각 호의 시설, 사업장 또는 장소를 말한다.

1. 선박, 항공기 등 수송시설
2. 금융 또는 보험을 업(業)으로 하는 시설 또는 사업장
3. 언론, 통신, 방송 또는 인쇄를 업으로 하는 시설 또는 사업장
4. 학교 등 육영시설
5. 「의료법」에 따른 의료기관
6. 그 밖에 공공의 안녕질서 유지와 국민경제를 위하여 고도의 경비(警備)가 필요한 중요 시설, 사업체 또는 장소

제3조(청원경찰 배치신청서 등) ① 「청원경찰법 시행령」(이하 "영"이라 한다) 제2조에 따른 청원경찰 배치신청서는 별지 제1호서식에 따른다.

② 법 제4조제2항에 따른 청원경찰 배치 결정 통지 또는 청원경찰 배치 불허 통지는 별지 제2호서식에 따른다.

제4조(임용의 신체조건) 영 제3조제2호에 따른 신체조건은 다음 각 호와 같다.

1. 신체가 건강하고 팔다리가 완전할 것
2. 시력(교정시력을 포함한다)은 양쪽 눈이 각각 0.8 이상일 것

제5조(임용승인신청서 등) ① 법 제4조제2항에 따라 청원경찰의 배치 결정을 받은 자[이하 "청원주"(請願主)라 한다]가 영 제4조제1항에 따라 지방경찰청장에게 청원경찰 임용승인을 신청할 때에는 별지 제3호서식의 청원경찰 임용승인신청서에 그 해당자에 관한 다음 각 호의 서류를 첨부하여야 한다.

1. 이력서 1부
2. 주민등록증 사본 1부
3. 민간인 신원진술서 1부
4. 최근 3개월 이내에 발행한 채용신체검사서 또는 취업용 건강진단서 1부
5. 가족관계등록부 중 기본증명서 1부

② 제1항에 따른 신청서를 제출받은 지방경찰청장은 「전자정부법」 제36조제1항에 따라 행정정보의 공동이용을 통하여 해당자의 병적증명서를 확인하여야 한다. 다만, 그 해당자가 확인에 동의하지 아니할 때에는 해당 서류를 첨부하도록 하여야 한다.

제6조(교육기간 등) 영 제5조제3항에 따른 교육기간은 2주로 하고, 교육과목 및 수업시간은 별표 1과 같다.

제7조(청원경찰 배치통보서 등) 영 제6조제1항에 따른 청원경찰 배치 통보 및 영 제6조제2항에 따른 청원경찰 전출 통보는 별지 제4호서식에 따른다.

제8조(청원경찰경비의 지급방법 등) 영 제12조에 따른 청원경찰경비의 지급방법 및 납부방법은 다음 각 호와 같다.

1. 봉급과 각종 수당은 청원주가 그 청원경찰이 배치된 기관·시설·사업장 또는 장소(이하 "사업장"이라 한다)의 직원에 대한 보수 지급일에 청원경찰에게 직접 지급한다.
2. 피복은 청원주가 제작하거나 구입하여 별표 2에 따른 정기지급일 또는 신규 배치 시에 청원경찰에게 현품으로 지급한다.
3. 교육비는 청원주가 해당 청원경찰의 입교(入校) 3일 전에 해당 경찰교육기관에 낸다.

제9조(복제) ① 영 제14조에 따른 청원경찰의 제복·장구(裝具) 및 부속물의 종류는 다음 각 호와 같다.

1. 제복: 정모(正帽), 기동모, 근무복(하복, 동복), 성하복(盛夏服), 기동복, 점퍼, 비옷, 방한복, 외투, 단화, 기동화 및 방한화
2. 장구: 허리띠, 경찰봉, 호루라기 및 포승(捕繩)
3. 부속물: 모자표장, 가슴표장, 휘장, 계급장, 넥타이핀, 단추 및 장갑

② 영 제14조에 따른 청원경찰의 제복·장구(裝具) 및 부속물의 제식(制式)과 재질은 다음 각 호와 같다.

1. 제복의 제식 및 재질은 청원주가 결정하되, 경찰공무원 또는 군인 제복의 색상과 명확하게 구별될 수 있어야 하며, 사업장별로 통일하여야 한다. 다만, 기동모와 기동복의 색상은 진한 청색으로 하고, 기동복의 제식은 별도 1과 같이 한다.
2. 장구의 제식과 재질은 경찰 장구와 같이 한다.
3. 부속물의 제식과 재질은 다음 각 목과 같이 한다.
   가. 모자표장의 제식과 재질은 별도 2와 같이 하되, 기동모의 표장은 정모 표장의 2분의 1 크기로 할 것.

나. 가슴표장, 휘장, 계급장, 넥타이핀 및 단추의 제식과 재질은 별도 3부터 별도 7까지
　　　 와 같이 할 것.
③ 청원경찰은 평상근무 중에는 정모, 근무복, 단화, 호루라기, 경찰봉 및 포승을 착용하거나 휴대하여야 하고, 총기를 휴대하지 아니할 때에는 분사기를 휴대하여야 하며, 교육훈련이나 그 밖의 특수근무 중에는 기동모, 기동복, 기동화 및 휘장을 착용하거나 부착하되, 허리띠와 경찰봉은 착용하거나 휴대하지 아니할 수 있다.
④ 가슴표장, 휘장 및 계급장을 달거나 부착할 위치는 별도 8과 같다.

제10조(제복의 착용시기) 하복·동복의 착용시기는 사업장별로 청원주가 결정하되, 착용시기를 통일하여야 한다.

제11조(신분증명서) ① 청원경찰의 신분증명서는 청원주가 발행하며, 그 형식은 청원주가 결정하되 사업장별로 통일하여야 한다.
② 청원경찰은 근무 중에는 항상 신분증명서를 휴대하여야 한다.

제12조(급여품 및 대여품) ① 청원경찰에게 지급하는 급여품은 별표 2와 같고, 대여품은 별표 3과 같다.
② 청원경찰이 퇴직할 때에는 대여품을 청원주에게 반납하여야 한다.

제13조(직무교육) ① 청원주는 소속 청원경찰에게 그 직무집행에 필요한 교육을 매월 4시간 이상 하여야 한다.
② 청원경찰이 배치된 사업장의 소재지를 관할하는 경찰서장(이하 "관할 경찰서장"이라 한다)은 필요하다고 인정하는 경우에는 그 사업장에 소속 공무원을 파견하여 직무집행에 필요한 교육을 할 수 있다.

제14조(근무요령) ① 자체경비를 하는 입초근무자는 경비구역의 정문이나 그 밖의 지정된 장소에서 경비구역의 내부, 외부 및 출입자의 움직임을 감시한다.
② 업무처리 및 자체경비를 하는 소내근무자는 근무 중 특이한 사항이 발생하였을 때에는 지체 없이 청원주 또는 관할 경찰서장에게 보고하고 그 지시에 따라야 한다.
③ 순찰근무자는 청원주가 지정한 일정한 구역을 순회하면서 경비 임무를 수행한다. 이 경우 순찰은 단독 또는 복수로 정선순찰(定線巡察)을 하되, 청원주가 필요하다고 인정할 때에는 요점순찰(要點巡察) 또는 난선순찰(亂線巡察)을 할 수 있다.
④ 대기근무자는 소내근무에 협조하거나 휴식하면서 불의의 사고에 대비한다.

제15조(무기대여 신청서) 영 제16조제1항에 따른 무기대여 신청은 별지 제5호서식에 따른다.

제16조(무기관리수칙) ① 영 제16조에 따라 무기와 탄약을 대여받은 청원주는 다음 각 호에 따라 무기와 탄약을 관리하여야 한다.

1. 청원주가 무기와 탄약을 대여받았을 때에는 경찰청장이 정하는 무기·탄약 출납부 및 무기장비 운영카드를 갖춰 두고 기록하여야 한다.
2. 청원주는 무기와 탄약의 관리를 위하여 관리책임자를 지정하고 관할 경찰서장에게 그 사실을 통보하여야 한다.
3. 무기고 및 탄약고는 단층에 설치하고 환기·방습·방화 및 총가(銃架) 등의 시설을 하여야 한다.
4. 탄약고는 무기고와 떨어진 곳에 설치하고, 그 위치는 사무실이나 그 밖에 여러 사람을 수용하거나 여러 사람이 오고 가는 시설로부터 격리되어야 한다.
5. 무기고와 탄약고에는 이중 잠금장치를 하고, 열쇠는 관리책임자가 보관하되, 근무시간 이후에는 숙직책임자에게 인계하여 보관시켜야 한다.
6. 청원주는 경찰청장이 정하는 바에 따라 매월 무기와 탄약의 관리 실태를 파악하여 다음 달 3일까지 관할 경찰서장에게 통보하여야 한다.
7. 청원주는 대여받은 무기와 탄약에 분실·도난·피탈(被奪) 또는 훼손 등의 사고가 발생하였을 때에는 지체 없이 그 사유를 관할 경찰서장에게 통보하여야 한다.
8. 청원주는 무기와 탄약이 분실·도난·피탈 또는 훼손되었을 때에는 경찰청장이 정하는 바에 따라 그 전액을 배상하여야 한다. 다만, 전시·사변·천재지변이나 그 밖의 불가항력적인 사유가 있다고 지방경찰청장이 인정하였을 때에는 그러하지 아니하다.

② 영 제16조에 따라 무기와 탄약을 대여받은 청원주가 청원경찰에게 무기와 탄약을 출납하려는 경우에는 다음 각 호에 따라야 한다. 다만, 관할 경찰서장의 지시에 따라 제2호에 따른 탄약의 수를 늘리거나 줄일 수 있고, 무기와 탄약의 출납을 중지할 수 있으며, 무기와 탄약을 회수하여 집중관리할 수 있다.

1. 무기와 탄약을 출납하였을 때에는 무기·탄약 출납부에 그 출납사항을 기록하여야 한다.
2. 소총의 탄약은 1정당 15발 이내, 권총의 탄약은 1정당 7발 이내로 출납하여야 한다. 이 경우 생산된 후 오래된 탄약을 우선하여 출납하여야 한다.
3. 청원경찰에게 지급한 무기와 탄약은 매주 1회 이상 손질하게 하여야 한다.

4. 수리가 필요한 무기가 있을 때에는 그 목록과 무기장비 운영카드를 첨부하여 관할 경찰서장에게 수리를 요청할 수 있다.

③ 청원주로부터 무기와 탄약을 지급받은 청원경찰은 다음 각 호의 사항을 준수하여야 한다.

1. 무기를 지급받거나 반납할 때 또는 인계인수할 때에는 반드시 "앞에 총" 자세에서 "검사 총"을 하여야 한다.
2. 무기와 탄약을 지급받았을 때에는 별도의 지시가 없으면 무기와 탄약을 분리하여 휴대하여야 하며, 소총은 "우로 어깨 걸어 총"의 자세를 유지하고, 권총은 "권총집에 넣어 총"의 자세를 유지하여야 한다.
3. 지급받은 무기는 다른 사람에게 보관 또는 휴대하게 할 수 없으며 손질을 의뢰할 수 없다.
4. 무기를 손질하거나 조작할 때에는 반드시 총구를 공중으로 향하게 하여야 한다.
5. 무기와 탄약을 반납할 때에는 손질을 철저히 하여야 한다.
6. 근무시간 이후에는 무기와 탄약을 청원주에게 반납하거나 교대근무자에게 인계하여야 한다.

④ 청원주는 다음 각 호의 어느 하나에 해당하는 청원경찰에게 무기와 탄약을 지급해서는 아니 되며, 지급한 무기와 탄약은 회수하여야 한다.

1. 직무상 비위(非違)로 징계 대상이 된 사람
2. 형사사건으로 조사 대상이 된 사람
3. 사의(辭意)를 밝힌 사람
4. 평소에 불평이 심하고 염세적인 사람
5. 주벽(酒癖)이 심한 사람
6. 변태적 성벽(性癖)이 있는 사람

제17조(문서와 장부의 비치) ① 청원주는 다음 각 호의 문서와 장부를 갖춰 두어야 한다.

1. 청원경찰 명부
2. 근무일지
3. 근무 상황카드
4. 경비구역 배치도
5. 순찰표철
6. 무기 · 탄약 출납부

7. 무기장비 운영카드

8. 봉급지급 조서철

9. 신분증명서 발급대장

10. 징계 관계철

11. 교육훈련 실시부

12. 청원경찰 직무교육계획서

13. 급여품 및 대여품 대장

14. 그 밖에 청원경찰의 운영에 필요한 문서와 장부

② 관할 경찰서장은 다음 각 호의 문서와 장부를 갖춰 두어야 한다.

1. 청원경찰 명부

2. 감독 순시부

3. 전출입 관계철

4. 교육훈련 실시부

5. 무기 · 탄약 대여대장

6. 징계요구서철

7. 그 밖에 청원경찰의 운영에 필요한 문서와 장부

③ 지방경찰청장은 다음 각 호의 문서와 장부를 갖춰 두어야 한다.

1. 배치 결정 관계철

2. 청원경찰 임용승인 관계철

3. 전출입 관계철

4. 그 밖에 청원경찰의 운영에 필요한 문서와 장부

④ 제1항부터 제3항까지의 규정에 따른 문서와 장부의 서식은 경찰관서에서 사용하는 서식을 준용한다.

제18조(표창) 지방경찰청장, 관할 경찰서장 또는 청원주는 청원경찰에게 다음 각 호의 구분에 따라 표창을 수여할 수 있다.

1. 공적상: 성실히 직무를 수행하여 근무성적이 탁월하거나 헌신적인 봉사로 특별한 공적을 세운 경우

2. 우등상: 교육훈련에서 교육성적이 우수한 경우

제19조(감독자의 지정) ① 2명 이상의 청원경찰을 배치한 사업장의 청원주는 청원경찰의 지휘·감독을 위하여 청원경찰 중에서 유능한 사람을 선정하여 감독자로 지정하여야 한다.
② 제1항에 따른 감독자는 조장, 반장 또는 대장으로 하며, 그 지정기준은 별표 4와 같다.

제20조(경비전화의 가설) ① 관할 경찰서장은 청원주의 신청에 따라 경비를 위하여 필요하다고 인정할 때에는 청원경찰이 배치된 사업장에 경비전화를 가설할 수 있다.
② 제1항에 따라 경비전화를 가설할 때 드는 비용은 청원주가 부담한다.

제21조(주의사항) ① 청원경찰이 법 제3조에 따른 직무를 수행할 때에는 경비 목적을 위하여 필요한 최소한의 범위에서 하여야 한다.
② 청원경찰은 「경찰관 직무집행법」에 따른 직무 외의 수사활동 등 사법경찰관리의 직무를 수행해서는 아니 된다.

제22조(보고) 청원경찰이 법 제3조에 따라 직무를 수행할 때에 「경찰관 직무집행법」 및 같은 법 시행령에 따라 하여야 할 모든 보고는 관할 경찰서장에게 서면으로 보고하기 전에 지체 없이 구두로 보고하고 그 지시에 따라야 한다.

제23조(청원경찰 배치의 폐지·감축 통보) 법 제10조의5제2항에 따른 청원경찰 배치의 폐지 또는 감축의 통보는 별지 제6호서식에 따른다.

제24조(과태료 부과 고지서 등) ① 법 제12조제1항에 따른 과태료 부과의 사전 통지는 별지 제7호서식의 과태료 부과 사전 통지서에 따른다.
② 법 제12조제1항에 따른 과태료의 부과는 별지 제8호서식의 과태료 부과 고지서에 따른다.
③ 경찰서장은 과태료처분을 하였을 때에는 과태료 부과 및 징수 사항을 별지 제9호서식의 과태료 수납부에 기록하고 정리하여야 한다.

부록

국가공무원법

제33조(결격사유) 다음 각 호의 어느 하나에 해당하는 자는 공무원으로 임용될 수 없다.
1. 피성년후견인 또는 피한정후견인
2. 파산선고를 받고 복권되지 아니한 자
3. 금고 이상의 실형을 선고받고 그 집행이 종료되거나 집행을 받지 아니하기로 확정된 후 5년이 지나지 아니한 자
4. 금고 이상의 형을 선고받고 그 집행유예 기간이 끝난 날부터 2년이 지나지 아니한 자
5. 금고 이상의 형의 선고유예를 받은 경우에 그 선고유예 기간 중에 있는 자
6. 법원의 판결 또는 다른 법률에 따라 자격이 상실되거나 정지된 자
6의2. 공무원으로 재직기간 중 직무와 관련하여 「형법」 제355조 및 제356조에 규정된 죄를 범한 자로서 300만원 이상의 벌금형을 선고받고 그 형이 확정된 후 2년이 지나지 아니한 자
6의3. 「성폭력범죄의 처벌 등에 관한 특례법」 제2조에 규정된 죄를 범한 사람으로서 100만원 이상의 벌금형을 선고받고 그 형이 확정된 후 3년이 지나지 아니한 사람
6의4. 미성년자에 대한 다음 각 목의 어느 하나에 해당하는 죄를 저질러 파면·해임되거나 형 또는 치료감호를 선고받아 그 형 또는 치료감호가 확정된 사람(집행유예를 선고받은 후 그 집행유예기간이 경과한 사람을 포함한다)
　가. 「성폭력범죄의 처벌 등에 관한 특례법」 제2조에 따른 성폭력범죄
　나. 「아동·청소년의 성보호에 관한 법률」 제2조 제2호에 따른 아동·청소년대상 성범죄
7. 징계로 파면처분을 받은 때부터 5년이 지나지 아니한 자
8. 징계로 해임처분을 받은 때부터 3년이 지나지 아니한 자

경찰관 직무집행법

제2조(직무의 범위) 경찰관은 다음 각 호의 직무를 수행한다.
1. 국민의 생명·신체 및 재산의 보호
2. 범죄의 예방·진압 및 수사
2의2. 범죄피해자 보호
3. 경비, 주요 인사(人士) 경호 및 대간첩·대테러 작전 수행
4. 치안정보의 수집·작성 및 배포
5. 교통 단속과 교통 위해(危害)의 방지
6. 외국 정부기관 및 국제기구와의 국제협력
7. 그 밖에 공공의 안녕과 질서 유지

부록

경비업법 시행령 별표

■ 경비업법 시행령 [별표1]

경비업의 시설 등의 기준(제3조제2항 관련)

시설 등 기준 업무별	경비인력	자본금	시설	장비 등
1. 시설경비업무	· 일반경비원 20명 이상 · 경비지도사 1명 이상	1억 원 이상	기준 경비인력 수 이상을 동시에 교육할 수 있는 교육장	· 기준 경비인력 수 이상의 경비원 복장 및 경적, 단봉, 분사기
2. 호송경비업무	· 무술유단자인 일반경비원 5명 이상 · 경비지도사 1명 이상	1억 원 이상	기준 경비인력 수 이상을 동시에 교육할 수 있는 교육장	· 호송용 차량 1대 이상 · 현금호송백 1개 이상 · 기준 경비인력 수 이상의 경비원 복장 및 경적, 단봉, 분사기
3. 신변보호업무	· 무술유단자인 일반경비원 5명 이상 · 경비지도사 1명 이상	1억 원 이상	기준 경비인력 수 이상을 동시에 교육할 수 있는 교육장	· 기준 경비인력 수 이상의 무전기 등 통신장비 · 기준 경비인력 수 이상의 경적, 단봉, 분사기
4. 기계경비업무	· 전자 · 통신 분야 기술자격증소지자 5명을 포함한 일반경비원 10명 이상 · 경비지도사 1명 이상	1억 원 이상	· 기준 경비인력 수 이상을 동시에 교육할 수 있는 교육장 · 관제시설	· 감지장치 · 송신장치 및 수신장치 · 출장소별로 출동차량 2대 이상 · 기준 경비인력 수 이상의 경비원 복장 및 경적, 단봉, 분사기
5. 특수경비업무	· 특수경비원 20명 이상 · 경비지도사 1명 이상	3억 원 이상	기준 경비인력 수 이상을 동시에 교육할 수 있는 교육장	· 기준 경비인력 수 이상의 경비원 복장 및 경적, 단봉, 분사기

* 비고
1. 자본금의 경우 하나의 경비업무에 대한 자본금을 갖춘 경비업자가 그 외의 경비업무를 추가로 하려는 경우 자본금을 갖춘 것으로 본다. 다만, 특수경비업자 외의 자가 특수경비업무를 추가로 하려는 경우에는 이미 갖추고 있는 자본금을 포함하여 특수경비업무의 자본금 기준에 적합하여야 한다.
2. 교육장의 경우 하나의 경비업무에 대한 시설을 갖춘 경비업자가 그 외의 경비업무를 추가로 하려는 경우에는 경비인력이 더 많이 필요한 경비업무에 해당하는 교육장을 갖추어야 한다.
3. "무술유단자"란 「국민체육진흥법」 제33조에 따른 대한체육회에 가맹된 단체 또는 문화체육관광부에 등록된 무도 관련 단체가 무술유단자로 인정한 사람을 말한다.
4. "호송용 차량"이란 현금이나 그 밖의 귀중품의 운반에 필요한 견고성 및 안전성을 갖추고 무선통신시설 및 경보시설을 갖춘 자동차를 말한다.
5. "현금호송백"이란 현금이나 그 밖의 귀중품을 운반하기 위한 이동용 호송장비로서 경보시설을 갖춘 것을 말한다.
6. "전자 · 통신 분야 기술자격증소지자"란 「국가기술자격법」에 따라 전자 및 통신 분야에서 기술자격을 취득한 사람을 말한다.

■ 경비업법 시행령 [별표1의2]

특수경비업자가 할 수 있는 영업(제7조의2제1항 관련)

분야	해당 영업
금속가공제품 제조업 (기계 및 가구 제외)	· 일반철물 제조업(자물쇠제조 등 경비 관련 제조업에 한정한다) · 금고 제조업
그 밖의 기계 및 장비제조업	· 분사기 및 소화기 제조업
전기장비 제조업	· 전기경보 및 신호장치 제조업
전자부품, 컴퓨터, 영상, 음향 및 통신장비 제조업	· 전자카드 제조업 · 통신 및 방송 장비 제조업 · 영상 및 음향기기 제조업
전문직별 공사업	· 소방시설 공사업 · 배관 및 냉 · 난방 공사업(소방시설 공사 등 방재 관련 공사에 한정한다) · 내부 전기배선 공사업 · 내부 통신배선 공사업
도매 및 상품중개업	· 통신장비 및 부품 도매업
통신업	· 전기통신업
부동산업	· 부동산 관리업
컴퓨터 프로그래밍, 시스템 통합 및 관리업	· 컴퓨터 프로그래밍 서비스업 · 컴퓨터시스템 통합 자문, 구축 및 관리업
건축기술, 엔지니어링 및 관련기술 서비스업	· 건축설계 및 관련 서비스업(소방시설 설계 등 방재 관련 건축설계에 한정한다) · 건물 및 토목엔지니어링 서비스업(소방공사 감리 등 방재 관련 서비스업에 한정한다)
사업시설 관리 및 조경 서비스업	· 사업시설 유지관리 서비스업 · 건물 산업설비 청소 및 방제 서비스업
사업지원 서비스업	· 인력공급 및 고용알선업 · 경비, 경호 및 탐정업
교육서비스업	· 직원훈련기관 · 그 밖의 기술 및 직업훈련학원(경비 관련 교육에 한정한다)
수리업	· 일반 기계 수리업 · 전기, 전자, 통신 및 정밀기기 수리업
창고 및 운송 관련 서비스업	· 주차장 운영업

■ 경비업법 시행령 [별표 2]
경비지도사의 시험과목(제12조제3항 관련)

구 분	1 차 시 험 선 택 형	2 차 시 험 선택형 또는 단답형
일반경비지도사	○법학개론 ○민간경비론	○경비업법(청원경찰법을 포함한다) ○소방학 · 범죄학 또는 경호학 중 1과목
기계경비지도사		○경비업법(청원경찰법을 포함한다) ○기계경비개론 또는 기계경비기획 및 설계 중 1과목

■ 경비업법 시행령 [별표 3]
경비지도사의 선임 · 배치기준(제16조제1항 관련)

1. 일반경비지도사
    시설경비업 · 호송경비업 · 신변보호업 및 특수경비업에 한하여 선임 · 배치할 것
    가. 경비원을 배치하여 영업활동을 하고 있는 지역을 관할하는 지방경찰청의 관할구역별로 경비원 200인까지는 일반경비지도사 1인씩 선임 · 배치하되, 200인을 초과하는 100인까지마다 1인씩을 추가로 선임 · 배치할 것. 다만, 특수경비업의 경우는 제19조제1항의 규정에 의한 특수경비원 교육을 이수한 일반경비지도사를 선임 · 배치할 것
    나. 시설경비업 · 호송경비업 · 신변보호업 및 특수경비업 가운데 2 이상의 경비업을 하는 경우 경비지도사의 배치는 각 경비업에 종사하는 경비원의 수를 합산한 인원을 기준으로 할 것
2. 기계경비지도사
    가. 기계경비업에 한하여 선임 · 배치할 것
    나. 선임 · 배치기준은 제1호 가목의 규정에 의한 일반경비지도사의 선임 · 배치 기준과 동일하게 할 것
3. 경비지도사가 선임 · 배치된 지방경찰청의 관할구역에 인접하는 지방경찰청의 관할구역에 배치되는 경비원이 30인 이하인 경우에는 제1호 가목 및 제2호 나목의 규정에 불구하고 경비지도사를 따로 선임 · 배치하지 아니할 수 있다. 이 경우 인천지방경찰청은 서울지방경찰청과 인접한 것으로 본다.

■ 경비업법 시행령 [별표 4]

행정처분 기준(제24조 관련)

1. 일반기준

가. 제2호에 따른 행정처분이 영업정지인 경우에는 위반행위의 동기, 내용 및 위반의 정도 등을 고려하여 가중하거나 감경할 수 있다.

나. 위반행위가 2 이상인 경우로서 그에 해당하는 각각의 처분기준이 다른 경우에는 그 중 중한 처분기준에 따르며, 2 이상의 처분기준이 동일한 영업정지인 경우에는 중한 처분기준의 2분의 1까지 가중할 수 있다. 다만, 가중하는 경우에도 각 처분기준을 합산한 기간을 초과할 수 없다.

다. 위반행위의 횟수에 따른 행정처분 기준은 최근 2년간 같은 위반행위로 행정처분을 받은 경우에 적용한다. 이 경우 기준 적용일은 위반행위에 대한 행정처분일과 그 처분 후의 위반행위가 다시 적발된 날을 기준으로 한다.

라. 영업정지처분에 해당하는 위반행위가 적발된 날 이전 최근 2년간 같은 위반행위로 2회 영업정지처분을 받은 경우에는 제2호의 기준에도 불구하고 그 위반행위에 대한 행정처분기준은 허가취소로 한다.

2. 개별기준

위반행위	해당 법조문	행정처분 기준		
		1차 위반	2차 위반	3차 이상 위반
가. 법 제4조제1항 후단을 위반하여 지방경찰청장의 허가 없이 경비업무를 변경한 때	법 제19조제2항제1호	경고	영업정지 6개월	허가취소
나. 법 제7조제2항을 위반하여 도급을 의뢰받은 경비업무가 위법한 것임에도 이를 거부하지 않은 때	법 제19조제2항제2호	영업정지 1개월	영업정지 3개월	허가취소
다. 법 제7조제6항을 위반하여 경비지도사를 집단민원현장에 선임·배치하지 않은 때	법 제19조제2항제3호	영업정지 1개월	영업정지 3개월	허가취소
라. 법 제8조를 위반하여 경비대상 시설에 관한 경보 대응체제를 갖추지 않은 때	법 제19조제2항제4호	경고	경고	영업정지 1개월
마. 법 제9조제2항을 위반하여 관련 서류를 작성·비치하지 않은 때	법 제19조제2항제5호	경고	경고	영업정지 1개월
바. 법 제10조제3항을 위반하여 결격사유에 해당하는 경비원을 배치하거나 결격사유에 해당하는 경비지도사를 선임·배치한 때	법 제19조제2항제6호	영업정지 1개월	영업정지 3개월	허가취소
사. 법 제12조제1항을 위반하여 경비지도사를 선임한 때	법 제19조제2항제7호	영업정지 1개월	영업정지 3개월	허가취소
아. 법 제13조를 위반하여 경비원으로 하여금 교육을 받게 하지 않은 때	법 제19조제2항제8호	경고	경고	영업정지 1개월
자. 법 제16조에 따른 경비원의 복장 등에 관한 규정을 위반한 때	법 제19조제2항제9호	경고	영업정지 1개월	영업정지 3개월
차. 법 제16조의2에 따른 경비원의 장비 등에 관한 규정을 위반한 때	법 제19조제2항제10호	경고	영업정지 1개월	영업정지 3개월

위반행위	해당 법조문	행정처분 기준		
		1차 위반	2차 위반	3차 이상 위반
카. 법 제16조의3에 따른 경비원의 출동차량 등에 관한 규정을 위반한 때	법 제19조제2항제11호	경고	영업정지 1개월	영업정지 3개월
타. 법 제18조제1항 단서를 위반하여 집단민원현장에 일반경비원 명부를 작성·비치하지 않은 때	법 제19조제2항제12호	영업정지 1개월	영업정지 3개월	허가취소
파. 법 제18조제2항 각 호 외의 부분 단서를 위반하여 배치허가를 받지 아니하고 경비원을 배치하거나 경비원 명단 및 배치일시·배치장소 등 배치허가 신청의 내용을 거짓으로 한 때	법 제19조제2항제13호	영업정지 1개월	영업정지 3개월	허가취소
하. 법 제18조제6항을 위반하여 결격사유에 해당하는 일반경비원을 집단민원현장에 배치한 때	법 제19조제2항제14호	영업정지 1개월	영업정지 3개월	허가취소
거. 법 제24조에 따른 감독상 명령에 따르지 않은 때	법 제19조제2항제15호	경고	영업정지 3개월	허가취소
너. 법 제26조를 위반하여 손해를 배상하지 않은 때	법 제19조제2항제16호	경고	영업정지 3개월	영업정지 6개월

■ **경비업법 시행령 [별표 5]**

경비지도사 자격정지처분 기준(제25조 관련)

위반행위	해당 법조문	행정처분기준		
		1차	2차	3차이상
1. 법 제12조제3항의 규정에 위반하여 직무를 성실하게 수행하지 아니한 때	법 제20조제2항제1호	자격정지 3월	자격정지 6월	자격정지 12월
2. 법 제24조의 규정에 의한 경찰청장·지방경찰청장의 명령을 위반한 때	법 제20조제2항제2호	자격정지 1월	자격정지 6월	자격정지 9월

비고: 위반행위의 횟수에 따른 행정처분의 기준은 당해 위반행위가 있은 이전 최근 2년간 같은 위반행위로 행정처분을 받은 경우에 적용한다.

■ **경비업법 시행령 [별표 6]**

과태료의 부과기준(제32조제1항 관련)

위반행위	해당 법조문	과태료 금액 (단위: 만원)		
		1회 위반	2회 위반	3회 이상
1. 법 제4조제3항 또는 제18조제2항을 위반하여 신고를 하지 않은 경우	법 제31조제2항제1호			
가. 1개월 이내의 기간 경과		50		
나. 1개월 초과 6개월 이내의 기간 경과		100		
다. 6개월 초과 12개월 이내의 기간 경과		200		
라. 12개월 초과의 기간 경과		400		

위반행위	해당 법조문	과태료 금액 (단위: 만원)		
		1회 위반	2회 위반	3회 이상
2. 법 제7조제7항을 위반하여 경비대행업자 지정신고를 하지 않은 경우	법 제31조제2항제2호			
가. 허위로 신고한 경우			400	
나. 그 밖의 사유로 신고하지 않은 경우			300	
3. 법 제9조제1항을 위반하여 설명의무를 이행하지 않은 경우	법 제31조제2항제3호	100	200	400
4. 법 제10조제3항을 위반하여 결격사유에 해당하는 경비원을 배치하거나 결격사유에 해당하는 경비지도사를 선임·배치한 경우	법 제31조제2항제6호	100	200	400
5. 법 제12조제1항을 위반하여 경비지도사를 선임하지 않은 경우	법 제31조제2항제4호	100	200	400
6. 법 제14조제6항에 따른 감독상 필요한 명령을 정당한 이유없이 이행하지 않은 경우	법 제31조제2항제5호		500	
7. 법 제16조제1항을 위반하여 복장 등에 관한 신고규정을 위반하여 신고를 하지 않은 경우	법 제31조제2항제7호	100	200	400
8. 법 제16조제1항을 위반하여 경비원의 복장에 관한 신고를 하지 않고 집단민원현장에 경비원을 배치한 경우	법 제31조제1항제1호	600	1200	2400
9. 법 제16조제2항을 위반하여 이름표를 부착하게 하지 않거나, 신고된 동일 복장을 착용하게 하지 않고 경비원을 경비업무에 배치한 경우	법 제31조제2항제8호	100	200	400
10. 법 제16조제2항을 위반하여 이름표를 부착하게 하지 않거나, 신고된 동일 복장을 착용하게 하지 않고 집단민원현장에 경비원을 배치한 경우	법 제31조제1항제2호	600	1200	2400
11. 법 제18조제1항 본문을 위반하여 명부를 작성·비치하지 않은 경우	법 제31조제2항제9호			
가. 경비원 명부를 비치하지 않은 경우		100	200	400
나. 경비원 명부를 작성하지 않은 경우		50	100	200
12. 법 제18조제1항 단서를 위반하여 집단민원현장에 배치되는 일반경비원의 명부를 그 배치 장소에 작성·비치하지 않은 경우	법 제31조제1항제3호			
가. 경비원 명부를 비치하지 않은 경우		600	1200	2400
나. 경비원 명부를 작성하지 않은 경우		300	600	1200
13. 법 제18조제2항 각 호 외의 부분 단서를 위반하여 배치허가를 받지 않고 경비원을 배치하거나, 경비원 명단 및 배치일시·배치장소 등 배치허가 신청의 내용을 거짓으로 한 경우	법 제31조제1항제4호	1000	2000	3000
14. 법 제18조제5항을 위반하여 경비원의 근무상황을 기록하여 보관하지 않은 경우	법 제31조제2항제10호	50	100	200
15. 법 제18조제7항을 위반하여 법 제13조에 따른 신임교육을 이수하지 않은 자를 법 제18조제2항 각 호의 경비원으로 배치한 경우	법 제31조제1항제5호	600	1200	2400

비고: 위반행위의 횟수에 따른 과태료의 부과기준은 최근 2년간 같은 위반행위로 과태료 부과처분을 받은 경우에 적용한다. 이 경우 기준 적용일은 위반행위에 대한 과태료 부과처분일과 그 처분 후의 위반행위가 다시 적발된 날을 기준으로 한다.

부록

경비업법 시행규칙 별표

■ 경비업법 시행규칙 [별지 제1호서식]

호송경비통지서

접수번호		접수일자		처리기간	즉시
통지인	법인명칭			허가번호	
	소재지				

통지내용	출발지				
	종착지				
	중간기착지	도내(지명)		관할경찰서	
		도외(지명)		관할경찰서	
	도급자(회사명)				
	주요호송품명				
	경비업무의 기간	. . .부터 . . .까지 (일간)			
	호송횟수	월 회			

경비원 명단	성 명	직 책	성 명	직 책

「경비업법 시행규칙」 제2조에 따라 위와 같이 통지합니다.

년 월 일

통지인(대표자)   (서명 또는 인)

○○ 경찰서장   귀하

첨부서류	없음	수수료 없음

■ 경비업법 시행규칙 [별지 제2호서식]

경비업 [ ]신규 [ ]변경 [ ]갱신 허가신청서

접수번호		접수일자		처리기간	15일
신청인	법인명칭			허가번호	
	주사무소의 소재지				(전화번호:)
	출장소의 소재지				(전화번호:)
신청 내용	신청경비업무 [ ]시설경비업무 [ ]호송경비업무 [ ]신변보호업무 [ ]기계경비업무 [ ]특수경비업무				
	자본				
	손해배상(공탁·보험·공제)				

「경비업법」 제4조제1항·제6조제2항, 같은 법 시행령 제3조 및 같은 법 시행규칙 제3조·제6조제1항에 따라 위와 같이 경비업의 (신규·변경·갱신) 허가를 신청합니다.

년 월 일

신청인(대표자)   (서명 또는 인)

○ ○ 지방경찰청장 귀하

신청인 제출서류	1. 신규·변경 허가신청 가. 법인의 정관 1부 나. 법인 임원의 이력서 1부 다. 경비인력·시설 및 장비의 확보계획서 각 1부(경비업의 허가를 신청하는 때에 갖출 수 없는 경우만 해당합니다) 2. 갱신 허가신청 가. 허가증 원본 나. 정관 1부(변경사항이 있는 경우만 해당합니다)	수수료 10,000원
담당 공무원 확인사항	법인의 등기사항증명서	

처리절차

신청서 작성 (신청인) → 접수 (경찰서·지방청) → 결재 (경찰서·지방청) → 허가증 교부 (신청인)

■ 경비업법 시행규칙 [별지 제3호서식]　　　　　　　　　　　　　　　　　　(앞쪽)

제　호

허 가 증

1. 법인명칭
2. 소재지
3. 대표자성명
4. 주민등록번호
5. 주소
6. 허가경비업무

경비업법 제4조제1항·제6조제2항의 규정에 의하여 위와 같이 허가합니다.

년　　월　　일

○○지방경찰청장　[인]

210mmX297mm
(보존용지(1종) 120g/m²)

(뒤쪽)

연 월 일	변경신고사항	확인자

■ 경비업법 시행규칙 [별지 제4호서식]

허가증 재교부신청서

접수번호	접수일자	처리기간	7일

신청인	법인명칭		허가번호	
	주소지		(전화번호: 　　　　)	
	대표자		생년월일	
	주소			

「경비업법 시행령」 제4조제3항 및 「경비업법 시행규칙」 제4조제2항에 따라 위와 같이 경비업허가증의 재교부를 신청합니다.

년　　월　　일

신청인　　　　　　(서명 또는 인)

○○ 지방경찰청장　　　　귀하

첨부서류	1. 사유서(허가증을 잃어버린 경우만 해당합니다) 2. 허가증(허가증이 못쓰게 된 경우만 해당합니다)	수수료 2,000원

처리절차

신청서 작성 (신청인) ➡ 접수 (경찰서·지방청) ➡ 결재 (경찰서·지방청) ➡ 허가증 재교부 (신청인)

■ 경비업법 시행규칙 [별지 제5호서식]

<table>
<tr><td colspan="4" align="center">경비업   [ ] 폐업
[ ] 휴업
[ ] 영업재개   신고서
[ ] 휴업기간연장</td></tr>
<tr><td colspan="3">※ [ ]에는 해당되는 곳에 ∨표를 합니다.</td><td>(앞쪽)</td></tr>
<tr><td>접수번호</td><td colspan="2">접수일자</td><td>처리기간   즉시</td></tr>
<tr><td rowspan="3">신고인</td><td colspan="2">법인 명칭</td><td>허가번호</td></tr>
<tr><td colspan="3">소재지
(전화번호:)</td></tr>
<tr><td colspan="2">대표자</td><td>생년월일</td></tr>
<tr><td rowspan="3">신고
내용</td><td colspan="3">주소
(전화번호:)</td></tr>
<tr><td colspan="3">폐업 연월일</td></tr>
<tr><td colspan="3">휴업기간 또는 영업재개 연월일</td></tr>
<tr><td>사유</td><td colspan="3"></td></tr>
<tr><td colspan="4" align="center">휴·폐업상황</td></tr>
<tr><td>계약 회사명</td><td>경비장소</td><td>경비원 성명</td><td>경비원에 대한 조치</td></tr>
<tr><td></td><td></td><td></td><td></td></tr>
</table>

「경비업법」제4조제3항, 같은 법 시행령 제5조제1항, 제2항 및 같은 법 시행규칙에 따라

경비업의   [ ] 폐업
          [ ] 휴업
          [ ] 영업재개   을(를) 신고합니다.
          [ ] 휴업기간연장

년   월   일

신고인   (서명 또는 인)

지방경찰청장 귀하

첨부서류	허가증	수수료 없음

■ 경비업법 시행규칙 [별지 제6호서식]

경비업 허가사항 등의 변경신고서

접수번호		접수일자		처리기간	7일
신고인	법인명칭			허가번호	
	소재지				(전화번호:)
신고 내용	현재				
	변경 후				
	사유				

「경비업법」 제4조제3항, 같은 법 시행령 제5조제4항·제5항 및 같은 법 시행규칙 제5조제2항에 따라 위와 같이 경비업의 허가사항 등의 변경을 신고합니다.

년   월   일

신고인(대표자)   (서명 또는 인)

○○ **지방경찰청장**   귀하

신고인 제출서류	1. 명칭 변경의 경우: 허가증 원본 2. 대표자 변경의 경우: 법인 대표자의 이력서 1부 및 허가증 원본 3. 임원 변경의 경우: 법인 임원의 이력서 1부 4. 주사무소 또는 출장소 변경의 경우: 허가증 원본 5. 정관의 목적 변경의 경우: 법인의 정관 1부	수수료 2,000원
담당 공무원 확인사항	법인의 등기사항증명서	

처리절차

신청서 작성	→	접수	→	결재	→	허가증 교부
(신청인)		(경찰서·지방청)		(경찰서·지방청)		(신청인)

■ **경비업법 시행규칙 [별지 제7호서식]**

특수경비업무 [ ] 개시 / [ ] 종료 신고서

접수번호		접수일자		처리기간	즉시
신고인	업체명			허가번호	
	대표자			전화번호	
	주소지				
경비업무 수행시설	시설명				
	주소지				
도급내역	도급기간			도급액	
	경비원의 수				
경비업무의 기간	개시일				년 월 일
	종료일				년 월 일

「경비업법」 제4조제3항 및 같은 법 시행규칙 제5조제4항에 따라 위와 같이 특수경비업무의 (개시 · 종료)를 신고합니다.

년 월 일

신고인(대표자)

(서명 또는 인)

○ ○ **지방경찰청장** 귀하

첨부서류	없음		수수료 없음

■ **경비업법 시행규칙 [별지 제8호서식]**

경비지도사시험 응시원서

※ 아래 각 항목은 뒤쪽의 응시원서 작성방법을 참조하여 작성하시기 바랍니다. (앞쪽)

① 응시번호		② 응시종목	[ ]일반경비지도사 [ ]기계경비지도사	
③ 선택과목	일반경비지도사 [ ]소방학 [ ]범죄학 [ ]경호학			
	기계경비지도사 [ ]기계경비개론 [ ]기계경비기획 및 설계			
응시자	④ 성 명	(한자)		⑩ 사 진 (3.5cmX4.5cm)
	⑤ 주민등록번호			
	⑥ 주 소			
	⑦ 연 락 처	(자택) (휴대전화번호)		
	⑧ 최종 학력	※ 제1차 시험 면제자 중 학력 증명이 필요한 사람만 기재합니다.	⑨ 직 업	
		[ ]대학원 [ ]대학(교) [ ]전문대학		
		[ ]재학 [ ]휴학 [ ]졸업 [ ]수료		
⑪ 제1차 시험 면제 여부 및 사유	[ ]해당없음	[ ]전 회 시험의 제1차 시험 합격자	[ ]경력자 등	

⑫ 「경비업법」 제11조 및 같은 법 시행규칙 제8조에 따라 (   )년도 제(   )회 경비지도사시험 응시원서를 제출합니다.

년   월   일

응시인   (서명 또는 인)

(시험관리기관명) 귀하

담당 직원 확인사항: 국민연금가입자가입증명 또는 건강보험자격득실확인서

행정정보 공동이용 동의서(제1차 시험 면제자의 경우에만 작성합니다)

⑬ 본인은 이 건의 업무처리와 관련하여 담당 직원이 「전자정부법」 제36조 제1항에 따른 행정정보의 공동이용을 통하여 위의 담당 직원 확인사항([ ]국민연금가입자증명, [ ]건강보험자격득실확인서)을 확인하는 것에 동의합니다.

※ 동의하지 않는 경우에는 제출인이 직접 해당 서류를 제출해야 합니다.

본인   (서명 또는 인)

---------- 자르는 선 ----------

제 회 경비지도사시험 응시표		① 응시번호		⑩ 사 진 (3.5cmX4.5cm)
③ 성 명			(한자)	
④ 주민등록번호				

이 사람은   년도 제   회   경비지도사시험 응시자임을 확인합니다.

(시험관리기관명)   직인

년   월   일

(뒤쪽)

응시원서 작성방법

① 응시번호: 응시자가 작성하지 않습니다.
② 응시종목: 해당하는 종목에 'ㅇ'표시를 합니다.
③ 선택과목: 응시종목에 따라 선택과목 1개에 'ㅇ'표시를 합니다.
④ 성 명: 한글로 적되, 한자란은 한자를 적어 넣으시기 바랍니다.
⑤ 주민등록번호: 숫자로 명확하게 기재합니다.
⑥ 주 소: 주민등록상의 주소를 기재하되, 상세 주소(동·호수)까지 기재해야 합니다.
⑦ 연락처: 연락 가능한 번호를 정확하게 기재해야 합니다.
⑧ 최종학력: 「경비업법 시행령」 제13조제4호부터 제6호까지의 규정에 해당하는 사람만 작성하며, 같은 조 제4호의 경우에는 「경비업법 시행규칙」 제10조제1호에 해당하는 사람만 작성합니다.
⑨ 직업: 회사원, 공무원, 학생, 농업, 자영업, 무직, 그 밖의 직업 등을 기재합니다.
⑩ 사진: 최근 6개월 이내에 모자를 쓰지 않고 찍은 여권용 사진(3.5cm×4.5cm)을 응시원서 및 응시표에 각각 붙여야 합니다.
⑪ 제1차 시험 면제 여부 및 사유: 제1차 시험 면제 대상자는 해당되는 사유에 'ㅇ'표시를 합니다.
  1) 전 회 시험의 제1차 시험 합격자: 「경비업법 시행령」 제12조제6항에 해당하는 사람
  2) 경력자 등: 「경비업법 시행령」 제13조 각 호에 해당하는 사람
⑫ 시험 응시 년도, 회차, 응시원서 제출 날짜, 이름, 서명(또는 날인)을 정확히 기재합니다.
⑬ 「경비업법 시행령」 제13조제1호부터 제6호까지 및 제8호에 해당하는 사람이 재직증명서 또는 경력증명서를 제출한 경우에만 작성합니다.

자르는 선

응시자 주의사항

1. 수험원서 또는 제출서류 등의 허위작성·위조·오기·누락 및 연락불능의 경우에 발생하는 불이익은 전적으로 수험자 책임입니다.
2. 수험자는 시험 시행 전까지 시험장 위치 및 교통편을 확인하여야 하며(시험실 출입은 할 수 없습니다), 시험 당일 교시별 입실시간까지 신분증, 수험표, 필기구를 지참하고 해당 시험실의 지정된 좌석에 착석해야 합니다.
3. 결시 또는 기권하거나 답안카드(답안지) 제출에 불응한 수험자는 해당 교시 이후 시험에 응시할 수 없습니다.
4. 시험 종료 후 감독위원의 답안카드(답안지) 제출 지시에 불응한 경우 해당 시험은 무효로 하고 부정행위자로 처리될 수 있으니 유의하시기 바랍니다.
5. 수험자는 감독위원의 지시에 따라야 하며, 부정한 행위를 한 수험자는 해당 시험을 무효로 합니다.
6. 개인용 손목시계를 준비하여 시험시간을 관리하시기 바랍니다.(휴대전화 등 데이터 저장이 가능한 전자기기는 사용이 불가합니다)
7. 전자계산기는 필요시 1개만 사용할 수 있습니다. 공학용 등 데이터 저장기능이 있는 전자계산기는 수험자 본인이 반드시 메모리, SD카드를 제거·삭제해야 하고, 메모리 내용이 제거되지 않은 계산기는 사용이 불가하며, 사용 시 부정행위로 처리될 수 있습니다.
8. 시험시간 중에는 통신기기 및 전자기기[휴대용 전화기, 휴대용 멀티미디어 재생장치(PMP) 등 기타 사용 불가 기기는 수험자 유의사항 참조]를 일체 휴대할 수 없으며, 금속(전파)탐지기 수색을 통해 시험도중 관련 장비를 휴대하다가 적발될 경우 실제 사용여부와 관계없이 부정행위자로 처리될 수 있음을 유의하기 바랍니다.
9. 가답안 발표 후 의견제시 사항은 반드시 정해진 기간 내에 제출해야 합니다.
10. 그 밖에 시험일정, 운영, 기타 유의사항 등에 관한 사항은 해당 자격 큐넷 홈페이지(www.q-net.or.kr)의 시행공고를 확인하시기 바라며, 미확인으로 인한 불이익은 수험자의 책임입니다.

■ 경비업법 시행규칙 [별지 제9호서식]

경비지도사자격증 교부대장

연번	성 명	주민등록번호	주소	교부일자	비고

■ 경비업법 시행규칙 [별지 제10호서식]

경비지도사 자격증

(앞쪽)

제 호

경비지도사 자격증
(자 격 종 별)

성 명:
생 년 월 일:
자 격 취 득 일:

위의 사람은 「경비업법」 제11조에 따른 경비지도사 자격이 있음을 증명합니다.

(발 급 일)

경 찰 청 장   직인

사진

54㎜X84㎜ [PVC(비닐)]

(뒤쪽)

유 의 사 항

1. 다른 사람에게 대여하거나 목적 외 사용을 할 수 없습니다.
2. 자격이 정지된 때에는 그 정지기간 동안 자격증을 경찰관서에 반납하셔야 합니다.
3. 자격이 취소된 때에는 자격증을 경찰관서에 반납하셔야 합니다.

■ 경비업법 시행규칙 [별지 제10호의2서식]

경비원 직무교육 실시대장

연번	일시	장소	업체명	교육대상자	교육내용 (과목)	경비지도사 성 명

■ 경비업법 시행규칙 [별지 제11호서식]

제 호

일반(특수)경비원신임교육이수증

성 명 :   주민등록번호 :

주 소 :

위의 사람은   년 월   일부터 월   일까지 실시한 일반(특수)경비원 신임교육을 이수하였음을 증명합니다.

년   월   일

○○○교육원장   [인]

■ 경비업법 시행규칙 [별지 제12호서식]

일반(특수)경비원 신임교육 이수증 교부대장

번호	성명	주민등록번호	주소	자택 :( ) 직장명:( )	교육 이수증 교부번호	교부일	비고

■ 경비업법 시행규칙 [별지 제12호의2서식]

제 호

[ ] 신임교육 이수
[ ] 배치폐지   확인증

성명		생년월일	

1. 신임교육 이수 확인

위의 사람은 아래와 같이   [ ] 일반경비원   신임교육을 이수하였음을 확인합니다.
                          [ ] 특수경비원

교육기관	교육일	교육이수증 교부번호

2. 배치폐지 확인

위의 사람에 대하여 경비원 최종 배치폐지일이 아래와 같음을 확인합니다.

○ 최종 배치폐지일 :   년   월   일

년   월   일

○○ **지방경찰청장(경찰서장)**   직인

■ 경비업법 시행규칙 [별지 제13호서식]

무기대여신청서

접수번호		접수일자		처리기간	30일
시설주 (신청인)	성명			생년월일	
	직책				
배치사업장의 명칭			배치사업장의 소재지		
특수경비원 배치인원					
대여 요청량	총기 종류	수량	탄종		수량
대여신청 사유					
대여기간					
무기관리 방법					
비고					

「경비업법」 제14조제4항, 같은 법 시행령 제20조제1항 및 같은 법 시행규칙 제17조에 따라 위와 같이 무기대여를 신청합니다.

년 월 일

신청인 (서명 또는 인)

○ ○ **경찰서장** 귀하

첨부서류	없음	수수료 없음

처리 절차

이 신청서는 아래와 같이 처리됩니다.

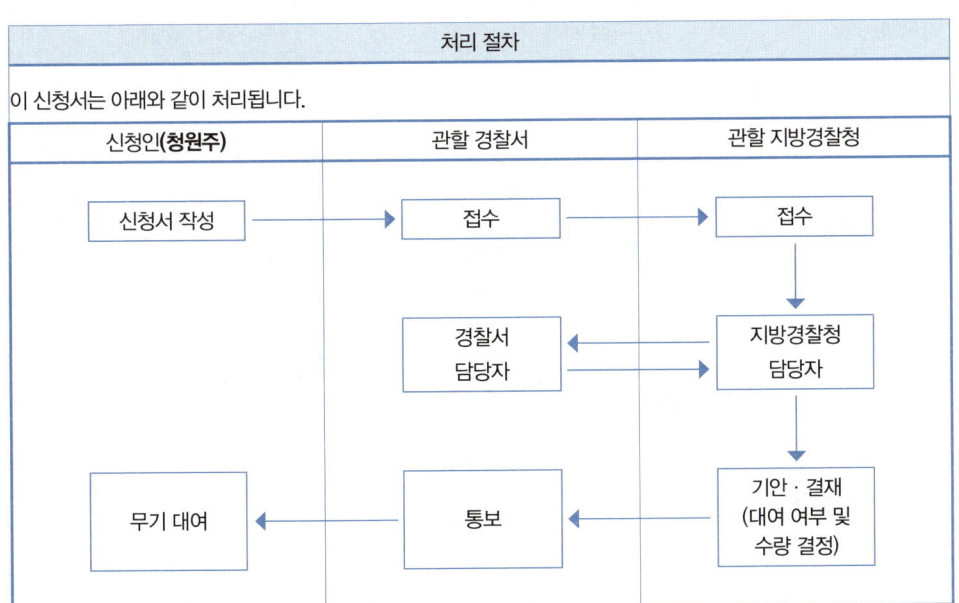

부록 349

■ 경비업법 시행규칙 [별지 제13호의2서식]

경비원 복장 등 신고서

접수번호		접수일자		처리기간	즉시
신고인	법인명칭			허가번호	
	소재지			(전화번호	)
복장 사진	상의		하의		
표지장 사진					

「경비업법」 제16조제1항, 같은 법 시행규칙 제19조제1항에 따라 위와 같이 경비원의 복장을 신고합니다.

년 월 일

신고인(대표자) (서명 또는 인)

○○ **지방경찰청장** 귀하

첨부서류	없음	수수료 없음

작성요령

수 개의 복장을 신고할 경우에는 별지를 사용하시기 바랍니다.

■ 경비업법 시행규칙 [별지 제13호의3서식]

[ ]경비원 복장 등
[ ]출동차량 도색 등

시정명령 이행보고

접수번호		접수일자		처리기간	즉시
신고인	법인명칭			허가번호	
	소재지			(전화번호	)

시정명령 이행보고

시정 지시 사항

시정 결과

「경비업법」 제16조제4항, 제16조의3제4항 및 같은 법 시행규칙 제19조제2항, 제21조제2항에 따라 (복장 등·출동차량 도색 등)의 시정명령에 대한 이행을 위와 같이 보고합니다.

년 월 일

신고인(대표자) (서명 또는 인)

○○ **지방경찰청장** 귀하

첨부서류	시정사항에 따른 시정결과 사진	수수료 없음

작성요령

수 개의 차량 디자인을 신고할 경우에는 별지를 사용하시기 바랍니다.

■ 경비업법 시행규칙 [별지 제13호의4서식]

출동차량 등 신고서

접수번호		접수일자		처리기간	즉시
신고인	법인명칭			허가번호	
	소재지			(전화번호	)

차량 사진	
전면	후면
좌측면	우측면

「경비업법」 제16조의3제2항 및 같은 법 시행규칙 제21조제1항에 따라 위와 같이 출동차량 등을 신고합니다.

년 월 일

신고인(대표자) (서명 또는 인)

○○ **지방경찰청장** 귀하

첨부서류	없음	수수료 없음

작성요령	
수 개의 차량을 신고할 경우에는 별지를 사용하시기 바랍니다.	210mmX297mm[백상지 80g/m²(재활용품)]

■ 경비업법 시행규칙 [별지 제13호의5서식]

범죄경력조회 신청서

접수번호		접수일자		처리일자		처리기간	1일
신청인 (대표자)	업체명			허가번호			
	대표자			전화번호			
	주소지						

대상자	성 명	한글			
		한자		영문*	
	주민등록번호 (여권번호 또는 외국인등록번호)	–		국적*	
	주 소				
	취업(예정)직위				

「경비업법」 제17조제2항에 따라 우리 업체에 취업(예정)자인 (임원 · 경비원 · 경비지도사)에 대한 범죄경력조회를 요청하오니 그 결과를 회신해 주시기 바랍니다.

년 월 일

신청인(대표자) (서명 또는 인)

지방경찰청장(경찰서장) 귀하

첨부서류	1. 경비업 허가증 사본 2. 취업자 또는 취업예정자 범죄경력조회 동의서 각 1부	수수료 없음

작성요령
1. 영문 성명 및 국적은 조회 대상자가 외국인인 경우만 적습니다.
2. 조회 대상자가 외국인인 경우 주민등록번호 대신 여권번호 또는 외국인등록번호를 적습니다.

처리절차

신청서 작성	→	접수	→	대상자 확인 (적합, 부적합)	→	통보
(신청인)		경찰서장 / 지방경찰청장		경찰서장 / 지방경찰청장		

■ 경비업법 시행규칙 [별지 제13호의6서식]

범죄경력조회 동의서

대상자	성 명	한글		
		한자		영문*
	주민등록번호 (여권번호 또는 외국인등록번호*)	–	국적*	
	주 소			
	전화번호	자택	휴대전화	

본인은 경비업체 ○○에 (임원·경비지도사·경비원)으로 취업한 사람(취업예정자)로서,
「경비업법」 제17조제2항에 따른 범죄경력조회에 동의합니다.

년 월 일

동의자   (서명 또는 인)

_____지방경찰청장(경찰서장) 귀하

작성요령
1. 영문 성명 및 국적은 조회 대상자가 외국인인 경우만 적습니다.
2. 조회 대상자가 외국인인 경우 주민등록번호 대신 여권번호 또는 외국인등록번호를 적습니다.

■ 경비업법 시행규칙 [별지 제14호서식]   (앞쪽)

관리번호		경비원명부					임용일자	
							퇴직일자	
성명							사진 (3.5cm×4.5cm)	
주소								
배치지								
병역	군별	병과	입대연월일	제대연월일	군번	계급	역종	체격등위
신체상태	신장	체중	시력	혈액형	건강상태	외모특징	취미	특기
재산	동산	부동산	재산총액		가옥		부업	
가족관계	관계	성명	주민등록번호	학력	직장	관계	성명	주민등록번호	학력	직장

(뒤쪽)

교우관계	성명	주소	직업 및 직책	보증인	성명	주소	재산정도

상벌				경력		
연 월 일	종류	시행청		기간	근무장소	직위(직책)
				~		
				~		
교육훈련				~		
기간	내용	기간	내용	~		
~		~		~		
~		~		~		

■ 경비업법 시행규칙 [별지 제15호서식]

경비원 [ ] 배치 / [ ] 배치폐지 신고서

접수번호	접수일자	처리기간 즉시

신고인	법인명칭		허가번호	
	소재지		(전화번호	)
	배치장소(구체적으로 기재)		(전화번호	)

경비원 배치(폐지) 내용	배치일시	배치폐지(예정)일시
	경비의 목적 또는 내용(구체적으로 기재)	

경비원 명단	배치 경비업무	경비원 성명	주민등록번호	경비원 신임교육 이수증 번호

「경비업법」 제18조제2항, 같은 법 시행규칙 제24조에 따라 위와 같이 경비원의 (배치ㆍ배치폐지)를 신고합니다.

년 월 일

신고인(대표자) (서명 또는 인)

○ ○ **경찰서장** 귀하

첨부서류	없음	수수료 없음

유의사항

경비원 신임교육 이수증 번호는 신임교육을 받은 경비원만 기재합니다.

■ 경비업법 시행규칙 [별지 제15호의2서식]

집단민원현장 일반경비원 배치허가 신청서

접수번호		접수일자			처리기간	48시간
경비업체	법인명칭				허가번호	
	소재지				(전화번호)	
경비지도사	성명		자격번호		연락처	
집단민원현장 관리책임자	성명		직책		연락처	
경비원 배치 내용	배치 예정일시			배치허가의 요청 기간		
	집단민원현장의 유형 및 배치 예정 경비원 수					
	경비의 목적 또는 내용(구체적으로 기재)					
	배치지 주소 및 경비원의 업무 활동의 범위(구체적으로 기재)					
	사용 예정 장비					
	경비계획					
경비업무 도급인	성명				연락처	
경비원 명단	연번	경비원 성명		주민등록번호	경비원 신임교육 이수증 번호	

「경비업법」제18조제2항 각 호 외의 부분 단서 및 같은 법 시행규칙 제24조의2에 따라 위와 같이 집단민원현장 일반경비원 배치허가를 신청합니다.

년   월   일

신청인(대표자)   (서명 또는 인)

○○ **경찰서장**   귀하

첨부서류	배치될 경비원의 신임교육 이수증 또는 배치될 경비원이 신임교육 면제대상에 해당함을 입증할 수 있는 서류 각 1부	수수료 없음

유의사항
1. 경비계획 기재 또는 배치할 경비원의 명단 작성 시 필요하면 별지를 사용하시기 바랍니다.
2. 집단민원현장 관리책임자는 선임한 경우만 적습니다.

■ 경비업법 시행규칙 [별지 제15호의3서식]

집단민원현장 일반경비원 배치폐지 신고서

접수번호		접수일자			처리기간	즉시
경비업체	법인명칭				허가번호	
	소재지				(전화번호	)
경비지도사	성명		자격번호		연락처	
배치장소	주소					
배치폐지 경비원 명단	연번	경비원 성명		주민등록번호		배치폐지일시

「경비업법」 제18조제2항 각 호 외의 부분 본문 및 같은 법 시행규칙 제24조의2제5항에 따라 위와 같이 집단민원현장 일반경비원 배치폐지를 신고합니다.

년 월 일

신고인(대표자)   (서명 또는 인)

○○ **경찰서장** 귀하

첨부서류	없음	수수료 없음

유의사항
배차폐지 경비원 명단 작성 시 필요하면 별지를 사용하시기 바랍니다.

■ 경비업법 시행규칙 [별지 제16호서식]

(앞쪽)

과태료부과 사전 통지서
(의견제출 통지)

제   호

귀하

「경비업법」 제31조에 따라 아래와 같이 과태료를 부과하고자 하오니 의견이 있으시면 기한 내에 의견을 제출하여 주시기 바랍니다.

과태료 부과 대상자	성명	(. . 생)
	주소	
과태료 금액		
과태료 부과 원인행위	일시	
	장소	
	내용	
적용 법령		
의견제출 기한		

〈의 견〉

년 월 일

○○ 지방경찰청장(경찰서장) 인

(뒤쪽)

〈 의견제출시 유의사항 〉

1. 귀하는 앞쪽의 과태료 부과 사항에 대하여 이 서면 또는 정보통신망을 이용하여 의견제출을 할 수 있으며, 주장을 입증할 증거자료를 함께 제출할 수 있습니다. 다만, 정보통신망을 이용하여 의견을 제출하고자 하는 경우에는 미리 의견제출기관으로 알려주시고, 의견을 제출한 후에 의견의 도달 여부를 담당자에게 확인하여 주시기 바랍니다.
2. 「질서위반행위규제법」 제18조에 따라 의견제출 기한 내에 과태료 사전납부고지서를 이용하여 자진 납부하는 경우 과태료를 감경(100분의 20의 범위 이내) 받을 수 있습니다.
3. 의견제출 기한 내 의견을 제출하지 아니하는 경우에는 의견이 없는 것으로 간주합니다.
4. 귀하께서 행정청에 출석하여 의견진술을 하고자 하는 경우에는 행정청에 미리 그 사실을 알려주십시오.
5. 그 밖에 궁금한 사항이 있으시면 아래 연락처로 문의하시기 바랍니다.

의 견 제 출 기 관			
부 서 명		담 당 자	
주 소		전화번호	
전자우편주소		모 사 전 송	

■ **경비업법 시행규칙 [별지 제17호서식]**

■ 경비업법 시행규칙 [별지 제17호서식] <개정 2014.6.5>

보내는 사람
○○ 지방경찰청장(경찰서장)
주소
□□□-□□□

[우체국 요금후납]

과태료 납부 고지서 재중

받는 사람

귀하
□□□-□□□

································· 절 취 선 ·································

부과 내역				
	■ 납입고지서 및 영수증(납부자용)			
	납부번호			
	납부자		실명번호	
	주소			

산출 근거	세목	납기 내 20 년 월 일	납기 후
	과태료		

위 금액을 한국은행 국고(수납) 대리점인 은행 또는 우체국, 신용협동조합, 새마을금고, 상호저축은행에 납부하시기 바랍니다.   위 금액을 정히 영수합니다.

○○경찰서(인)   년 월 일   수납인

································· 절 취 선 ·································

안 내 말 씀	■ 납입고지서 및 영수증(수납기관용)

납부번호

회계년도		회계	소관		
납 부 자			실명번호		
금융기관	징수관계좌	세 목	납기 내 20 년 월 일	납기 후
합계금액				

◆ 은행이나 우체국, 신용협동조합, 새마을금고, 상호저축은행을 방문하거나 인터넷 뱅킹의 방법으로 납부하실 수 있습니다.
◆ 인터넷 납부는 은행 인터넷 뱅킹 및 금융결제원 (www.giro.or.kr)에서 납부할 수 있습니다.

위 금액을 수납하여 주시기 바랍니다.

○○경찰서(인)   년 월 일   수납인

< 안 내 말 씀 >

❖ 전면에 기재된 과태료 금액을 한국은행 국고(수납) 대리점인 은행 또는 우체국, 신용협동조합, 새마을금고, 상호저축 은행에 납부하시기 바랍니다.
❖ 위의 과태료 처분에 불복이 있는 경우 그 처분의 고지를 받은 날부터 60일 내에 해당 경찰서장에게 이의를 제기할 수 있습니다.
❖ 과태료 처분에 대한 이의가 없으면서 지정된 기한 내에 과태료를 납부하지 아니한 때에는 최대 77%까지 가산금이 부과되고, 국세(지방세) 체납처분의 예에 따라 자동차 압류 등의 방법으로 과태료를 강제 징수할 수 있음을 알려드립니다.
❖ 지정된 기한내에 특별한 사유없이 과태료를 납부하지 아니할 경우「질서위반행위규제법」제52조부터 제54조까지의 규정에 따라 다음과 같은 불이익을 받을 수 있습니다.
  1. 체납 또는 결손처분자료가 신용정보기관에 제공될 수 있습니다.
  2. 과태료를 3회 이상 체납하고 있고, 체납발생일부터 각 1년이 경과하였으며, 체납금액 합계가 500만원 이상인 경우에는 관허사업의 제한을 받을 수 있습니다.
  3. 과태료를 3회 이상 체납하고 있고, 체납발생일부터 각 1년이 경과하였으며, 체납금액의 합계가 1,000만원 이상인 경우에는 법원의 결정으로 감치(監置)에 처해질 수 있습니다.

■ 경비업법 시행규칙 [별표 1]

경비지도사 교육의 과목 및 시간(제9조제1항 관련)

구분 (교육시간)		과 목	시 간
공통교육 (28시간)		「경비업법」	4
		「경찰관직무집행법」 및 「청원경찰법」	3
		테러 대응요령	3
		화재대처법	2
		응급처치법	3
		분사기 사용법	2
		교육기법	2
		예절 및 인권교육	2
		체포 · 호신술	3
		입교식 · 평가 · 수료식	4
자격의 종류별 교육 (16시간)	일반경비 지도사	시설경비	2
		호송경비	2
		신변보호	2
		특수경비	2
		기계경비개론	3
		일반경비현장실습	5
	기계경비 지도사	기계경비운용관리	4
		기계경비기획및설계	4
		인력경비개론	3
		기계경비현장실습	5
계			44

비고: 일반경비지도사 자격증 취득자 또는 기계경비지도사 자격증 취득자가 자격증 취득일부터 3년 이내에 기계경비지도사 또는 일반경비지도사 시험에 합격하여 교육을 받을 경우에는 공통교육은 면제한다.

■ 경비업법 시행규칙 [별표 2]

일반경비원 신임교육의 과목 및 시간(제12조제1항 관련)

구분 (교육시간)	과 목	시 간
이론교육 (4시간)	「경비업법」	2
	범죄예방론(신고 및 순찰요령을 포함한다)	2
실무교육 (19시간)	시설경비실무(신고 및 순찰요령, 관찰·기록기법을 포함한다)	2
	호송경비실무	2
	신변보호실무	2
	기계경비실무	2
	사고예방대책(테러 대응요령, 화재대처법 및 응급처치법을 포함한다)	3
	체포·호신술(질문·검색요령을 포함한다)	3
	장비사용법	2
	직업윤리 및 서비스(예절 및 인권교육을 포함한다)	3
기타(1시간)	입교식, 평가 및 수료식	1
계		24

■ 경비업법 시행규칙 [별표 3]
특수경비원 교육기관 시설 및 강사의 기준(제14조제1항 관련)

구분	기준
1. 시설 기준	○ 100인 이상 수용이 가능한 165제곱미터 이상의 강의실 ○ 감지장치·수신장치 및 관제시설을 갖춘 132제곱미터 이상의 기계경비실습실 ○ 100인 이상이 동시에 사용할 수 있는 330제곱미터 이상의 체육관 또는 운동장 ○ 소총에 의한 실탄사격이 가능하고 10개 사로 이상을 갖춘 사격장
2. 강사 기준	○ 고등교육법에 의한 대학 이상의 교육기관에서 교육과목 관련학과의 전임강사(전문대학의 경우에는 조교수) 이상의 직에 1년 이상 종사한 경력이 있는 사람 ○ 박사학위를 소지한 사람으로서 교육과목 관련 분야의 연구 실적이 있는 사람 ○ 석사학위를 소지한 사람으로서 교육과목 관련 분야의 실무업무에 3년 이상 종사한 경력이 있는 사람 ○ 교육과목 관련 분야에서 공무원으로 5년 이상 근무한 경력이 있는 사람 ○ 교육과목 관련 분야의 실무업무에 10년 이상 종사한 경력이 있는 사람 ○ 체포·호신술 과목의 경우 무도사범의 자격이 있는 사람으로서 교육과목 관련 분야에서 2년 이상 실무 경력이 있는 사람 ○ 폭발물 처리요령 및 예절교육 과목의 경우 교육과목 관련 분야에서 2년 이상 실무 경력이 있는 사람

※ 비고: 교육시설이 교육기관의 소유가 아닌 경우에는 임대 등을 통하여 교육기간동안 이용할 수 있도록 하여야 한다.

■ 경비업법 시행규칙 [별표 4]

특수경비원 신임교육의 과목 및 시간(제15조제1항 관련)

구분 (교육시간)	과목	시간
이론교육 (15시간)	「경비업법」·「경찰관직무집행법」 및 「청원경찰법」	8
	「헌법」 및 형사법(인권, 경비관련 범죄 및 현행범체포에 관한 규정을 포함한다)	4
	범죄예방론(신고요령을 포함한다)	3
실무교육 (69시간)	정신교육	2
	테러 대응요령	4
	폭발물 처리요령	6
	화재대처법	3
	응급처치법	3
	분사기 사용법	3
	출입통제 요령	3
	예절교육	2
	기계경비 실무	3
	정보보호 및 보안업무	6
	시설경비요령(야간경비요령을 포함한다)	4
	민방공(화생방 관련 사항을 포함한다)	6
	총기조작	3
	총검술	5
	사격	8
	체포·호신술	5
	관찰·기록기법	3
기타(4시간)	입교식·평가·수료식	4
계		88

■ 경비업법 시행규칙 [별표 5]

경비원 휴대장비의 구체적인 기준(제20조제2항 관련)

장비	장비기준
1. 경적	금속이나 플라스틱 재질의 호루라기
2. 단봉	금속(합금 포함)이나 플라스틱 재질의 전장 700㎜ 이하의 호신용 봉
3. 분사기	「총포·도검·화약류 등 단속법」에 따른 분사기
4. 안전방패	플라스틱 재질의 폭 500㎜ 이하, 길이 1,000㎜이하의 방패로 경찰공무원이 사용하는 안전방패와 색상 및 디자인이 명확히 구분되어야 함
5. 무전기	무전기 송신 시 실시간으로 수신이 가능한 것
6. 안전모	안면을 가리지 아니하면서, 머리를 보호하는 장비로 경찰공무원이 사용하는 방석모와 색상 및 디자인이 명확히 구분되어야 함
7. 방검복	경찰공무원이 사용하는 방검복과 색상 및 디자인이 명확히 구분되어야 함

청원경찰법 시행령 별표

부록

■ 청원경찰법 시행령 [별표 1]

국가기관 또는 지방자치단체에 근무하는 청원경찰의 봉급표
(제9조제1항 관련)

(월 지급액, 단위: 원)

호봉 \ 재직기간	15년 미만	15년 이상 23년 미만	23년 이상 30년 미만	30년 이상
1	1,530,900	–	–	–
2	1,603,500	–	–	–
3	1,680,400	–	–	–
4	1,762,000	–	–	–
5	1,844,300	–	–	–
6	1,928,400	–	–	–
7	2,008,900	–	–	–
8	2,086,500	–	–	–
9	2,160,900	–	–	–
10	2,232,400	–	–	–
11	2,300,700	–	–	–
12	2,368,300	–	–	–
13	2,433,400	2,567,500	–	–
14	2,496,400	2,633,100	–	–
15	2,556,700	2,696,200	–	–
16	2,615,100	2,757,000	–	–
17	2,672,200	2,813,900	–	–
18	2,725,300	2,869,100	–	–
19	2,777,500	2,922,100	3,216,700	–
20	2,827,300	2,972,500	3,270,900	–
21	2,874,200	3,020,800	3,322,700	–
22	2,919,400	3,067,100	3,371,600	–
23	2,962,400	3,111,100	3,418,700	–
24	3,003,600	3,153,600	3,463,700	3,708,700
25	3,042,900	3,193,900	3,506,100	3,753,000
26	3,078,500	3,233,100	3,546,800	3,793,500
27	3,109,100	3,265,700	3,581,300	3,828,200
28	3,138,600	3,297,100	3,613,400	3,861,700
29	3,167,100	3,326,800	3,644,400	3,893,100
30	3,194,800	3,355,600	3,674,000	3,922,900
31	3,221,900	3,383,500	3,701,900	3,951,300

■ 청원경찰법 시행령 [별표 2]

과태료의 부과기준(제21조제1항 관련)

위 반 행 위	해당 법조문	과태료 금액
1. 법 제4조제2항에 따른 지방경찰청장의 배치 결정을 받지 않고 다음 각 목의 시설에 청원경찰을 배치한 경우 　가. 국가 중요 시설(국가정보원장이 지정하는 국가보안 목표시설을 말한다)인 경우 　나. 가목에 따른 국가 중요 시설 외의 시설인 경우	법 제12조 제1항제1호	500만 원 400만 원
2. 법 제5조제1항에 따른 지방경찰청장의 승인을 받지 않고 다음 각 목의 청원경찰을 임용한 경우 　가. 법 제5조제2항에 따른 임용 결격사유에 해당하는 청원경찰 　나. 법 제5조제2항에 따른 임용 결격사유에 해당하지 않고 청원경찰	법 제12조 제1항제1호	500만 원 300만 원
3. 정당한 사유 없이 법 제6조제3항에 따라 경찰청장이 고시한 최저부담기준액 이상의 보수를 지급하지 않은 경우	법 제12조 제1항제2호	500만 원
4. 법 제9조의3제2항에 따른 지방경찰청장의 감독상 필요한 다음 각 목의 명령을 정당한 사유 없이 이행하지 않은 경우 　가. 총기·실탄 및 분사기에 관한 명령 　나. 가목에 따른 명령 외의 명령	법 제12조 제1항제3호	500만 원 300만 원

부록

청원경찰법 시행규칙 별표

■ 청원경찰법 시행규칙 [별도 1]

기동복의 제식

앞 면	뒷 면

상의
- 노타이(no tie) 식, 가슴받이를 붙이고 긴소매, 앞면 중앙에 플라스틱 단추(소) 6개
- 흉부 좌우에 겉붙임 뚜껑주머니 및 플라스틱 단추(소)
- 어깨·가슴에 휘장(좌측)

하의
- 긴바지
- 앞면 좌우측에 겉붙임 옆주머니
- 뒷면 좌우 둔부에 겉붙임주머니 및 단추
- ※ 그 밖의 사항은 「경찰복제에 관한 규칙」에 따른 제식에 따른다.

(출처: 국가법령정보센터)

■ 청원경찰법 시행규칙 [별도 2]

모 자 표 장

색상 및 재질: 금색 금속지

(출처: 국가법령정보센터)

■ 청원경찰법 시행규칙 [별도 3]

가 슴 표 장

색상 및 재질: 금색 금속지
"청원경찰"은 음각으로 새겨 넣는다.
"번호"에는 소속 기관과 그 일련번호를 새겨 넣는다
(예: 체신 112).

(출처: 국가법령정보센터)

■ 청원경찰법 시행규칙 [별도 4]	
휘장	
어깨휘장(좌측)	가슴휘장(좌측)
○ 너비 2cm, 바깥지름 10cm의 반원형 ○ 바탕색: 상의 색상과 동일 ○ 글자(청원경찰)색: 바탕이 밝은 색일 경우 검은색, 바탕이 어두운 색일 경우 흰색 ○ 글씨의 굵기는 2mm, 크기는 한 글자 기준으로 가로 1.7cm, 세로 1.9cm ○ 모든 제복 왼쪽 어깨에 부착	○ 가로 10cm, 세로 6.5cm ○ 흰색 바탕에 글자(청원경찰)는 검은색 ○ 글씨의 굵기는 4mm, 크기는 한 글자 기준으로 가로 2cm, 세로 5.5cm ○ 기동복, 점퍼, 비옷, 방한복 및 외투 왼쪽 가슴에 부착

(출처: 국가법령정보센터)

■ 청원경찰법 시행규칙 [별도 5]		
계급장		
조원(신임)	조원(8년 이상 근속)	조장
반장		대장
색상 및 재질: 금색 금속지		

(출처: 국가법령정보센터)

■ 청원경찰법 시행규칙 [별도 6]

넥타이핀

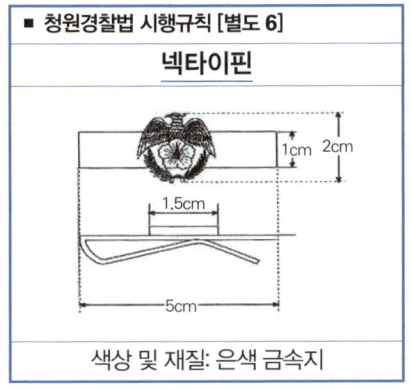

색상 및 재질: 은색 금속지

(출처: 국가법령정보센터)

■ 청원경찰법 시행규칙 [별도 7]

단추

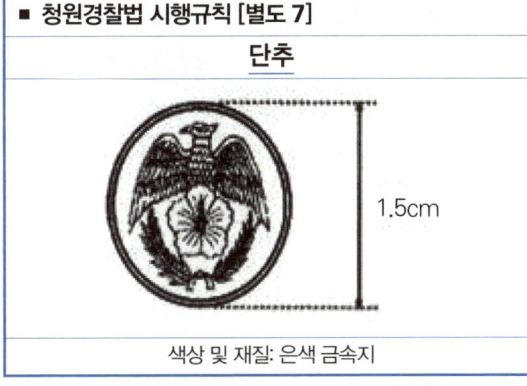

색상 및 재질: 은색 금속지

(출처: 국가법령정보센터)

■ 청원경찰법 시행규칙 [별도 8]

부속물의 위치

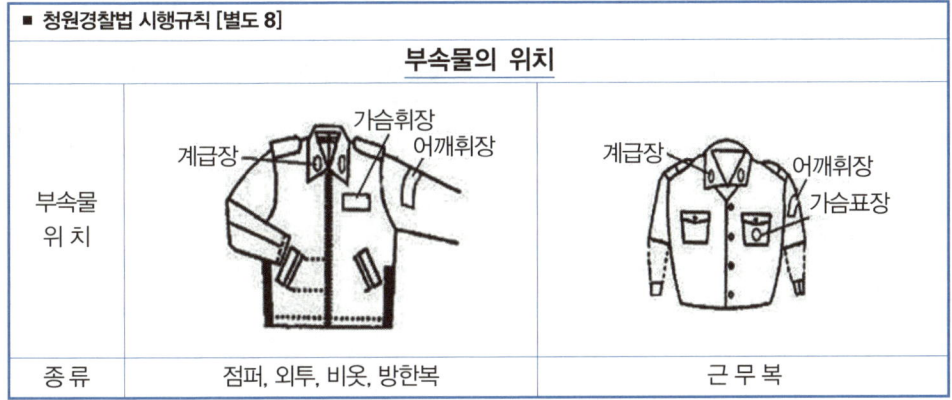

부속물 위치		
종류	점퍼, 외투, 비옷, 방한복	근무복

(출처: 국가법령정보센터)

■ 청원경찰법 시행규칙 [별지 제1호서식] (앞쪽)

청원경찰 배치 신청서

접수번호		접수일자		처리기간	7일
청원주	성명			생년월일	
	직책			연락처	
배치 사업장의 명칭					
배치 사업장의 소재지					
경비 구역					
경비 배치 방법					
배치 받으려는 사유					
배치 받으려는 청원경찰 인원					
배치 기간					
근무 방법					

「청원경찰법」 제4조제1항, 같은 법 시행령 제2조 및 같은 법 시행규칙 제3조제1항에 따라 위와 같이 청원경찰 배치를 신청합니다.

년 월 일

신청인 (서명 또는 인)

○ ○ **경찰서장** 귀하

첨부 서류	1. 경비 구역 평면도 1부 2. 배치 계획서 1부	수수료 없음

(뒤쪽)

처리 절차

1. 사업장이 하나의 경찰서의 관할구역에 있는 경우

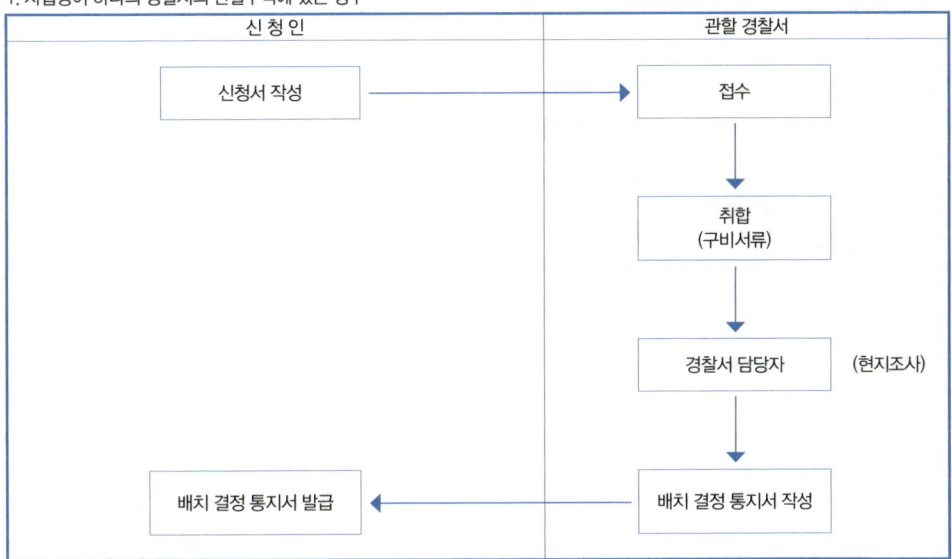

2. 사업장이 둘 이상의 경찰서의 관할구역에 있는 경우

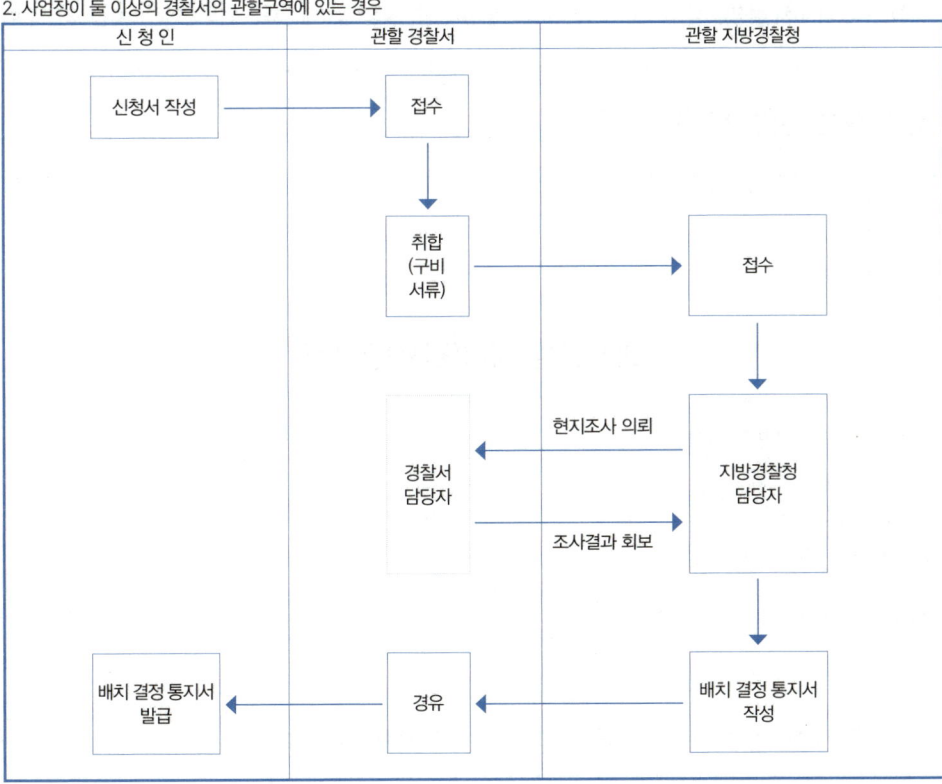

■ 청원경찰법 시행규칙 [별지 제2호서식]

기관명	
(우) 주소 　　/전화( ) - /팩스( ) - 담당부서명: 　　　　　　담당자	
문서번호:	
수신:	

청원경찰 배치 결정(배치 불허) 통지서

① 청원주	성명	
	주민등록번호	
	직책	
② 배치사업장의 명칭		③ 배치사업장의소재지	
④ 경비구역	
⑤ 청원경찰 배치인원	
⑥ 배치기간	
⑦ 배치 결정(배치 불허)사유	

「청원경찰법」 제4조제2항에 따라 귀하의 청원경찰 배치신청에 대하여 위와 같이 통지합니다.

· · ·

지방경찰청장(경찰서장) 인

※ 청원경찰의 배치 결정을 받았으면 　　년　월　일까지 청원경찰 임용대상자의 임용승인신청서를 제출하여 주시기 바랍니다.

■ 청원경찰법 시행규칙 [별지 제4호서식]

기관명	
(우) 주소 　　/전화( ) - /팩스( ) - 담당 부서명: 　　　　　　담당자	
문서번호:	
수신:	

청원경찰 배치(전출)통보서

① 청원주	성명	
	주민등록번호	
	직책	
② 배치사업장의 명칭		③ 배치사업장의 소재지	

청원경찰 배치(전출) 상황(총 명)

④ 일련번호	⑤ 경비배치구역	⑥ 성명	⑦ 주민등록번호	⑧ 임명일	⑨ 기본교육이수상황	⑩ 전출일 및 전출지	⑪ 비고

「청원경찰법 시행령」 제6조에 따라 위와 같이 청원경찰의 배치(전출)상황을 통보합니다.

· · ·

청원주 　인
경찰서장 　인

■ 청원경찰법 시행규칙 [별지 제3호서식]

청원경찰 임용 승인 신청서

(앞쪽)

접수번호		접수일자		처리기간	15일
청원주	성명			생년월일	
	직책			연락처	

배치 사업장의 명칭	
배치 사업장의 소재지	
청원경찰 배치 결정 통지 접수일	

임용예정자(총 명)	일련번호	성명	생년월일	주소	병역

「청원경찰법」제5조제1항, 같은 법 시행령 제4조제1항 및 같은 법 시행규칙 제5조에 따라 위 사람들을 청원경찰로 임명하려고 하니 승인해 주시기 바랍니다.

년 월 일

신청인
(서명 또는 인)

○○경찰서장 귀하

첨부 서류	임용예정자에 대한 다음 각 호의 서류 1. 이력서 1부 2. 주민등록증 사본 1부 3. 민간인 신원진술서 1부 4. 최근 3개월 이내에 발행한 채용신체검사서 또는 취업용건강진단서 1부 5. 가족관계등록부 중 기본증명서 1부	수수료 없음
담당 공무원 확인사항	임용예정자 병적증명서	

행정정보 공동이용 동의서

임용예정자는 이 건 업무처리와 관련하여 담당 공무원이 「전자정부법」제36조에 따른 행정정보의 공동이용을 통하여 위의 담당 공무원 확인 사항을 확인하는 것에 동의합니다.

※ 동의하지 아니하는 경우에는 임용예정자가 직접 관련 서류를 제출하여야 합니다.
※ 임용예정자가 2명 이상인 경우에는 별지를 사용할 수 있습니다.

청원경찰 임용예정자
(서명 또는 인)

(뒤쪽)

처리절차

1. 사업장이 하나의 경찰서의 관할구역에 있는 경우

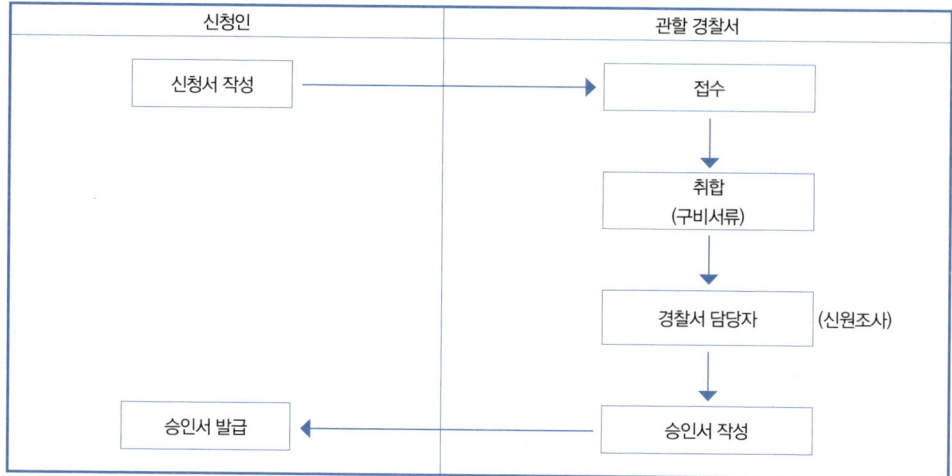

2. 사업장이 둘 이상의 경찰서의 관할구역에 있는 경우

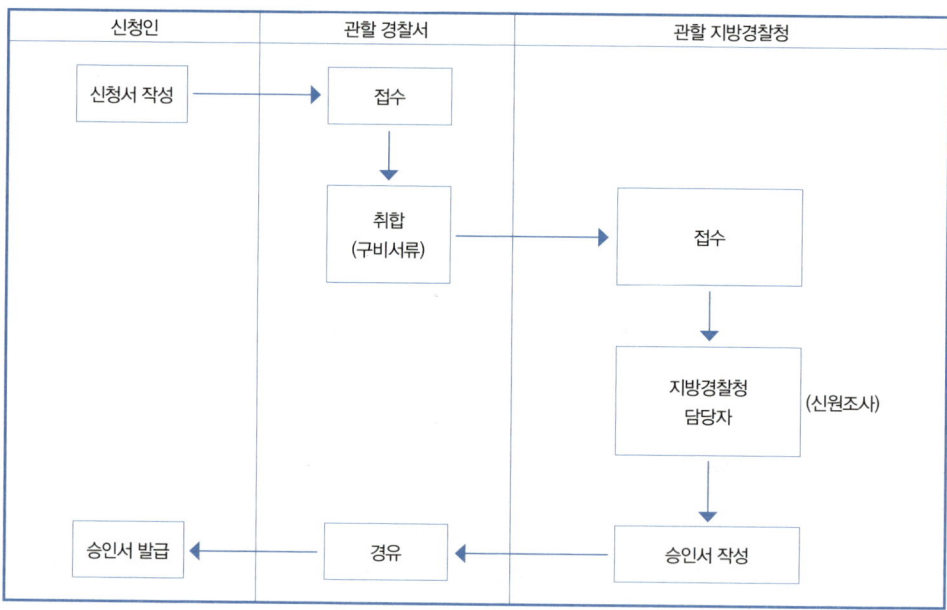

■ 청원경찰법 시행규칙 [별지 제5호서식]

청원경찰 무기 대여 신청서

(앞쪽)

접수번호		접수일자		처리기간	7일
청원주	성명			생년월일	
	직책			연락처	

배치 사업장의 명칭	
배치 사업장의 소재지	
청원경찰 배치 인원	

대여 신청량	총기의 종류	수량	탄약의 종류	수량

대여 신청 사유	
대여 기간	
무기 관리 방법	
비고	

「청원경찰법」 제8조제2항, 같은 법 시행령 제16조제1항 및 같은 법 시행규칙 제15조에 따라 위와 같이 무기대여를 신청합니다.

년 월 일

신청인 (서명 또는 인)

○○**경찰서장** 귀하

첨부 서류	없음	수수료 없음

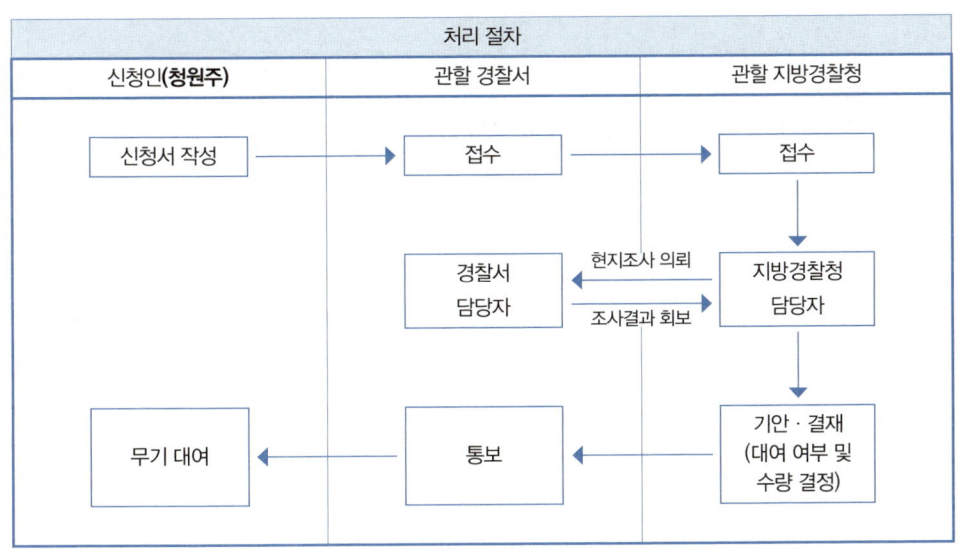

부록 « 371

■ 청원경찰법 시행규칙 [별지 제6호서식]

청원경찰 배치 [ ] 폐지 / [ ] 감축 통보서

접수번호		접수일자		처리기간	즉시
청원주	성명			생년월일	
	직책			연락처	
통보 내용	배치 사업장의 명칭			배치 사업장의 소재지	
	청원경찰 배치 인원				
	폐지 또는 감축 인원				
	폐지 또는 감축 사유				
반납 무기 수량	총기의 종류	수 량		탄약의 종류	수 량
비 고					

「청원경찰법」 제10조의5제2항 및 같은 법 시행규칙 제23조에 따라 위와 같이 청원경찰의 배치 (폐지·감축)을 통보합니다.

년 월 일

청원주 (서명 또는 인)

○○**경찰서장** 귀하

첨부 서류	없음	수수료 없음

유의사항

「청원경찰법」 제4조제3항에 따라 지방경찰청장이 청원경찰의 배치를 요청한 사업장의 청원주가 청원경찰의 배치를 폐지하거나 배치 인원을 감축할 때에는 같은 법 제10조의5제2항에 따라 '폐지 또는 감축 사유' 란에 그 폐지 또는 감축의 사유를 구체적으로 밝혀야 합니다(지면이 부족한 경우에는 별지를 사용할 수 있습니다).

■ 청원경찰법 시행규칙 [별지 제7호서식]

(앞쪽)

제   호

과태료 부과 사전 통지서
(의견제출 통지)

_____ 귀하

「청원경찰법」 제12조제1항에 따라 아래와 같이 과태료를 부과하려고 하니 의견이 있으면 기한 내에 의견을 제출해 주시기 바랍니다.

과태료 부과 대상자	성 명	
	주 소	
과태료 금액		
과태료 부과 원인 행위	일 시	
	장 소	
	내 용	
적용 법령		
의견제출 기한		

〈의견〉

년   월   일

지방경찰청장
경 찰 서 장   [직인]

(뒤쪽)

〈의견제출 시 유의사항〉

1. 귀하는 앞쪽의 과태료 부과사항에 대하여 이 서면 또는 정보통신망을 이용하여 의견을 제출할 수 있으며, 주장을 입증할 증거자료를 함께 제출할 수 있습니다. 다만, 정보통신망을 이용하여 의견을 제출하려는 경우에는 미리 의견제출기관에 알려 주시고, 의견을 제출한 후에 의견의 도달 여부를 담당자에게 확인하시기 바랍니다.
2. 의견제출 기한 내에 의견을 제출하지 않으면 의견이 없는 것으로 봅니다.
3. 귀하께서 행정청에 출석하여 의견진술을 하려는 경우에는 행정청에 미리 그 사실을 알려 주시기 바랍니다.
4. 그 밖에 궁금한 사항이 있으시면 아래 연락처로 문의하시기 바랍니다.

의 견 제 출 기 관

부 서 명		담 당 자	
주 소		전화번호	
전자우편주소		팩 스	

[별지 제8호서식]

(앞쪽)

봉 함 엽 서

보내는 사람
　○○ 지방경찰청장(경찰관서장)
　주　소
　□□□-□□□

과태료 부과 고지서 재중

받는 사람

□□□-□□□

우체국 요금후납

귀하

――――――――― 접 는 선 ―――――――――

――――――――― 접 는 선 ―――――――――

제　　　　호　　　**과태료 부과 고지서 및 영수증(납부자용)**

| 납부자: | 주민(법인)번호: | -******* | 세입징수관 | 계좌번호 |

주　소:

귀하에 대하여 「청원경찰법」 제12조제1항에 따라 아래와 같이 과태료를 부과하니 납부기한 내에 내시기 바랍니다.

과태료 금액		납부기한	~
위반 사항	일 시	위반내용	
	장 소	적용법령	

년　월　일　　　　　　　　　　　　위 금액을 정히 영수합니다.
　　지방경찰청장　[직인]　　* 납기 후 수납 불가
　　경 찰 서 장　　　　　년　월　일　수납인

210㎜×297㎜(일반용지60g/㎡(재활용품))

(뒤쪽)

――――――――― 접는선 ―――――――――

제　　　　호　　　**과태료 부과 고지서 및 영수증(수납기관용)**
　　　　　　　　　　　　경찰청

| 납부자: | 주민(법인)번호: | -******* | 세입징수관 | 계좌번호 |

주　소:

| 과태료 금액 | | 납부기한 | ~ |

년　월　일　　　　　　　위 금액의 수납을 의뢰합니다.
　　　　　　　　　　　　은행(우체국)　　　　지점
　　지방경찰청장　[직인]
　　경 찰 서 장　　　　　　　　　　수납인

――――――――― 접는선 ―――――――――

<안 내 말 씀>

❖ 앞쪽에 기재된 과태료 금액을 한국은행 국고(수납) 대리점인 은행, 우체국, 신용협동조합, 새마을금고 또는 상호저축은행에 내시기 바랍니다.
❖ 과태료 부과에 불복하실 경우 납부기한 내에 우리 경찰서(지방경찰청)에 서면으로 이의를 제기하실 수 있습니다.
❖ 이의제기 없이 기한 내에 내지 않으실 경우 「질서위반행위규제법」 제24조에 따라 5/100의 가산금이 부과되며, 1개월 경과 시마다 12/1000의 중가산금이 부과됩니다. 또한, 「질서위반행위규제법」 제52조에 따라 관허사업의 제한을 받을 수 있고, 같은 법 제53조에 따라 체납 또는 결손처분자료가 신용정보기관에 제공될 수 있으며, 같은 법 제54조에 따라 법원의 결정으로 감치(監置)에 처해질 수 있습니다.
❖ 영수증은 5년간 보관하시기 바랍니다.

■ 청원경찰법 시행규칙 [별지 제9호서식]

일련번호	고지서번호	위반일	의견제출기한	납부기한	납부연월일	과태료 금액			과태료 부과 대상자			위반사항
						결정액	가산액	납부액	성명	주민등록번호	주소	

과 태 료 수 납 부

■ 청원경찰법 시행규칙 [별표 1]

청원경찰의 교육과목 및 수업시간표 (제6조 관련)

학과별	과목		시간
정신교육		정신교육	8
학술교육		형사법	10
		청원경찰법	5
실무교육	경무	경찰관직무집행법	5
	방범	방범업무	3
		경범죄처벌법	2
	경비	시설경비	6
		소방	4
	정보	대공이론	2
		불심검문	2
	민방위	민방공	3
		화생방	2
	기본훈련		5
	총기조작		2
	총검술		2
	사격		6
술과		체포술 및 호신술	6
기타		입교·수료 및 평가	3

■ 청원경찰법 시행규칙 [별표 2]

청원경찰 급여품표(제12조 관련)

품 명	수량	사용기간	정기지급일
근무복(하복)	1	1년	5월 5일
근무복(동복)	1	1년	9월 25일
성하복	1	1년	6월 5일
외투·방한복 또는 점퍼	1	2~3년	9월 25일
기동화 또는 단화	1	단화 1년 기동화 2년	9월 25일
비옷	1	3년	5월 5일
정모	1	3년	9월 25일
기동모	1	3년	필요할 때
기동복	1	2년	필요할 때
방한화	1	2년	9월 25일
장갑	1	2년	9월 25일
호루라기	1	2년	9월 25일

■ 청원경찰법 시행규칙 [별표 3]

청원경찰 대여품표(제12조 관련)

품 명	수 량
허리띠	1
경찰봉	1
가슴표장	1
분사기	1
포승	1

■ 청원경찰법 시행규칙 [별표 4]

감독자 지정기준(제19조제2항 관련)

근무인원	직급별 지정기준		
	대장	반장	조장
9명까지			1명
10명 이상 29명 이하		1명	2~3명
30명 이상 40명 이하		1명	3~4명
41명 이상 60명 이하	1명	2명	6명
61명 이상 120명 이하	1명	4명	12명